"十三五"国家重点图书、音像、电子出版物出版规划项目

抗日战争时期根据地财政经济史丛书

晋察冀抗日根据地财政经济史

主　编★魏宏运

副主编★星　光　傅尚文

中国财经出版传媒集团

中国财政经济出版社

图书在版编目（CIP）数据

晋察冀抗日根据地财政经济史／魏宏运主编．—北京：中国财政经济出版社，2015.10

（抗日战争时期根据地财政经济史丛书）

ISBN 978－7－5095－6356－4

Ⅰ.①晋…　Ⅱ.①魏…　Ⅲ.①晋察冀抗日根据地－地方财政－财政史　Ⅳ.①F812.96

中国版本图书馆CIP数据核字(2015)第201305号

责任编辑：杨　静　李筱文　　　　责任校对：黄亚青
封面设计：孙俪铭　　　　　　　　版式设计：兰　波

中国财政经济出版社出版

URL：http：//www.cfeph.cn

E－mail：cfeph@cfeph.cn

社址：北京市海淀区阜成路甲28号　邮政编码：100142

发行处电话：010－88190406　北京财经书店电话：010－64033436

北京财经印刷厂印刷　各地新华书店经销

787×1092毫米　16开　25.25印张　340 000字

2017年12月第1版　2017年12月北京第1次印刷

定价：85.00元

ISBN 978－7－5095－6356－4/F·5123

（图书出现印装问题，本社负责调换）

本社质量投诉电话：010－88190744

打击盗版举报热线：010－88190414　QQ：447268889

谨以此书纪念

中国人民抗日战争暨世界反法西斯战争胜利70周年

出版说明

2015年是中国抗日战争胜利70周年，也是世界反法西斯战争胜利70周年。为此，党中央举行了隆重的纪念活动，习近平总书记在纪念大会上作了重要的讲话。他回顾中国人民长达14年艰苦卓绝的斗争，取得了抗日战争的伟大胜利，宣告了世界反法西斯战争的完全胜利。指出中国人民抗日战争和世界反法西斯战争中，中华儿女不屈不挠、浴血奋战，捍卫了中华民族5000多年发展的文明成果，捍卫了人类和平事业，铸就了战争史上的奇观、中华民族的壮举。号召我们以史为鉴，坚定维护和平的决心，牢固树立人类命运共同体意识，为推进世界和平与发展的崇高事业做出新的更大的贡献。在中国人民值得永远纪念的日子，我们再版了抗日战争时期根据地财政经济史丛书，这是对伟大的抗日战争最好的纪念，也是对世界人民反对法西斯、追求和平事业的最好献礼！

抗日战争中革命根据地的财政为取得抗战胜利做出了卓越的贡献。抗日根据地财政在极其困

难的条件下，保证了抗日战争的物资供给，培养了大批富有创业精神的财政干部，树立了艰苦奋斗的优良作风，成为抗日战争的坚强后盾。抗日根据地财税战线的工作者，为了抗日战争的胜利，兢兢业业、勤勤恳恳，勤俭节约、呕心沥血，历尽千辛万苦，甚至牺牲了宝贵的生命，铸造了抗日战争时期根据地财政人的崇高品质和无私精神。这是抗日战争时期的第二道战线，他们的事迹同样是可歌可泣的，用这套丛书彰显抗日根据地财政的功绩和讴歌财政人的精神是最好的选择。

本套丛书共五本，分别是：《陕甘宁边区财政经济史》《晋察冀抗日根据地财政经济史》《抗日战争时期晋冀鲁豫边区财政经济史》《山东革命根据地财政史》《华中抗日根据地鄂豫边区财政经济史》。这套丛书较全面、系统地反映了我国抗日战争时期五个主要的革命根据地所采取的各项财政经济方面的方针、政策、措施，以及全体军民通过艰苦卓绝的努力，战胜日本帝国主义的军事和经济封锁，保障根据地财政发展壮大的历史。从单本来看也自成体系，具有代表性。陕甘宁边区既是中共中央、中央军委所在地，也是党在抗日战争时期树立的模范抗日民主根据地。同时又是抗日根据地财政的中心，根据地的财政方针和政策许多是从这里提出实施的，陕甘宁边区财政经济史是全部抗日根据地财政经济的缩影。晋察冀抗日根据地在中国革命史上占有极其重要的地位，它是抗日战争时期敌后建立的最早的一个根据地，一直享有模范根据地的荣誉。抗日根据地财政的建设晋察冀抗日根据地是走在前面的，如“合理负担”政策、农业累进税制首先在这里取得成功并且推广到其他抗日根据地。《晋察冀抗日根据地财政经济史》以丰富的内容，翔实的资料，反映创建财政的来龙去脉，使人多有启迪。晋冀鲁豫边区以太行山为依托，包括山西、河北、山东、河南各省的部分地区，与日本侵略者占领区犬牙交错，情况极其复

杂，在这样的环境下建立和发展根据地财政是及其艰苦复杂的，同时也是非常有特色的。山东抗日根据地处于华北敌后战场的东南端，成为华北和华中两大敌后战场联系的枢纽。这里的财政经济不仅对山东抗日根据地作用的发挥十分重要，而且对华北和华中也有影响。华中抗日根据地处于长江流域，包括江苏省、安徽省、湖北省的大部分，河南省、浙江省的一部分和湖南省的小部分，是敌后主要的抗日根据地之一。这里一方面物产丰富，人烟稠密，金融贸易活跃；另一方面长期被日、伪、顽分割，在此基础上建立发展的财政与其他抗日根据地又不完全一样，其特点在华中抗日根据地鄂豫边区财政经济史中反映得十分清晰。

本套丛书不仅具有厚重的学术研究价值，填补了我国抗日革命根据地财政经济史方面的空白，而且字里行间都高举爱国主义旗帜，处处提醒人们铭记历史、缅怀先烈、珍视和平。中国战场作为反法西斯战争的主要战场之一，中国人民艰苦卓绝的抗日战争为世界反法西斯战争胜利做出了巨大贡献，付出了巨大的民族牺牲，丛书使读者认识到了中国人民抗日战争胜利的伟大历史意义，以及中国共产党在全民族团结抗战中的中流砥柱作用。对弘扬中华民族不怕艰苦、不怕牺牲、排除万难去争取胜利的优秀民族精神具有积极意义。

中国财政经济出版社始终坚持正确的舆论导向和鲜明的出版特色，为国家建设和财政经济工作服务。我社成立60多年来，出版了大量学术专著、大中专教材、法规准则、资格考试用书、财经史料以及培训用书等，出版范围涵盖财政、会计、金融、税收、管理等学科，已有数百种图书在各类国家级和省部级评选中获奖，凝聚了一大批高水平的作者。财经史著作、史料、史稿等的出版也是我社的一大特色，改革开放后我社就出版了财政经济史方面的图书150余种。这类图书的出版，是对财经历史宝贵遗产的传承，是我们出版人担负的社会责任，几代财经出版人为此付出了艰辛的努力，做出了巨大贡献。今天，我们仍然感到出版人在继承和发扬中华民族优秀传统文化、实现中华民族伟大复兴的征程上使命光荣、责任重大。因此，在中国抗日战争胜利70周年暨世界反法西斯战争胜利70周年之际，我们再版了《抗日战争时期根据地财政经济史丛书》。

这套丛书的出版首先得到了国家出版总署的重视，入选国家新闻出版广电总局《“十三五”国家重点图书、音像、电子出版物出版规划》。更加可喜的是得到了当年五个抗日根据地财经史主编赵秀山、魏宏运、朱玉湘、刘跃光、李倩文等前辈的支持。他们认为抗日根据地财政经济工作与抗日战争胜利有着直接的关系，应该彰显财政在抗日战争中发挥的作用，特别是吸取抗日根据地财政的经验，在新的历史时期继续发扬他们的创业精神，有利于今天的财政改革和国家治理。几位主编表示，抗日根据地财经史现在以丛书的面貌再次出版，是他们一个最大的心愿。他们毫不计较个人得失，希望将珍贵的历史资料留给社会留给后代，对党和国家的事业有所贡献。他们无私奉献的精神与高风亮节值得钦佩，在此代表广大的读者向他们致以崇高的敬意。

中国财政经济出版社

2017年3月

总　序

中国财政经济出版社在中国抗战胜利暨世界反法西斯战争胜利70周年之际，再版了一套抗日战争时期根据地财政经济史丛书，这是对伟大的抗日战争最好的纪念，是对世界人民反对法西斯、追求和平事业的真诚献礼，意义重大。

一

2015年，是中国共产党领导的全国人民取得抗日战争伟大胜利70周年，也是世界反法西斯战争胜利70周年，为此党中央举行了隆重的纪念活动。

纪念抗日战争伟大胜利70周年有着特殊的政治意义。因为中国人民抗日战争的胜利是非同寻常的、非同小可的，在中国革命史上有着举足轻重的地位。它是近代以来中国抗击外敌入侵的第一次完全的胜利，这一胜利“彻底粉碎了日本军国主义殖民奴役中国的图谋，洗刷了近代以来中国抗击外来侵略屡战屡败的民族耻辱，重新确立了中国在世界上的大国地位，使中国人民赢得了

世界爱好和平人民的尊敬。而且开辟了中华民族伟大复兴的光明前景，开启了古老中国凤凰涅槃、浴火重生的新征程”。在波澜壮阔的中国人民抗日战争中，千千万万的抗战英雄抛头颅、洒热血，铸就了伟大的抗战精神，伟大的抗战精神永远是激励中国人民克服一切艰难险阻，为实现中华民族伟大复兴而奋斗的强大精神动力。中国人民抗日战争和世界反法西斯战争，是正义和邪恶、光明和黑暗、进步和反动的大决战，中国人民抗日战争开始时间最早、持续时间最长，为捍卫人类和平事业做出了重大贡献。中国抗日战争的胜利不仅是中国人民的胜利，而且是世界反法西斯的胜利，它既是中国革命征程上的一个里程碑，又是世界战争史上的一个奇迹，是值得倍加珍惜、认真回顾和永远纪念的。

在这个重要的时刻，抗日战争时期根据地财政经济史丛书的再版，对纪念抗日战争胜利70周年意义很大。因为丛书不仅蕴含了抗日战争时期财政人的坚信和艰辛，而且讴歌了中国人民英勇顽强、视死如归，前赴后继，艰苦卓绝、坚韧不屈的革命精神；塑造了中国人民在敌我势力悬殊、军事力量悬殊、战备条件悬殊的情况下，以弱胜强、以少胜多的光辉典范；彰显了中国人民以和平战胜战争、正义战胜邪恶、人权战胜霸权，维护世界和平、追求人类大同的光辉旗帜；铭刻了中国共产党在抗日战争中领导和决策的英明、正确和伟大。此时此刻，再版这套饱含着正能量的丛书非常需要，其政治意义和积极作用是深远的。

这套丛书的再版也是习近平总书记历史观的体现。中国共产党历来是重视历史的，善于在历史中总结经验，借鉴教训，汲取智慧。毛泽东曾有过许多精彩论断，在理论上形成马克思主义历史观。习近平总书记治国理政以来，对中国革命史和中国民族史尤为重视，在重视历史、学习历史、研究历史方面作

出系列讲话和重要论述。

历史是民族安身立命的基础。他指出：历史不能任意选择，中华民族5000多年的文明史，中国人民近代以来170多年的斗争史，中国共产党90多年的奋斗史，中华人民共和国60多年的发展史，是中华民族安身立命的基础。历史是从昨天走到今天再走向明天，历史是不可能割断的，人们总是在继承前人的基础上向前发展的，古今中外，概莫能外。

历史是人类最好的老师。他指出：世界的今天是从世界的昨天发展而来的，今天世界遇到的很多事情可以在历史上找到影子，历史上发生的很多事情也可以作为今天的镜鉴。重视历史、研究历史、借鉴历史，可以给人类带来很多了解昨天、把握今天、开创明天的智慧。

历史是最好的教科书。他指出：历史是一个民族、一个国家形成、发展及其盛衰兴亡的真实记录，其中既有升平之世社会发展进步的丰富经验，也有衰乱之世的深刻教训以及由乱到治的经验智慧；既有当事者对时势的分析陈述，也有后人对前人得失的评论总结。中国的史籍书林蕴涵着十分丰富的治国理政的历史经验，包含着许多涉及对国家、社会、民族及个人的成与败、兴与衰、安与危、正与邪、荣与辱、义与利、廉与贪等等方面的经验与教训。这是前人的“百科全书”，学习党史、国史是坚持和发展中国特色社会主义，把党和国家各项事业继续推向前进的必修课。

历史是最好的营养剂。他指出：对于我们共产党人来说，中国革命历史是最好的营养剂，多学习多重温，心中会增添许多正能量。中华文化博大精深、源远流长，积淀着中华民族最深层的精神追求，代表着中华民族独特的精神标识，为中华民族生生不息、发展壮大提供了丰厚滋养，抛弃传统、丢掉根本，就等于割断了自己的精神命脉。对历史文化特别是先人传

承下来的价值理念和道德规范，要坚持古为今用、推陈出新，有鉴别地加以对待，有扬弃地予以继承，努力用中华民族创造的一切精神财富来以文化人、以文育人。

习近平总书记的系列讲话带来了历史研究的春天，抗日战争时期根据地财政经济史丛书的再版就是这个春天里一朵绚丽的鲜花，印证着习总书记的历史观，凝结着党的阳光雨露，反射着抗日根据地财政先辈的初心和意愿。从习总书记的历史观来看，抗日战争时期根据地财政经济史丛书不仅对纪念中国抗日战争胜利70周年有着政治意义，而且是新中国财政发展改革的基石，是为国理财的最好老师和教科书，蕴藏着取之不尽的营养剂，足以使我们了解昨天，把握今天，开创明天。

二

古今中外的历史经验表明，战争的胜利与财政经济有着密切的关系，战争要依靠财政的支持，财政是战争的基础和后盾，赢得战争胜利不是单单靠军事的强弱，更是财力的较量。在抗日战争中，中国共产党拥有的军事化程度很低，之所以战胜了具有现代化武器的日本侵略者，在党的正确领导的前提下，一个重要的原因就是根据地财政保障了抗日战争的财力和物资的需要。当人民看到中国抗日战争的胜利局面时往往首先想到的是军事的较量，忽视了军事背后财政的较量，殊不知财政对抗日战争的胜利做出了巨大的贡献，发挥了不可或缺的作用。

从抗日根据地的财政来说，它本身就是为抗日战争的需要而建立的，其性质是典型的“战时财政”。关于革命根据地财政的性质，毛泽东早在1928年就强调：巩固军事根据地不仅修筑完备的工事，还要“储备充足的粮食”。1933年指出：“动员群众，立即开展经济战线上的运动，……为着争取物质上的条件去保障红军的给养和供给。……不进行经济建设，革命战争的物质条件就不能有保障。”土地革命时期是这样，抗日战争时期更是如此，这样的财政是由抗日战争决定的，抗日战争赋予了它特殊的性质、艰巨的任务和光荣的使命。

抗日根据地财政的职能主要是为抗战服务的。1937 年抗日战争爆发伊始，《中国共产党抗日救国十大纲领》中就把财政作为边区政府实现抗日救国十大纲领的主要工具。1938 年毛泽东在中共六中全会扩大会议上明确提出建立战时财政经济政策，以保障抗日武装部队一切必要供给，满足抗日战争的需要是财政处理一切问题的宗旨。1939 年李富春在陕甘宁边区第二次党代会上强调，“边区财政的目的在于保证边区抗战经费的自给”。特别是在 1940 年抗日战争进入最艰苦阶段时，中央军委指出财政经济问题的解决必须提到政治的高度，“开辟财源，克服困难，争取战争的胜利”。显然，财政的最终目的是保障抗日战争的胜利。

为达此目的，抗日根据地在财政供给上军事支出始终占财政总支出的首位。在陕甘宁边区，财政供给原则是“军事第一，生活第二，必要事业与干部教育次之”。“不是百废俱兴，不分轻重缓急见事就办”，而是有中心，有先后，以此保障财政供给的任务。1942 年陕甘宁边区政府进一步明确，财政无论怎样困难，“在财政分配上军费应放在第一位”，“以军六、党政四之比例来制定预算”。战时财政供给的原则普遍贯彻在各个抗日根据地。山东抗日根据地支出额中军费名列第一，其次是行政费、群众团体补助费、建设费、教育费。太岳、冀西根据地财政的基本方针有五条，第一条就是供给战争需要和服从前线需要，其次才是培养民力，促进建设等。豫鄂边区行政公署明确提出预算支出要“分清主次，合理布局”，所谓“主”就是保障部队的供给。淮南抗日根据地财政支出的第一条原

则，就是保障坚持敌后抗战经费的供给，支付顺序是首先满足抗战部队给养，其他经费则量力而为。总之，保障抗日战争的需要始终是抗日战争时期财政工作坚持不变的方针。

在这样的供给原则下，军费支出成为财政支出结构的主体。陕甘宁边区财政支出中，军费支出远远高于其他支出，1937 年军事支出占总支出的比重是 25%，1939 年达到 54.65%，1940 年为 54.89%，1941 年为 30%，1942 年为 25.44%，1943 年为 45.80%。其他支出都居次要地位。如行政费占总支出 1939 年为 1.56%，1940 年为 1.34%；1941 年为 1.7%，1943 年为 1.35%。文化教育占总支出 1937 年是 8.9%，1938 年为 12.2%，1939 年为 10.%，1940 年为 5.87%，1941 年下降到 2.9%，1943 年进一步下降为 1.7%。抚恤和社会救济费占总支出 1937 年为 28.2%，1938 年下降到 7.4%，1939 年占 0.79%，1940 年占 0.52%。民政费占总支出 1943 年为 1.10%；1944 年为 3.98%，1945 年民政费取消。相比之下，军事支出与其他支出形成了鲜明的对比。陕甘宁根据地财政支出结构不是特殊的现象，其他抗日根据地的支出结构也基本相同。如山东革命根据地 1941 年财政总支出中军费占 70%、政费占 30%，1943 年总支出军费占 61.72%，行政费占总支出的 25.26%，教育经费仅占总支出的 0.45%，救济费占总支出的 0.17%。1944 年军费仍然占总支出的 70%，行政费约占 30%。1945 年上半年军事支出占总支出的 63.38%，而行政费只占总支出的 0.18%。淮南抗日根据地的支出结构也以军费为主体，1940 年 1 月津浦路东财政支出中军费占总支出的 79%，行政费占 11%，教育费占 7%，其他支出占 3%。华中抗日根据地鄂豫边区 1942 年“军费开支占边区总支出的百分之八十”，其次才是行政、投资生产、救灾、优抚等方面的支出。总览各抗日根据地财政支出结构，军事支出在财政支出结构中的主体地位是普遍的、稳固的、持续的。

不仅军事为财政支出结构的主体，而且军费支出呈现持续快速增长态势。陕甘宁边区军费支出，1939 年比 1937 年至 1938 年增长 1608.06%，1940 年比 1939 年增长 57.10%，1943 年比 1941 年增长 10632.28%；陕甘宁边区军费支出增长非常迅速，从军费规模看 1939 年增速比以前增加 29 个百分点，形成军费支出的第一个高峰。第二个高峰是 1943 年，比 1941 年增长 10632%，达到最高峰。1944 年以后出现下降，但从这一时期开始抗日战争转入反攻阶段，大量军队开赴前线，被服费支出占很大比重，被服费大部分是用于军队的，如果将二者合并起来，1943 年军事支出占比应该是 63.85%，1945 年是 50%，增长率也是不低的。其他抗日根据地军费也是处在增长的态势，如晋冀鲁豫边区 1943 年军费增长 77.3%，出现最高峰；1945 年比 1941 年增长 10 个百分点，仅 1945 年上半年比 1941 年就增长 6235.21%。军事支出的增长有效保障了抗日战争的需要。

由上可知，抗日根据地的财政是全心全意为抗日战争服务的，把用于抗日战争的供给始终放在首位，保持军事支出不断增加，呈现持续快速增长的态势，不论在怎么艰难困苦下都满足战争的需要，是抗日战争坚强的财力和物资后盾。这是抗日战争胜利的保障，从某种视角看比武器更重要。抗日根据地财政为抗日战争的胜利做出的贡献是巨大的，再版的抗日战争时期财政经济史丛书就是铁的见证，每当看到这些记载和数据无不为之感动、自豪和骄傲。

三

财政部党委十分关注中国抗日根据地财经史的研究，从 20 世纪 80 年代开始，中国财政科学研究院就将收集整理出版相

关资料和编写抗日根据地财政经济史作为中心任务。在财政部的委托和财政科学研究院牵头和组织下，由各地财政部门和院校的配合努力，不仅编写出版了数千万字的资料长编，而且陆续出版了各抗日根据地财政经济史。

编写这批抗日根据地财政经济史，付出了极大的人力物力和精力。汇集了大量的学者和各地财政部门的领导及干部，进行了大量的资料搜集和挖掘工作，访问了许多在世的抗日根据地干部和将帅战士。书稿在认真细致撰写的基础上经过反复讨论修改、征求意见、核定史料，每本专著都是千锤百炼的精品。更加值得一提的是，有些书的主编就是当年抗日根据地的老领导和老干部，有的还是从事根据地财经工作的，对情况掌握得全，了解得细，认识得深，做到了实事求是，评价客观，保障了全书的史料价值和真实性。从抗日根据地财政经济史的研究来看，我国20世纪80年代撰写的这批抗日根据地财政经济史著作是历史性的壮举，是划时代的成果，是抗日根据地财政研究史上的里程碑。不仅填补了我国抗日战争时期根据地财政经济史研究的空白，具有珍贵的史料价值、重要的学术价值，更具有弘扬革命根据地不怕艰苦、排除万难，为抗日战争胜利不懈努力的财政精神。

抗日战争时期根据地财政经济史是以马列主义、毛泽东思想为指导，以抗日战争时期根据地政府的财政方针、政策为依据，以各抗日根据地财政经济发展实践为基础而编写的。实事求是地总结了抗日根据地财政经济的发展规律和历史经验，各具鲜明的特色。《陕甘宁边区财政经济史》，客观而系统地展示了陕甘宁边区财政经济产生、发展的全部历史，总结了陕甘宁边区财政经济的历史经验和教训，启示着中国特色社会主义财政经济的改革与发展。《晋察冀抗日根据地财政经济史》，从财政、金融、农业、工商业、节约运动、大生产运动等多个层面

记录了晋察冀根据地的财政经济，内容丰富，资料翔实。《抗日战争时期晋冀鲁豫边区财政经济史》，从专业史的角度，反映了边区生产救灾、精兵简政等独具特点的历史事件。《华中抗日根据地鄂豫边区财政经济史》，史论结合，不仅反映了边区财政经济的发展进程，而且把财政经济各项工作相互促进、相互制约的内在联系揭示出来，做到历史与逻辑的统一。《山东革命根据地财政史》，以经济发展为基础，反映了抗日根据地财政收支、制度建设、工商业发展、大生产运动和财政发展的历史。

各抗日根据地财政经济史还有一个共同的特点，就是立足于根据地财政经济史但不就事论事，就财政说财政，而是把财政与经济紧密联系起来，将财政与政治紧密联系起来，把财政与战争紧密联系起来，做到了宏观中有微观、微观中见宏观。虽然是财政史著作，但字里行间又渗透了爱国主义情怀，洋溢着中国人民同仇敌忾、反对侵略、追求和平的心愿。使读者能够从财政的视角更清楚地认识到中国抗日战争胜利的伟大历史意义，中国人民反抗日本侵略在世界反法西斯战争中的重要地位、重大贡献和付出的巨大牺牲，进一步坚信中国共产党是团结全民族取得抗日战争胜利的中流砥柱。

随着时间的推移，这批抗日战争时期根据地财政经济史著作距离现在30多年过去了，由于种种原因不少已经失散，难以找到，有的成为现代的孤本。而且当年的专家和领导有的已经谢世，年轻的专家也到了古稀之年，很难再听到他们的声音，今后再没有抗日战争的当事人撰写抗战史的事情了。所以，很有抢救之必要，中国财政经济出版社经过很大的努力进行收集，并以丛书的面貌再版，使其得到传承和光大，可谓功在千秋。

回顾历史是为了向前看，继往开来，改革创新，开拓新的

历史局面。让再版的抗日根据地财政经济史丛书继续发挥其正能量，教育人、鼓舞人、引导人，使财政在改革发展的道路上开创未来。为中华民族的伟大复兴、为实现党和国家的宏伟蓝图继续奋斗，做出更大的贡献。

赵云旗

2017 年 3 月

晋察冀抗日根据地财政经济史编委会

前 言

晋察冀边区在中国现代史上占有极其重要的地位，它是抗日战争时期敌后建立的最早的一块根据地，一直享有模范根据地的荣誉。从它建立伊始，许多学者就研究它，近年来，愈受史学界的重视，已有不少专著和论文发表。我们这部书是专门探讨晋察冀根据地的财政经济问题的。在时间上，叙述到1945年8月日本投降为止。

本书是在编辑出版了《晋察冀边区财政经济史资料选编》的基础上，在财政部科研所组织、指导下完成的。资料来源，一是档案文献，一是访问调查，前者丰富了我们的知识，开阔了我们的视野，使撰写建立在坚实内容的基础上；后者使我们深化了思想，清晰地领悟了晋察冀边区财政经济发展的路程和来龙去脉。

本书是集体研究的成果，初稿完成后，曾经三次全面修改。初稿撰写人为：张洪祥、高德福（边区概况）；王宗杰、冯田夫（财政）；张励声（金融）；李士芳、靳殿良、郭增寿（农业）；陈美健、裴淑兰（工业）；张淑云、刘士富（商业贸

易)；黄仁杰（粮食)；康煜（合作事业)；张洪祥（精兵简政)。以后参加修改的有：魏宏运、星光、傅尚文、张洪祥、冯田夫、靳殿良、李士芳、高德福、张励声、李振亚、王宗杰、王黎等。最后由魏宏运、星光、张洪祥、冯田夫定稿。

编写过程中，曾得到当年在晋察冀边区工作过的娄凝先、刘欣、周政新、刘再生、戴新民、崔希默、韩成贵等同志的热心指导，并提供了资料；姜宏业、阎振维、李树萱等同志亦给予了大力支持和帮助，在此一并致谢。

目 录

第一章 晋察冀边区的概况

第一节　抗日根据地的建立

一、北岳区的开辟

1937年7月7日，日本帝国主义制造卢沟桥事变，发动了全面侵华战争。卢沟桥在北平[1]城西南20余华里，是北平的西南屏障，跨永定河，扼平汉铁路咽喉要道，自古以来为兵家必争之地。此地距丰台很近。1936年日军占领丰台后，卢沟桥周围地区已成为军事上的最前线，其地位尤为重要。宛平县政府设在桥北，国民革命军第29军有一营兵力驻守，确保北平西南通道安全。卢沟桥事变，中国从此开始了全民族抗御外侮的八年战争，此后卢沟桥遂成为中华民族全面抗日战争起点的胜地，永远载入史册。

卢沟桥事变发生的第二天，关东军独立混成第11旅团即向华北推进。7月10日，日本参谋本部决定派关东军两个混成旅团、驻朝日军之第20师团，还从国内调来3个师团、18个航空兵中队开赴华北战场。7月11日，日本陆军省任命少壮派军人香月清司中将为中

〔1〕今北京，下同。

国驻屯军司令官。香月清司走马上任，12 日由东京飞抵天津，召开特别军事会议，作出向丰台、通州、密云、天津等地增兵的部署，下达了“做好适应全面对华作战准备”的命令。至 7 月 16 日，日军入关部队已达五个师团，计 10 万余人。

卢沟桥事变的第二天，中国共产党中央即发布了《中国共产党为日军进攻卢沟桥通电》，指出：“平津危急！华北危急！中华民族危急！只有全民族实行抗战，才是我们的出路！我们要求立刻给进攻的日军以坚决的抵抗，并立刻准备应付新的大事变。全国上下应立刻放弃任何与日寇和平苟安的打算”。[1]第 29 军奋起反抗，其司令部立即发出命令：卢沟桥即为尔等之坟墓，应与桥共存亡，不得后退。全中国各族各界人民、各民主党派，响应中国共产党坚决抗战的号召，掀起了广泛的抗日救国运动。南京国民政府蒋介石，电令第 26 路两师、第 48 军及第 85 师各部，向保定、石家庄等地集中，以备应援。并令第 21 师、第 25 师继续开拔。17 日，蒋介石在庐山发表谈话，表示抗战决心：如果战端一开，那就地无分南北，人无分老幼，无论何人，皆有守土抗战之责任，皆应抱定牺牲一切之决心。并提出了解决卢沟桥事件的四个条件。但又说：在和平根本绝望之前一秒钟，我们还是希望由和平的外交方法，求得卢事的解决。这表明南京国民政府对日是战是和，举棋未定。在日本政府放出的“坚持不扩大方针”、“现地解决”烟幕的诱惑下，7 月 18 日，冀察政务委员会最高军政长官宋哲元，未能识破日本全面侵华的阴谋，到天津会见日本驻屯军司令官香月清司，进行和谈，准备以双方撤军等为条件，对日妥协。

日本帝国主义利用了南京国民政府和宋哲元的犹豫和动摇，集结兵力，进一步完成了扩大侵华战争的军事部署。7 月 27 日，日本陆军总参谋部命令香月清司，以现有部队“讨伐”平津地区的中国军队。香月清司发出最后通牒，不待中国答复，日军即向北平地区展开了大规模的全面进攻。此时宋哲元抗战决心已经明朗，26 日命赵

〔1〕《毛泽东选集》合订一卷本，1967 年版，第 315 页。

登禹为南苑守军总指挥官，阻击日军。28日发出自卫守土通电，同日组织第132师在南苑与敌血战，师长赵登禹与29军副军长佟麟阁壮烈殉国；丰台、天津的第29军对日军的进攻，因贻误战机，又因敌我众寡悬殊，部署未周，7月29日、30日，北平、天津相继陷落。

北平、天津是华北政治、经济、文化的中心和交通枢纽，战略地位十分重要。如此重镇，仅三天多的时间即沦入敌手，实为战争史上所少见，这是国民政府长期奉行不抵抗政策的恶果。

日本侵略者侵吞天津地区后，迅速从国内调兵，以平津为出发点，沿平绥、平汉、津浦等铁路线，发动战略进攻。这时南京国民政府感到形势严重，8月7日，蒋介石主持召开国防会议，开始讨论国防大计。8月17日，国民政府军事委员会进一步向平津外围集结兵力，并调整了防御部署。规定津浦路北段沿线地区由第29军、第53军负责固守，平汉路北段沿线地区由第26路军、第3军、第52军负责固守，沧石线由第32军、第67军等部负责固守，平绥路东段的察绥地区由第17军和第68军合编的察绥守备军团等负责固守。8月20日，南京国民政府以军事委员会名义发布了作战指导方针，将全国划分为五个战区，以一部主力使用于华北，在平绥、平汉、津浦铁路沿线各要地，采取重叠配备，多线防御，消耗敌人，以求争取时间。在日军猖狂进攻面前，国民党军队大部官兵积极抵抗，浴血奋战，许多爱国将士为国捐躯。南口、居庸关、琉璃河、静海东南小王庄驻军的英勇固守，张家口、姚马渡、北赵扶等地的有力反击，以及太原忻口战役等，均给日军造成相当大的损伤。但是，就整个华北战场来看，成绩并不令人满意，在很多情况下是令人失望的，一遇敌军便溃退败北，仅五个月时间，华北重要城市张家口、大同、保定、石家庄、太原、济南等相继失陷，河北、察哈尔、绥远、山西、山东的大部分地区被敌人占领。

在国民党军队节节败退的时候，中国共产党领导的八路军，在朱德、彭德怀总副司令的率领下，挺进华北战场。

根据国共两党达成的协议，8月22日，南京国民政府军事委员会宣布红军主力部队改编为国民革命第八路军，并设总指挥部，下辖三个师，每师15 000人。8月25日，中共中央军事委员会发布改编命令，任命朱德为八路军总指挥，彭德怀为副总指挥（9月11日，改称第18集团军正、副总司令），叶剑英任参谋长，任弼时任政治部主任，左权任副参谋长，邓小平任政治部副主任，下辖第115师，林彪任师长，聂荣臻任副师长，周昆任参谋长，罗荣桓任政训处主任（11月政训处主任改称政治委员，下同），肖华任政训处副主任；第120师，贺龙任师长，肖克任副师长，周士第任参谋长，关向应任政训处主任，甘泗淇任政训处副主任；第129师，刘伯承任师长，徐向前任副师长，倪志亮任参谋长，张浩任政训处主任，宋任穷任政训处副主任。八路军的作战区域为华北冀、察、晋、绥四省边界地区。

在改编过程中，团以上干部在陕西省洛川县云阳镇召开会议，传达、讨论了中共中央政治局洛川扩大会议精神。根据红军的特点和抗日战争的具体情况，洛川会议确定八路军的战略方针是开展“独立自主的山地游击战”，其基本任务是：配合友军作战，进行战略支援，牵制、消灭敌人，保存和扩大我军，创造根据地。

为挽救华北战局的危急，8月22日，八路军第115师即从陕西三原地区出发，东经合阳，31日由韩城县芝川镇东渡黄河，至侯马乘火车沿同蒲路北上，日夜兼程，9月中旬抵达晋东北地区。9月3日，第120师师部率358旅、359旅主力和教导团，从陕西富平县庄里镇地区出发，也由韩城县芝川镇渡过黄河，直驱晋北。9月6日，八路军总部由朱德、任弼时、邓小平、左权等率领，从陕西泾阳县云阳镇出发，由芝川镇渡过黄河，21日进抵太原。第129师也待命出发。八路军北上部队进入山西时，正值防守宣化、张家口、大同等处的第二战区晋绥军向南撤退，社会秩序混乱，人心惶恐不安。八路军的到来，给人们带来了希望，沿途群众争相传告，扶老携幼夹道欢迎八路军的群众，彻夜不断。

9月中旬，沿平绥线进攻的日军第5师团及关东军察哈尔派遣兵团，分两路南侵，一路由蔚县、文灵、涞源进犯平型关，一路由大同直下，进逼雁门关。日军进攻主力指向平型关，企图闯过平型关，突入内长城，直下代县，插斩雁门关后路，不战而取要地，进而歼灭中

国第二战区部队，从右翼配合其方面军主力在平汉路沿线作战。这时，中国第二战区晋绥军已由蔚县、广灵、浑源和大同后撤，退守内长城防线。晋绥军第 6 集团军部署于平型关及其附近长城线；第 7 集团军部署于茹越口、雁门关长城一线，计划凭借长城天险，阻止日军深入山西腹地。但由于平绥线和晋东北的连续败退，国民党军队对于防守平型关、雁门关已无信心，第二战区急切要求八路军迅速到达平型关附近地区，协同坚守长城防线。

八路军由陕入晋，预订目的地原是蔚县，因蔚县已经失守，遂改变原计划，总部命令 120 师进至雁门关以西之神池地区，侧击由大同南犯之敌；115 师进至平型关以西之大营镇待机，准备配合友军，侧击进犯平型关之敌。中国军队在平型关的部署是这样的：晋绥军的郭宗汾师、刘奉滨师、金宪章师和陈长捷师及章拯宗旅、孟宪吉旅等部在正面，高桂滋军在左翼。刘茂恩军在凌云口、恒山一带。八路军 115 师在右侧，即在灵丘通往平型关之公路以南的山岳地区。

平型关为内长城之要塞，属山西繁峙县，其北为恒山，南为五台山，地势险要，山峦连绵，对日军机械化部队行动不利，便于八路军隐蔽机动和部署伏击。平型关东北之关沟至东河南村之间，有一深沟，两旁悬崖壁立，为敌必经之路。9 月 24 日午夜，115 师部队冒雨秘密埋伏于沟之两侧，在群众帮助下，封锁了消息，日军毫无察觉。日军第 5 师团第 21 旅团 4 000 余人，汽车 200 余辆，辎重马车 200 余辆，沿灵丘至平型关公路西进。25 日拂晓，当千余名日军进入伏击圈后，由于山沟路窄，雨后泥泞，车辆、人马拥挤堵塞，行动缓慢。115 师在林彪和陈光等指挥下，抓住有利战机，居高临下，向日军发动猛烈攻击。伏击部队勇猛地冲向公路，同敌人展开白刃战。歼灭夹沟敌人之后，又集中兵力，向日军先期进占的东跑池发动进攻。这里本来是晋绥军攻击的目标，有日军 3 000 余人，但晋绥军裹足不前，未按计划出击，致使敌人突围逃窜。

平型关战斗，毙敌 1 000 余人，给日军精锐的板垣师团第 21 旅团以歼灭性打击，是抗战以来中国军队取得的第一个重大胜利，打击了日军的疯狂气焰，鼓舞了全国人民抗战的勇气。“饱受日本侵略军和国民党溃兵祸害的华北人民，从平型关的胜利中看到了希望，认为共产党和八路军是可以信赖的。这为后来我们在这一地区创建敌后抗日根据地，奠定了广泛的群众基础。”[1]平型关得胜后，八路军总部进驻五台县南茹村，在朱德、彭德怀、任弼时、左权等领导下，各部积极组织民众，开展游击战争，仅一个月时间就在雁门关南北18县——五台、崞县、定襄、忻县、盂县、阳曲、寿阳、平定、繁峙、代县、灵丘、浑源、应县、山阴、广灵、大同、阳高、天镇，发动群众，奠定了游击战的基础。

10月下旬，八路军总部及115师主力奉命南下驰援娘子关，聂荣臻副师长受命率115师一部，即一个独立团、一个骑兵营另两个连及部分军政人员共2 000余人，留守五台地区，开展游击战争，开辟敌后根据地。

聂荣臻，四川人，“五四”时期留法勤工俭学，攻读化学。1924年赴莫斯科学习军事，1925年回国，担任黄埔军官学校政治部秘书兼政治教官。1926年3月20日事变时曾被囚，脱险后担任广东省军事工作，参加北伐。“马日事变”后为九江前敌军委成员，参加领导著名的南昌起义。土地革命时期，任中国工农红军总政治部副主任、红一方面军第一军团政委等职，红军改编为国民革命军第八路军时，任115师副师长。

聂部初到时，住在五台山的寺庙里。当时，晋东北地区社会秩序相当混乱，国民党军队南撤，各县政权机构瓦解，除五台县县长宋劭文和盂县县长胡仁奎，团结一批爱国人士和抗日青年，继续留在当地坚持斗争外，其他各县政府官吏都已逃散一空，散兵流匪乘机作恶，汉奸到处欺骗造谣，人民情绪惶恐不安。所到之处，市镇萧条，县城空荡，呈现出兵燹之后的荒凉景象。部队供给十分困难，深秋初冬季节，指战员们还未穿上棉衣。运输和物资动员方面，更是难以筹措。因为一批又一批溃败的国民党军队，牵走了大批的驮骡毛驴，据统计，溃军向五台县要的驮骡总数达六七千头。败退的国民党军队和日

[1] 《聂荣臻回忆录》（中），解放军出版社1984年版，第357页。

本侵略军经过的地方，粮物洗劫一空，给人民的生活和部队的活动造成很大困难。在这极为艰苦的条件下，八路军以惊人的毅力和勇气，开始了抗战堡垒的开创工作。

在日本侵略军的汹汹来势面前，聂荣臻率部响亮地提出了"誓与华北人民共存亡"、"开展敌后游击战争"、"创建抗日根据地"的战斗口号，遂以五台山为基地，分兵向察南、冀西发展。向察南挺进的杨成武独立团，活跃在灵丘、广灵、涞源间。9 月 25 日，在灵丘附近与敌作战，击溃日军两个联队，10 月 10 日攻克涞源县城；15 日，伏击广灵、灵丘间之敌，翌日收复广灵县城。23 日克灵丘县城，26 日攻占蔚县，继而收复龙华、占领易县。一个月之内，收复县城 7 座，开辟了以蔚县、涞源、广灵、灵丘四县为中心的察南根据地。

刘云彪率领的骑兵营开赴冀西，9 月 19 日在阜平东北之倒马关击败敌骑数百，保卫了阜平。随后以阜平为中心，在附近各县开展游击战争，广泛发动群众。石家庄陷落后，该部即深入平汉路北段活动，10 月 18 日收复曲阳，24 日克唐县，继则占领完县，26 日和 29 日一度收复清风店及定县城，11 月 1 日进占满城，开辟了以阜平为中心的冀西根据地。

由赵尔陆、舒同率领一批军政人员及部分八路军，开赴五台、定襄、代县、崞县等地，配合宋劭文开展活动，排除了溃败的国民党军散兵的骚扰，扫除了发动群众的障碍，使开辟地区和组织抗日武装的工作迅速发展，奠定了晋东北根据地的基础。

周建屏和刘道生等率领的工作团和小部队，活跃在正太路以北的山地。他们在当地党组织的支持下，在平山建立了以平山子弟为主的平山团，并在井陉、获鹿、正定、平定、阳泉、寿阳等地农村，组织抗日游击队，使边区南部地区出现了新的局面。

到 1937 年底，晋察冀边区根据地已初具规模，拥有晋东北 12 县、冀西 20 县、察南 4 县的广大地区，此区域统称北岳区。

1937 年 11 月 7 日，晋察冀军区于五台县宣布成立，聂荣臻任军区司令员兼政委，孙毅任参谋长（后改为聂鹤亭），唐廷杰任副参谋长，舒同任政治部主任，朱良才任政治部副主任，查国桢任供给部部

长，刘再生任工业部部长，叶青山任卫生部部长。下辖四个军分区：第一军分区，司令员杨成武，政治委员邓华，所辖区域为涞源、浑源、蔚县、广灵、灵丘、应县、山阴等地；第二军分区，司令员兼政治委员赵尔陆，所辖区域为五台、繁峙、定襄、崞县、盂县、沙河、大营等地；第三军分区，司令员陈漫远，政治委员王平，所辖区域为阜平、唐县、完县、定县、望都、行唐等地；第四军分区，司令员周建屏，政治委员刘道生，所辖区域为平山、井陉、平定、获鹿、灵寿、正定、新乐等地。各军分区不仅有各自管辖的区域，还有向纵深发展的活动范围，四周与敌接壤的广大地区，就是各自的游击区。

晋察冀军区的成立，大大振奋了这一地区军民的抗战精神。各分区的部队，新建立起来的游击队四处袭扰敌人，断绝交通，收复城镇，使敌人日夜不得安宁。日本侵略军为确保其占领区的统治，企图把刚刚建立的根据地扼杀于摇篮之中，于 11 月 24 日，调集 2 万兵力，以分进合击的战术，分兵八路围攻北岳区根据地。第 1 路由怀来、涿鹿直趋蔚县；第 2 路由天镇、阳高趋向蔚县；第 3 路由应县向浑源、广灵进攻；第 4 路由保定、易县向紫荆关、涞源进攻；第 5 路由定县、新乐向曲阳、行唐进攻；第 6 路由石家庄、获鹿、井陉向灵寿进发；第 7 路由平定、寿阳向盂县进攻；第 8 路由代县、忻县向繁峙、定襄进攻。八路军和当地人民紧密地配合在一起，用夜袭、伏击各种方法打击日军。经过 20 余天的激烈战斗，毙伤敌 2 000 余人，粉碎了敌人的围攻。这次反围攻的胜利，使我军站稳了脚跟，根据地得到了巩固和发展。

二、冀中根据地的建立

如果说在敌后建立起北岳根据地是一种奇迹，在河北的大平原上开展游击战，建立冀中根据地，则更是旷古未有的事。

沿平汉、津浦两铁路线南犯的日军，9 月下旬占领保定、沧县，10 月初，日军继续向南入侵，国民党军队纷纷撤退，冀中地区陷入混乱状态，敌占区汉奸横行，国民党地方官吏在敌人占领前大都南逃，政权瓦解，土匪乘机作恶，人心惶惶。中共冀中党组织，以抗日救国为己任，抗战开始不久，即提出抗日、除奸、剿匪三大中心口号展开活动。1937 年 8 月间，中共保属特委根据中央北方局指示精神，决定党员干部一律坚持地区组织武装，开展游击战争。于是冀中地区的安新、高阳、蠡县、博野、安国、无极、藁城等县的中共党组织积极宣传抗日，组织游击队，开展袭扰敌人、打击敌人运输的游击活动。这时，八路军总部派孟庆山团长来到冀中，协助地方党组织在高阳、安新、任丘、蠡县一带群众基础较好的农村，开办短期军事训练班，培养了一批军事骨干，从此各县的游击战争蓬勃发展起来。冀中人民在日军的残暴蹂躏下，男不能耕，女不能织，生命财产失去保障，因此抗日情绪极为高涨，纷纷参加共产党领导的抗日武装，河北游击军在很短时间内发展到 1 400 多人，安平、高阳、蠡县、深泽、安国等 7 县组织了 1 200 余人的人民自卫团。

1937 年 10 月，东北军 53 军 691 团团长吕正操（中共党员），在国民党军败退之际，毅然拒弃了蒋介石南撤的命令，率领部队挥师北上。这支部队对冀中地区抗日武装力量的发展壮大起到了促进作用。

691 团的干部战士多是东北人，自“九一八”事变后，他们饱含着对日本侵略军的民族仇恨，流落关内，又处处受蒋介石嫡系部队的排斥，长期没有立足之地。西安事变后，53 军中有政治觉悟的官兵参加了中共，成立了党的组织属北方局领导。“七七”事变后不久，该团由石家庄调往永定河作战，旋又奉命随国民党大军南撤。10 月 14 日，进至晋县小樵镇时，团长吕正操与广大爱国官兵毅然拒绝执行命令，断绝同 53 军的一切联系，举行抗日誓师大会，宣布 691 团改编为人民自卫军，吕正操任司令员，营改称纵队，连改称支队。随后挥师北上，一面继续整顿队伍，建立系统的政治工作制度，成立政治部，由晋察冀军区派来的孙志远任政治部主任，开展抗日的政治教育、纪律教育和反对旧军阀习气的教育，宣传共产党的方针政策，提高指战员的抗日决心；一面积极消灭土匪汉奸、开辟地区、扩大武装。斗争中歼灭了新城白沟镇的奸匪自卫联军第一旅和新镇、安新等地的伪县政府，以及清苑张澄、东石桥等伪警察局，生俘敌高阳、安

新等五县指挥官铃木五郎和不少汉奸匪首，群众抗敌情绪为之大振，先后建立了高阳、安新、安平、任丘、蠡县、博野、安国、深泽等9县的抗日民主政权，组织了群众的抗日救国团体和游击队，取消了苛捐杂税，安定了社会秩序，创造了冀中抗日根据地的雏形。到1937年12月，这支人民自卫军主力发展到3 000多人，分编为一、二、三团和特务团四个团，及炮兵、通讯、机枪三个独立营，并划分了各团的活动地区。地方游击队和县自卫团也扩大到2 800余人。此时还有晋察冀抗日义勇军第八支队500人、第五支队300人接受中国共产党领导。12月12日，吕正操、孙志远率领人民自卫军主力前往北岳区阜平地区整训，中共保属省委将省委军委改为河北游击军司令部，由孟庆山负责，统一领导所有游击队和各县地方武装。

决心反抗日本侵略者的不只是共产党，其他一切有民族意识和抗日决心的党派、军队与人民，都拿起枪来组织各色各样的武装和日寇作战。各种杂色武装猛烈发展，如雨后春笋。据统计，国民党流散军人组织的武装有16 000余人，各地被地主控制的农民联庄武装有95 000多人，会道门武装4万余人。这些武装一般都打着抗日的旗号，他们各据一方，自行其是。中共冀中党组织和武装部队，正确地分析和估计了各种杂色武装的具体情况，决定："基本上争取，同时不放弃对最坏的作重要打击"〔1〕。为了争取更多的武装力量真正走上抗日道路，1938年1月人民自卫军整训东归，对真心愿意抗日的，热情地予以扶植帮助，如张荫梧跑了以后，博野军官张宗植一部不足100人，自动留在冀中坚持，我们帮助他发展到5 000人。对于联庄、道门武装则是积极争取、改造和收编。到1938年4月，先后改造收编了晋县、定县、保定、霸县、雄县、河间等地的联庄武装，争取了深泽的大刀会、无极的天门会，以及永清、固安、霸县等地的红枪会。同时还消灭了盘踞在安平、深泽、深县、束鹿等地勾结日军，破坏抗日的高建勋、张安邦、项修文、徐二黑等部的土匪汉奸武装。

在改造收编杂色武装的同时，人民自卫军，向日军盘踞的城镇及

〔1〕 吕正操："冀中平原游击战争"，《解放》，1940年第110期。

铁路沿线发动了攻袭破击，如1938年除夕袭入定县城，后又强攻无极及天津外围的王庆坨；蠡县南于八之战全歼日军一个中队，生俘日军7名，深县赵八庄追击战毙伤日军50余名。尤其是大规模的连续破袭平汉路，使敌人火车不断出轨，无法正常行驶，严重打击和牵制了敌人。1938年2月和3月、4月间，人民自卫军胜利地粉碎了日军两次大规模的围攻扫荡，并一度攻克高阳、安新两县城，大大提高了冀中军民的抗战意志和胜利信心。

1938年2月间，人民自卫军开赴大清河北霸县、永清、安次、固城、武清等地，收复新镇，继克霸县、永清，收编了安次、武清、固安地区的联庄武装5 900余人，开辟了大清河以北的根据地。

经过1938年1—4月的连续作战，基本上肃清了冀中腹地的土匪、汉奸等反动武装，收复了大片国土，胜利地粉碎了日军的春季扫荡，根据地得到巩固与扩大。西起平汉路，东至津浦路，北至平津路、南达沧石路，这一辽阔的平原地区为中国共产党领导的人民武装控制，共建立了38个县的抗日民主政权，人民自卫军和河北游击军各发展到30 000多人。

1938年4月21日，中共冀中区第一次党代表大会在安平县城召开。会议总结了半年来建军和开创根据地的工作，研究了统一本地区党和军队的领导问题，提出了改善人民生活、减租减息、统筹统支、调剂金融、统制贸易等各项政策，制定了军队今后的作战方针，成立了中共冀中区党委，黄敬任书记。取消保属省委。会后不久，人民自卫军和河北游击军合编为八路军第三纵队，成立冀中军区。军区下分第一、二、三、四军四个军分区。主力部队统编为第七、八、九、十，四个支队及独立第一支队、游击第一师等。吕正操任八路军第三纵队司令员兼军区司令员，孟庆山任第三纵队副司令员兼军区副司令员，孙志远任政治部主任。赵承金任第七支队兼第一军分区司令员。辖区以深县为中心的冀中东南部地区；于权伸任第八支队兼第二军分区司令员，辖区为以蠡县为中心的冀中西北部地区；沙克任第九支队兼第三军分区司令员，辖区以深泽为中心的冀中西南部地区，孟庆山兼任第十支队和第四军分区司令员，辖区为以河间为中心的冀

中东北部地区。同年8月，晋察冀军区任命王平为第三纵队兼冀中军区政治委员。9月间，又组织第五军分区，辖区为以霸县为中心的大清河以北地区。

在中共冀中区党代表大会召开之前，1938年4月1日，冀中区统一的最高政权领导机关——冀中政治主任公署（后改为行署）已经成立，吕正操兼任主任，李耕涛为副主任。下设专区，各专区设专员，设立督察专员公署，领导专区各县的地方工作；取消各级战地动员委员会，建立县、区政府，改造村政权。从此冀中平原抗日根据地的基础形成，党、政、军、民等各项工作逐步走上了统一、巩固和发展的道路。

就这样，冀中区作为晋察冀根据地的一个重要组成部分，初步建成了。冀中区的建立为山区根据地的发展提供了人力、物力的支援；它是建立在敌人心脏里的抗战堡垒，同北岳、冀东、平西、平北根据地相配合，形成了对华北敌占区主要交通干线和中心城市的战略包围，从而有力地钳制了敌人。

三、挺进平西、冀东

平西，是指平汉路北端之西，平绥路南口、居庸关之南，西北至宣化，东南达高碑店的一块地区，包括河北省西北部宛平、昌平、房山、良乡、涿州和察哈尔东南的宣化、涿鹿、怀来等县的一部分。这块地区除宛平和涿州的一部分是平原地带外，其余都被恒山山脉所盘绕。

自1937年8月下旬南口失守后，平西10余万人民，就落入了日军的铁蹄之下。中共平西地方党组织，曾经组织过游击队，成绩不大；一部分共产党员和抗日知识分子，动员地方士绅成立了国民抗日军，活动在平郊及平绥路附近一带。曾攻破北平德胜门外第2监狱，救出被囚同胞六七百人，壮大了队伍。后又经过天门沟战斗，毙伤敌四五十人，击落敌机一架，缴获部分武器，进一步武装了自己。到1937年11月这支部队发展到3 000多人，12月，调往北岳区阜平地区整训。

1938年2月，中央指示八路军总部和晋察冀军区，组织部队，挺进冀热边界，开辟新的根据地。指出：以雾灵山为中心之区域，有广大发展前途，且是独立作战之区域。派去干部应该精干，且不宜过少，党政领导人需要有独立应付新环境的能力，出发前应做好充分准备。晋察冀军区于1938年3月派出邓华支队挺进平西，开辟平西地区，建立向冀东发展的基地。

邓华支队到达平西后，在当地群众配合下，连克敌人几个据点，不久即开入反动势力的中心东斋堂，摧毁了维持会、伪自卫团、日军特务机关及汉奸团体；歼灭了怀来汉奸董吉九、宛平汉奸谭天元等部。4月、5月间，邓华支队开到北平附近，袭击白阳城高崖口，伪宪兵百余全部反正。同时奇袭坨里东站，攻克门头沟，破坏了北平至门头沟的铁路，未几又西北出察南，袭占涿鹿，并在当地群众配合下，夜袭平绥铁路，破坏铁轨20余里，攻占了宣化、怀来之间的下花园午站。

前后两个多月时间，邓华支队解放了平西10余万人口的地区，开辟了房山、涿州、良乡、昌平、宛平等地的工作，并在谢家堡建立了宣涿怀、在东斋堂建立了昌宛、在紫石口建立了涞涿、在下石堡建立了房良四个联合县政府；与此同时，广大农民自动交出国民党军队遗弃下来的轻重火器及弹药，组织了宛平游击支队、宣涿怀游击支队和房涿涞游击支队，另外还组织了三个平西游击支队。各县都组织了抗日救国会等群众团体，使平西地区初具根据地规模。

1938年6月，晋察冀军区决定派邓华支队与120师的宋时轮支队组成第四纵队，向平北、冀东挺进。6月12日聂荣臻在给毛泽东、朱德等的电报中说："为执行创造新的根据地之任务，拟乘敌空虚迅速进往冀东，首先袭取兴隆，以该地为核心。现决分两路进攻：宋支队进袭密云以东平谷、三河、蓟县，以便相机进占各县城；邓支队于进逼兴隆成功后，则继续向东南地区发展"。并请刘少奇转告天津冀东特委〔1〕"加紧布置工作，并派人与宋邓纵队联络，以便布置整个

〔1〕 即冀热边特委。

工作”。[1]

冀东地区的战略位置极为重要，它是沟通东北与华北的咽喉地带；这一地区工业比较发达，物产丰富，又是日本侵略者“以战养战”的重要物质基地。1935年底汉奸殷汝耕成立“冀东防共自治政府”，冀东22县开始沦为日本的殖民地。“自从冀东沦陷以来，敌人就在冀东积极‘建设’，特别在‘卢沟桥事变’以后，敌人的这种在军事政治经济上控制冀东的工作，更是空前的加紧起来”，冀东人民遭受着更加严重的痛苦，“不仅是苛捐杂税，横征聚敛，而且强抽壮丁，征发车马，收征民枪，摊派粮秣，甚至滥加抗日罪名，公开敲诈勒索。这种残酷的压迫和剥削，迫使冀东广大人民生活日趋恶化，提高了冀东人民对于日寇的切齿痛恨与对国军的渴望”[2]。

1937年11月，中共北方局指示河北省委，立即把注意力和工作重心转向农村，并派河北省委书记李运昌赴冀东，组织冀热边特委。随后河北省委又派胡锡奎到冀东北宁路南，组织京东特委，准备发动路南的游击战争，以配合冀热边。中共北方局还派八路军团政委李润民、团长孔庆同来到冀东，在冀热边特委领导下，开办游击战争训练班，培养军事骨干，进行发动游击战争的准备。

1937年冬和1938年初，中共冀东地方党组织曾举行过两次武装起义，但都失败了。这两次武装起义虽没有成功，却给以后的武装起义提供了有益的经验教训，扩大了政治影响。冀东人民抗日情绪的不断增长和中国共产党有计划的组织与发动，构成了武装暴动与坚持冀东游击战争的决定因素。

1938年5月间，中共京东特委与冀热边特委合并，胡锡奎任特委书记，李运昌负责军事工作，积极准备武装起义，并与同盟者高志远、陈宇寰、洪麟阁等联络磋商。与此同时，河北省委派人前往平西，与宋时轮、邓华具体研究了第四纵队挺进冀东的计划。6月上旬，第四纵队向冀东进军，首先袭取兴隆，然后，宋时轮率一部向密

[1] 聂荣臻：《乘敌空虚迅速创造新的根据地》，中央档案馆藏件1938年版。

[2] 姚依林：“一年来的冀东游击战”，《八路军军政杂志》，1939年第1卷，第12期。

云、平谷、三河、蓟县方向进击，邓华率一部向兴隆东南遵化、迁安等地进击，以推动冀东武装起义的爆发。7月1日，中共冀热边特委邀请各党派抗日领袖在滦县的田家湾子召开重要军事会议，具体研究部署冀东大暴动问题。会议决定7月16日一致举行起义，通过了起义的行动纲领，成立了冀东抗日联军，推举高志远为联军总司令，李运昌、洪麟阁为副总司令。晋察冀军区为配合冀东武装起义，命令各部队于7月上旬开始，沿平汉、平绥、正太三铁路分十路向敌人出击。因起义消息泄密，冀东的日军进行秘密大搜捕，遂决定起义提前发动。7月6日，武装起义首先从滦县港北爆发，接着洪麟阁、李楚离在遵玉边、高志远在马城、高敬之在卢龙、李子光在蓟县、阎达开在乐亭、谷云亭在丰润等地发动起义。从7月上旬到8月底，冀东各县大暴动风起云涌，广大民众纷纷响应，近10万大军（其中抗联7万，杂牌队伍3万），组成27个总队和区队，浩浩荡荡驰骋于冀东原野，他们在西起潮白河，东到昌黎，北至长城内外，南达渤海之滨17县的广大地区，展开了大规模的游击战争。7月18日，开滦赵各庄等矿数千名工人，在共产党员周文彬和节振国领导下举起义旗，起义受挫后，周文彬和节振国带领500余人，组成工人特务大队，加入大暴动行列，开展游击战争。为配合大暴动，第4纵队在冀东西部地区积极展开攻势作战，在联军配合下攻克蓟县、平谷两县城。随后第4纵队沿长城内外东进，8月初攻克迁安，8月中旬第4纵队和抗日联军在遵化东南的铁厂会师，冀东大暴动达到高潮。两个月内，抗日联军先后攻克卢龙、乐亭、迁安、玉田、蓟县、平谷等六座县城，几乎摧毁了除铁路沿线以外的所有敌伪政权，解放了数以百计的集镇，并一度占领古冶、洼里等车站，破坏铁路和公路多处。在第4纵队和抗日联军占领的地区，自1935年以来殷汝耕汉奸政权奴役人民的各种淫施，曾被摧毁殆尽。

冀东大暴动，是冀东人民武装抗日，开展游击战争的起点，它在华北地区，乃至全国产生了巨大影响。它切断了京奉铁路线，使敌华北、华中的物资供应发生困难，有力地配合和支援了华中前线抗战。

1938年8月底，第四纵队党委、冀热边特委和抗日联军领导人

在铁厂召开联席会议，会议充分肯定了冀东大暴动的意义和第四纵队进军的作用；分析了暴动后的形势，决定成立冀热辽军区，以统一领导和指挥军事斗争，宋时轮和邓华分别担任军区正副司令员。军区下设五个军分区，高志远、李光顺、李运昌、洪麟阁等任军分区司令员。同时决定成立冀热辽边区行政委员会，以统一政权领导，任命了滦平、兴隆、丰润、玉田、遵化、蓟县、平谷、迁安、卢龙等县的县长，开始发动群众、组织抗日救国团体、筹粮筹款、安定社会秩序等根据地的建设工作。

铁厂会议后，冀热边特委召开会议，具体研究贯彻铁厂会议精神，布置整训、清匪和建设根据地的工作。9月初，宋时轮率第四纵队主力东渡滦河，向热河都山挺进，开辟都山根据地。

9月10日，毛泽东、朱德、刘少奇、彭德怀等联名致电第四纵队和河北省委：批准铁厂会议的决定，指示宋、邓将部队以团营为单位，分散到各军分区与起义部队合编，并着手建立县区政权。正当冀东军民实现中央指示的时候，日本侵略军大举“围剿”，宋时轮率部向都山进军，在抚宁、青龙边境连续遭到敌人阻击，建立都山根据地的目的未能实现，部队撤到蓟县北部山区。由于主力西撤，冀东的敌我态势发生较大变化。9月17日，邓华打电报给晋察冀军区，提出将主力部队和地方武装撤往平西，进行休整训练的请求。9月26日，中共中央电示宋邓：有全国坚持抗战的有利形势，有华北普遍的游击战争，加以八路军远近距离的配合，有广大群众的掩护，有灵雾山、燕山、五台山东西千余里之大山脉便于回旋，地方党有相当基础。根据以上各种条件，创造冀热边根据地，创造相当大的军队是可能的。中央还指出，环境是严重的，工作是困难的，必须以高度革命的精神克服斗争中的一切困难，坚持统一战线原则，树立坚持持久抗战的胜利信心，克服起义新军中不可避免的复杂严重现象。八路军总部和晋察冀军区也都电示第四纵队，应首先争取在冀东地区站住脚跟。

9月底，第四纵队党委、冀热边特委、抗联领导人和刚刚到达冀东的河北省委负责人召开联席会议，错误地估计了形势，认为平原不好坚持，起义部队成分复杂，决定主力部队全部西撤。仅由第四纵队

派出陈群、包森、单德贵三个支队继续留在冀东坚持游击战争。10月间，在西撤中，抗联武装遭到日伪军的严重打击，除千余人渡过潮白河外，其余大部未能过河而被击溃。这时李运昌、胡锡奎在平谷县北部的樊各庄主持召开了冀热边特委干部会议，经过激烈争论，最后决定率余部返回丰滦迁地区坚持游击战争。会后李运昌等立即率部东返，保存下来的不足两千名骨干队伍，在丰滦迁边界的柳沟峪、松山峪一带山区坚持游击活动。这支在艰难环境中奋斗的部队和八路军的三个支队，成为长期坚持冀东游击战争，建立游击根据地的基础。1939年1月，中共中央和八路军总部命肖克支队再次挺进冀东，和当地坚持斗争的八路军、游击队相配合，发展游击战争，冀东游击根据地在艰险复杂的环境下逐步建立和发展起来。

第二节　边区政府的成立

抗战时期随着形势的发展，各敌后根据地党的组织和政权机关不断变化。1937年9月，八路军刚刚出师华北前线的时候，中共北方局决定由王平、李葆华、刘秀峰三人组成晋察冀临时省委，同出师部队一起，在晋察冀三省边界地区发动群众。同年11月，中共中央决定成立晋察冀省委，黄敬任省委书记，聂荣臻、刘澜涛为省委委员，统一领导边区军队和地方党的工作，并在各地成立了与各个军分区领导范围相适应的特委，县以下各级党的基层组织也先后建立起来。1938年4月，晋察冀省委召开边区第一次党代表大会，彭真代表北方局到会传达中央指示并指导会议。为适应根据地建设和发展的需要，晋察冀省委和冀中省委改为晋察冀区党委和冀中区党委，刘澜涛任晋察冀区党委书记（1941年1月晋察冀区党委改称北岳区党委），黄敬任冀中区党委书记。不久，平西根据地成立了中共冀热察区党委，马辉之任书记。中共六届六中全会后，即1938年11月9日，成立中共中央晋察冀分局，统一领导晋察冀地区的各项工作。为

进一步加强领导，1939 年晋察冀分局改为中共中央北方分局，以彭真、关向应、聂荣臻、程子华为分局委员，彭真为书记。北方分局代表中央和北方局对边区党、政、军和群众工作全面领导。

晋察冀根据地各基层抗日政权如前所述逐步建立起来。开始建立的是群众性的半政权机关——战地动员委员会。

战地动员委员会，是一个统一战线组织。1937 年 9 月八路军开赴山西抗日前线时，中共代表周恩来和第二战区司令长官阎锡山谈判，鉴于当时各地方政权已经瓦解，为支持游击战争，双方一致同意在晋察绥三省已沦陷地区建立第二战区民族革命战争战地总动员委员会（简称战地动员委员会），由共产党、国民党、晋察绥各省代表和各地军政民部门的代表共同组成，总会设在太原，一开始动员区域只限在已沦陷的察哈尔、绥远和山西的大同、阳高、应县、广灵、左云、右玉等十八县，后又增加了晋西北各县、晋东北五台、定襄等十余县。晋察冀根据地开辟后，也采用了这一组织形式，各地县、区、村战地动员委员会相继成立（冀西平汉线某些县叫自卫会，冀中叫救国会）。它既是在共产党领导下发动和武装群众抗日的强有力的组织，“也是决定并征收合理负担，供给部队给养，逮捕审讯汉奸，颁布减租减息、改良工人生活命令的权力机关”[1]，各县、区、村动员委员会，以武装动员工作为中心，在短时间内，发动了群众的抗日热情，组织了工人、农民、商人、青年、妇女、宗教等各界抗日救国团体，克服了国民党地方政权瓦解后的混乱状态，安定了社会秩序。在条件成熟的县份，即建立县抗日民主政权。到 1937 年 12 月底以前，共建立县抗日民主政权 26 个，其中北岳区 14 个，即五台、定襄、忻县、代县、灵丘、繁峙、涞源、阜平、曲阳、唐县、完县、平山、灵寿、行唐等；冀中区 12 个，即定南、安平、安国、建国、河间、肃宁、蠡县、高阳、任丘、安新、博野等。

战地动员委员会等半政权性质的机关，是根据地开辟初期的产

〔1〕 彭真：《关于晋察冀边区党的工作和具体政策的报告》，中共中央党校出版社 1981 年版，第 21 页。

物，它对于发动群众，组织武装，筹粮筹款和安定社会秩序，起了重要作用。但是，此类组织，名称既不统一，实施各种政策的办法也不相同，处于各自为政的状态，最高机构一般也只到县一级。因此，它不是健全的行政机关，不能行使政权机关的全部职能，不能制定统一的法令，无法用这种组织去统一全地区的行政。坚持敌后抗战和建立敌后抗日民主政权是不可分割的。建立统一的政权机构，是形势发展的需要，也是群众的迫切要求。1937 年 10 月 20 日，中共中央北方局电示聂荣臻："在晋察冀全区，为了加强与统一政治军事领导，应即进行统一战线的民主政权的改造与建设"。并指示应"立即筹备边区政府的建立，名义可称为晋察冀边区政府委员会，主席即以宋劭文担任"[1]。

宋劭文，中共党员，山西太原人，生于 1907 年，国立北京大学毕业，曾任山西省行政人员训练所政治部主任，"牺盟会"宣传部长。1937 年抗日战争爆发后，任山西省五台县县长，山西省第一区行政主任公署主任、专员公署专员。在日军进攻面前，晋东北地区国民党地方官吏随军南逃，他仍留在原地，坚持抗日活动。

1937 年 11 月 18 日，聂荣臻同宋劭文、胡仁奎及其他地方各军政民领袖，协商建立边区政府具体事宜，12 月 5 日，在阜平县城成立了"晋察冀边区临时行政委员会筹备处"。"筹备处"除同各方面交换意见，决定代表大会召开办法外，并派出宋劭文、王斐然、仇友文、白靖斋、李杰庸等 5 人，分别到晋东北、冀西、冀中各县与各抗日部队、抗日团体、各县抗日民主政府，商谈组织统一的抗日地方政府问题，1938 年 1 月初召开了第一次抗日县长会，研究了结束动员委员会、恢复区村政权，正式成立群众团体农、工、妇、青各种抗日救国会，筹备晋察冀边区军政民代表会等事项。

1938 年初，当南京沦陷后，日本在南京进行大屠杀，全国出现一股悲观失望情绪之时，晋察冀边区军政民代表大会于 1 月 10 日在河北省阜平县城隆重开幕。代表 149 人，他们来自晋东北、察南、冀

〔1〕《刘少奇选集》上卷，人民出版社 1981 年版，第 90 页。

西、冀中等地区，其中有边区国共两党的代表、各抗日部队的代表、蒙回藏少数民族代表、各县政府代表和工农商学妇各团体代表。五台山寺院还派出了喇嘛和尚代表僧侣参加会议，充分显示了代表大会具有广泛的抗日民族统一战线性质。大会由宋劭文主持，军区司令员聂荣臻、中共晋察冀省委书记黄敬、国民党代表刘奠基先后在会上致词。聂荣臻在讲话中指出：只要我们能够建立起健全的政府来，能把政权统一，那么这个区域就一定能统一。在这个地区内实现各党派大联合的民主政权，使在华北创造游击战争根据地得到最有利的条件。他号召大家：我们应当万众一心，发动民众配合华北主力部队和日寇作殊死战，不屈服，不投降，长期坚持到底，最后的胜利，一定是我们的！黄敬讲话进一步阐明中国共产党对抗日战争的主张：中国共产党为民族革命的胜利，坦白的诚恳的改变其已往路线，提出了联合各民族、各党派和各阶级，建立抗日民族统一战线的主张，其目的以求中华民族的解放和民主共和国之实现。这一主张无异于孙中山先生的新三民主义。国民党代表刘奠基也在会上讲了话。

大会开了六天，完成了下列任务：

（一）讨论制定了克服边区财政经济困难的方针和政策。当时边区财政经济面临着严重困难，脱产的军政人员达万余人，吃饭、穿衣、武器弹药的供给以及其他费用等，都急待新政府来解决。据统计，仅军费一项开支，每月就达 70 余万元。另外，边区工业要投资，商业要资金，农业要贷款，灾民要救济，烈军属要优抚等等也有待解决。因此，这次会议讨论最多的是边区财政问题和经济政策。有关这两方面的提案就有 102 件。主要内容是：请政府颁布农民土地政策案、明确规定减租减息办法案、规定优待抗日军人家属办法案、筹设边区商办贸易总局案、设立边区银行以稳定金融案、军用粮款应由政府统筹统支案、明确规定粮食管制办法以利抗战案，等等。经过讨论，会议制定了克服战时财政经济困难的方针和政策。基本精神是：从一切为了抗战出发，立足于自力更生，整顿财政，开源节流，发展生产，改善民生，保障抗日部队的供给。并决定实行以有钱出钱、钱多多出、钱少少出为原则的合理负担，实行减租减息政策，恢复田赋，废除苛捐杂税，征收救国公粮，发行救国公债，建立边区银行，发行边币等一系列重大决策。为战胜困难、坚持和发展敌后抗日根据地奠定了基础。

讨论减租减息政策时，发生一些争论。有些代表认为五台山和尚喇嘛拥有大量土地，是大地主，他们除烧香念佛，别无他事，在抗日期间丝毫没有帮助，主张五台山寺庙的租额要多减些，以便改善贫苦佃农生活。五台山蒙藏同乡会和和尚喇嘛代表不同意上述主张。他们说：我们是出家人，也是中华民族的一分子，我们也是抗日的，许多和尚喇嘛都已自动组织起来，参加到抗日的行列中去。再则，我们还联络蒙藏同胞抗日。为什么对别人少减地租，而对寺庙多减地租呢？这样做，不利于全民族团结一致抗日。他们的发言得到了宋劭文、邓拓和其他代表的支持和同情。很多代表指出，正确对待五台山的和尚喇嘛，涉及民族政策和宗教政策问题，主张对蒙藏同胞、和尚喇嘛应该一视同仁，不分彼此，而且对他们的特殊利益和宗教信仰应该尊重。黄敬指出大会能有蒙藏、和尚喇嘛代表参加，说明抗日民族统一战线有着广泛的群众基础，党的减租减息政策，不是只照顾一部分人的利益，而是要照顾到全体人民的利益，把所有一切抗日的民族阶级团结起来，打败日本帝国主义。

（二）大会讨论通过了边区政治、军事、财政、经济、文化教育、群众运动、妇女问题等七项决议案。在《政治问题决议案》中规定了边区、县、区、乡（村）各级政府的组织、分工及职权，决定边区政府名称为“晋察冀边区临时行政委员会”，按省政府组织法，设委员 9 人，候补委员 3 人，以委员 1 人为主席。同时提出建立独立的司法系统和统一的人民武装自卫队，还规定了边区军、政、民三者关系以及政府人员的工作方法和生活费用等问题。在《军事问题决议案》中，指出边区内所有武装部队统一编制、统一指挥，一切供给由政府统筹统支解决，禁止自行摊派。还规定了各地驻军和政府，在扩大抗日武装时，要注意质量；要加强对义勇军、游击队的改造，进行政治教育，在组织上洗刷不良分子等。在《文化教育决议案》中，确定了边区文化教育的基本原则：（1）发挥高度的民族精

神。加强抗战力量；（2）培养健全的军事政治干部，领导抗战；（3）造就专门技术人才建立抗战时期各种事业；（4）培养热情的新青年，扩大民族革命的基层势力；（5）提高一般民众的文化水准，并增进他们的健康。在《群众运动决议》和《妇女问题决议案》中，明确提出边区政府保证群众集会、结社、言论、出版、信仰之自由，保障妇女职业、参政、婚姻自由等权利。大会通过的决议案，体现了边区实行新民主主义的政治、经济、文化的基本政策，反映了边区人民的共同愿望，进一步调动了广大群众的抗日积极性和生产热情。

大会讨论中，代表们对即将产生的边区政府同群众团体的关系、如何对待抗战初期各地成立的“战地动员会”、“救国会”等问题，交换了意见，并初步统一了思想认识。鉴于有些代表提出了“边区政府应下令组织群众团体，领导群众运动”的意见，大会指出不能把政府同群众团体混为一谈，政府主要是制定执行正确的方针政策，保障群众团体和广大群众言论、集会、结社、信仰等自由，从政治、经济、文化上保障群众的切身利益，保护群众运动的发展，但不是群众运动的直接领导者。群众运动的领导者是他们自己队伍中最积极、最觉悟的分子。因此，群众要求成立农会、工会、妇救会等组织，只能由群众自己协商解决，而不需要也不应该由政府下令办理。至于各县“战地动员会”和“救国会”组织问题，大会认为：它是半政权半群众团体的组织。在抗战初期，旧政权纷纷垮台，各地处于无政府混乱状态，在这种形势下产生“战地动员会”、“救国会”等组织是完全必要的、合理的。它一方面立即动员群众参加抗战；另一方面筹款筹粮，支援抗日部队。为当时推动抗战起了积极作用，也为我们的抗日民主政权的建立，打下了基础。在各地抗日民主政权正式建立后，这类过渡时期的半政权机构已经没有必要存在了，其原来机构，应一半融化到群众组织里去，一半归并于政权机关中去。

（三）大会最后一项议程。选举产生边区政府的领导机构。1 月 15 日，用无记名投票方式选举聂荣臻、宋劭文、刘奠基、吕正操、胡仁奎、张苏、李杰庸、孙志远、娄凝先 9 人为边区行政委员会委员，王斐然、张仲瀚、孟阁臣 3 人为候补委员，宋劭文为主任委员，

胡仁奎为副主任委员。从此，华北敌后第一个抗日民主政权，正式宣告成立。大会闭幕时，全体代表向全国发出通电，指出日本帝国主义侵略华北各地后，我晋察冀三省边界 1 200 万民众，决心不妥协，不退却，继续坚持华北抗战。通电还指出：这次军政民代表大会，充分地表现了统一战线的巩固，这一巩固给那些阴谋拆散中国抗日民族统一战线的日本帝国主义及汉奸卖国贼以致命的打击。这一巩固显示出晋察冀边区抗日根据地已经成了华北持久抗战的主要堡垒之一。这一巩固更证明了我民族持久抗战的前途必然是胜利的！

边区政府是一个完整的地方政权机构，设秘书、民政、财政、教育、实业、司法等六处，后又陆续成立了银行、贸易局、公安局、农林局、工矿局、粮食局等，秘书处秘书长娄凝先、民政处长胡仁奎（兼）、财政处长宋劭文（兼）、教育处长刘奠基、实业处长张苏、司法处长王斐然、银行行长关学文。

边区政府实行民主政治：

第一，尊重民众意志，县长、区长、村长实行民选，细心体察民众的需要和所谓“民德”，民众可以自由向政府提出意见，要求政府实行某些善政，或取消某些弊政；

第二，保障民众的抗日和集会、结社、言论、出版、信仰自由（汉奸除外）；

第三，保障民众团体的独立性，民众团体有依法监督政府之权，但不得直接干涉政府行政；

第四，政府行政会议讨论问题时，工、农、商、妇、青各救国团体派代表参加，共同商讨法令、公粮、动员等各种行政大计；

第五，保障一切抗日人民的财产所有权。

此外，规定司法独立，成立保卫局，肃清汉奸等。

边区政府厉行廉洁运动，取消薪饷制度，规定政府人员每月生活费不得超过 18 元，一切个人应酬均为自备。

边区政府的成立，标志着晋察冀边区已从一个游击区发展成为巩固的抗日根据地。从此以后，“结束了各地动员委员会、救国会和自卫会等在过渡时期半政权性的组织，统一委任县长，建立地方政

权，停止县合理负担，恢复田赋，试办村合理负担，宣布减租减息，部队经济给养统一由政府筹支。不到两月，抗日社会秩序稳定，逐渐扫除了抗战初期的紊乱现象”[1]。

边区军政民代表大会闭幕的第二天，即 1 月 16 日，在阜平成立了边区工人救国会、农民救国会和妇女救国会的筹备会，分别确定了筹备期间统一的工作方针。3 月 2 日，同时在阜平召开各界的边区代表大会，确定了各界在抗日战争时期的工作总方针和具体政策。从此以后，各群众团体组织日趋健全，工作日益开展，走上了稳固发展的道路，广大群众的抗日情绪步步高涨，成千上万的青壮年参加了游击队、义勇军和八路军，积极发展生产支援抗战，推动抗日运动不断发展。

边区政府成立后，根据军政民代表大会的决定，立即着手基层政权的改造与建设。1938 年 1 月至 1939 年 2 月，前后结束了各级动员委员会，各村普遍选举了村长，任命了区、县长，改革充实了各级政府机关，边区政令完全统一，为根据地财政实行统筹统支和统一各项政策、法令奠定了基础。从 1939 年 2 月以后，开始进一步改革政权组织机构，区、村建立了山选民直接选举的代表会，县建立县政会议。从边区政府到村政府，普遍建立了民政、财政、教育、实业和司法等工作部门。特别是村政权，它是边区民主政治的基础，1938 年 3 月颁布了村选举法令，普遍选举村长。1939 年 1 月 25 日，边区政府又发出改造村政权的指示，决定在村公所之上设村代表会，由村民选代表组成，为村最高议事机关；村公所下设调节、经济、生产、教育四个委员会。这样不仅使政府系统的工作部门和能力在基层大大加强，而且可以吸收各阶层积极分子参加，更适应于统一战线的要求，使边区政府的每一个政令和指示更易于贯彻到村这一最基层单位。1940 年 4 月，中共晋察冀分局召开扩大干部会议，决定在边区建立各级民意机关。并决定“民意机关应是全权的民意机关，各级政府

〔1〕 宋劭文：“边区行政委员会工作报告”，《晋察冀边区财政经济史资料选编》（总论编），南开大学出版社 1984 年版，第 475 页。

行政委员会或其首长应由民意机关选举，并由民意机关罢免。政府对民意机关（边区参议会及县议会等）的决定有绝对服从的义务。民意机关不仅有选举、罢免政府行政人员之权，且有创制、复决之权。”〔1〕。8月，中共中央北方局提出并公布了《晋察冀边区目前施政纲领》，纲领中指出：“彻底完成民主政治、建设、健全各级民意机关及政府机构。在民众机关和政府人员中，争取并保证共产党员占三分之一，其他抗日党派及无党派人士占三分之二。边区一切人民只要不投降、不反共，均可参加政府工作”。同年冬，全边区普遍开展选举运动，各县县议会陆续建立（1940年夏各地选举边区参议员，因日军扫荡战斗频繁，延至1943年1月才召开边区第一届参议会）。至此，边区各级民主政权的民主体制逐步趋于完善。

第三节　边区的行政区划

一、疆域、人口和行政区划

晋察冀边区，地处同蒲路以东，正太、石德路以北，张家口、多伦、宁城、锦州一线以南，东临渤海，包括山西、河北、察哈尔、热河、辽宁省各一部，在行政上划分为北岳、冀中、冀察、冀热辽四个区。北岳区位于晋察冀三省交界边陲地带，是晋察冀抗日根据地的中心区域，是中共晋察冀、晋察冀军区和边区政府所在地。包括晋东北、冀西、察南等地。具体地理位置是指同蒲路以东、正太路以北、平绥路以南、平汉路以西的广大地区，面积约19万平方里。冀中区位于河北省中部地区、夹平汉、津浦两路之间，北临平津路南到沧石路，一望无际的广阔平原，面积约11.9万平方里。冀察区，西抵宣

〔1〕彭真：《关于晋察边区党的工作和具体政策的报告》，第28页。

化，北临张家口，东至古北口承德，南接古北口至北平路，山峦起伏群峰重叠。乃华北战场向北挺进之前沿阵地，面积约 15 万平方里。冀热辽区，1939 年称冀热边区，1940 年成立专署称冀东区，1943 年建立行署又改称冀热边区，1944 年解放区扩展到辽西，改称冀热辽区。包括冀东、热南和辽宁西部。东部和南部濒临渤海，西南与冀中区隔路相接，西北部与晋察区相邻，面积约为 10.8 万平方里。[1]

晋察冀边区是在紧张残酷的对敌战斗中逐步发展壮大的。1938 年边区政府成立时，拥有 36 个县的抗日民主政权，建立了晋东北、冀西和冀中三个行政主任公署。晋东北行政主任公署，主任宋劭文兼任，管辖五台、盂县、定襄、寿阳、繁峙、忻县、崞县、代县、阳曲、灵丘、浑源、山阴等 12 个县政权；冀西行政主任公署，主任张苏，管辖阜平、曲阳、灵寿、行庸、完县、涞源、望都、正定、平山、唐县、井陉、蔚县、涿鹿等 13 个县政权；冀中行政主任公署，主任吕正操，副主任李耕涛，管辖蠡县、高阳、深泽、安平、安国、饶阳、安新、博野、任丘、肃宁、定南等 11 个县政权。以上 36 县，少数是完整的控制在八路军手中，多数是控制部分地区。完整的县设立县政府，不完整的县，视地域之大小，或设立县政府，或设立县佐公署，或几个县的接壤地区，成立联合县政府。由于日军的扫荡，县政府经常处于游击环境。到 1939 年春，边区政府先后建立了 11 个专员公署，管辖 67 个县政权，其中北岳区 6 个，辖 35 县；冀中区 5 个，辖 32 县。同时撤销晋东北、冀西两行政公署，北岳区 6 个专署直属边区政府领导，冀中区 5 个专署归冀中行政公署领导。具体行政区划：

北岳区（共 35 县）

第一专署：专员　宋劭文（兼）

五台　盂县　定襄　寿阳　忻县　崞县　代县　山阴　阳曲

第二专署：专员　王裴然

灵丘　繁峙　应县　广灵　浑源

---

〔1〕以上面积为 1944 年 11 月统计数，因战争环境，地区变动较大，上数是大概统计数。

第三专署：专员　张林池

涞源　易县　龙华　满城

第四专署：专员　张冲

阜平　曲阳　完县　唐县　望都　定北

第五专署：专员　徐大本

平山　灵寿　行唐　井陉　正定　建屏（原获鹿县）平定

第六专署：专员　朱其文

涞水　蔚县　昌宛　房涞涿

冀中区（共 32 县）

第一专署：

深县　武强　饶阳　交河　献县

第二专署：

安平　定南　安国　深泽　博野　新乐　无极

第三专署：

任丘　河间　青县　大城　文安　建国（由河间、献县、交河各一部划出的新县）

第四专署：

肃宁　里县　高阳　安新　清苑　容城　新安

第五专署：

雄县　霸县　固安　永清　新城　安次　静海

1940 年，统一各专署的顺序号，冀中区把一至五专署改为七至十一专署，各专署的行政区划也进行了一些变动和调整。

1939 年秋，冀东抗日武装开始建政工作，到 1940 年先后成立了遵化、丰滦迁、丰玉遵、蓟平密、平密兴 5 个县级抗日民主政权；同时晋察冀边区政府设立了“冀东办事处”，领导各县行政工作。1941 年 1 月—1941 年 7 月，平北区也先后建立了龙赤、昌延、龙延怀、龙崇赤、丰滦密、滦昌怀 6 个县级抗日民主政权，并成立了晋察冀边区第十四专员公署。这时边区的疆域扩大到“北越长城外，东过山海关”。1941 年 3 月，边区政府设立了“冀北办事处”，主任朱其文，

负责领导平西（第六专署）、冀东（第十三专署）、平北（第十四专署）三个专员公署。

1941 年至 1942 年间，日军集中兵力，连续进行五次所谓“强化治安运动”，对边区各根据地进行大规模残酷的反复“扫荡”，边区一度缩小。边区组织机构和行政区划作了调整，撤销了原来一些县的建制，合并为联合县政府。如北岳区，合并成立的联合县有：盂平县（盂县、平山各一部）、盂阳县（盂县、曲阳各一部）、徐定县（徐水、定兴各一部）、云彪县（原望都县之一部）、定唐县（定县、唐县各一部）等；冀中区：第一联合县（新城、容城、固安、涿县各一部）、第二联合县（雄县、霸县、新城各一部）、第三联合县（永清、固安、安次、宛平各一部）。另外，冀中区党委、军区、行署级机关及主力部队，暂时撤出了冀中区，转移到北岳区。1943 年以后，随着边区军民反扫荡的伟大胜利，各根据地的抗日政权逐步得到恢复和发展。

1943 年春，边区共建立 13 个专署、94 个县政权、650 个区政权、25 366 个村政权。其中：

北岳区：（6 个专署、39 个县、240 个区）

第一专署：五台、盂平、定襄、寿阳、忻县、崞县、代县、山阴、榆次、寿东（共 10 个县）

第二专署：灵丘、浑源、繁峙、广灵、应县（共 5 个县）

第三专署：涞源、易县、龙华、满城、徐定（共 5 个县）

第四专署：阜平、曲阳、唐县、完县、云彪、望定、定唐（共 7 个县）

第五专署：平山、灵寿、行唐、井陉、正定、建屏、平定（共 7 个县）

第六专署：昌宛房、昌宛房县佐公署、涞水、蔚县、房涞涿（共 5 个县）

冀中区：（5 个专署、39 个县、275 个区）

第七专署：束冀、赵县、赵元宁、深南、宁晋、晋藁、藁正获、深束、栾城（共 9 个县）

第八专署：深北、定南、安平、晋深极、安国、新乐、束晋、藁无（共8个县）

第九专署：饶阳、武强、献县、交河、建国、任河、大城、河间、青县、献交（共10个县）

第十专署：肃宁、蠡县、高阳、任丘、安新、清苑、之光、博野（共8个县）

第十一专署：文新、第一联合县、第二联合县、第三联合县（共4个县）

冀东区：（1个专署、10个县、73个区）

第十三专署：迁青平、遵玉丰、丰滦迁、蓟宝三、平密兴、迁遵兴、迁卢抚昌、承滦兴、丰玉宁、丰滦昌乐（共10个县）

平北区：（1个专署、6个县、61个区）

第十四专署：龙赤、昌延、龙延怀、龙崇赤、丰滦密、滦昌怀（共6个县）[1]

1944年，日本帝国主义处于世界反法西斯战线包围之中，经过一连串的攻势，晋察冀边区不仅恢复了1941年以前的局面，而且解放了许多新地区，边区疆域进一步扩大。据1944年底统计，边区所辖专署扩大为17个，县政权110个，区政权750个，村政权30 558个，边区土地面积285000平方公里[2]。这时候，冀东区由原来的1个专署，扩大为5个专署，即第十四专署到第十八专署（包括平北，建制缺第十三专署）。

为适应战争形势的发展，加强对各战区的领导，1944年9月成立冀晋区、冀察区、冀中区、冀热辽区4个行政公署。冀晋行署，主任杨耕田，辖二、三、四、五4个专署，共27个县；冀察行署，主任张苏，辖第一、十一、十二3个专署，共20个县；冀中行署，主任罗玉川，辖第六、七、八、九、十5个专署，共42个县；冀热辽

〔1〕 宋劭文：《边区行政委员会工作报告》，缺十二专署，1943年1月。

〔2〕《晋察冀边区行政区划基础数字统计表》，唐山地区档案馆藏件，1944年11月。

行署，主任张明远，辖第十四、十五、十六、十七、十八5个专署，共21个县。各专署所辖也作了若干变动：

冀晋区：

第二专署：五台、盂平、定襄、盂阳、忻县、崞代、盂寿、寿榆、阳曲（共9个县）

第三专署：阜平、曲阳、唐县、完县、定唐、云彪（共6个县）

第四专署：平山、灵寿、平定、行唐、井陉、建屏、正定（共7个县）

第五专署：灵丘、繁峙、应县、浑源、山阴（共5个县）

冀察区：

第一专署：易县、满城、徐水、涞源、龙华、定易涞、蔚县、广灵（共8个县）

第十一专署：昌宛房、房涞涿、涞水、怀涿、昌宛怀、蔚涿宣（共6个县）

第十二专署：龙赤、龙崇赤、龙延怀、昌延、滦昌怀顺、龙崇宣（共6个县）

冀中区：

第六专署：深南、深束、束冀、晋南、藁城、正获、赵元宁、赵县、宁晋、栾城（共10个县）

第七专署：藁元、新乐、定南、深极、安国、深北、束晋、安平（共8个县）

第八专署：饶阳、武强、献县、献文、交河、建国、大城、任河、河间（共9个县）

第九专署：安新、肃宁、博野、里县、之光、任丘、高阳、清苑、文新、静大（共10个县）

第十专署：第一联合县、第二联合县、第三联合县、第四联合县、平南办事处（共5个县）

冀热辽区：

第十四专署：丰滦密、承兴密、蓟遵兴、平三蓟（共4个县）

第十五专署：迁遵青、承平宁、承青、青平、迁滦丰（共5个县）

第十六专署：迁芦抚昌、迁芦青、临抚昌、凌青绥（共4个县）

第十七专署：昌乐、丰滦、滦芦（共3个县）

第十八专署：遵化、武宝宁、蓟玉宝、丰玉宁、丰五遵（共5个县）[1]

1945年8月，晋察冀军区军民遵照中共中央发布的大反攻命令，向华北日伪军展开了全面反攻。经过一个多月的战斗，八路军解放了张家口、承德、秦皇岛、山海关等重要城市，收复了热河、察哈尔两省全部国土，在晋察冀3省范围内，除了少数大中城市（如北平、天津、唐山、保定、太原等）和铁路沿线的一些县城被国民党占领以外，绝大部分县城和地区都获得了解放。这时候边区政府已拥有察哈尔、热河2个省政府、4个行政公署、20个专署、8个市、163个县、27旗的抗日民主政权。

晋察冀边区的人口，也在不断变化中，全边区人口随着根据地的扩大，不断增加。1938年1月边区政府成立时，人口为1 000余万，1938年春发展到1 200万。1941—1942年由于边区的缩小，人口一度下降，到1944年，随着边区行政区域的恢复和发展，人口增加到1 927万。1945年8月抗战胜利结束时，全边区总人口达2 500多万。

二、边区的地形和物产资源

晋察冀边区地处3省，地形复杂，既有山峦重叠、陡峭挺拔的山地，又有辽阔的大平原。各地区由于地势、土质、气候等自然条件差异甚大，物产资源也各不相同。

平汉路以西之北岳区为一险要山地，原谷交错，地势由东而西逐渐升高，太行山、五台山、恒山等山脉相互交错，绵亘于山西、河北

---

[1] 《晋察冀边区行政区划基础数字统计表》，唐山地区档案馆藏件，1944年11月。

两省之间。太行山北端的小五台山，海拔 2 870 米，为本区最高山峰；易水河畔的狼牙山，山峰陡峭，状如狼牙，气势雄伟。该区由于山岭环绕，可耕地较少，又由于战前国民党和封建军阀的残酷掠夺，自然资源遭到很大破坏，到处童山秃岭，植被稀疏，土地贫瘠，且又黄土质地疏松，多垂直裂隙，地表植被破坏后，遇水容易崩塌。尤其在暴雨季节，沟边黄土大片倾倒，水土流失非常严重，大面积的土地被切割成千沟万壑，大量耕地“没雨不长苗，有雨流黄汤”，不仅山区，就是丘陵和平原地带，也常是“十年九旱”，农业物产量很低，战前这一地区每亩年产量平均不过百斤，人民群众的生活一般都很穷苦。这一地区由于地形和气候差异较大，如娘子关内外的寿阳和获鹿，两地相距不过百余里，寒暖却相差悬殊，俗有“冷寿阳，热获鹿”之称，因此农作物的组成也有差别。一般说来，冀西和雁门关以南地带，如五台、盂县、平山、阜平、井陉、获鹿等地，农作物以小麦、玉米、高粱、谷子、薯类为大宗；而雁门关以北之广灵、灵丘、应县、浑源等地，由于气温较低，有霜期长，除种植玉米、谷子、薯类作物外，多种植耐寒的莜麦等农作物。冀西、察南地区，地表波状起伏，夏季杂草丛生，是优良的天然牧场，畜牧业较为发展，特别是羊毛的产量较高，平山、阜平等地的核桃、大红枣、黑枣、花椒、柿子和药材，均是小区有名的特产。

平汉路以东的冀中区，是一望无垠的大平原，地势坦荡，河流纵横，大清河、子牙河、永定河三大河系由西而东，而南运河却由北而南贯穿其中，灌溉便利，土质肥美，沃野千里。暖温带半湿润季风气候，适合农作物生长，一般作物可两年三熟。主要粮食作物小麦、玉米、高粱、谷子、薯类等，以小麦、玉米为主。粮食作物产量较高，除每年自给有余外，还可以外运一部分，是晋察冀边区的主要粮食产区。经济作物有棉花、花生、芝麻等。棉花的种植历史悠久，产区广大，产量较高，棉质优良，1937 年生产籽棉达 5 亿斤。花生产于安次、束鹿等地。河间、交河、定县、深泽、饶阳等县，生产各种水果，尤以深县的蜜桃、泊镇的鸭梨名扬全国。著名的白洋淀面积 5 百万平方公里，不仅水产丰富，而且环湖洼地盛产芦苇，夙称“鱼苇之乡”，织席业十分发达。但是，由于各大河流源于西部山区和黄土高原，坡陡流急，进入平原后流速骤减，泥沙累年淤积，大部分河道成为“地上河”，加上“七·七”事变前后河务废弛，每年遇有骤雨，泛滥成灾，千里平川，一片汪洋，给农业生产带来严重危害。冀东和平北地形比较复杂，北部山地为燕山山脉，西部军都山，东部雾灵山和都山双峰对峙，海拔近2 000米。古老的长城横贯燕山山脉之阳，从古北口直抵山海关。南部平原，濒临渤海。较大的河流有潮白河、蓟运河、滦河、青龙河等，由北向南，蜿蜒入海，农田灌溉方便。基本属中温带气候，燕山山麓地区雨水较多，年平均降水量达700毫米以上。冀东地区农业发达，产量较高，如遵化等地年亩产达四五百斤，粮食自给有余。农作物五谷俱全，以玉米为最多。长城内外的高原和山地间气温较低，种植春小麦，其他各地都种植冬小麦。除农作物外，遵化、迁安、兴隆、昌黎等县出产水果，山区和半山区柿子、红果的种植很普遍。不少地方还盛产芦苇，织席业发达，有些集市日上席达万余张。玉田产棉区土纺土织相当发达。

北岳和冀东区矿藏比较丰富，尤以煤藏量为最。但边区境内没有大型矿、厂，只有零星的煤窑、石棉窑和作坊，各种小型手工业，产量甚低。

晋察冀边区丰富的物产资源，为处于乡村环境下的抗日根据地的独立存在和发展提供了必要的物质资源，成为边区财政经济发展的源泉，同时也成为日本帝国主义侵略掠夺的重要目标，特别是冀中和冀东地区，是日本侵略者在大东亚战争中实行“以战养战”政策必争之战略要地，这就大大增加了边区军事斗争和经济斗争的严重性和残酷性。

纵观边区的自然环境经济状况，虽然某些地区的商品经济有所发展，但整个边区是以自给自足的自然经济为主，工业十分落后，农业人口占全区人口的98%，工商业人口只占全区人口的1%左右，家庭手工业、小商小贩是边区的主要工商业。特别是中心区北岳区的山岳地带，地瘠民穷，农民吃糠吃树叶是常年的生活状况；有些最落后的地区，如平西的某些地方直到抗战爆发后，还带着不少古代部落的色彩，象涿县三坡区、房山龙门台九区，都是昔日政权鞭长莫及的偏隅地方，少数农民还穿着明朝时代的服饰，直到民国十八年才知道天下变成了“民国”。英雄的八路军，正是在这样的古老、贫穷、落后的土地上，神奇地创造了人间奇迹。

第二章 边区初创时期的财政

第一节 开辟财源，充实抗日经费

一、动委会时期经费的筹措

人力物力财力是坚持抗战的三个基本条件。处于敌后的边区，没有大后方的依托，战争的一切需要都靠自力更生去解决。革命战争教会了共产党，教会了广大群众，使他们懂得如何依靠自己的力量，以开经济财政之源，用节省的办法，以节物力财力之流，去克服各种困难。抗日战争必胜的信念激励人们作出最大的贡献与牺牲，“抗日高于一切”的口号战胜了一切狭小的利益，精诚团结，艰苦奋斗是这一历史时期的主旋律。

晋察冀边区初创时期，财政经济十分困难。当时边区一片混乱。原有的地方政权已瓦解，人民的财物已被掠夺一空。边区出现了各色各样的武装，除挺进敌后的八路军第115师和人民自卫军等正规部队外，有许多不愿做亡国奴的人们，相继在保卫家乡的口号下，纷纷组织武装，千百成群，聚众为伍，他们以各种名义组织起来，同敌人作战。还有许多原来就在华北抗日的部队，因与主力失掉联系，留在华北，同日军周旋，各自活动于敌人的一个侧面。还有打着“抗日”

旗号的杂牌军和土匪队伍。少数兵痞流氓勾结当地地主也拉起武装，称王称霸。社会上流传的“司令赛牛毛，主任遍天下”的说法，就是当时混乱状态的真实写照。这些队伍，每到一地向当地人民乱征乱要，加重了人民的负担。在冀中区的一份总结报告中，有这样一段详细记载：“新崛起的各色各样的抗日武装，对于军需供给的解决上，是没有也不可能有正常办法的。一般的情形是粮款草就地征发；住那里，吃那里；开条子，要东西；找对象动员一下，是常有的事。数目没有限制范围，也没有标准。至于那些杂牌匪军、落后队伍，大都自立关卡，滥行征税，巧立名目，随意捐派……。一般村庄经常摆着大批办公人员，多的五六十人，少的二三十人，吃着伙饭，专门侍候等办粮秣，催差敛款”[1]乱征乱要的结果，人民负担过重，也给挺进敌后的八路军的给养带来了严重困难。部队发不出薪饷，衣着都成问题，严冬腊月，还穿着单衣。因为衣着单薄，徐海东率领的三四四旅战士在洪子店战斗中，站在积雪的山顶上，手竟冻得扳不得枪机。在如此艰难的环境中，共产党及其一切工作人员、指战员力求的是吃饱肚子打日本，而不是什么优厚待遇或养家糊口。

战地动委会成立后，解决抗日部队经费和给养，开始仍沿用旧的摊派和募捐形式，无偿地向人民要钱要粮。摊派制度，是过去国民党地方政府实行的筹款办法。它不是按财产收入多少征税，而是按户口平均摊派。加上土豪劣绅充当征税人，常常借摊派之名层层加码，加重了广大农民负担。战地动委会成立不久，宣布废除了这种不合理的摊派制度，根据“有钱出钱，钱多多出”的原则，实行县合理负担。

县合理负担是一种新的筹款办法，在还没有统一的法令规定和负担计算标准的情况下，是根据部队现实的需要，按照合理负担的原则逐级向下摊派。部队的粮食供给，是部队走到那里吃到那里，就地筹集，就地供应。冀中地区是“救国会”、“自卫会”等群众组织承担着抗日部队的筹粮筹款任务。这些虽然还都是一些过渡性的办法，

[1] “冀中五年来财政工作总结”，《晋察冀边区财政经济史资料选编》（总论篇），1943 年第 679 页。

但对于解决挺进敌后八路军和其他抗日部队的急需，的确发挥了应急的作用，为抗日战争作出了大贡献。

县合理负担办法，实质上也是一种摊派。不过，它比较“合理”罢了；尤其对克服乱要乱派的混乱状况起了积极作用。但是，这种筹款办法也有缺点。那就是它对纳税者财产、收入不是靠调查，而是凭估计；负担面往往集中在少数“有钱者”身上，加上没有通盘的财政措施，难以保证长期抗战军政费用开支的需要。因此，边区政府成立后，立即着手改进合理负担办法。

二、实行村合理负担

1938年1月边区政府成立，实行财政统筹统支，税收制度逐步纳入正轨，合理负担也进入新的阶段。同年3月边区政府发出了《停止县合理负担，实行村合理负担》的通知，颁布了《村合理负担实施办法》、《村合理负担评议会简章》、《合理负担累进分数表》等文件。新的征收办法改变了战地动员委员会时期的富户捐和摊派制，强调除县政府村公所外，无论何种机关、军队、团体，均不得越权办理，擅自摊派。违者按勒索或强募财物论处。文件还明确规定：村合理负担应依据周密的调查来确定负担的数量。其办法是，各村一切负担（后来包括公粮征收），皆按村户“分数”负担，不得分者，概不负担。村户“分数”的确定，是根据各户财产、收入的总和折成分。资产包括土地、房屋、林木、畜养、工商业资金等项，收入包括地租、土地年收值、房租、存粮、放款利息等。资产的计算方法是平均每人不及50元者不计，在50元以上者，每50元作一厘，每500元作一分，以此类推。收入计算的方法，是按照《合理负担累进表》计算，每人每年平均收入不到30元者免征，30元以上每5元作一厘，每50元作一分，以此类推。这种新的税制，比过去旧的征收办法合理得多，符合“有钱出钱，钱多多出”的原则，负担面由原20%扩大到50%左右。增加了边区政府的收入，农村中大多数贫雇农也有了较轻的负担，或免于负担。唐县、平山据此率先实行，做出了成绩。但问题也暴露出来：在战争频繁的情况下，革命政权刚刚建立，群众文化水平又低，又无生产的历史资料，调查与统计都缺乏条件与基础。计算原则的规定也有不当之处，收入累进，财产不累进，不符合改善民生，奖励生产的目的。工农商户一起计算，商户收入不易调查，容易逃避负担，农民吃亏。另外，收入以 30 元为起点，30 元以下免缴，30 元以上按级累进。财产的免征点为 50 元，不足 50 元的免征。这使多数或完全为佃户的村庄，征收无法进行；靠近免税点的户，纳税后所余财富还不如一些未纳税的人多，出现了新的不合理。以货币计算的方法也有其缺点，物价涨落不定，不如以实物计算为好。这个条例只是在冀西一些地区执行了。

晋东北地区实行的是 1938 年 8 月公布的《县村合理负担办法》，共七条，与《村合理负担实施办法》不同之处是：征收不再要求经过精密调查，改用估计的办法；商户与民户分别计算，商户由商会按全县各商号资本、营业状况，议定各商号应负担分数；民户由县政府根据土地钱粮、财产及各种收益的多寡；将各村分成 11 个等次。对特别富有的村定为特等村，以增加特别富户的负担。各村除特别富户特别负担，或贫困户不能自给的免负担外，其余分为 20 等，按等定分，计算应摊款额。这一办法，使负担面比过去显著扩大，但缺点仍是缺乏调查，对复杂的财产状况单凭估计，难免与事实不相一致。

冀中地区实行的是土地累进税法。1939 年 1 月，冀中区《暂行村合理负担实施办法》施行，其办法是：每人除去一亩半（抗日军人三亩）免税点，超过的亩数累进征收。累进的等级，共分为六级，每五亩为一级，六级以上均按六级计算；税率按二分累进，最高累进率为 12 分；出租土地由地主负担，典当地由承典人负担；负担面为 30%—50%，这个文件对免税点是定高了一点。为了使人民负担更趋于合理，1940 年 1 月，冀中行署又规定了土地分等与动产合理负担两种办法，按产量将土地分上、中、下三等，以中等地为标准（亦称负担亩）。上等地每亩折合中等地一亩半，下等地一亩半折合中等地一亩。动产合理负担规定债权资金一律登记纳税，因资金逃匿，未达预期目的。冀中土地累进征税法，减轻了商人、手工业者的负担，促使本地区商业、农村家庭副业的发展。

北岳、冀西、冀中施行的合理负担都带有浓厚的区域性，其免征点及累进率及最高累进率均有不同规定，本地区各年度的规定也不是一成不变的，特别是游击区与非巩固区，但其原则精神则是一致的，它不仅满足了抗日财政的需求，对于统一战线的巩固、根据地的建设、人民生活的改善和对敌斗争的开展都起了积极的作用。后来救国公粮的征收就是依照合理负担进行的。

三、恢复田赋

田赋是以土地为课税依据旧的税收制度，它属于直接税的一种，它的缺点是纳税不按土地的生产量来确定，而是按占有土地的多少（好坏地亩都一样计算）来征收，没有免征点和累进数。占好地的地主富农同占坏地的贫农中农一样纳税，自然贫农中农吃亏。但是在所有旧税中，田赋比苛捐杂税还算较“合理”些。在中国，实行田赋已有两千五百余年的历史。对人民来说，交纳田赋已成为传统习惯，形成人民和政府一个差不多唯一定型的联系，作为维护土地所有权的一种象征。对政府来说，田赋是最可靠的大宗的财政来源。抗战初期，由于边区处于无政府状态，各县田赋都已停征，结果政府断了财政来源，对大多数农民受惠无几。鉴于上述情况，边区政府成立不久，就宣布恢复征收田赋。边区政府还规定：田赋每年分上忙、下忙两次征收，边区政府成立前的田赋积欠一律免征；同时清除历来田赋征收中的各种积弊陋规，采用直接由人民向政府税征处缴纳的办法。

战前田赋全凭地亩册征收，而地亩册与实际情况常相矛盾。历来官僚、地主兼并农民土地时，往往不过户，隐瞒土地不纳赋，并将应纳的赋税转嫁到农民身上，造成“无田之粮，无米之丁”。地亩册与征纳事务都操纵在寄生虫“社书”（或称“粮头”）手中，他们肆无忌惮地鱼肉人民，所以过去农民最怕最恨的是“钱粮先生”。现在改由政府向农民直接征收，有粮无地的免征；有地无粮的，由财粮员检查，由地主缴纳。因此，田赋恢复，受到了边区广大人民的支持和拥

护。人民信赖抗日民主政府，了解政府财政困难，都积极交纳田赋。

1938 年上忙钱粮，于 3 月 15 日开始征收，冀中区稍晚，四月份开始征收，原规定 7 月底完成。冀西多数县份都提前完成田赋征收任务，灵寿纳粮 3 000 石，盂县纳粮 1 500 石，居于各县首位。晋察冀全边区当年纳粮的总数和纳粮人口因资料缺乏，已无可考订；但根据冀中区 33 个县的统计，1938 年上下忙共征收粮款为 599 954 元，占全区整个财政收入的 20%。对政府来讲，是一笔大宗的可观的财政收入。政府收入的增加，对迅速扭转边区财政困难局面起了重要作用。统计中也保留下来这样一个数字，全边区每人每年平均负担不过一元钱，说明人民负担是不重的。

四、征收救国公粮

救国公粮是抗战时期边区实行的农业税的一种形式，也是边区政府财政的主要收入。边区政府成立后，头等大事就是解决军队和政府工作人员的吃粮问题。开始阶段，政府依靠田赋、税收的现金支付军政费，由各县成立的“军用代办所”代购粮食。但是，在敌后抗日游击战争的环境中，用现金购粮缺点很多：（一）敌后战争频繁的环境，有现金不能保证随时买到粮食，会使部队挨饿。（二）用现金大量购粮，一来使农民吃亏——农民卖了粮食纳税，卖粮时粮价低，纳税时税额高，农民无形中增加了负担；二来容易被奸商操纵；三来是增加通货，容易使通货膨胀，物价高涨。（三）边区地处农村山地，交通工具只是驮骡人力，运输很不方便，购粮供给军队很困难。因此，1938 年 9 月边区政府制定公布了《征收救国公粮条例》，同年 11 月，北岳区各县开始征粮，冀中区于 1939 年 6 月普遍进行征粮工作。边区政府决定，在晋东北和冀西两个地区共征收 16 万石小米。这个数字是根据这两个地区当年粮食产量的估计而确定的。总估产为 400 万石小米，16 万石是其 4%，对人民负担来说不重。

救国公粮用以供给军食，优待抗属，救济灾荒，有余作为政府收入之一部。

救国公粮以收小米为原则，但也可折征杂粮、棉花、小麦或现款。杂粮限定25%，棉花小麦各不超过1%。

救国公粮的征收办法是：

（一）各家全部收入折半计算，以其人口平均。每人平均小米一石四斗以下者不计，石五斗至二石者收3%，二石一斗至三石者收5%，以上每加一石递增1%，增至10%为止。

（二）各家的长年雇工，准除工资工食，不得计入其家人口之内。

（三）有固定职业经常在外者，不得计入其家人口之内。

（四）5岁以内之儿童，一人以半人计算。

（五）经营工商业或以利息度日者，按其收入折半平均计算，在规定以内，任缴何种实物或现款。

（六）存储，此项救国公粮分在各村保管，非有政府命令或军用粮票不得动用。

边区政府还实行了"军用粮票制"。边区政府给各抗日部队发放军用粮票，在边区范围内，部队走到那，凭军用粮票都可以支领公粮。在实物供给方法上，边区政府按各部队人数、马匹、驮骡应需给养花料数目，发给适量的军用粮票（粮票分5斤票，20斤票，100斤票，500斤票，1 000斤票五种），部队凭票向村公所领用，各村照票付粮，并将收到之军用粮票于月终汇呈解区、县政府核销。但粮票制度实行后，也发生了问题，"即粮票起了货币的作用，秘密流通起来，公粮中就发生了贪污现象，军队的粮食就不够了。因此，必须有慎重考虑的办法，以杜流弊。"政府于1940年5月改按"三联军用粮票使用办法"，粮票分"回执""收据""徼查"三联。"回执"由领粮票机关领到粮食时撕回，送交上级核算；"收据"由付粮机关存查；"徼查"按照规定手续报解。粮票又分别改为16两票、5斤票、20斤票、100斤票、500斤票、1 000斤票六种。粮票一律按月使用，并规定对粮票有舞弊行为的，依法惩办。征收救国公粮是适合边区实际情况的一种税收制度。其优点是：（一）人民有粮出粮，便于就地交纳。（二）村村都是兵站，便于军需供给，减少运输麻烦。（三）村村都是粮库，便于保管。所以，《征收救国公粮条例》实行后，得到

了边区广大农民和部队的热烈拥护。这一年边区农业丰产，基于爱国思想，农民踊跃缴纳。一些粮食集散地如沙河、大营、灵丘、上社、西烟、豆村、涞源虽被敌人占领，征收工作仍在进行。冀中征收救国公粮较早，1938 年 6 月曾征收一次；1939 年 5 月，又征收一次，共完成公粮征收 4 950 万斤。1939 年因遭特大水灾，救国公粮征收任务未能完成。到 1939 年秋，边区公粮征收任务已完成原计划期成数的 87%，超过必成数的 7%，救国公粮占边区全部财政收入的一半以上。仅冀中区所征收的公粮，可供三万人吃三年。这为边区财政走向正规、实行统筹统支奠定了物质基础。

五、整顿税收，废除苛捐杂税

税收是边区财政的主要收入。边区政府成立后，经过整顿税收，废除了过去实行的牲畜附加税、契约附加税、头发税、骡马尾税、斗行牙税、秤行牙税、船捐、大车捐、小车捐等 30 多种苛捐杂税。恢复建立的新税收有入口税、屠宰税、烟酒税、印花税、烟酒牌照税和棉花出境税等数种，以入口税为主要税收。当时入口税代替关税，控制对边区以外贸易，扶植边区生产，防止沦陷区货物大量倾销边区市场，吸收边区货币，增加了边区政府财政收入。

1938 年 5 月边区政府公布了《输出入货物征税办法》，其基本精神在于限制敌货输入、资金外流，严禁战略物资资敌，扶植生产，保护对外贸易，充实抗战经费。边区政府认识到，杜绝与敌占区的经济往来是不适当的，在根据地与敌占区犬牙交错的情况下，断绝经济关系也是不可能的。日本侵略者蓄意把中国变为它工业原料的基地和产品倾销市场，利用各种途径吸收根据地的战略物资。接近敌占区的不法商人，不顾国家民族利益，竟偷运粮食、棉花、皮货等战略物资到沦陷的大同、太原、保定等地谋取暴利，被敌人利用。他们运进边区的则是日本生产的消费品，如牙膏、牙刷、香水、肥皂以及敌占区生产的各种牌号的香烟，敌货和非必需品一时充斥于边区市场。敌人的这种疯狂的掠夺，严重的影响着根据地经济发展，特别是对战略物

资的控制与供求。从边区民族经济的确立来看，必须采取保护主义，把敌货排挤出去。边区政府规定，对必需品的进口，征税为10%，非必需品征税为15%—20%，奢侈品征税则为20%—30%。同年8月，边区各界团体发动群众抵制日货，举行反对日货宣传周，对已入境的日货，限制登记，由商会集中地点，定价拍卖。1941年2月边区政府又公布《外货入境分类课税办法》，区别了必需品、非必需品及奢侈品的界限，规定凡公私日常使用的物品能以土产土制代替者均属非必需品；凡日常生活中可以免去消费的物品均属奢侈品；对军用化学物品、枪械、药物、报纸、蜡纸、油墨、钢板、煤油、火柴、土布等均划归必需品，一律免税输入。白糖、胶鞋、双龙牌市布、玻璃器皿、儿童玩具以及仙岛、金楼、项球、红星、扇面等香烟一律禁止入境。[1]对原定非必需品的进口也作了调整，酌留棉制物与鞋帽两种，课以20%的税允许输入。商人与敌区经营贸易，必须向政府登记，在入境第一征税机关报验纳税。不允许输入之商品绝对禁止，违者，货物没收，人以汉奸论罪。

出口税的征收，以促进土货输出为原则。对边区不能充分利用、又对敌人也无大帮助，或者虽然对敌人有利，但其输出对我利益大于对敌利益的货物，原则上课税后，允许出口。但货物出境时必须向当地征税机关报验纳税。1939年9月颁布《晋察冀边区征收本产货物出境税暂行条例》，规定的税率与入口税比较，显然是低的，如净花每百斤征税30元，山羊皮每百张征税4元，上等猪鬃每两征税一角，花椒及生黄芪每百斤征税5元，烟叶每百斤征税8元，核桃每百斤征税1.5元。敌人需要的粮食、铜、钢铁、麻、牛、马、骡、驴等一律禁止出境。

货物之出口与入口，征税与免税，重课与轻征，是根据斗争需要而定的，厘定时注意到了各个阶层生活不同要求。出入口的品类与税率不是一成不变的，随着形势的变化，必需品会成为非必需品，非必需品也会成为必需品。

---

〔1〕《边政导报》第3卷，1941年第5期。

征收出入口税，既是解决边区财政的一项重要措施，也是对日本进行经济战的有力手段。在殖民地的城市与农村经济的联系中，农民不同于城市的消费者。边区地处广大农村，可以自给，而敌占区的城市则不然。所以，在经济战的一个重要方面，就是切断其城市经济所需的工业原料和依赖于乡村输入的农副产品的供给。如河北的棉花，过去供给城市是一个很大的数目，自从晋察冀建立根据地后，禁止棉花出口，并动员人民少种棉花，多种粮食，使城市经济陷于孤立，有利于边区抗战和经济的发展。

新税收制度建立后，政府立即抽调干部，建立和健全各级税务机构，开始征税工作。冀中区从1938年5月到1939年6月，仅入口税一项征收900余万元。北岳区每月税收一项达30余万至50余万元，有力地支援了敌后抗战。

六、征收契税，整理公产

田房契约是田房所有权或使用收益权的一种公证，买地买房取得所有权，典地典房取得使用收益权都需要立契，老百姓书立草契，叫作“白契”，税契后，称为“红契”。税契是取得所有权或使用收益权的合法保证。政府对税契的契约，均给以盖有官印的“尾契”，县政府并在草契与尾契之间加盖县印。政府凭红契保护财产所有权，保护田户买卖自由权，保护典用田房收益权。税契时，政府收一定的手续费。

征收税契已是历史习惯，是一种合理的直接税。置房置地者一般都是有钱人，为避免发生财产纠纷，都乐意纳税，以取得财产所有权的合理保证。

过去，在成立买典契约过程中，有许多恶习，最主要的是田房牙子[1]的勒索。牙子一般按田房买典价“成三破二”地取得牙子钱，典要高于税契的2/3，买要高于税契的5/6，其勒索极为苛刻。牙子

〔1〕 牙子：牙商的旧称。中国旧时代城乡市场中为买卖双方说合交易并抽收佣金的居间商人。

还采取“瞒价”方法，在买主方面要价高，在卖主方面要价低，借此要挟双方，从中渔利。此外，还有村长的“盖印钱”，四邻的吃饭——“吃割食”等，老百姓对此深恶痛绝。

边区政府废除苛捐杂税时，已包括了“牙子钱”、“盖印钱”。1939年初恢复征收田房契税。颁布了《买典田房契税暂行章程》，明令保障财产所有权，土地使用权，确定产业买卖自由权。规定田房契税，以一产一契为原则，按买、典实价依率计征。其税率：“买契按田房实价6%，典契按田房典价3%征税”[1]。税契按县政府办法。为了解决地方政府举办公益事业问题，允许地方征收适量的附加，但“契税地方附加，不得超过正税一半”。

过去旧政府田房买、典契税很重，附加超过正税几倍，而旧官僚属之额外勒索又相当普遍，致造成民间买、典田房逃税现象很多。边区政府恢复征收田房契税后，明令禁止“白契”和偷漏、瞒价等弊端，并限制田房牙子的中间剥削，取消村长的“盖印钱”等恶习。给老百姓以补契、补税的机会。章程规定，在本年7月1日以前黑地白契、偷漏等一律补契补税，毫不处罚；过了7月1日就要按规定处罚。指示各县村政府要向老百姓深入解释，使家喻户晓，不要让老百姓因过期不交税受到处罚。群众的顾虑消除了，也主动补契补税，取得了田房契约的合法保证。

政府公产收入也是财政的一项重要收入。开始，对这部分财产的清理及其收入没有注意，致使有些地方存在着漏报或无偿占用公产的情况。如：平山五区西盘石村有村学田40亩上下，而只报4.8亩，大觉寺学田40亩，万岁寺学田十几亩，鹿山寺学田20多亩，皆因联系不够漏了。这种漏报和无偿占用公产的情况，在其他各县也都不同程度的存在着。边区政府成立后，确定公产的范围包括：公地、公林，逃亡地主、汉奸逆产、旧区级以上机关学校的土地、无主庙产庙地等均属之。为便于管理和明确收入的归属，将清理的公产分为边区

〔1〕“晋察冀边区买典田房契税暂行章程”，《晋察冀边区财政经济史资料选编》（财政金融篇），南开大学出版社1984年版，第267页。

公产、县公产和村公产3种。

（一）边区公产

1. 逆产。即通过法律手续或未正式通过法律手续没收汉奸之土地。

2. 事变前属于省立机关学校所有的公产土地。

（二）县公产

1. 县学田。原前各县县立之高级小学，中级学校及教育机关经营之土地。这类土地以往各县很普遍，数字也还不少。

2. 县公地。以前各级政府和政府附属机关的土地。

3. 捐地。系抗战以后地主捐给政府机关之土地（今后不论动机如何，政府均不得接受）。

4. 社田。为宗法社会的遗留，象行唐过去都是归管理田赋的里长所独有，叫里长地。

5. 属于区性质的仓粮地、庄地、寺庙地、留洋局地、慈善机关地等。

（三）村公产

1. 庙地。为封建社会中寄生人们所独有的土地，寺庙中没有和尚道士而任人经营，或以前寺庙捐出作为学校或公益事业或村中专作为祭神赶庙用的土地。

2. 村学田。村中专置作初小教育之用的土地。

3. 村社田。即数村或一姓用作祭祀或赶庙会用的土地（一姓的祭田不是公地）。

清理出来的公产，先进行登记，然后交由政府管理或“租给民众耕种。”对以前应交的租息，按减租息规定予以追收。这样，既体现合理负担原则，又增加了财政收入。在开始阶段，整理公产工作，只限于北岳区少数县开展，工作成效甚微。1940年以后，由于财政困难，人民负担过重，整理公产工作在各县普遍展开，作为增加财政收入，充实抗日经费减轻人民负担的一项重要措施。如：“灵寿注意到公产清理，而且很有成绩。据李县长报告，可能收入粮食二百担，这就是政府增加二百担粮食的收入，群众少二百担粮食的负担”[1]。尽管这些收入还不多，但对群众当时抗日经费之不足是有益的；同时也增强了干部和群众关心和爱护公家财产的观念。

七、发行救国公债

晋察冀边区田赋税收为数不少，但仍不敷支出，财政不足依然是难以解决的棘手问题。充实战争经费，保证抗日部队的给养实为刻不容缓。1938 年 1 月 5 日边区军政民代表大会曾研讨过筹措办法，有趋向于发行爱国公债的意向。1938 年 5 月 10 日晋东北（第一区）各县县长联席会议议决：征筹两万石粮，发行 200 万元公债。随后，冀西各县县长联席会议亦作出发行百万元公债的决定。并依照国民政府募集救国公债原则，着手准备工作，6 月、7 月份，开始发行。

公债票面分 100 元、50 元、10 元、5 元、1 元五种。规定年息四厘，自 1939 年起还息，每年 6 月底付给，1942 年起还本，每年抽签还本一次。推销公债如期胜利完成。工作的成功在于募集办法，边区行政委员会向各县分配任务。各县县政府和群众团体及士绅组成救国公债征募委员会，依靠群众团体的赞助，依靠政治上的动员，严格执行劝募方式，绝不强迫，运用各种形式，宣传救国公债的性质与意义，借助有利时机和场合积极推销，诸如庙会、演戏时及村民大会等。为便于群众购买，规定不限于现金，凡粮食、布匹、棉花均可折价购买，深得民众赞成。人们认识到民族的利益即个人的利益，“有国然后有家”，“多买一份救国公债就是增加一份抗日力量”，认购公债的爱国行动遍及全边区，有钱的慷慨解囊，没有钱的夜以继日地劳动，把仅有的所得购为公债，许多妇女变卖结婚首饰。

更值得记载的是，敌占区民众听边区发行公债，暗地自动认购，当时定县、啍县一些地方被敌人占领，倍遭蹂躏，时刻盼望驱逐日

〔1〕 邵式平：“关于财政问题讨论总结”，《晋察冀边区财政经济史资料选编》（财政金融篇），南开大学出版社 1984 年版，第 46 页。

军，重得祖国爱抚，愿为祖国尽一份力量，遇此时机，纷纷行动，有的镇认购6 000元，计商户5 000元，民众1 000元。还有将自己贮粮偷偷运至劝售公债委员会，折价购买公债的。

冀中区曾再次增发救国公债100万元，该次成绩更为突出，以超额54万元完成推销任务。

第二节　建立健全财政制度

一、统筹统支制度

实行统筹统支，是边区财政建设的重要内容之一。在全民族的持久抗战中，只有实行财政上的统筹统支，才有可能集中一切财力和物力供应战时的大量军需。这是当时抗日斗争的形势向边区财政提出来的一个客观要求。1938年初边区召开的军政民代表大会通过的《财政问题决议案》中，已将“统一财政收支”，作为树立健全的战时财政制度的一个重要内容，这是十分正确的决定。

边区政府一方面大抓开源，建立与边区具体情况相适应的新的税收制度，为统一边区的财政统筹统支奠定基础，另一方面，也着手制订各项有关统筹统支的规章制度，准备全面实施边区财政的统收统支。聂荣臻在《晋察冀边区的形势》一文中曾指出：“财政最忌各自为政，如果一混乱，那就没有办法来整理了。”[1]晋察冀根据地创建初期的财政，到处都处于混乱的无政府状态之中。建立必要的财政制度，实行边区财政的统筹统支已势在必行。

实行统筹统支，是同边区公粮征收、税收整理等项工作同时进行的。1939年边区政府对财政的统筹统支的原则规定是：

---

〔1〕《晋察冀边区财政经济史资料选编》（总论篇），第80页。

（一）统一财政政策。有关政策法令和征收办法，由边区行政委员会统一制定。

（二）收入由边区统一筹划。凡边区之一切税收、公产收入、公营企业收入、罚没款及战争缴获等收入均为边区收入。各级财政部门负责组织征收，保证及时入库。县政府、区公所以及其他任何机关，不准以任何名义向群众摊派捐款。

（三）支出由边区统一掌握。党政军机关、学校之正常公用经费和临时费用等一切开支，由边区财经办事处统一供给，即一切经费的批准支付权集中在边区。

（四）统一会计制度。

（五）建立边区金库。

（六）建立预决算制度。

同时，还规定健全村概算制度，统一县款之收支，边区政府的财政同县地方财政严格分开，控制各种款项的支出等等。同年，在各地公粮征收过程中，通过使用军用粮票等，实际上贯彻执行了统筹统支的原则。

在敌后游击战争的环境中，建立统筹统支制度，遇到了很多困难。首先，一些单位和个人还存在着想使本单位“宽裕一些”，截留公款，建立“小金库”，或虚报冒领。其次是实行这一制度后，在县地方款的收支问题上出现了入不敷出的矛盾：第一是边区工作的开展要求各级政权机构逐步健全扩大，要求有更多的地方武装来坚持抗战。各县普遍反映，一个区公所 4 个助理员，领导 30 个到 50 个的村庄，忙不过来，需要更多干部，县一级和区一级要求增加编制，县地方款的增加速度，赶不上政府机构和人员增加所需经费的速度。第二是物价上涨使收入相对减少。主要是粮价高涨，饭费不够用，其他物价也都随粮价的波动而高涨，使各县公费不够开支。第三是灾荒与收入的矛盾。原规定田赋的正赋留给地方一半作为地方款，由于灾荒的关系田赋减少很多，致使县地方收入随之减少，如何解决县地方款的问题集中地反映出来。解决这一问题，边区政府认为原则上仍然是开源和节流；技术上则是需要认真研究地方预算，确定地方款的比例

数额。

1940年初边区召开了干部会议，宋劭文作了《论合理负担、县地方款、预决算制度》的报告，进一步强调了实行统筹统支的必要性和重要意义，要求各级领导克服本位主义、自由主义，认真做好此项工作。这个时期边区财政收支数字（包括边区一级及北岳区冀中区平北区）如表2－1：

表2－1　　边区财政收入状况[1]（以1938年为100）

年　度	钱款收入	公粮收入
1938年	100	100
1939年	395.54	67.11
1940年	532.34	195.07
1941年	2 747.15	231.94

表2－1反映出，统筹统支以后，钱的收入每年都在增加着。1941年比1940年增加了4倍。钱的收入只是绝对数字的增加，因1941年物价上涨，如从货币的购买力来看，并没有增加。公粮收入是边区财政的主要收入，1938年征收较晚，冀中地区到1938年夏季才开始征收。1939年整个边区闹大水灾，冀中是重灾区，粮食收成锐减，为减轻人民负担，公粮征收比1938年减征3/10强。1940—1941年公粮收入比以前增加一倍多，主要是因为部队扩大，加上政府部门也吃公粮。人民负担是加重了，而为了保证抗日部队的军需，人民是理解和支持的。表2－2是开支情况：

表2－2　　边区财政开支状况[2]

年　度	钱款开支	粮食开支
1938年	628.45	100
1939年	1 080.38	127.33
1940年	1 881.68	280.44

＊钱的开支以当年收入为100，粮食开支以上年公粮收入为100。

〔1〕“边区行政委员会工作报告”，《晋察冀边区财政经济史资料选编》（总论编），第535页。

〔2〕“边区行政委员会工作报告”，《晋察冀边区财政经济史资料选编》（总论编），第536页。

无论是钱和粮的开支，每年都是入不敷出。粮食不足之数，是用钱款购粮来弥补的；钱的不足，是靠向银行借款来解决的。两项开支中，大宗的是粮食，其中 80% 以上是供给军队。

边区政府以最大的努力缩减其他各项费用，保证供应抗日武装的发展与扩大。

二、预决算制度

预决算制度，是边区财政建设中一个基础制度，只有做到有计划的收入与有计划的支出，财政才能纳入正轨，实现统筹统支也才有了可靠保证。

关于建立预决算制度问题，早在 1939 年，边区政府就多次讨论过，而且确定了具体方案和试点进行。在试行过程中遇到了不少困难：（1）在战争环境中，财政开支经常变化，确实造成了预算的困难；（2）在一些干部中存在着自由主义的倾向，他们不关心开支多少？钱从哪里来？认为有钱就花，没钱跟上级要，“反正我不贪污”。粮食的预决算更差了，有些县吃了公粮不上交粮票；有些县公粮存多少？够吃几个月？不清楚。因此，克服干部中的自由主义，是建立健全预决算制度的关键。1940 年初，边区政府决定，全面推行和坚持预决算制度。宋劭文在干部会上强调说：“有了预决算制度，就不允许有制度以外的自由”，“过去各县政府各个机关花了钱，上级有些客气，花了就准予开支。现在我们决定：没有预算而开支了的钱，一律批驳，不准开支，想开支就得事先呈准。这样会使有些人感觉不舒服，但满足了这个舒服就等于满足了自由主义”[1]。1940 年 4 月，边区政府颁布了《预算暂行章程》和《决算暂行章程》两个文件，预决算制度的基本内容是：总预、决算分岁入岁出两大类。岁入科目分为：统一累进税（钱与粮秣分别预算）、田房契税、出入口税、罚

〔1〕《晋察冀边区财政经济史资料选编》（财政金融篇），南开大学出版社 1984 年版，第 23 页。

没收入、公营事业收入、公产收入、其他收入等七项。岁出科目分为：军费、政费（包括赈灾救济等）、预备费（按岁出总额5%—10%编制）等5项。具体编报程序是：

部队系统：粮秣与军费预、决算，由大军区供给部在年度开始前一月内编造年度概算（包括野战军、地方军），报边区财经办事处（简称“财办”）批准。每月根据实有人马数字、供给标准编造月份预算，报财政处审核拨付。每季度终了后，一月内编造季度决算向财政处撤销。服装预、决算：分春装、冬装两期编造，分别以实物部分与现款部分，经边区财办批准，财政处分别拨付。医药、公用物品预、决算，由大军区供给部每季编造季度实物预算，经边区财办批准财政处拨付实物，每季造报决终一次。职工预算：根据边区财办批准之全年预算，由财政处分月拨付工程局，年度终了造报全年决算向财政处报销。

作战费用预、决算之编造，则商同军区后勤司令部另定。

地方系统：边区级党政民机关学校之预、决算，由边区政府统一汇编，经常费每月编造预、决算向财政处支领与报销，事业费编造全年预算经财办批准后根据事业之需要按期拨付，决算则须按每一项事业完成后半月内造报。服装预、决算亦分春装冬装两期编造。

行署以下各级党政民机关学校之预、决算，由行署于年度开始一月前汇编全年概算，季度开始半月以前汇编季度预算。报经边区财办处批准，每季拨付一次，每季终了后一月内编造决算报销。

关于各区地方事业费之开支，由行署在年度开始前，根据事业计划，编造全区事业费预算，报边区财经办事处批准后，按事业发展需要分期拨付，由行署掌握开支，每季决算一次报财政外核销。

年度预算是财政收支的一年大计，“先要量出为入，然后要量入为出”，都必须按照预算规定有计划的进行。坚持实行预、决算制度的先决条件是：（1）各级政府各级机关要制定出合理的经费开支标准。开支只能比预算少，不能比预算多。（2）军队要按实有人数，要把人数搞清楚，核实准确。（3）群众团体的经费开支，原则上应该自己解决，要从会费和所办的合作事业中去解决，不足之处，由政府贴补。(4) 认真搞好政府机关吃公粮的粮食预算。(5) 取消预算中各机关所列的“预备费”，临时费用开支，必须事先呈请批准。边区政府特别重视预、决算制度的建立与执行，强调各级政府对预、决算制度的认识，必须提到政治的高度，坚决反对任何忽视的观点和作风。当时边区执行预、决算制度是认真的。北岳区的各专署、各县、各部门年度预、决算大部分都造来，分月预、决算也有不少的按时报送。平北各县政府一律向专署领取，先作出三个月的预算，交了前三个月的决算再领下期的经费。由于具体措施的落实，使边区预、决算制度得以坚持下去，取得良好的效果。

三、会计和金库制度

会计工作是边区财政管理工作的一个重要组成部分，它对于保证实现预、决算规定的各项指标、管理好预算资金有着重要意义。边区初创时期，会计工作较为混乱，各地区账本和记账方法不一致，有中式账、西式账、日记账分类账乱搅在一起，有些地区会计人员不固定，今天你干，明天他干，工作马马虎虎，账目不清，漏洞很多。这一切都给贪污和浪费提供了条件。1940 年 4 月，边区政府制定并公布了《会计规程》，明确了边区各级会计的性质和任务。边区会计分为两类：一类称政府会计（系指各级政府及边区直属机关之会计）；另一类是公营事业会计（系指公营事业单位之会计）。会计之共同任务为：甲，年度预决算分月预计之编制及执行。乙，现金（包括粮票下同）单据之出纳保管。丙，公产公物之保管。

关于会计账簿的设置，边区会计制度规定，一般会计簿籍应备以下三类，各机关单位根据需要自行设置。

（一）账簿类：(1) 日记账。是按时间顺序记录全部收支业务的账簿。(2) 分类账。是按照收支明细科目设户、分类、记录和反映收支明细情况的账簿。(3) 总账。是总括地反映预算收支情况用以考核资金平衡和为编制会计报表提供资料的账簿。

（二）备查簿类。这类账簿是用于会计计量、核算和备查之依

据。如："预决算底簿"、"编制经费表"、"食粮定量与折合比率表"、"会计法令记录"等均属之。

（三）报告表类。主要有"经收边区款报告表"、"边区预备费支付报告表"和"收支对照表"等。

1941年6月，宋邵文在边区高干会议报告中强调指出：健全会计组织，一律改用新账，用单式簿记，每天要结账。"（一）账本根据银行的经验，最大部分的账本都用日记本。一县有五六个日记本就行，在任何困难的环境下，都可以随身带走。（二）单据时间长了积累很多，带起来很麻烦，取消也很困难，按年度换成总收据，就减少了累赘。（三）新式簿记会计人员比较少，如果每县能找到一个马上送来，训练一批也是必要的；如果不能，关于会计事务，也应经常给下级以指示。每一个会计人员无论怎样忙，支了钱，要立即记账。"〔1〕

边区政府对会计制度的执行非常重视，从边区政府和地方干部中挑选了一批有业务能力和忠实可靠的同志，担任会计工作。要求"会计工作者要有坚持制度的精神。就是合乎制度的，他便坚持执行；不合乎制度的就坚决不执行"〔2〕，叫做认制度不认人。会计发钱，必须有上级命令，没有上级命令分文不付。各县政府预算，在未批准时，会计是不应该付款的。"同时亦不能够奉县长命令暂时借出，非得有边委会的指示，或付给款项的命令，就是杀了头也不该付出一个钱去，这是制度"〔3〕。任何人都不能违反，谁若是企图破坏制度，谁就是违犯法令。即使由于战争交通受到阻碍，每月经常预算未批准以前，时间又到了，急需用时，经过县长出具亲笔借据后，可照上月批准预算数预借一半，并要很快的向上级会计机关报告，绝对不能也不准无限制的借支。

"金库"亦称"国库"。它是经营国家财政收支的机构。国家财

---

〔1〕《晋察冀边区财政经济史资料选编》（财政金融篇），南开大学出版社1984年版，第665页。

〔2〕邵式平："关于财政问题讨论总结"，《边政导报》第2卷，1940年第19、20期合刊。

〔3〕同上。

政收入，全部纳入金库；国家的支出亦由金库拨付。或由国家银行代理。晋察冀边区于1940年1月建立金库，由边区银行代行金库职能，负责保管和办理公款之收付。库款的支付权属于边区行政委员会。

“边区银行办理金库之守则是：

一、建立金库账簿，记载公款之实存与收付。

二、公款数额，均按边币计算。

三、边区金库不负保管公物之责；但折成边币后，不得拒收。

四、边区金库库存款项之付出权属于边区行政委员会。须有主任委员副主任委员及主管会计员签名盖章之支付命令始得付款。

五、边区金库必须按月向本会编送月报报表……

六、边区银行之分行、办事处、营业所，均定为边区公款之收付转汇机关[1]。”

边区金库收付款之解领手续是这样的。金库收到解款时，填具四联收款书，除留存根一联外，其余两联交解款机关存转，其中一联报送边委会；各机关解款时，填具三联解款书，保留存根一联，其余两联报送边委会核查，边委会核符后于骑缝处加盖印章，将报告收据存查注账，余联发回解款机关存案备查。边委会发款时填具三联支付书，存根一联备查，支付命令一联交边区金库，通知一联交领款机关；领款机关收到支付通知后，填具三联领款书，留存根一联，以领款书正领据一联交金库并领款，以领款书副领单据一联送边委会；如系由银行汇转，得将领款书正领据交由汇转之分行办事处或营业所交边区金库。金库建立后，各机关经收之边区款，如数逐月上解，避免了坐支抵扣或挪借现象，使边区公款能严密保管与支付统一。

四、村概算制度

边区政府建立以后，经过几年的努力，边区和县以上各级财政工作逐步走上了轨道，各机关、各部队乱征乱派现象也基本上得到了纠

[1] “晋察冀边区金库章程”，《边区导报》第4卷，1942年第3期。

正，但基层单位开支名目繁多，浪费现象十分严重，其中以村款的浪费最为惊人。如1940年以前，村财政开支项目竟有支差费、优抗费、招待费、小学经费、赔偿费、开会费、村干部旅费、放哨费、应酬费、村长津贴费、标语费、慰劳费、新战士路费、锄奸费等数十种之多。按边区政府规定，一个县政府每月开支标准为六七千元（包括地方武装军费和民众团体经费），而冀中区的一个村公所平均每日开支竟高达千元以上，北岳忻县一个村公所一年就开支了1.2万元。假如一个县有200个村庄，每月的村款开支比县财政开支要高出3倍。据统计，边区所有村庄，每年村开支一项就达8 000余万元[1]这是一笔惊人的浪费，加重了人民的负担。因此，彻底整顿村财政，纠正开支中的浪费现象是当时边区一项极其重要的任务。

1940年7月，边区政府制定公布了《村概算和村决算暂行办法》，规定把原来几十个村开支项目缩减为五个项目。“这五个项目是：

（一）村公所经费与临时费，包括村公所及其他各部门的办公费。将村庄分为五等，最高每月开支40元（连临时费在内，以后物价高涨略有增加）。

（二）村教育费，包括小学、民校开支，须按边委会规定村代表会批准开支。

（三）优抗费，由县统筹者经边委会批准；由村、区筹办者由县批准。

（四）民兵作战弹药费，规定将村分为五等，最多不超过每月15元，一般都在10元以下（1942年11月停止了，改由边区统筹）。

（五）村建设费，村兴修水利、建造学校等费，须经村代表会批准进行[2]。”

边区政府还规定，取消农村支差费，优抗费由县政府筹。除上述五项开支，其他名目的开支，均为非法开支，一律取缔。

---

〔1〕《革命根据地的财政经济》，中国财政经济出版社1985年版，第134页。

〔2〕宋劭文：《边区行政委员会工作报告》，1943年。

在冀中，行政主任公署也采取了一些措施整顿村财政。分三个步骤进行：

第一步，停止一切不应有的开支，颁布村财政公约，实行财政公开；

第二步，规定应开支的科目与数字，建立村核算，办公费、临时费按村庄大小分为五等，最多50元，最少20元；

第三步，重新厘定开支科目，数目较前一律减少20%。

村财政经过整顿后，取得了很大的成绩，人民无不称快。平山县的一位绅士说：这一下可好啦，现在我们这村每月开支40元，以往四百、六百也不止。冀中农村一些上层人士也反映说“不怕拿，就怕乱，现在八路军的办法越来越好”〔1〕。这样全边区的村开支，每年要减少8/10，是一个很大的收获。冀中对村财政整理后，工作好的地区，都已建立和坚持了月报制度，深南县能做到的村庄占92.4%，安平县占99.1%，博野县占80%，清苑县占78%；能编造预决算的村庄，藁无县占75%，深北县占81%，安国县占90%，安平县占91.1%，定南县占92%，深南县占98%。〔2〕在节省开支方面，以深南县一个区为例，平均每村月支47元，最多不过216元。安平各村最多50元，最低的只20元。村财政整顿后，开支较前减少70%—80%。混乱和浪费的村财政初步得到了克服。

战时边区的村财政，一遇敌人的“扫荡”，往往在整顿初显端绪的村财政又混乱起来，又需再次进行整顿。边区的村财政，是在反复地和那些浪费、贪污的斗争中建立起来的。村财政中的这种浪费现象，总是和混乱联系在一起的。在形势好的时候，有时又会出现讲排场、讲阔气的浪费情况。在斗争极其艰苦的时候，又往往会在一种失望的情绪下产生另一种形式的浪费现象。1942年敌人的“五一大扫荡”以后，当时在冀中敌后游击区的某些干部，鉴于敌人对冀中物资的大肆掠夺，也一度大吃大喝起来，错误地认为“有鬼子吃的，

〔1〕《革命根据地的财政经济》，中国财政经济出版社1985年版，第135页。

〔2〕冀中区行署：《冀中区五年来财政工作总结》，1943年4月25日。

就没有咱们吃的!”曾一时造成了村财政的严重浪费，引起群众不满。村财政的整顿是一项长期的任务。

第三节　战争勤务

战争勤务简称“战勤”，是边区人民在战争时期承担的一项人力和畜力的特殊任务。

抗战初期，旧县政府的全部精力都花在支差上，国民党军和各种类型的武装要夫、要驮骡，从“七·七”到9月底，仅二三个月的时间，山西、河北、察哈尔各省政府就欠隶属各县不少款项，多者100余万元，少者五六十万元，其中大半为支差费。八路军挺进晋察冀后，支差依然频繁，战争紧张时，根据地的个别地方一个月支28天差。边区为整顿平衡群众负担，节省劳力，限制征用期限，统一供给民夫伙食和牲畜草料，1938年3月公布了《晋察冀边区公家运输征用人畜办法》:

一、无论军政人员非确系因公出差，并确有征用人畜必要者，一律不得滥行征用。

二、征用人畜者，除有紧急情事不能预先通知外，必须尽早通知被征之户，使有充分准备时间。

三、征用人畜，不得使应过远之运送，以使被征者，于一日或二日内能往返为限，即在军情紧急时，亦不得超过三日之路程，并须于征用时预先说明。

四、征用人畜者，对于被征人畜供给其饭食草料，其规定如下:

1. 路程在40里以内被征人畜当日即能返回者，只供给其饭食及草料，于其返回时无须给费。

2. 路程在40里以外被征人畜须次日始能返回者，除当日及次早须供给其饭食草料外，并须于其返回时给予每人饭食费大洋1角，骡马每匹草料费2角5分，驴每匹草料费1角。

3. 路程在一日以上或至三日者，除一路须供给其饭食及草料外，并须于其返回时每天每人2角，骡马每匹3角，驴每匹2角，发给饭食及草料费。

此办法的公布执行，部分地解决了滥行征用的现象，只是究竟那些部门与单位有动员、行使战争勤务的权限，没有明确规定。1940年3月又公布《晋察冀边区临时支差办法》，规定凡动员人力、畜力支差，“概须通过军代所、区公所、村公所。”用差单位，只限于军事机关、政权机关、供给机关、卫生机关、工业机关、印刷机关。支差的任务，只限于运送军械弹药、军粮花料、军鞋军装及军工原料、工业器械、通讯器材、伤病员及卫生器材、印刷器材。要差单位必须有正式文件或经县、区政府证明。此时，军代所已代替了原有的支差局，统一调度战争勤务，运输队的相继建立，使战勤工作出现了有秩序的局面。

1940年边区公布的《晋察冀边区临时支差办法》，还规定了战勤的管理单位，有权使用战勤的机关和部门，指定了战勤的工作范围，并明确规定使用战勤的机关和部门要按规定付给一定费用。这个办法对于克服根据地建立初期战勤工作中的混乱情况，是起了积极作用的。但是，随着边区对敌斗争日益频繁的客观实际，要求健全战勤服务组织，要求平衡战勤负担，边区行政委员会又于1941年4月21日再次修订公布了《晋察冀边区抗战勤务动员办法》，这个办法较过去的临时支差办法完善多了。主要反映在以下几个方面：

第一，把运输、担架、缝纫勤务都统一起来，纠正了根据合理负担分数派鞋的偏向。

第二，明确规定：服抗战勤务为人民神圣义务，凡在18岁以上50岁以下之人民及有运输力之驴骡车马，均须依照本办法服务。

同时规定抗战勤务任务分为3种，即运输、担架、缝纫。运输、担架勤务，由男子及驴骡车马负担；缝纫勤务由女子负担。明确了男女之间的战勤分工。

第三，在战勤办法中，强调节省根据地人力、畜力、注意调节各地抗战勤务之平衡，避免各地之间人力畜力负担上畸轻畸重的现象。

同时，严格规定使用战勤的机关和部门。对于运输繁忙之点线，由政府组织运输队予以调剂。规定每人每月服抗战勤务的定额和各种战勤工日的计算标准。这对于合理使用战勤、节省民力，有着重要的意义。

1941年边区颁布的《晋察冀边区抗战勤务动员办法》，是边区党政军民在战勤工作中不断总结经验制定的，是一个比较合理的战勤动员办法。宋劭文在1943年向边区参议会所作的《边区行政委员会工作报告》中，曾对战勤动员办法作了很好的总结。他指出：这个办法将前颁办法加以彻底修正，确定：（1）凡在18岁以上50岁以下之人民，每人每月服勤务一般不超过5天（战争时例外）；（2）统一运输、担架、缝军衣、做军鞋、送粮勤务；（3）停止支差费用之发给，教育群众使其了解为抗战服勤务之神圣义务；（4）广设交通站加强管理。政府并购买一部驮骡、大车组织运输队，平衡与调剂过忙之点线。抗战勤务问题得到比较妥善的解决。边区人民爱护子弟兵、爱护边区之真诚，于这一工作中也充分地表现出来。

战勤工作是边区保证抗日战争胜利进行的重要条件之一。抗战开始，边区人民以巨大力量承担了各项战勤任务，从未间断过。如抬担架、运输、送信、帮助战士缝洗衣服、做军鞋军袜、慰劳、破坏敌占区交通、坚壁清野支前参战等各项工作，特别是参加“百团大战”时的战勤工作和1940年秋至1941年春由冀中平原向冀西山区的粮食大调运，作出了巨大贡献。1941年冬以后，在反“蚕食”、反“扫荡”斗争中，摧毁敌人设置的封锁，粉碎敌人分区“围剿”的罪恶活动，配合部队作战。北岳区于同年11月发动民兵进行了平沟总出击，仅20日间，就平沟516华里，破路121华里，毁墙120华里。冀中和冀东的群众，在战勤工作中都作出了巨大贡献。

战勤工作，是在战时情况下的一种特殊的人力负担，很难做到十全十美，在一些重要的交通点线，在一些作战频繁的地区，在军政领导机关常驻的地区，人民需要付出更多的战勤义务，在执行任务时不少民工为抗战献出了宝贵的生命。在边区参议会上，有些绅士就曾提出个别地方勤务太重，反映了某些地区负担过重，影响生产问题。边区这次公布的战争勤务动员办法，就是要尽可能的做到公平合理。

1941—1943 年是边区对敌斗争最严酷时期，也是边区财政工作最困难时期。在这一时期开始的时候，曾总结了前一时期的工作经验，进行了边区战时财政政策和对制度的建设工作。改革了初期多种税、多次征的税收制度，实行了统一累进税，增加了财政收入，扩大了负担面，调整各个阶层之间的负担，进一步巩固了抗日民族统一战线。在冀东和平北根据地，实行合理负担，建立了财政制度。颁布了《晋察冀边区抗战勤务动员办法》，改进了边区的战勤制度。在边区敌人"扫荡"最激烈、根据地财政十分困难的时候，贯彻执行了精兵简政的政策，采取了各种节约措施，克服了财政困难，坚持了敌后的抗日战争。

这一时期的财政收支状况，和过去几年比较也有所改善。1941 年开始统一累进税以后，征收的粮款都比上一年有了明显的增加。1942 年冀中遇上了敌人的"五一大扫荡"，收入大减，但由于实行精兵简政，边区的财政状况，还是较过去有所改善，财政的自给率提高了，银行的军事发行在财政的现金支出中所占的比例有所下降，渡过了最困难的时期。

第三章 晋察冀边区银行

第一节 边区银行的成立

一、边区银行成立前的金融状况

边币投入市场之初，正是晋察冀金融处于异常混乱之时。国民党政府曾于1935年11月实行币制改革，废除银本位，以中央银行、中国银行、交通银行、农民银行发行的纸币为法定的货币，以统一全国货币。不能说这种改革没有取得积极的结果，法币在流通领域中，逐渐获得了人民的信任，成为主要的流通手段，但它没有独占市场，形形色色的钞票依然在流通。晋察冀边区因地处三省之间，比三个省任何一省的金融都纷杂得多，三省流通的各种钞票都兼而有之，可谓无所不包，加上日本侵略者触角的伸入，实为混乱之极。对此，彭真1941年向中共中央报告说，边币发行之初，“市面通行纸币十余种，金融异常混乱，”[1]《聂荣臻回忆录》中说：“抗战之前和抗战之初，晋察冀地区流通的有察哈尔票、河北省票、伪蒙疆票和山西的各种晋

---

[1] 彭真：《关于晋察冀边区党的工作和具体政策报告》，中共中央党校出版社1981年版，第111页。

票，名目繁多，杂乱无章。”〔1〕宋劭文在《边区对敌货币斗争之史的发展与当前的斗争方针》中也有同样的描述：“当时边区货币以河北钞、法币、晋钞为主力，其次是平津杂钞与地方钞。”〔2〕究竟当时有多少种货币，没有一个精确的统计，上面引的几种说法，显然是指几种流通面大的通货，若加上各种土票及代用券，那就不止十余种，至少有百数十种了。当时，省有省钞，县有县钞，那些有权势和资金雄厚的银行、钱庄，乃至商号、货栈、酒铺、当铺、信用合作社也都发行流通券，或称信用券，有的数额较少，多的竟达几百万。1940 年 12 月韦明写的《晋察冀边区的金融建设》一文。给我们提供了这方面的资料，该文讲：“币制的紊乱，真是到了极点，在市面上流通的纸票不下数百种。而流通地区，界限极严，各据一地，各把一方，县票不能出县境，省票不能进邻省。”〔3〕有数百种的估算，当不是夸大之词，因为各种杂钞已泛滥成灾，土票亦可随意发行，如唐县西大洋镇，是羊只和皮货的集散地，有不少商号店铺，其中有两家发行土票：一是大德兴肉铺，一是德元永杂货铺，长期以来与法币无异的在本地区流通。这种现象并非是个别的。就三个省，发行钞票的最大银行讲，山西省有山西省银行、晋绥铁路银号、绥西垦业银行、晋北盐业银行；河北省有河北省银行、北洋保商及平津的大中、农工、盐业、垦业、实业、中南等银行，还有创自明代成化三年的平市官钱局；察哈尔有察省银行。它们均为地方实力派及官僚或金融资本家所有。属于日伪的则有所谓冀东银行，东三省官银号、察南银行、满洲银行、朝鲜银行、蒙疆银行。所有这些银行无不发行钞票，这是统一的独立的现代化国家所绝无仅有的，是半殖民地半封建的中国社会特有的怪现象。

这些纸票的流通地区界限极为严格，各省各县的钞票，离开了本

---

〔1〕《聂荣臻回忆录》中，第 474 页。

〔2〕《晋察冀边区财政经济史资料选编》（财政金融编），南开大学出版社 1984 年版，第 701 页。

〔3〕《晋察冀边区财政经济史资料选编》（财政金融编），南开大学出版社 1984 年版，第 752 页。

省本县就如同废纸。货币金融上这种割据、混乱局面，严重地影响着晋察冀三省物资的相互交流、贸易的畅通。尤其是山西、河北两省间，因晋钞、冀钞不能相互通融，贸易往来受阻更大。

抗战开始后，晋察冀三省流通的法币大为减少。原因有二：一是富商大户相继逃亡，法币亦多随之流向后方；二是日军大量地吸收法币，以便窃取外汇，掠夺物资。法币的减少，使货币不足以流通，严重影响了商品的交换，也造成了华北各省地方银行发行的钞票，在价格上对法币贬值的现象，给三省的经济和人民生活上以很大打击。

二、边区银行的成立及其任务

晋察冀边区的建立，边区人民在经济上逐渐成为一体，推动这一发展的伟大举措是成立了边区银行，以改变货币金融的混乱局面，密切经济上的联系，更好地活跃边区经济，逐步进行边区货币金融建设，形成自己的统一本位币，发挥沟通三省金融的作用，打击日本侵略者破坏法币和垄断华北金融的阴谋，运用和筹划基本资金，保证边区经济建设计划的实现。

成立边区银行，发行边币也是根据地人民的愿望。在晋察冀边区军政民第一次代表大会上，阜平农会代表已提出了“筹设边区银行案”；阜平县政会、曲阳县府、五台县农会代表提出了“筹设边区银行活跃金融案”；完县、盂平、阳寿、定襄等县代表纷纷提出“从速筹设边区银行案”。灵丘县、盂平、阳寿县、上寨县的代表及五台牺盟会代表提出了“边区内省钞及各地纸币应不分省界一律通行案”。

根据边区人民的迫切要求，晋察冀边区军政民第一次代表大会，通过了“边区为统制与建设经济的设立银行发行钞票”决议案。1938年3月20日，晋察冀边区银行正式成立，行址设在五台县石咀村普济寺，关学文任行长，胡作宾为副行长，吕东为造币厂厂长。在战火纷飞中，他们担负起这一关系边区金融命脉的严重任务，开始经营晋察冀边区的金融事业。关学文于“九·一八”事变后，曾战斗在白山黑水间，驰骋在战场上，“七·七”事变后，在吕正操部691

团任军需，心思细腻，善于理财，富有经验，为吕正操所赏识，特为推荐给晋察冀军区司令员聂荣臻，从此走上了经济工作的道路。

边区银行成立后，在有条件的地方设立了分行、办事处、代办所，代办总行业务。冀中于1938年5月9日成立分行，行址在河北省安平县，陈尚礼任经理，冯国俊任副经理。最先成立代办所的县为五台、唐县、平山、灵丘、阜平等。经过具体筹划、审核后，1939年3月30日，边区政府命令普遍成立银行办事处及代办所。行政专区，各设办事处一处，冀西一、四两区合设一处，县各设代办所一处，直属各该区办事处。距敌较近的县份酌情缓设。

摆在边区银行面前的任务是严重的，它担负着推行边区的货币金融政策，即：

（一）统制金融：提高边币信用，使其成为边区的本位货币，驱逐伪钞恶币，肃清土票，吸收法币硬币而达到边区货币一元化，筑成抗战的金融堡垒；

（二）调剂金融：流通资金，充实筹码，使边区各个市场均呈活跃景象；

（三）开展经济：办理贷款及投资，扶助边区经济的开展；

（四）保存金融实力：吸收保存金银、硬币法币，粉碎敌人收买的计划。[1]

银行的日常业务，简言之，就是储蓄、汇兑、贷款和兑换。存款利息活期为三厘，定期为五厘。边区政府的经费全部存在边区银行，也吸收一部分地方游资。汇兑规定从20元起汇，汇费为1%，千元以上收5%。凡边区境内均可通汇，冀中、冀南以及其他游击区，银行以委托游击队代替办法，保证汇兑畅通。贷款的范围很广泛，有商业、合作、生产、工业、农业、救灾等项。贷款项目每年有所不同。例如，1939年贷款只有一项，即商业贷款2 776 883元，1940年商业贷款幅度变动不大，为2 397 792元，增加了合作贷款，数额为

〔1〕关学文："边区银行成立概要"，《晋察冀边区银行成立二周年纪念册》，1940年3月20日。

28 430 800 元，比商业贷款多 11 倍。[1]合作贷款因各地需求不一，用途也有差异。1940 年的贷款，冀中着重用于生产合作，冀西用于运销合作。贷款的利息很低，月利仅四厘，国统区和敌占区一般为一分二厘。兑换业务，主要是群众以法币或杂钞兑换边币，以便在市场上使用，或者群众需要到法币流通的边缘地区或敌占区购买物品，给群众以兑换法币的方便。银行的建立，对活跃边区经济，发展工农业生活，繁荣商业，调剂和改善人民生活起了很大作用。

晋察冀边区银行，还负有代理金库的使命。银行成立不久，就有边区银行办理各级金库暂行章程的制定，金库负责边区公款及地方款的保管和支付。就其工作性质而言，它实际上是起着“管库”、“出纳”的作用，在组织上则为边区政府的一个附属部门，为边区财政服务。

由于战时财政困难，银行发行成为解决财政供应的重要手段。从表 3－1 可以看出，边区银行的钞票发行，在弥补战时财政不足方面占了很大比重，就是说通过银行发行货币动员物资来支援财政，保证军政费用。而用于经济建设、生产投资方面的比重很小：[2]

表 3－1

用途 / 年度	政府用款		投资/贷款		银行一般业务用款	
	年度百分比	累计百分比	年度百分比	累计百分比	年度百分比	累计百分比
1938 年	96.06%	96.06%	2.76%	2.76%	1.18%	1.18%
1939 年	75.93%	79.08%	－0.69%		24.76%	20.02%
1940 年	89.46%	85.92%	7.88%	4.95%	2.66%	9.13%
1941 年	134.21%	104.68%	－2.36%	2.10%	－31.85%	－6.75%

为进一步健全和严格金库制度，边区政府于 1941 年 1 月修订重新颁布了《晋察冀边区金库章程》，定出银行办理金库的守则，要求专立金库账簿，记载公款的实存与收付，公款的数额，必须按边币计算。边区金库库存款项的付出权，属于边区行政委员会，库存款项的

〔1〕《晋察冀边区财政经济史资料选编》（总论编），第 526 页。

〔2〕晋察冀边区银行总行档案，长期 4 号卷。

支出，必须有主任委员、副主任委员及主管会计员签名盖章后，方能付款。还规定边区金库，必须按月向边委会编送月报表，以便掌握边区财政收支情况。这些规定的施行，更好地发挥了边区银行的监督作用，边区的财务收支也更加制度化，财政金融制度日臻完善。

从上述情况看出，边区银行不论在组织机构、还是本身业务上，与边区政府是紧密相联的。但银行和边府毕竟是两个不同的职能部门，在抗日战争中，两者关系如何处置，边区行政委员会于 1941 年 6 月，在“关于政府与银行关系的决定”中作了规定，明确指出银行的分行、办事处、营业所（代办所），除受上级银行的领导外，也受同级政府的领导。

银行的分行是总行的代表机关，接受总行的业务方针、工作部署的指导，它的具体工作应对总行负完全责任。而分行本身又有其机动性，它直接领导办事处，总行领导办事处则要通过分行。但银行办事处、营业所的设置与撤销，一律由边委会批准。明确边区银行与边区政府之间的关系，保证了金库制度、会计制度在全边区内的一致性，也就是所有边区银行的制度规定，决定权在边区政府而不在各地方。这样就加强了边区政府对边区银行的领导，使边区银行在对敌经济斗争中，在支援边区生产事业上，更好地发挥作用。

三、边区银行的性质、特点

晋察冀边区银行，是敌后抗日根据地第一个建立起来的银行。它是抗日民主政府和敌人进行经济斗争的必然产物，是建设晋察冀抗日根据地，争取抗日战争胜利不可缺少的工具，也是对日伪进行经济斗争的重要武器。晋察冀边区银行的性质，是新民主主义公营经济的重要组成部分，所有权归边区政府，它负责经营边区的信贷业务，是边区金融活动的中心，为发展边区生产，繁荣边区经济服务。在抗日战争期间，边区银行的一切工作，都是为了完成共同的政治任务——打败日本侵略者。在银行里，人与人之间是平等、互助协作的关系，没有老板与伙友的对立，更没有人剥削人的现象。既没有银行资本

家，也没有借贷资本、股票、债券、抵押之类的经济范畴。晋察冀边区银行，不是资产阶级、封建买办势力剥削劳动人民的机构，也不是帝国主义国家对内压榨剥削，对外侵略掠夺的经济手段，而是边区人民支援抗战和加强经济建设的工具，对日伪开展货币斗争的经济组织和金融枢纽。

边区银行建立在边区经济基础之上，其业务工作是边区经济发展的重要组成部分，体现着新的生产关系，具备新的内容。在边区内，银行同工业、农业、商业贸易等各行各业目标和利益是一致的，它们之间是一种分工协作，互相联系又互相促进的关系，共同为发展边区经济建设事业，巩固边区政权，争取抗战的胜利，发挥着各自的职能作用。不存在资本主义社会那种相互对立、尔虞我诈、盲目竞争和互相倾轧的弊端。

晋察冀根据地的银行和金融制度，是在特定的历史条件下，为活跃根据地经济，稳定金融，促进生产以及克服财政困难，改善人民生活而建立和发展的，它是抗日战争时期财政金融事业上的一项创举，在中国金融货币史中占有重要的地位。

晋察冀边区银行同其他根据地银行的建立、巩固和发展，为新中国的金融事业奠定了一定的基础。

第二节　边币的发行

一、边币发行的方针

敌后抗日根据地的货币制度，是因地而定的，具有明显的地区性，各个抗日根据地，都有自己的银行，并发行自己的货币。这是因为当时各抗日根据地被敌人封锁分割均独立作战的缘故，各地的军需民用都由当地自筹，地区之间很少甚至没有物资交流，财政收支也是独立的。但是，各根据地的货币发行方针和政策是一致的。

晋察冀抗日根据地货币的发行是以粮食、棉花和法币作保证基金的，票面额有 1 元、2 元、5 元、1 角、2 角、5 角数种，1940 年又发行票面额 10 元的钞票。钞票的图案设计与印工比较精美。1938 年印的 1 元钞票有农夫耕田图案；1939 年印的 1 元钞票有独立、自由、抗战建国的字样；5 元钞票上有万里长城，颇有时代气息。边币的发行范围很广，除平北、冀东外，在边区 70 多个县里流通使用。

边币发行之初，只有资金 10 余万元，其中 4 万元是聂荣臻从八路军津贴费中捐献出来的，3 万元是吕正操部缴获安国县豪绅、汉奸筹建维持会的资金。总共 10 万之数，还抵不上一些县城大商号一家的资本。满城县城有棉花商 20 家，有的拥有资金 30 万元，有的拥有 50 万元。

边区因生产停滞，商业萧条，边区市场容纳不了更多的货币。所以边币发行数量，以不超过边区市场上的需求量为基本原则。

边币是强制使用的地方法币，是边区独占流通界的法币。法币和硬币（及信用纸币）的流通，本是受着不同法则所支配的。但是，在战时的晋察冀边区，边币发行的法则，却有着部分特殊的新因素。

第一，它的发行额，基本上仍然是受着流通领域商品价格总额的制约；第二，因为边区没有外汇基金，与敌占区的贸易，在政治上又是断绝的或者非法的，所以实质上形成“以物易物”。因此，对外贸易的差额，就严重地影响到边币的币值；第三，从理论上处理法币时，不得不把它当作纯流通手段来对待，就是在资本主义社会中，实际上也是如此，或差不多是如此。但在当时的边区却必须考虑其现存的特有情况：

（1）在商品经济还未充分发展的农村，半封建社会的地主、富者素有储藏货币的习惯，加上长期残酷的战争环境，富人储藏货币之风更盛。同时，他们所储藏的并不限于硬币，有时也储藏法币。就是说法币并不像资本主义社会那样，总是川流不息的全部而经常周转在流通界。

（2）在边币信用已经巩固之后，各阶层人民（主要是富有者）

也开始把边币储藏起来了。有些富者已把原来储藏的法币抛出，换成边币。这就大大增加了边币可能发行的数量。

根据这种特殊情况和因素，边币发行额是以当时边区的经济状况、人民生活水平确定的。按人口平均每人一元五角为最高额，以1938年年底全边区1 200万人计，边币发行的最高额则是1 800万元。尔后随着边区的不断扩大，边币发行额逐渐增加。

1938年3月边区银行成立，到1942年，边币发行指数如下：[1]

1938年	1939年	1940年	1941年	1942年
100	396.34	835.75	844.53	1 229.95

从五年的边币发行指数来看，边币的发行量在逐年增加。这反映出边区的金融事业，在不断地发展。到1945年抗日战争胜利时，边币发行额将近60亿元。初期发行额很小，为信用纸币时期，目的是使边币和商品发生关系，与社会熟悉，与群众建立联系。当站稳脚跟，并确立了自己的阵地后，发行额就不断增大。边币在边区经济中发挥的重大作用，及与群众的密切关系，从表3－2和表3－3两个统计表中可以看出。

表3－2　　历年边币发行与购买力变化表

项目 时间	年度边币发行额		使用边币	每人平均使用数	
	发行数（万）	累积数（万）	人口（万）	金额（元）	指数
1938年	410	410	250	1.64	100
1939年	1 626	2 036	530	3.84	240
1940年	3 428	5 464	700	7.80	475
1941年	3 464	8 928	700	12.75	777
1942年	5 045	13 973	560	24.95	1 521
1943年	9 530	23 503	409	58.75	3 582
1944年	163 304	186 807	600	311.35	18 984
1945年	620 396	807 203	1 500	538.14	32 813

晋察冀边区银行总行档案4号卷

〔1〕 宋劭文："边区行政委员会工作报告"，《晋察冀边区财政经济史资料选编》（总论编），1943年，第526页。

表 3-3　　历年边币发行与购买力变化表

时间＼项目	边区物价指数（阜平地区）	购买力指数（阜平）		每万元购买力变化
		边币发行额	每人平均购买力	
1938 年	100	100	100	100
1939 年	272	182	88.20	3 676
1940 年	1 092	133	43.50	915
1941 年	899	242	86.40	1 112
1942 年	1 469	232	103.50	680
1943 年	9 774	58	36.10	120
1944 年	34 487	145	55.04	29
1945 年	54 601	361	60.00	18

晋察冀边区银行总行档案 4 号卷

二、边币发行的措施

边区政府采取了许多行之有效的措施，保证边币的独占发行，提高边币信用，扩大和平衡边币市场，加速边币流通。1938 年 6 月边币发行政策中决定：

1. 确定边币独占发行，边币为市面唯一的交换媒介，禁止法币、杂钞等在市面流通。持有法币、杂钞者，必须在交易前，先到兑换机关兑成边币，否则不得使用。这就使奸商很难投机操纵扰乱边区的金融。

2. 人民有正当理由，需要携带法币或杂钞出境者，随时可以持边币到银行换取法币或杂钞。这样就使民众乐于保存边币。

3. 人民有愿储藏法币者，听之。但不得投入流通界，致被敌伪吸收。并向民众说明边区金融政策的目的，并不是吸收法币，而是防止敌人吸收法币，来套买我国的外汇，扰乱我国的金融，这样就避免了法币逃亡的现象。

4. 为了逐渐巩固边币的信用与地位，还必须借重于法币，依赖法币，需要联合在金融上势力最大的法币以打击杂钞。因此，规定边币以法币作基础，边币与法币的兑换率为一比一，与其他各钞兑换则

照市价。

5. 严禁奸商私运法币、现银出境。

6. 禁止伪钞入境或流通（当时尚未禁止旧冀钞）。[1]

随着抗日战争的不断胜利，边区政府又把没收日伪和汉奸的黄金、银元等等财产，做为边区银行发行边币的准备金；还曾把没收的财物在边区银行展览，让群众了解边区银行的基金越来越充足。印刷设备也不断的得到更新，提高了印刷技术，边币票的质量越来越好。这样，边币不仅基金充足，信用越来越高，币值也日益稳固。

晋察冀边区政府一再向群众进行深入的宣传解释工作，使人民都知道巩固边区财政，就是巩固边区抗日根据地，保卫自己身家性命的一个基本条件，而欲巩固边区财政，就必须巩固边币的信用。边区政府还反复强调对于边区银行所发行的边币，都应十足通用，绝对不得以任何借口折扣边币的币值，或者明推暗抗不愿行使，违者严加惩处。边区政府为了激发敌占区民众的爱国情绪，扩大边币的政治影响，使边币能够大量发行，以代替法币，避免法币的外流，采取了尽量向敌占区推行边币的方针，争取一般敌占区的人民都行使边币，促成边币也成为敌占区的本位币，以瓦解日伪的经济组织。为使这一工作顺利进行，边区政府欢迎敌占区人民，用边币来边区购买货物。并规定凡是公营的贸易机关，都要尽可能给来贸易者某些优待，例如，降低货物的价格等。边区政府以果断的措施和大胆的姿态，扩展了边币市场。

边币的信用与流通，是和政权的威信及根据地的扩大和发展联系在一起的，边币发行之初，和法币、银元、察钞、晋钞、冀钞、杂钞及土票同时流通，货币市场是一种混合市场，边币的阵地很小。彭真1941年在向中共中央政治局的报告中说，起初“法币、冀钞、甚至晋钞都比边币势力大，信用高。”[2]这样的情况，时间很短，不久，边币就取得了优势。边区政府所采取的手段是：（1）运用政治

〔1〕 彭真：《关于晋察冀边区党的工作和具体政策报告》，1944年11月。

〔2〕 彭真：《关于晋察冀边区党的工作和具体政策报告》，第111页。

力量，发布命令；（2）规定所有公营企业、官商合办企业、贸易局、合作社以及税收机构，均以边币为唯一支付手段，以增强边币的信誉。这是任何一个政权推行其货币所采取的手段。边区政府突出之处是用物资支持边币，以开拓边币市场，再以边币市场的占领，来助长商业的繁荣。边区商业繁荣起来，转而促进边币的稳定。这样做的结果，很有成效，到 1938 年 6 月以后，边币在市场上已赢得了地位，群众经过观察、对比，高兴地选择了这一交换媒介。

边币的流通已达到如此程度，即它可以经受住狂风恶浪。1938 年冬，日军对边区实行九路围攻，强占了边区很多地区，还利用汉奸，散布谣言，破坏边币威信，企图瓦解边币，少数不顾民族利益的奸商，乘机压低边币价值，抬高物价，收藏零票，阻滞市面整票的兑换与流通，从中牟利，有的地区一时显得有些混乱。边区政府审时度势，及时采取了相应的对策，这就是：（1）从政治上着眼，在群众中进行广泛的宣传和解释，使每个群众认识到，稳定边区金融与粉碎敌人进攻的重要关系；边币的发行有充足的基金，有田赋及税收的固定收入作保证，绝不是随意制造流通手段；中国人不应花日本及汉奸政府的钞票。（2）从经济上着手，为取得群众信任，向市场提供了充足的商品，并派合作社工作人员挑担子下乡售货，使货币回笼。辅币短缺的地方，临时印发了一些流通券。这样一来，边币不但未像敌人所预言的那样垮台，威信反而提高了，吸引力更强了，富有者开始以边币作为储藏手段，流通面也更加扩大，还能在敌占区的老百姓中秘密使用。

三、边币发行的历史经验及其作用

晋察冀边区银行在发行边币时，对群众作了深入细致的政治动员和解释工作，造成了支持拥护边币发行的热潮。特别是公营企业，公私合办的企业、贸易局、合作社，以及财政税收机关，基于局部利益服从全局利益的原则，都能自觉地遵从并支持政府的货币政策，避免了自己扰乱自己的现象，形成了一致对外的金融局面。边币的信用

也随之逐渐树立起来，在流通过程中，为群众所熟悉、拥护和热爱。

边币的发行，采取了陆续的、逐渐进行的办法，而不是一下子把市场胀饱。如果一开始即造成临时的通货膨胀现象，则必然贬值。在边区内，根据各地区的具体情况和不同特点，有计划的发行，避免了在部分地区局部膨胀的现象，从而保证了边币在全局上的基本稳定。流通界是很敏感的，一有波动，立即传播开来，速度快，波及大。如果一种货币发生了一次波动和挫折，即会像坏了名誉的人一样，在社会各阶层中留下深刻的坏印象，信誉就不易恢复，即使币值得到恢复，其信誉仍不易巩固。因此，边币的发行，采取稳妥的办法，是积极正确的。

银行是金融的枢纽，合作社在金融方面，是银行最有力的助手。晋察冀边区有比较健全而巩固的银行组织，并且普遍发展了各种合作社，在边区构成了完备的金融网，这是边币得以顺利发行，边币币值相对稳定，边区金融稳固发展的组织保证，也是抗日战争时期，晋察冀边币发行的一条重要历史经验。

边币的发行，使边区银行逐步控制了边区的货币市场，沟通了边区三省的经济，促进了边区经济的恢复和发展。边区经济的统一，又使政治的统一整体得到了加强，而没有被太行山脉所隔离。在边币发行的同时，边区政府曾下令禁止使用伪钞，限期肃清杂钞，收回各种土票，保护了边币的信用，增进了边币的流通。边币顺利地发行，使各阶层人民更加拥护抗日的边区政府；同时，敌占区的人民见到边币后，就清楚地知道在日伪的后方，还有抗日的根据地，晋察冀边区人民还在英勇顽强地抵抗着日本侵略者，中国是不会灭亡的，从而又起到了有力的宣传抗日的作用。

货币金融的流通，其性质作用类似人体中血液流动一样，人体借血液流动增进其健康，而社会经济活动，无一不与社会资金有密切关系。边区在一切经济建设和对日伪的经济斗争中，之所以能充分发挥其组织性与计划性，就在于边区建立了健全的金融机构——边区银行，发行了自己的货币，全面地推动了整个边区经济的恢复和不断发展。

四、金融与物价

货币信用关系是在商品生产和商品交换发展的基础上产生的；货币信用的流通，也是以商品流通为基础的。正常的货币流通，是促进国民经济发展的条件，同时也是国民经济正常发展的反映。商品流通决定货币流通，货币流通必须与商品流通相适应，这是经济学的一条基本原理。

晋察冀边区的货币金融，是为了发展边区生产和商品交换，以及支持抗战服务的。

为保证军事的需要，边币发行中，有一部分用于财政透支。这是由于晋察冀边区，属于经济落后的山区，没有发达的工业，只有分散的个体农业和少数的小手工业，加上日伪的破坏、封锁，要保持经常财政收支平衡是很困难的。所以，当时的一部分财政发行是完全必要的，它对于动员物资，保证供应，以支援抗战有着重要意义。当然，这种财政发行会助长物价上涨，影响币值的稳定。物价上涨，就等于说货币的币值降低，反之亦然。边币发行的根据，是斗争的需要，不是物价涨与不涨。在战争环境中。由于物资缺乏到处物价都涨，边区也不例外。边区当时所应做的与所能做的，只是求其物价不暴涨。边区政府在实际工作中，使边区物价和边币币值保持了相对的稳定。

边区银行最大的敌人是日本帝国主义和侵华的金融势力。随着日本侵华大陆政策的推进扩张，日本的“朝鲜银行”由东北各地南下，在上海及华北各地设立分行。1936 年，成立“朝鲜银行北平分行”，在通县成立“冀东银行”，实际上是“朝鲜银行”的代办所，是日本的金融机构。在察南成立的“蒙疆银行”，也是这样的性质。

日本侵略者，以“朝鲜银行”、“满洲银行”、“正金银行”为后盾，1938 年 3 月 10 日，通过北平汉奸伪政府，成立了“联合准备银行”，发行“联银券”。宣布“联银券”和日元的比值为 1∶1，以抬高“联银券”的币值，企图以日元和伪钞占领华北整个金融市场，掠夺中国人民的膏血，筹措侵华物资。为此先后在天津、青岛、济

南、唐山、石家庄、太原、山海关、徐州、海州、烟台、新乡、临汾、运城、开封等地设立分行，在威海卫、龙口、保定、秦皇岛等地设立办事处，建立起庞大的金融网。

日本帝国主义大量发行毫无准备金的纸票，在沦陷区实行通货膨胀政策，一方面，破坏扰乱边区的金融，和边币争夺市场；另一方面，以此为手段，对中国人民进行赤裸裸的掠夺，以达侵华战争的目的。从1938—1942年，伪联银券发行及物价指数如表3－4：[1]

表3－4

时期	货币发行	发行指数	华北批发物价指数
1938年3月	20 712 000		
1938年12月	161 925 777		
1939年12月	458 042 170	100	100
1940年2月	495 696 096	100	
1940年12月	715 154 446	144.27	144.01
1941年12月	966 457 251	194.97	182.10
1942年12月	1 592 508 991	321.26	411.29

晋察冀边区处于农村，粮食是农村经济的支柱，各种物价基本上以粮价为标准。边区军政人员最重要的消费是粮食，所以，掌握粮食是保证军食民用，是稳定金融的基本环节。边区的金融与物价，在抗战时期，总的说来是相对稳定的。但是，在不同时期不同的地方，其表现又不尽相同。

边币独占市场后的1941年秋，即反扫荡以前，边区物价与边币价格还都是平稳的。小米每市斗不过边币6元，边币一元四角兑换伪币一元，这是因为当时敌我区域贸易尚可直接买卖。反扫荡以后，边币市场随着抗日根据地的缩小而缩小了，直接的买卖也随着日伪的封锁，而渐趋断绝。代之而起的是小商贩，零星的一段一段的倒来倒去。因此，物价一月一月的上涨，边币一月一月的下跌。1942年的一年里，敌我斗争在各方面都空前尖锐激烈，特别是敌方提出“变

〔1〕 财政部财政年鉴编纂处：《财政年鉴》第3编，1948年版（下册），第10篇第2章第5页。

华北为大东亚战争兵站基地”以后，经济战线上的斗争，更加激烈紧张了。随着敌我双方军事斗争和经济斗争的激烈进行，边区的金融与物价，也在不断波动。1942 年边币与伪币的比值，1 月份为 1.50∶1，到 12 月份已成为 3.10∶1。

北岳区 1938—1942 年，历年货币比数、物价比数、人口（边币流通地区）比数情况如表 3－5（比数中的“1”均系假定数）：[1]

表 3－5

年份	每人平均边币比数	物价比数（以小米为准）	人口比数
1938 年	1	1	3.8
1939 年	2.5	2	3.4
1940 年	5.0	4	3.0
1941 年	10.0	7	2.6
1942 年	40.0	23	1

从上表的比数可以看出：1940 年以前，边币发行比数与物价比数基本上是平衡的，货币市场（即与人口比例的控制与市场的掌握）的缩小与扩大，直接关系到边币发行数量的多少。如果把晋东北与雁北边区的银元市场，改变为边币市场，在物价不变的情况下，边币的需要数量就需要增加。在北岳区，边币的最大数量流通在冀西，如果北岳区与敌占区，以及友区的贸易活跃起来，即边币流通地区平均化以后，若物价仍不变，边币的需要数量就会更多。

在冀中，由于敌伪禁用边币，推行伪钞，伪钞充斥于整个冀中，数量大大增加，再加上日军对边区粮食物资的统制封锁和无限制的掠夺，迫使冀中区内部贸易停滞，粮食极为缺乏，物价飞涨，边币币值则下跌。

冀晋二专区抗战初期，每匹土布价为二元，到 1942 年则为 80 元。通货膨胀造成物价的奇突飞涨，严重地影响了人民的正常生活。

1938 年到 1939 年上半年，边区的物价是比较稳定的，货币的发

〔1〕 宋劭文：“当前对敌经济斗争的方针”，《晋察冀边区财政经济史资料选编》（总论编），第 542 页。

行量也不大。1939 年 7 月，晋察冀遇到了数十年来最大的水灾，如阜平沙河两岸被冲毁的庄稼和土地有数十顷；浑河水大涨，漂没房屋千余间，人畜为水冲淹者数百；五台上下峪各沟内，毁伤庄稼数万亩。粮食因此奇缺。翌年冀中小麦虽然丰收，而北岳区暴洪冲毁的滩田坡地，未能恢复生产，收成很少，边区政府被迫增发钞票以解决军粮的不足部分。1940 年发行额较 1939 年超出一倍多。而人民的购买力以阜平为例，是下降的。前述北岳区 1938 年至 1942 年，历年货币比数、物价比数、人口比数情况表说明，1940 年北岳区每人使用边币数比 1939 年增加了一倍，物价以小米为准，也增长了一倍。这一年，八路军副总司令彭德怀曾设想，“一般的在根据地内流通货币数目不得超过全人口每人三元。”[1]实际上已达到每人 7 元 8 角。因边币流通不平衡，有的地区每人平均四五元，有的地区每人平均达到 20 元左右。

尽管如此，当时人们并没有感觉到通货膨胀的威胁，金融市场没有出现什么波动。就战时而论，战争带来的摧残和消耗，及交通受阻，物资供应困难，货币发行增加，通货膨胀，物价上涨，几乎成为一种通常的规律。而根据地经过三年战争的洗礼，犹能维持相对稳定的局面，没有出现物价的暴涨。这是因为：（1）根据地处在发展时期，领域正在扩大，边币流通范围也在不断扩大；（2）统一的货币市场已经形成，需要增加边币流通量，以取代其他货币；（3）边币威信高，人们不为握有边币而担忧。人们之所以不感觉物价在上涨，是因为根据地是自然经济占统治地位，只有冀中少数县份商品经济占优势，这样的农村环境，人们主要依赖土地和粮食生活，男耕女织，自给自足，很少进行交换，连日常使用的火柴也以火镰火石代替；根据地实行了二五减租，废除了苛捐杂税，取缔了高利贷，人民的负担减轻了，生活正处于逐步改善中。

边币的发行和流通，受到诸多客观因素的制约。敌占区物价的飞涨，伪钞的跌价，在一定程度上波及根据地。边区物资被敌人以高价

〔1〕《晋察冀边区财政经济史资料选编》（总论编），第 332 页。

掠夺，迫使边币发行量增加，1941 年发行额略高于 1940 年，1942 年有了更大的增加。边币流通领域被压缩，币值降低，通货膨胀，物价上涨，影响了边区人民的经济生活。事实表明，军事斗争胜利是稳定物价、巩固金融的基础。

巩固边币，争取物价稳定，始终是边区政府的首要任务。边区政府把这方面工作的基点放在生产上，着力发展农业和家庭副业，特别是粮食生产，因为粮食是最重要的战略物资，人民生活的必需品，粮食的充实与否及价格的涨落，直接影响到一切消费品的价格。在发展生产的基础上，边区积极开展了商业贸易工作，力争货币与商品间变动大体一致，以稳定币值。这就是当年根据地领导者们，认为货币战是发展边区经济的几项不可分割的斗争任务之一的原因。

总之，在财政经济工作中，稳定本币币值，稳定物价，是发展生产，保护基本群众利益最根本的问题。只有物价币值的稳定，生产才有发展的条件，社会财富才有积累的可能。晋察冀边区的金融与物价，与沦陷区和国民党统治区比较还是稳定的，这是边区坚持长期的抗日战争，并能取得最后胜利的一个重要条件，也是在长期战争环境里，在边区财政经济工作中，比较成功的一条历史经验。

第三节　对日伪的货币斗争

一、打击伪钞、清除杂钞

货币战是对敌经济斗争的重要形式。晋察冀边区处于敌人包围之中，斗争非常复杂尖锐，在经济斗争方面，主要是货币斗争和贸易斗争。货币斗争的主要任务，是努力扩大边币的阵地和压缩日伪货币的阵地；为适应对敌占区贸易的需要，调节日伪货币外汇和汇价，通过这些办法来巩固和提高边币币值，打击日伪货币，保护人民群众财

产和促进边区生产的恢复和发展。

当时中国社会存在着三种不同的经济体系，即在抗日根据地是新民主主义性质的经济；国民党统治区是半殖民地半封建的经济；敌占区是殖民地经济。流通着三种主要的货币，即边币、法币和伪币。三种经济体系，三种不同的货币同时并存，且流通在晋察冀三省的各地市场上，形成了相互角逐的局面。

根据地经济斗争是动员一切经济战的“兵力”到“火线”上，消灭敌人，保存自己，发展自己。边区政府制定了适合于战时的经济政策，战时经济政策的决定，主要依存于根据地经济发展的状况，还需要注意敌占区经济的消长，因而必须研究敌我经济发展变化的规律。持久战中的经济战，也必然是持久的，必须不断加强根据地的经济，持久地保证战争的供应。货币斗争、争夺市场的斗争、粮食争夺战等等，是对敌经济斗争的重要内容。经济斗争包括着广泛的内容，其中货币斗争是其最高表现形式。1938 年 3 月 10 日伪联合准备银行和 1938 年 3 月 20 日晋察冀边区银行的成立，拉开了敌我之间货币斗争的序幕。

斗争的形式主要有三：即阵地斗争、比价斗争和反假票斗争。

货币的阵地斗争。所谓货币的阵地斗争，就是不断的开辟，扩大边币的流通范围，排挤和驱除敌伪货币，使边币成为边区市场上交易的唯一媒介。在晋察冀边区，保证边币占领市场，肃清土票杂钞，禁止其他一切货币流通，这是对日伪货币斗争中最重要的一环。

货币阵地斗争的方针，根据不同地区的不同情况而有所不同。在新开辟扩大的边区内，根据不同的政治军事形势，对日伪货币采取坚决肃清或限期流通，或立即停止流通，以及收兑、排挤和驱除等措施，使边币迅速占领阵地；对敌争夺的地区及游击区，采取的方针是压缩日伪货币市场，争取边币流通，随着政治军事形势的进展，结合政治宣传和物资力量的支持，逐步将日伪货币市场变为敌我两种货币混合市场，进而达到边币占优势；在巩固区则是巩固边币阵地，禁止一切日伪货币流通，稳定地发展边区金融。

比价斗争。货币的比价，就是两种货币的兑换率。货币的比价斗

争，是在边币与伪币兑换中，争夺有利的兑换率和不断提高边币币值的斗争。抗战时期，敌我之间虽然在军事上、政治上、经济上都进行着尖锐的斗争，但是，并没有完全割断经济上的联系，这就决定了边币与伪币之间，不能没有一个交换的比率，也就是边币与伪币之间存在着一个比价问题。边币与伪币比价斗争的实质，就是通过比价的灵活调整，一方面，打击日伪货币，提高边币信用，以扩大边币阵地，摆脱日伪货币贬值对边区的影响；另一方面，则是配合贸易斗争，达到从敌占区按比较合理价格购进必需品，输出农产品，实现根据地贸易平衡，提高边币的购买力。

掌握货币比价的高低，有利于边区物价的稳定，有利于边区对敌占区的商品交换。因此，规定比价的原则，首先要以保护边区重要物资（如棉花、粮食）为主；其次还要便利军民必需品的输入和边区剩余土产品的输出。提高或降低比价，视发展趋势根据具体情况而定。如果把日伪货币比价压得太低，就会刺激输入，影响输出，使日伪货币供不应求，比价趋于回涨。相反，在敌占区物价高涨时，不及时压低日伪货币比价，则边区物价就会跟着波动。所以，在预测敌占区物价有剧烈变动，日伪以高价吸收边区物资，武装斗争取得胜利时，则应提高边币比价，压低日伪货币比价。在出口旺季前，则应主动降低边币比价，以利于货物输出。在出口淡季前及入口增加前，应主动稳定比价。在敌占区物价上涨速度较慢或暂不上涨时，或者是对外贸易有需要时，就应采取稳定比价甚至适当降低比价的办法和日伪进行货币斗争。总之，晋察冀边币币值是在相对稳定中上升的，而日伪货币是一直下降，直至最后垮台。

反假票斗争。反假票斗争是晋察冀边区对日伪货币斗争的一项重要内容。

日伪曾大量制造假法币和假边币，以破坏扰乱边区金融阵地，无偿地掠夺边区物资，破坏人民群众对边币的信任，使边币流通阵地不易扩展，这样，反假票斗争，便成为边区政府和人民经常进行的工作。

边区货币斗争最大的劲敌是伪联银券。1938 年 6 月末，伪联银

券的发行额为 6 000 万元，1939 年 12 月末，就增至 1.6 亿万元，1940 年底，达到 4.2 亿万元以上。[1]成为掠夺华北人民财物的重要工具。

日本为了强化“联银券”的力量，提出了货币一元化的口号。与伪联合准备银行成立的同时，公布整理华北旧通货办法，规定北方旧法币流通期限为一年。5 月 25 日，又公布中央银行票并中国、交通两银行发行之南方票及北方杂票，自 6 月 11 日以后，禁止流通。被禁止流通的银行纸币是：中国银行（有天津、青岛、山东印之地名票不在此列），交通银行（有天津、青岛、山东印之地名票不在此列），中国实业银行，北洋保商银行，中国垦业银行，浙江兴业银行，大中银行，边业银行，中国农工银行，中央银行，中南银行，中国通商银行，农业银行，四明银行，中国农民银行，总共 15 种钞票。敌人用暴力淫威推行其计划，北方杂钞大部肃清后，对法币采取贬值使用办法，逐步排除流通领域。1939 年 2 月 20 日起，命令凡以旧通货为标准的贷借契约、存款契约，一律改用以“联银券”为标准，实现伪币一元化的目标。

敌人直接控制的冀东银行及河北银行发行的钞票也在统制之列，冀东银行变成地方商业银行，其所发行的 100 元、10 元、5 元、1 元、5 角钞票，也定期收回，到 1941 年 3 月 10 日，完全停止使用。

日本侵略者一面以“联银券”统一各种货币，一面尽一切可能将“联银券”打入根据地。“联合准备银行”的汇票曾渗透到了冀中。在晋东北，敌人从娘子关、太原、正太路方面运来大批商品，使伪钞随之流入，曾一度夺占了边币的优势地位。但总的来讲，其对根据地发动的货币战攻势，都是以失败而告终的。

边区对日伪货币斗争的历程，总括如下：

清理地方钞票及各种杂钞。始于 1938 年 6 月，完成于 1940 年初。这一时期，是晋察冀边币发行到独占边区市场的阶段。

对地方钞是一个一个取缔的。边区政府尚未成立之前，敌军于占

〔1〕“中国联合准备银行过去现在及未来”，《新民报》，1940 年 1 月 1 日。

领察哈尔伊始，就开始大量搜刮察钞，并将其渗透到刚刚建立起来的根据地内，数目是相当大的，譬如察省的蔚县，共有八大区，日军强令每村交出察钞3 000元，白乐堡是个小区，1937年底，就被攫走了3.7万余元。

冀察两省主要城市被日军占领后，两省银行也成为日军的金融机关。日军先下令禁止行使察钞，继而又宣布察钞作废。察哈尔省的蔚县、山西省的灵丘、河北省的涞源三县政府，对边区内的察钞采取了贬值后继续通用的政策，并以三县田赋作担保，本是为了保护人民的利益，其结果是敌占区商人纷纷携带作废了的察钞，到边区境内争购货物，他们在市场上不问贵贱，见货就买，造成了边区物价上涨，金融混乱。三个县政府立即改变对策，规定凡察钞打上边府印戳者，方能在边区市场上流通使用。待边区察钞盖章后，日军又宣布察钞继续行使，盖章者作废。结果是数十万元的察钞充斥边区市场，军民公私均受其害。边币发行以后，边区政府以十余万元的边币，收回了一部分察钞，安定了民心，稳定了边区的金融，在市场上肃清了察钞，也稳定了察南雁北人民的经济生活，扩展了边币市场。在对日伪货币斗争的第一个回合中，因缺乏斗争经验，用边币换回了一堆废纸。这一失误，付出了很大代价，但对之后的货币斗争极有教益，这种蠢事从此被杜绝。

1939年2月，日军又规定了“法币及各种杂钞限期停使”的办法。对于法币及平津各行杂钞，一律限于3月9日以前陆续地收回，过期即禁止流通，而代之以伪联合准备银行的钞票。在2月19日以前，法币及平津各行杂钞，按九成收回；2月20日至3月9日以前，按六成收回，3月10日以后，即停止行使。对于山西省银行、晋绥地方铁路银号、绥西垦业银号、晋冀盐业银行所发行的纸币，也同样采取了限期停使的办法。日军企图把法币及各种杂钞，吸收并控制到它的魔掌中，强迫敌占区民众行使伪联银券，攫取中国的资财，解决它巨额的战费消耗，达到支持其对华侵略战争的目的。

为了对付日军的货币掠夺政策，边区政府1939年3月15日，发出“关于粉碎敌伪货币阴谋的指示信”，详尽地分析了敌伪推行的货币政策及其企图，对维护本币，驱逐杂钞，严禁伪钞都提出了具体办法：边区内部贸易，一律以边钞为本位币，持有法币者，在交易时必须兑取边币，违者法办。绝对禁止法币外流，边区商人有向敌占区购买必需品者，应当先到县区政府登记，由边区银行兑给杂钞，绝对不准携带法币出境。对平津各种杂钞，实行“贬低价格或拒绝行使”的办法，在杂钞中不包括七七事变以前的河北省钞票，对日军占领天津后抢得河北省旧钞底版并大量印发的“大红袍”之类，必须严厉打击排挤出去，绝对不准在边区境内行使。至于伪钞，包括“中国联合准备银行”、“满洲银行”、“朝鲜银行”、“察南银行”、“蒙疆银行”等所发行的各种钞票，一律拒绝行使，如有携带入边区境界或私相授受者，一经查出，除全部没收外，并以汉奸论罪。

至于其他各种杂钞，如保商银行的钞票，平津各杂钞等，日本侵略者曾同样使用渗透察钞的办法，将其推向根据地，或者不断贬值，代之以伪“联银券”，然后以其所能搜刮到的，投入根据地，兑换法币或购买物资。边区政府采取针锋相对的办法，动员群众用杂钞到敌占区购买货物，或者通过贸易机构、合作社到敌占区去使用，同时在根据地加以贬值。因杂钞破损的很多，在根据地内又没有发行的代理机构，群众早已厌恶，所以从宣布对杂钞贬值到停止使用，进展非常迅速。保商银行的钞票是1939年1月停止使用的，平津杂钞的势力较保商大，清理的步子有意放慢了一些，1939年2月9日以前按九折收回，2月23日—3月9日以前按六折收回，到5月便完全禁止使用。

击败了各种杂钞以后，边区政府着手清理各县土票。土票种类虽多，但各自的力量脆弱，不堪一击，清理的办法是，命令发行人自行收回，如发行人逃走或无力收回，就将土票贬值兑成边钞，尽量使持有土票者少受损失。到1940年初，土票从根据地消灭了，从此这一“怪物”不再露面。

边区政府对法币采取的是保护办法，因为法币与边币有固定的汇兑关系，法币的币值在当时还是稳定的。

法币于一个时期内，在根据地和敌占区都能流通，1937年上半年发行总额是 14 亿元，流通于华北的约 6 亿元，在晋察冀边区内，其信誉比日伪货币及其他杂钞较高。基于政治上的因素以及经济形势的变化，对其采取的政策，各时期都不同。从 1938 年边区银行成立到 1941 年 1 月间，可分为三期。第一个时期，允许法币在市面上流通，第二个时期，即从 1938 年 6 月开始，对法币采取保护政策，取缔法币流通，允许私人保存，持有法币者，在交易前可兑换成边币，比值是 1∶1。如群众有正当理由需持法币出境，或到边缘地区法币流通的地方购买货物，可持边币兑换所需数量的法币。这样做的目的，一是促进根据地货币早日统一；二是使日本侵略者不能从边区吸收法币，也不能用其已攫得的法币，来边区掠夺物资。日军于占领平、津、济南等地后，即竭力搜刮法币，甚至于车站、码头检查行旅，强行搜索，将其攫取的法币运往上海，套换外汇，或运往伦敦和纽约，提取中国所存的外汇基金。中国农民银行发行的法币，因为没有外汇，就被停止使用，或跌价至 8 角、7 角，连其伪造的中央、中国、交通三行的钞票，一齐挤入根据地，吸收冀中、冀西等地的粮食棉花等物资。日本侵略者还发布汇兑集中制度，把出口及转口货物的汇兑，完全集中于联合准备银行，大量掠夺中国的外汇。从 1937 年 3 月到 1939 年底，“已吸收英币 195 万余磅，美金 380 余万元，连同集中全部出口货时所增设之外侨乡里汇款，可用之外币，亦有相当之数额”。[1] 敌人如此不择手段地掠夺，说明根据地对法币实行保护政策是正确的必要的，如果不采取这一措施，那根据地的经济将遭到不可估量的损失。第三个时期，采取排斥政策。1941 年 1 月，国民党制造了皖南事变，国共两党关系恶化，法币在国统区又恶性膨胀，边区政府从保护、坚持根据地经济利益出发，命令边区银行及税收贸易机构，不再接受法币，法币在边区失去作用。

边区政府于 1938 年 5 月，开始禁止河北省 5 元券的伪钞——“大红袍”在边区境内的流通，同时打击了河北铜元券。

河北钞在河北省流通甚畅，很有影响，战前发行 9 000 余万元，

〔1〕“中国联合准备银行过去现在及将来”，《新民报》，1940 年 1 月 1 日。

考虑到群众的利益，边区政府对河北钞采取逐步清除的办法，从允许使用到贬值使用，最后予以清除。这是一个复杂的问题，因为日军占领平津后，抢占了河北省银行，获得了大量未发行的河北钞与该钞印板，日本侵略者除将该钞投放市场，还伪造了大量河北省五元钞，及平市官钱局小票子。边区政府的对策是禁止河北省伪钞及官钱局小票子流通，允许六位数码的冀钞使用，使敌人“鱼目混珠”法失灵。从1939年5月开始，对旧的河北钞贬值，贬值的办法有：一是以边区政府所在地为中心，向敌占区逐渐坡度贬值，例如在阜平，一元旧冀钞值边币5角，再远一点，则值6角，更远一点则值7角、8角，一直推到敌占区。二是使冀钞的比值始终低于敌占区，如敌将冀钞九折使用，边币即七折兑换，以鼓励商人到敌占区去换货，这样，经过四个多月，到八月将冀钞完全驱逐出境。

晋钞在山西人民中的信誉本来就不高，日军入侵山西时，晋钞的总发行量约二千多万元，每元对法币的比值为8角、7角、6角不等。平型关战役时，晋钞几乎要崩溃。边区政府成立初，考虑到阎锡山和共产党联合抗日，表现了一定的积极性，便极力扶持这一货币，使其有了转机。1939年冬，阎锡山再次转向反共，边区政府断然决定，将晋钞及山西土货券肃清。1940年初，基本上肃清了晋钞——10元的“大花脸”、5元的“二花脸”；1940年2月底，宣布停止法币在边区市场上的流通，加之贸易的严格统制，合作运动的开展，边币的基础日固，信誉日隆，基本上完成了边币独占边区市场，成为到处行使的通货与唯一的本位币。

经过复杂斗争，边币完成了一元化的进程，成为最有活力的货币。1940年底，边区货币流通的百分比是：边币占80%，法币占20%，伪钞、土票、杂钞已经完全被打击出去。法币所以还有一定的阵地，是因为新开辟的地区，法币仍有行使的必要。

统一货币市场的出现，是具有历史意义的大事，边区内部的经济联系从此加强了，往日封建割据的经济现象消除了，三省交界处的狭隘市场，都变成了区域市场，为巩固货币制度，稳定和发展根据地的经济，创造了有利的条件。

1940 年 6 月—1942 年 5 月间，晋察冀边币独占边区市场，边区与敌占区贸易之间的中间货币基本上被消灭，边币与日伪货币之间的斗争，进入了更加激化的阶段。在这个阶段中，敌人采取了伪造大批边币和法币的狡猾毒辣手段，以假乱真，以假当真，打击破坏边币，侵占边币市场，骗取边区物资，进行赤裸裸地掠夺。据晋察冀边区银行 1940 年 7 月 19 日，报告“建屏、石庄沿平汉线一带”，有伪造边币、法币出现，边区行政委员会，于 1940 年 8 月 3 日，发布了“为严防假法、本币流行”的通令，并附发真假法、本币鉴别表及其说明。晋察冀边区银行边币真假鉴别表包括 1938 年印 5 元券，1939 年印 5 元券，1939 年印 2 元券，1938 年印 1 元券，1939 年印 1 元券，1938 年印 5 角券共 6 纸；法币真假鉴别表包折中国银行 1926 年印上海字 5 元券，中国银行 1918 年印天津字 5 元券，中央银行 1936 年印 10 元券，中央银行 1928 年印 10 元券，交通银行 1918 年印天津字 5 元券，中国银行 1935 年印 5 元券，中国银行 1928 年印上海字 1 元券，中央银行 1936 年印 5 元券，中国银行 1930 年印 5 元券共 9 纸。上述各表列举了假币与真币的纸料及正反面的花纹、花边、风景、字迹、冠字、号码、图章、颜色等方面的特征，供各机关和税收部门鉴别真假法币、边币时对照用。通令在收受款项时若有疑难不能确认时，可立即持币到边区银行营业机关进行鉴别，切忌以真当假，或以假当真，号召各机关团体，对伪造的边币、法币严加防范，以杜流行。但防止草木皆兵，否则会使群众不敢行使边币，影响边币信誉。通令说明中还规定，对滥用假边币的，如果是无知受骗者，将假边币没收，如果是有意破坏者，就严加治罪。

边区政府在每县的每一个区内，都设立了边币对照所。对照所是边区银行的细胞组织，它除了掉换破烂的法币，及损坏了的边币之外，还负担辨别真假法币、边币，打击伪币的任务。边币对照所曾广发票样到处张贴，动员群众共同通缉伪造边币、法币的敌寇和汉奸。对于伪造法币者，除揭露其阴谋外，还告示群众将没有兑换的法币，继续兑成边币，或将法币交银行保存，以禁止法币外流。对照所的工作人员不仅坐守区公所，还不断地巡回在每个集市上，发动群众，教

育群众，如何辨别真假法币、边币。日军汉奸制造伪钞，以假乱真的货币阴谋，再次宣告破产，边币的信用得以提高，边区金融阵地得以巩固。

流通在边区市场上的货币，除了边币、伪币和假票外，还有银元。银元的分布地区主要是晋东北、雁北和察南。这些地区政治上过去受旧政府封建统治和纸币恶性剥夺之苦，人民群众养成了喜欢用银元，痛恶纸币的风气。敌人利用各种手段，搜刮和掠取银元。

边区政府为了粉碎日伪掠夺银元的阴谋，1940 年 5 月发布了布告，规定："白银绝对禁止流通，公然行使，私相授受者，一经查获，全部没收，其欲自行保存或向银行、政府机关兑换者听便。""白银绝对禁止出境，携往敌区或敌据点者，一经查获，全部没收，并以汉奸治罪[1]。"银元是战略物资，在对敌经济斗争上，是一个掌握物资争夺市场的斗争，因此，打击银元也是对敌经济斗争中的一个重要内容。日伪对银元的政策一般是以倾销商品，掌握银元，再吸收边区粮食及其他主要物资。因此，边区政府同时采取严禁粮食等主要物资的出口，打击敌人经济掠夺的阴谋。

在同日伪进行银元斗争过程中，边区政府在禁止银元流通的同时，通过各种方式到敌占区购买边区的急需物资，使银元斗争同解决边区的财政经济困难结合起来，以保障抗战的供应。

1941 年皖南事变发生后，边区政府为了避免时局变化引起边区金融波动，规定边区银行及税收机关停止接受法币，银行只能抛出法币，绝不收入法币。持有边币者可以无限制地到银行兑换法币，而持法币到银行换取边币者，就坚决拒兑。此办法的实行，使法币即刻贬值二成或三成，使边币逐步获得了独立自主，实质上从此边币完全脱离了法币的控制，摆脱了对法币的依附，成为晋察冀抗日根据地内独立自主的一元化货币了。

---

〔1〕 晋察冀边区行政委员会："为禁止法币白银外流规定办法八项"，《晋察冀边区财政经济史资料选编》（财政金融编），南开大学出版社 1984 年版，第 694 页。

二、货币战的斗争形式

伪钞是日军及其伪组织掠夺中国人民的武器。日军依其优势军事力量及对人民的高度镇压，将其伪钞伸到了晋察冀边区大部分村庄，控制了边区的主要集市，随时随地用以掠夺和吸取晋察冀边区的物资，成为军民的极大威胁。因此，打击伪钞就是打击日军经济掠夺。1942 年以前，日军采取了许多破坏边币的办法，不择手段地贬低边币币值，抬高伪币币值。1942 年以后，其手法更加狠毒，如在敌据点内设立市场，允许边币按伪钞半价行使，折扣收买边币，用法币捣乱市场。在边区政府控制较弱和边币稀少的游击区，则用倾销商品的方法低价吸收法币，再以高价将法币抛进巩固区，这是直接贬低法币，间接贬低边币的阴谋手段。更为甚者，日军用暴力强迫群众不得使用边币，或限期禁止使用边币，过期没收或治罪等办法，妄图达到困死边区而使伪币独占市场的目的。

边区政府对伪币的政策是：绝对禁止入境，禁止在边区内流通，如有携带入境私相授受者，一经查出，除全部没收外，还要追究其来源，对查获的伪钞不是烧毁，而是拿到敌占区去购买货物。对新开辟地区采取限期贬值办法驱逐之，如平西根据地，以法币为比值标准，分三期贬值限制使用，第一期伪币 1 元折合法币 9 角 5 分，第二期又减值为 9 角，第三期一律停止使用。边区人民基于爱国思想及对政府的强烈信念，积极动员起来，肃清伪钞，伪钞失去了藏身之所。

将与伪币的斗争推进到敌占区。边区的策略是以自己握有的粮食，动摇伪币在其流通区内的信用，造成伪币贬值，物价暴涨，市场恐慌，这也是农村包围城市政策取得胜利的一个方面。1939 年华北大水灾，农作物减产，根据地更加严格粮食禁运，杜绝了敌人各种方式各种渠道的套购。敌占区因而粮食奇缺，人们拿着钱买不到面粉。连汉奸报纸《新民报》也不得不承认，“来源不甚畅旺”，[1]天津

---

〔1〕《新民报》，1939 年 9 月 10 日。

“以面粉杂粮等华人主要食粮价格日见昂腾，实予日常生活上一大威胁，而渐化为重大社会问题。”[1]北京同样是“米粮价格之增涨与日俱进，市民莫不叫苦，即售卖食物之小商贩，亦多感难于经营”。[2]日伪曾以平抑粮价办法，挽救其币值狂跌，而商号多不遵行。1939年12月，受大米、面粉缺乏的影响，杂粮价格也急趋高涨，有钱连杂合面都买不到，敌又改订标准价，仍于事无补。1940年春节时，以伪钞为主导的物价，如脱缰之马，敌伪经济陷入严重危机。“中国联合准备银行”顾问阪谷希一哀叹：“故物价问题，成为华北之紧急而难解决之重要问题，通货之价值维持，实以治安工作的进展为前提。”[3]

货币斗争始终是激烈的，敌人在困境中施展出种种伎俩。1941年春，敌人用大量消耗品来套取根据地的必需品，边区及时改订了出入口税则，并严密稽征，商人不敢问津，敌人的阴谋未能得逞。随后，敌人又改倾销政策为封锁政策，企图摧毁边区货币阵地，边区遭受封锁之害，物价上涨，但边币的基础是巩固的。一直到1945年8月，边区经济阵地伸张，边币流通范围更广，而伪钞则随着日本军国主义的垮台，成了一堆废纸。

---

〔1〕《新民报》晚刊，1940年2月2日。

〔2〕《新民报》晚刊，1939年9月2日。

〔3〕《新民报》晚刊，1940年1月10日。

第四章
减租减息　发展农业生产

第一节　减租减息运动的开展

一、抗战前晋察冀边界地区的土地占有关系

抗战前，晋察冀三省边界地区，农业生产极其落后，农民生活异常困苦。造成这种状况的根本原因在于土地占有情况极不合理，大量土地集中在少数地主富农手中，多数农民无地少地，甚至“无立锥之地”，遭受着沉重的地租和高利贷盘剥。

以北岳区中心五台县为例，战前该县一、五、六、七、九等5区统计，共有户数16 881户，人口89 513人，土地面积为343 474亩，土地占有情况如表4－1所示[1]：

表4－1

阶层	户数	人口	占总人口%	土地（亩）	占总土地%	人平均地（亩）
地主	771	4 610	5.16	67 938	19.8	14.7
富农	1 050	5 940	6.64	50 707	14.7	8.5

〔1〕《五台县志资料》，第14期，1982年8月。

续表

阶层	户数	人口	占总人口%	土地（亩）	占总土地%	人平均地（亩）
中农	5 423	26 733	29.87	128 861	37.5	4.8
贫农	6 290	37 772	42.20	69 203	20.2	1.8
雇农	553	2 933	3.27	4 208	1.2	1.4
赤农	2 081	8 555	9.56	8 423	2.5	0.92
小手工业	382	1 520	1.69	2 322	0.7	1.5
商人	241	1 049	1.17	11 361	3.3	10.7
其他	90	401	0.44	451	0.1	1.1

五台县这五个区中小地主较多，土地集中情况在北岳区不是最典型的，但从表中仍可以看出，占总人口一半以上的贫雇农，平均土地只有1.4亩左右，而且大部分都是坏地，产量很低。在五台县最大的地主，是五台山青黄两庙的大和尚大喇嘛，共有庙产193处，土地83 817亩，和尚喇嘛1 768人。庙产土地大部分佃租给周围各县贫苦农民耕种，寺院通过“庄头”（即二东家）统治和盘剥农民，佃户不堪其苦。在冀西，以唐县为例，没有土地的农户，占农户的16%。5亩土地以下的贫农，占总户数的41.6%。而占有50—100亩土地的地主占总户数的2.8%。100亩以上的大地主，占总户数的0.7%。地主占有的土地，占土地总面积的15.2%。[1]据统计，在冀西其他各县没有土地的农户，有的达到20%左右。无地农民生活毫无保障，饿死或外逃是他们不可逃脱的命运。由此可见，北岳区农民土地问题的严重性。

对北岳区农村土地关系和封建剥削情况记载最翔实的，是来自1942年秋中共北岳区党委组织的一次农村调查，参加调查的有县以上干部近90人，历时半年多，调查了北岳区阜平、平山、完县、涞源、五台、崞县、代县、繁峙等28个县中的80个村庄。根据调查组提供的农村调查报告，抗战前，北岳区占农村总户数将近一半的贫雇农，每户平均土地为2.5—7.5亩，而占农村总户数2%的地主，每

〔1〕《华北经济概论》，北京出版社1936年版，第122页。

户平均土地却达到97.9亩。现将北岳区88个村各阶层土地占有情况如表4－2所示：

表4－2　　北岳区各阶层土地占有情况表

阶层	户数	户数百分比	占有土地亩数	每户平均有地亩数
工人	287户	2.10	512.27亩	1.78亩
雇农	797户	5.82	2 026.59亩	2.54亩
贫农	5 698户	41.63	42 173.85亩	7.40亩
中农	4 899户	35.79	88 559.23亩	18.07亩
富农	993户	7.26	55 870.75亩	56.26亩
地主	278户	2.03	27 216.24亩	97.90亩
其他	735户	5.37	2 072.14亩	2.81亩
总计	13 687户	100	21 843 107亩	15.95亩

地主富农不仅集中了大量的土地，而且好地（水地）、大牲畜也大部分集中在他们手里。地主富农在农村总户数中占9.29%，却拥有土地的38.4%，占有水地的45.7%，骡马的50%。贫雇农户数是地主富农的5倍，却只占土地的20%，占有水地的16%，占有骡马的8.6%。[1]这些数字清楚地说明了地主富农在农村经济中的优势。由于土地大量集中在地主富农手中，广大无地少地的贫苦农民不得不向地主富农租种土地，借高利贷，受其残酷的封建剥削。农村中的主要矛盾，是农民阶级同地主阶级的矛盾。

封建地租剥削，是地主剥削农民的主要形式。抗战前，边区的地租额一般高达50%—70%。贫苦农民把收成的1/2或2/3缴给地主，所余无几，终年不得温饱。据统计，五台县的佃农“每户每年向地主借粮（叫吃大粮）3石左右，春借一石，秋还一石五，剥削量百分之五十”[2]。地租剥削形式，在自然经济占优势的地区，主要是实物地租，同时还存有劳役地租的残余。如佃户给地主无偿耕种一部分土地，或打零工服杂役，给地主家“帮忙”，在雁北地区叫“打伙

〔1〕《北岳区农村经济关系和阶级关系变化的调查资料》，战线出版社1943年版。
〔2〕《五台县志资料》，1982年8月第14期。

计”。这实际上是农奴制度的残余。在商品经济比较发达的地区，如平汉线附近各县，农村中多为货币地租。这种货币地租的实行，并不表明农村资本主义的发展，而是地主残酷榨取农民的另一种手段。因为第一，在粮价低落时，农民低价卖掉大部收获物才能交齐地租；第二，粮价低落时，地主大量收买粮食，等青黄不接，农民没有饭吃时，又以高价卖出，或以高利贷出；第三，货币地租额不固定，种一年地商定一次，实际是年年长租子。很多佃户“一年到头只落下一堆秸秆和蔬菜”[1]农民除负担正租外，每年还要额外向地主交纳“背租”（一斗租子加一升豆子或一捆草）、“房租”、“黑租”等。

五台山青黄两庙对农民的地租剥削更是野蛮残酷，大和尚大喇嘛就是当地最大的地主。五台山周围的五台、繁峙、阜平西部方圆几百里的土地，大部分是寺庙的“产业”，大多数贫苦农民都是五台山寺院的佃户，大和尚大喇嘛凭借土地占有权和政教特权，作威作福，残酷地剥削和奴役农民。据不完全统计，五台山寺院每年向佃农收取的正租约 43 000 余石，此外还须对寺院负担各种杂租和无偿劳动。其中杂租有“租鸡”（即每亩地交若干鸡），“租鸡蛋”（每亩地交若干鸡蛋），“租草”（喂庙里的牲口），“招待费”（和尚喇嘛到庄上收租的往返盘费，还要给他们做好饭吃）等等。佃户给他们送租子进寺院时，还需数步一叩头，焚纸烧香献上。某些地区，喇嘛地主对农民的妻子还享有“住夜权”。此外，寺院还养着一伙坐食其利的庄头（二东家），他们利用催租、收租和包租（寺院以一定的租额包给庄头，庄头再以更高的租额分佃予佃户）的机会，从中盘剥。在沉重的封建地租剥削下，农民劳动的收获物，大部分被地主占有。

晋察冀的广大贫苦农民，除受封建地租剥削外，还受高利贷的盘剥，它是封建地租的孪生兄弟，是另一只剥削农民的魔爪。农民为了维持最低生活，不得不向高利贷者借贷。据北岳区的调查，当时高利贷剥削，基本上可分两种类型：

一种是地主、土豪、商号及部分富农所放的高利贷，年利率很

[1] 《北岳区农村经济关系和阶级关系变化的调查资料》，战线出版社 1943 年版。

高，其中对农民剥削较厉害的主要有下列几种形式：

第一，是放利钱。一般的年利率在1分7厘至3分、5分。利息大小由借钱人有无房产而定。贫苦农民借钱，利息最高，年关借钱常高达月利4—5分，借期很短，并以土地作押。到期不还本付息，即将所押土地归债主所有。很多贫苦农民因还不清债而失去土地。

第二，是现扣利。贫苦农民向债主借钱时，必须先扣下第一个月的利息，否则不借给。

第三，是当租。即指地借钱，以粮还息，一般是每借50—60元，年利粮食1石。到期不还，地归债主。

第四，是门前利。借钱者出门之后，无论半天还是一天，都得算一个月的利息。

第五，是借粮。每当青黄不接时，贫苦农民向地主、富农或商号借粮，秋收时归还，借一斗还斗三，或借一斗还斗半。有的地主还以借粮为出租土地的条件，不借粮则不出租土地。

另一种是帝国主义的买办和部分银行所放的高利贷。年利率虽在一分左右，但其放款往往与收买农民的生产物结合着，即在贷款时就以极低的价格预定农民的收获物。有些兼买办的经营地主，甚至把放高利贷和购买短工的劳动力结合起来，使短工因借贷而成为变相的农奴。[1]据平北的调查材料，高利贷的剥削较严重的有“大加利”（即借一元，月息一角）、“斗米三谷”（借米一斗，秋天还谷三斗）、“作价米”（粮贵时把粮折钱出借，秋后粮贱还钱时则必须折成粮，这又叫一刀两面刃）、“七顶十、八顶十”（每出借7元或8元则以10元计）、“驴打滚”等，其利息之高，使债务人如牛负重，无以摆脱。

繁重的地租和高利贷盘剥，加上反动派加在农民身上的各种苛捐杂税，构成了封建剥削的天罗地网，对农民进行敲骨吸髓的压榨，严重摧残着农村经济，迫使大批贫苦农民背井离乡，外出谋生。据河北省定县战前的农村调查：贫苦农民迫于生活，卖掉仅有的小块土

〔1〕 参阅“平北地分委一九四三年工作检查与总结”，《平北工作研究参考资料》第2集，第1册，1945年1月30日。

地，“沦落到生活难以维持。借钱是借不到的，于是，壮劳力多投入军队，妇女多投进城市（石家庄）帮工，或进工厂作工。农村中余下的老弱不堪和没有生产力的人们，以糠啦、菜啦，饱他们的饥肠，……最低的生活条件是以草根树皮为生的”。[1]这是晋察冀边区战前的一个缩影。

抗战爆发后，要动员千千万万农民投入民族解放战争中去，中国共产党从解决农民的生计出发，结合抗日战争时期的现实条件，决定实行减租减息政策。如果不实行一个正确的土地政策，不改善贫苦农民的物质生活，不从经济上使农民解脱封建剥削，农民便不可能积极参加抗日战争。

二、减租减息条例的制定

解决土地问题，最彻底的办法是没收地主阶级的土地分配给无地少地的农民。在抗日战争时期的特殊条件下，为了团结各阶级（包括地主阶级在内）、各阶层人民共同抗日，中国共产党改变了过去没收地主土地的政策，改为实行减租减息政策。

减租减息的政策是国民党政府在1927年6月制定的。但是在国民党统治的地区内，只是一纸空文，并没有付诸实施。1937年8月，中共中央在陕北洛川召开的政治局扩大会议明确规定：在有利于动员全国人民参加抗战的前提下，争取全国人民应有的政治经济权利，决定以减租减息作为抗战时期解决农民土地问题的基本政策。这一政策的基本内容，就是在保证土地所有权的前提下，一方面要减租减息，以削弱封建剥削，减轻农民的负担，改善农民基本群众的生活，激发农民抗日和生产的积极性；另一方面在减租减息以后，农民要交租交息，以便团结地主共同抗日。

1937年10月，中共中央北方局书记刘少奇提出要在抗日根据地内“颁布普遍减租减息的法令，规定最高租额，减租至最低限度”、

〔1〕 转引自《华北经济概论》，北京出版社1936年版，第169页。

“保障农民佃耕土地之永佃权”和“整理农民债务，禁止高利贷盘剥，办理低利或无利借贷”的主张。[1]

晋察冀边区的土地关系与陕甘宁边区不同，后者大都在抗战前进行了土地革命，土地剥削的封建关系基本上消除了，而前者封建剥削依然严重地存在着，即使是农村中资本主义有相当发展的冀中某些地区，也不例外。晋察冀边区政府根据本地区的历史状况，1938年2月边区政府成立之初，颁布了《晋察冀边区减租减息单行条例》，其主要内容是：第一，“地主之土地收入，不论租佃伴种，一律照原租额减少百分之二十五”；“钱主之利息收入，不论新债旧欠，年利率一律不准超过一分（即百分之十）”。第二，“地租一律下交”；“严禁庄头剥削”；“太粮、小租、送工等额外附加，一律禁止”。第三，“出门利（即现扣制）、剥皮利、臭虫利、印子钱等高利贷，一律禁止”。[2]同时，在条例《附则》中还明确规定，收租要以“通用公斗为准，旧租斗一律禁用”，“地主未得租户、佃户或伴户之同意，不准将地转租、转佃、转伴种他人”。[3]这一条例规定了减租减息的租额和利率，废除了一切杂租和附加，大大促进了减租减息运动的开展。到1939年冬，在巩固的中心地区大部得以贯彻。

1939年11月，中共中央指出：为了进一步发动群众，克服当前时期的危机，争取抗战的最后胜利，为了在可能发生的不利于党与抗战的突然事变中，不使党和抗战遭到意外损失，“在八路军、新四军活动区域，必须实行激进的有利于广大抗日民众的经济改革与政治改革。在经济改革方面，必须实行减租减息、废止苛捐杂税与改良工人生活。凡已经实行的，必须检查实行程度。凡尚未实行的，必须毫不犹豫地立即实行”。[4]边区党和政府检查了减租减息的开展情况。认为两年来，减租减息运动在不少地区虽已普遍展开，但在“二五减租”的执行中，各地也发生了非常复杂的问题，解决办法也很不

〔1〕刘少奇：《抗日游击战争中各种基本政策问题》，1937年10月16日。

〔2〕《晋察冀边区减租减息单行条例》，1938年2月9日。

〔3〕同上。

〔4〕《中共中央关于深入群众工作的决定》，1939年11月1日。

一致。例如，“有的县份出租人把原地租提高以逃避减租法令者；有的县份实行着四六分粮（出租人四，承租人六）；有的地方因减租关系，出租人对给租佃户肥料、种子的帮助怠了工，致影响土地生产量。以此，名为二五减租，而租佃户实得其惠者则还在二五之下”。[1]另外，“地主收地问题，各地广泛的发生着，出租人假‘自耕’之名，而投机取巧者不一而足。或者是在‘转让’、‘出卖’、‘出典’的掩护之下，进行着收回土地的阴谋，也是日有所闻。”[2]在减息问题上，“债权人对债务人以威胁的方法而维持原利率者，仍有很多；而质地贷款债权人处置所质土地者，亦不在少数”。[3]为进一步发动广大群众，巩固统一战线，防止“明减暗不减”的问题，解决减租减息中出现的“收地”、“典地回赎”、副产物归属等纠纷，边区政府于 1940 年 2 月对减租减息单行条例进行了修正，规定：(1) 地租不得超过耕地正产物收获总额 375‰。“二五减租”后，地租仍超过 375‰者，应减为 375‰；不及 375‰者，依其约定。(2) 出租人不得预收地租，更不得收取押租。其已预收地租或收取押租者须一律退还承租人，并按年利率一分退还利息。(3) 耕地副产物一律归承租人所有。(4) 依定有期限租用耕地之契约与依不定期限租用耕地之契约，如承租人继续耕作，出租人均不得解除契约。(5) 租斗以通用公斗为准，旧租斗一律禁止。(6) 债权人之利息收入，年利率一律不得超过 10%。年利率超过 10% 者，应减为 10%，不及 10% 者依其约定。[4]这些关于地租最高额、副产物归属、解除契约及利率的具体规定，既减轻了地租对佃户的剥削，也照顾了出租者和债权人的利益。这就更有利于促进减租减息运动的开展。

---

〔1〕《论减租减息的意义与执行问题》，1940 年 2 月 1 日，《边政导报》第 2 卷，1941 年第 5 期。

〔2〕同上。

〔3〕同上。

〔4〕《修正晋察冀边区减租减息单行条例》，1940 年 2 月 1 日。

三、发动群众，减租减息

1937 年冬，晋察冀抗日根据地开辟之初，战地动员委员会，提出“二五减租”、“一分行息”的主张，以改善民生，激发农民抗日积极性。1938 年 1 月，晋察冀边区政府颁布减租减息条例。减租减息在边区各地先后开展起来。由于严酷的战争环境、日军不断的“扫荡”与蚕食，以及各地工作开展的有早有晚，群众基础不同等原因，减租减息开展的情况也不尽相同。在北岳区的中心地区各县的减租减息政策“大部分地区是正确执行了的，如‘二五减租’、保障佃权，以及有关土地债务问题的清理等，到 1940 年曾经达到了高潮阶段”；[1]冀中区，大部分县份实行了，模范县定县做得最彻底，饶阳、肃宁、蠡县、任丘、安平、河间等县基本上执行了；[2]平北地区，也初步进行了减租减息；平西根据地的建设与群众运动的发展，较其他地区为晚，但其中心地区的昌宛、涞水、房涞涿等县 1940 年以前也都先后贯彻执行了减租减息政策。[3]唯有冀东区是在 1943 年才开始实行的。这些情况表明：从边区政府成立到 1940 年 8 月 13 日《晋察冀边区目前施政纲领》公布，边区的绝大部分地区，基本上实行了“二五减租”。地租一律照原租额减去 25%。取消了一切正租以外的诸如杂租、小租等额外附加的超经济剥削。在债息关系方面，无论新债还是旧欠，皆以年利率最高不得超过一分为标准进行清理，由此，边区租率已减少了原租额的 1/3。利息也降低了，至少降到原利率 60% 的程度。据北岳区 1941 年夏季的调查：边区一般的地租相当于总收获量的 20%—25%。[4]广大农民，特别是贫苦农民的生活得到改善，群众都得到了减租减息的实惠，据边区农救会

---

〔1〕“目前北岳区的减租运动”（北岳区抗联会），《晋察冀日报》，1944 年 2 月 29 日。

〔2〕吕正操：“冀中平原游击战争”，1940 年 3 月 4 日，《解放》第 110 期，1940 年 7 月 1 日。

〔3〕丁原：“平西的减租减息运动”，1944 年 1 月 22 日，《晋察冀日报》，1944 年 2 月 24 日。

〔4〕彭真：《关于晋察冀边区党的工作和具体政策报告》，1941 年 9 月，第 61 页。

1940年6月不完全统计：仅北岳区第一、二、三、五，四个专区16个县，总计减息数已达320 600余元，只二、五两个专区1 480余顷土地减租即达12 290余石粮。至于租额，一般都在正产物总收获量的375‰以下。根据清理旧债的原则，在减租减息运动中，边区广大农民同时掀起了清理旧债和“抽地换约”运动，即“未死亡抵押地，按年利一分订立新约，将土地抽回”。[1]战前被高利贷者巧取豪夺去的土地，部分地被农民抽了回来。到1940年6月，抽回的土地已有64 500亩。单第五专区行唐县就抽回了28 428亩土地。[2]

为了保障地主和债主财产的合法权益，减租减息后，佃户须依约交租，债户须依约交息。减租与交租是从团结抗战原则出发的，兼顾主佃双方共同利益的政策。它的实现还必须与发动农民的生产热情提高生产力结合起来。只有使农民在取得减租利益后，积极发展农业生产，才能达到团结地主，一道抗日的目的。但在发动群众执行减租减息政策之初，由于经验不足，又处于残酷对敌斗争中，也出现过一些过火的偏差。如有的地区，减租减息后农民不交租不交息了，使部分地主、债主宁可土地荒芜或把钱财埋藏起来，不租予佃农，不借予债户；有的地区曾一度把典当地与抵押地混同起来，一样处理，或将死契地与活契地同样对待，一并抽回。个别地区也出现了右的偏向，表现在只停留在减租减息政策的宣传上，没有认真执行，对群众疾苦漠不关心；甚至有的人对地主抗拒减租也不斗争，或在减租后地主假借“卖”、“当”而无理收回土地的也未加以制止。这些偏向不久得到了纠正。

减租减息政策的实施，是一场严重的斗争。减租减息是限制地主债主对农民的剥削，必然要遭到不明大义的地主各种形式的反抗。从边区政府建立后的3年工作经验来看，各阶级对减租减息的认识态度的变化大体上经过三个阶段：（1）用行政方式发动减租减息的阶段。边区政府成立初期，因群众尚未发动起来，对减租减息的重要性尚无

〔1〕 黄韦文：“关于根据地减租减息的一些材料”，《解放日报》，1942年2月11日。
〔2〕 同上。

认识，地主的态度是防御的、抗拒的。有的是被迫减了租，有的是阳奉阴违，口头说要减，实际拖延不减。农民则是畏首畏尾，有的在地主威胁欺骗之下竟约定“明减暗不减”，事后又把已经减掉的租、息暗地里如数送还地主债主。(2) 群众发动起来进行自觉斗争的阶段。此时农民的斗争已经不依靠自上而下的发动，而是自觉地起来斗争。一部分农民愤于过去地主的剥削压榨，减租减息后拒不交租，也不还债，有的地方把赎地换约运动变成无偿收地及废除债务的运动。地主处于“只有招架之功，无还手之力”的境况。于是他们开始转向非法的各种隐蔽的斗争，一面表示拥护贫农雇农的利益，赞成减租减息，或者自动赈灾济贫，甚至出现将女儿下嫁给佃户的趣闻；一面却暗中勾结敌人屠杀农民，搜捕区村政权工作人员。(3) 边区颁布《双十纲领》，提出地主债主须减租减息，佃户债户须依约交租还债，保障一切抗日人民的人权及缔结与解除契约之自由的阶段。地主与农民间的斗争由非法转入合法，由秘密转向公开，带有危险倾向的斗争宣告停止，斗争趋于明朗化。从表面上看地主似在反攻，如他们控告佃户不交租、债户不还债等，其实这正是地主与佃户的关系和斗争在抗日民主政权的秩序下步入正轨的表现。《双十纲领》的颁布，既巩固了农民已得利益，又缓和了地主、农民间的紧张局面，调整了阶级关系，巩固了抗日民族统一战线。

减租减息政策在晋察冀边区的实施，使千百年来对农民日益加重的封建剥削得以削弱；农民日趋贫困的生活，得到了改善；阶级关系得到有利于抗日的调整，特别是改变了广大贫苦农民的政治地位，千百万农民动员起来投入抗日战争的战场。

减租减息政策在边区的实施，激发了广大农民发展生产的积极性。他们在劳力、畜力、生产工具极端缺乏，在敌人的掠夺、烧杀的环境中，流汗以至流血，坚持生产，支援抗战。尤其是在 1939 年发生严重水灾之后，减租减息所产生的动力是很明显的，边区农民齐心协力，一面抗战，一面生产救灾，战胜了水患，度过了荒年，1940 年一年生产便得到了恢复。

减租减息政策在晋察冀边区的实施，也激发了农民参军参战积

极性。1939 年阜平县在不到一个月的时间里，就有几百名青壮年农民自动报名参加子弟兵；平山县在一个月左右的时间里，参军人数达到一个团。他们作战勇敢，不怕牺牲。“阜平营”、“平山团”的八路军，在战斗中不断赢得光荣的称号。农民武装参战的动人事迹更是举不胜举。1940 年秋，百团大战的前夕，“冀中自卫队全体总动员展开全面破击战，一夜之间将冀中汽车路全部破坏，把敌人困在据点里欲动不得”。[1]在百团大战中，“全北岳区的民兵一齐动员起来，配合主力向各线出击，破坏交通线，并完成了所有战时给养和战利品的运输。只正太线动员民兵即达两万多名，编成 50 个民兵大队随军作战，破坏铁路 158 里，搬回铁轨 308 根，收回电线 13 万斤”。[2]1941 年在反击敌人春季“扫荡”的作战中，边区民兵为保卫抗日根据地，保卫减租减息成果，以无比的勇敢配合主力军作战。据边区农会统计：17 个县的农会会员参战的达数万人，配合作战 32 次，袭扰敌人 284 次，破坏敌人交通达 4 000 里以上。[3]这种英勇的对敌斗争，显然是与减租减息的实施，与农民生活改善分不开的。他们把切身利益与国家民族的长远利益紧密结合在一起。

减租减息政策在晋察冀边区的实施，也激发了边区人民参政的热忱。至 1939 年边区曾进行村政权选举，当时减租减息尚未普遍推行，群众认为参政与己无关，不积极参加选举。在普遍减租减息后的 1940 年 7 月的选举，真正普及到农村的每个角落。据北岳区 19 个县的统计：平均 80% 的边区公民参加了选举，平山县参加选举的人数高达 90%。据冀中七个县的统计：佃农、雇农、贫农、中农，参加选举者占公民数的 87%。

地主和富农参加新政权的积极性也很高。他们参加选举的人数在县级占其总数的 72.4%；在村级占 80.2%。当选为村各委员会主

---

〔1〕 宋劭文：“边区行政委员会工作报告”，《晋察冀边区财政经济史资料选编》（总论编），第 498 页。

〔2〕 同上。

〔3〕 参阅方草：“中共土地政策在晋察冀边区之实施”，《中国共产党的土地政策》，冀鲁豫书店 1942 年版。

任者占6.8%，当选为村主席者占7.6%，当选为县议员者占17.7%。地主富农之所以积极参政，同样也是由于边区政府实行减租减息和交租交息政策的结果。

第二节 边区农业生产的发展

一、奖励垦荒修滩，扩大耕地面积

农业是晋察冀边区经济的基础，是战时财力、物力的主要来源。边区政府在发动农民群众开展减租减息的同时，始终把扶持和发展农业生产作为自己的首要任务。

边区创造之初，晋察冀三省的边陲地带，尤其是晋东北的山岳地区，无人耕种的荒山荒地很多。这些荒山荒地有的是地主的私产，有的是五台山寺庙的产业，有的则尚未被人占有。抗战前，“或因迷信风水的关系，或因其他关系，任令荒芜，而却禁止贫民垦殖，即使是没有属主的荒地、荒山，亦因所有权没有保障，农民亦都懒去开垦”。[1]七七事变后，日寇的掠夺破坏，国民党军队溃退时的骚扰，某些地主的逃亡，以及青壮年参军参战，造成边区农村劳力、畜力大量减少，使已耕土地有不少荒芜，更勿论荒山荒地了。为恢复和扩大耕地，发展农业生产，1938 年 1 月边区军政民代表大会通过的《经济问题决议案》是一份引人注目的经济法令，其中讲到要扩张耕地面积，防止新荒，开垦荒地。同年 2 月 21 日，边区政府颁布了《晋察冀边区垦荒单行条例》，规定了奖励垦荒的具体办法。主要内容是：

（一）“凡本边区未垦之地，或已垦而连续两年未经耕种者，不

〔1〕 陈克寒：“模范抗日根据地晋察冀边区”，《新华日报》，1938 年 9 月 2 日。

论公有私有，一律以荒地论，准许人民无租垦种。”

（二）“荒地面积在五亩以下者，得由四邻分种或独种之；荒地之面积在五亩以上者，得由所在地之贫苦农民合伙垦种或分种之。”

（三）“凡公私荒地荒山，经承垦人垦峻后，其土地所有权即属于承垦之农民。但其所垦面积大小，须请县政府报本会备案，发给执证。”

（四）“凡公有私有荒山荒地，抗日军人家属有垦种之优先权。但地主愿自行垦种者，得尽先垦种。”

这些办法积极鼓励民众垦荒，保障了垦荒者“无租垦种”的法人权利，调动了农民尤其是贫苦农民垦荒的积极性。各地出现了开垦荒地整修滩地繁忙景象。据不完全统计，1938 年和 1939 年两年，只平山、阜平等 9 个县，垦荒达 15 000 多亩。〔1〕1939 年第四专区垦荒 49 000 多亩，第五专区垦荒 86 000 多亩。〔2〕在山多地少，劳力缺乏，生产条件异常困难的平西根据地，多年来耕地面积一直保持在 157 000 亩左右，经过 1939 年开荒运动，耕地面积增加到 170 000 亩以上，一年之内增加耕地 13 000 亩，占原耕地面积的 8% 以上。〔3〕冀西、平西、晋东北 29 个县 1940 年统计，共垦荒 199 950 亩。〔4〕从 1938 年到 1940 年两年多的时间里，仅北岳区的不完全统计，垦荒达 270 000 余亩。

修复滩地也取得了显著成绩。北岳区各大河沿岸的滩地，是冀西山区的“粮仓”，是当时边区著名的农业区之一。1939 年的大水灾，将沿河滩地几乎全部冲毁。北岳区 21 个县原有滩地 170 427 亩，冲毁了 147 626 亩；〔5〕唐河沿岸的民安庄至钓鱼台，原有滩地 36 800 亩，冲毁 32 440 亩；沙河沿岸的法华至王快 25 个村庄，原有滩地

〔1〕 宋劭文：“边区行政委员会工作报告”，《晋察冀边区财政经济史资料选编》（总论编），第 511 页。

〔2〕 张苏：《生产与合作》，1940 年 8 月 6 日在边区经济会议上的报告。

〔3〕 泉壁：“平西根据地介绍”，《新华日报》，1940 年 5 月 21 日。

〔4〕 张帆：“晋察冀边区的农林建设”，《晋察冀日报》，1943 年 1 月 17 日。

〔5〕 宋劭文：“边区行政委员会工作报告”，《晋察冀边区财政经济史资料选编》（总论编），第 512 页。

15 000 亩，冲毁 13 500 亩。[1]多年耕耘的滩地大量被毁，农民生产无靠，生活无着。边区政府提出“生产救灾，修复滩地”的号召，并于当年 9 月 19 日颁布《晋察冀边区垦修滩荒办法》（以下简称《垦修办法》），以奖励修复滩地：

（一）关于修复滩地的办法，规定“原属自耕之滩地，尽先地主垦修”，[2]“原系租佃之滩地，尽先地主兴修[3]，仍由租佃户垦种；[4]地主不能兴修者，由租佃户垦修”；如果地主和租佃户均不能垦修时，“抗日军人家属、合作社有优先权，次为无地之农民，次为大小地主，最后为政府经营”。抗日军人的滩荒，无力垦修者，由地方政府贷款或发动人力垦修之。

（二）关于滩地的租金、使用及收益分配，《垦修办法》根据不同情况，规定：地主兴修、佃户垦种的滩地，“在垦修时间以内，其正产物不超过往年百分之六十三者，租户不出租金，超过之数用以交租，至达原定契约租额为止”；由佃户垦修的滩地，得按地势优劣，费工多寡，“以工折价，予以二年至九年之土地使用权”；因冲刷过甚，工程太大，地主和佃户都不能垦修的滩地，地方政府招人垦修时，也按地势优劣，费工多寡，“以工折价，予以五至二十年之土地使用权，土地所有权不变”。至于仅持滩地维持生活的贫小地主，“得与佃户合力垦修，垦修期间不收益，按出力之比例，公平分配”。

（三）关于滩地的管理，《垦修办法》规定，要设立滩地整理委员会，负责制定修滩计划，核估滩地的使用年限，并监督垦修；要求在垦修滩地时，任何人不得破坏原有河渠、水道及其他水利设施。滩地修复之后，改设滩地管理委员会，负责组织滩地生产。

这些内容，明确了滩地的所有权、使用权和使用年限，根据减租精神，规定了滩地租金的缴纳和收益分配原则，既照顾佃农及其他贫苦农民的利益，也考虑了小地主的生活。充分调动了各阶层人民修复

---

〔1〕 张帆：“晋察冀边区的农林建设”，《晋察冀日报》，1943 年 1 月 17 日。

〔2〕 “垦修”，当时作既修地，亦种地解释。

〔3〕 “兴修”，当时作地主只修地，但并不自己种地解释。

〔4〕 “垦种”，当时单指种地解释。

滩地，发展生产的积极性。

1939年冬和1940年春，北岳区开展了大规模修滩运动，取得很大成绩。根据北岳区21个县的统计，冲毁147 626亩，修复了139 495亩[1]。又据24个县的统计，共修复滩地达179 105.9亩。[2]易县等7个县还修复被冲毁熟地32 801亩。[3]在一年多的时间里，只北岳区就修复滩地、熟地总计达211 000亩以上。基本上恢复了灾前的旧观，部分地区耕地面积还有所扩大。除平西地区已如上所述外，生产最好的第五专区，耕地面积比水灾前增加14 000亩，平山县耕地增加了7.57%。[4]这些农田基本建设工程的完成，对北岳区生产的恢复和人民生活的改善起了很大作用。北岳区的滩民永远不会忘记民主政府和子弟兵对于他们的恩情。阜平县沙河沿岸的滩民，每逢端起大米饭，就想念起共产党和八路军。他们说，如果没有边区政府想办法修复滩地，没有子弟兵的帮助，冲毁的滩地就是30年也修不起来！不知要有多少人去逃荒要饭哩！

二、提倡植树造林，发展林牧业

边区的大部分地区，林木稀少，尤其是北岳山区多为荒山野岭，春季少雨干旱，夏季雨水集中，山洪暴发，河流泛滥，造成沿河两岸特别是冀中平原的严重水患，威胁着边区的农业生产和人民的生命财产安全。为防止水土流失，发展农业生产，边区政府提倡植树造林。其方针是：发展私有林，提倡团体林、村有林、合作林；整理天然林，建立禁山造林区；根据地理的不同条件，发展果木林、经济林，特别是提倡山区发展核桃、柿、黑枣等果木林；有计划地在沿河地带建立保安林，以巩固堤防；提倡农民和合作社发展小型苗圃。

〔1〕宋劭文："边区行政委员会工作报告"，《晋察冀边区财政经济史资料选编》（总论编），第512页。

〔2〕仓夷："一九四〇年边区实业建设成就"，《晋察冀日报》，1941年1月8日。

〔3〕宋劭文："边区行政委员会工作报告"，《晋察冀边区财政经济史资料选编》（总论编），第512页。

〔4〕"春耕运动总结"，《边政导报》第2卷，1940年第28、29期合刊。

1938 年边区政府即提出植树造林号召。1939 年大水灾后，更注意了山区造林，把禁山、保护林木、防止水土流失，作为发展林业的重要工作。1939 年 9 月 29 日和 10 月 2 日先后颁布了《晋察冀边区保护公私林木办法》（以下简称《保护林木办法》）和《晋察冀边区禁山办法》（简称《禁山办法》）。

《保护林木办法》规定：第一，边区境内所有公私林木，均由各县政府督同区、村公所负责保护；林地或禁山区域，未经开放，一律禁止牧畜，山间林木根株，一律不得采掘，以固结土壤，防止水患。第二，对于保护林木的人员，要酌量情形，予以奖励；对于破坏林木者所课的罚金，除奖励保护林木有功人员外，由县政府拨作造林、育苗经费，或奖励发展林业有成绩的人员。第三，对窃取林木者，要依其损害情形责令赔偿，折价或补植新树，重者予以处罚；对于在非经开放的林地和禁山牧畜、采掘山间根株及烧荒害及林木者，要依损失轻重，予以处罚。

《禁山办法》的主要内容有：第一，凡 50 度（以后改为 30 度）以上的山坡，由区公所分别缓急，划定地段，逐年划为禁山。第二，原有禁山，不论公有私有，非经开放，不得垦荒；新划禁山，不论公有私有，只准造林，不得垦荒；所有荒山，其野草只准芟割，不准畜牧，山间林木只准削枝，不准伐木；成材之林，非经区公所同意，不得砍伐。第三，对违犯禁山之规定者，要分别轻重处一月以上一年以下之徒刑，或处 5 元以上至 50 元以下之罚金。

这些提倡植树造林，保护林木的政策和办法，调动了边区人民植树、护林的积极性，促进了边区林业的发展。1939 年边区开展了一人一树运动，全边区形成植树造林热潮。在北岳区的平山、新乐等 20 个县就植树达 465 万株，一般成活率为 70%。[1] 1940 年边区号召禁山造林和创办小型苗圃，一年内北岳区的阜平、行唐、平山等 30 个县植树即达 1 386 万株，一般成活率在 75% 以上。另外，平山、曲

〔1〕 张帆："晋察冀边区的农林建设"，《晋察冀日报》，1943 年 1 月 17 日。

阳、唐县、完县还在禁山播种育林 35 496 亩。[1]北岳全区基本上实现了“一人一树”。有的专区还大大超过，如第五专区，全区共有 975 000 人，植树达 4 670 000 株，每人平均植树五株以上。其中新乐县共有 212 000 人，植树 2 150 000 株，平均每人植树十株以上。[2]在冀中区，为巩固河防，特别注重护堤林木的种植，仅据 1940 年的统计，就植树 7 400 000 株[3]。

为补充耕畜的不足，发展边区的畜牧业，边区政府对繁殖耕畜实行奖励政策，严禁屠宰耕畜。冀中行署规定，凡农民养牛，每生产一头小牛，由政府奖洋五元。[4]同时每年春季还组织农民到雁北地区购买耕畜，活跃边区牲畜市场，使耕畜得到大量补充。在北岳山区，大力提倡养羊，禁打胎羊。1939 年春，边区政府提出了“一户一猪”、“一人一鸡”的号召。农家的养殖业，特别是北岳山区有了较大发展。这些措施的实行，虽然受到了战争的影响，如农家的猪、羊、鸡，不少为敌人抢夺而去，但在不少地区畜牧养殖业还是得到了一定的发展。如北岳区的平山等四个县，从 1938 年到 1940 年两年多的时间，牛增加 2 408 头，驴增加 1 691 头，马增加 293 匹。[5]有的地区猪、羊、鸡也有所增加，据 1940 年阜平、平山等 15 个县的统计，原有猪 210 214 头，增加了 36 444 头；原有羊 237 286 只，增加了 43 426 只；原有鸡 515 350 只，增加了 119 154 只。[6]畜牧养殖业的发展，增加了农民的收入，促进了农业生产。

三、组织农民开展生产竞赛

在战争环境劳动力、畜力日趋减少的情况下，组织劳动力，提高农民的生产热情，提高劳动生产效率，愈来愈成为发展农业生产的关

〔1〕 张帆：“晋察冀边区的农林建设”，《晋察冀日报》，1943 年 1 月 17 日。
〔2〕 张苏：《生产与合作》，1940 年 8 月 6 日在边区经济会议上的报告。
〔3〕 刘奠基：“晋察冀边区九年来的农业生产运动”，《北方文化》第 2 卷，1946 年第 3 期。
〔4〕 韦明：“晋察冀边区的农林建设”，《新中华报》，1940 年 11 月 14 日。
〔5〕 王稼祥：“晋察冀边区的财政经济”，《群众》第 9 卷，1944 年第 3、4 期合刊。
〔6〕 仓夷：“一九四〇年边区实业建设的成就”，《晋察冀日报》，1941 年 1 月 8 日。

键。边区政府采取了广泛动员和积极动员的方针。每年随着农事季节不同，组织军政民参加各种春耕、麦收、秋收委员会，组织领导春耕、夏收、秋收等农业生产活动。同时，在农村提倡劳动互助，组织互助队、帮耕团、代耕队、垦荒团等集体劳动组织，进行开荒、修滩、植树造林、兴修水利，为抗日军人家属代耕，解决贫苦农民生产中的困难。

在1940年的春耕运动中，边区政府提出“动员军政民全部力量，武装保卫春耕”的口号，要求做到“一切能生产的人力都参加春耕，保证没有一个懒汉懒婆”；“不荒废一寸土地”。并且制订春耕竞赛条例，拨专款3万元做为竞赛奖金，奖励劳动英雄和模范单位。[1]整个边区，从冀西山地到晋东北高原，从平西的山林到冀中的白洋淀水乡，展开了专区与专区、县与县、区与区、村与村、人与人之间的生产竞赛。边区人民，克服了敌祸、水灾、春荒带来的严重困难，“从部队到学生，从青年壮丁到妇女儿童，从抗属、灾难民到士绅富户，一起涌入了春耕生产热潮中来，基本上做到了‘没有一个懒汉懒婆’的要求”。[2]根据第五专区的统计，“平山人力动员占全县人口的83.1%，灵寿为70.92%，行唐为75.4%”，[3]新乐为82.81%。[4]全专区人力动员达到77.27%，如果除去老弱病残等不能生产的人力，实际上100%的动员了一切人力。[5]抗战前，北方妇女一般是不下地的，边区妇女摆脱了千百年来束缚自己的封建桎梏，走出家门，奔上了农业生产战线。据统计，各专区参加劳动的妇女，占有劳动能力妇女的比重为：五专区为75%，四专区为67%，二专区为40%。[6]在春耕竞赛总结评比中，全边区共评出模范专区一个，模范县5个，模范区20个，模范村40个，评出劳动英雄90名，特等劳动英雄10

〔1〕“开展生产竞赛，争当生产场上的英雄”，《边政导报》第3卷，1940年第11期。
〔2〕“春耕竞赛总结”，《边政导报》第3卷，1940年第28、29期合刊。
〔3〕同上。
〔4〕韦明：“晋察冀边区的生产建设”，《新中华报》，1940年11月14日。
〔5〕“春耕竞赛总结”，《边政导报》第2卷，1940年第28、29期合刊。
〔6〕韦明：“晋察冀边区的生产建设”，《新中华报》，1940年11月14日。

名，并分别给予耕畜、农具、现金及精神奖励。[1]边区第一名特等劳动英雄就是妇女——平山县妇女救国会员、抗日军人家属焦金英，春耕中背着三、四岁的孩子，一个人开荒10亩，修滩21亩，区县政府以至专署及边府均予以表扬和奖励。从春耕总结大会上，她一个人牵了4匹骡子回家，成为全边区引人注目的女劳动英雄。[2]

四、调剂种子，补充耕畜，扶持农业生产

边区的大部地区都遭到过敌人蹂躏，耕畜农具种子被破坏和掠夺。加上1939年的大水灾，耕畜、农具、种子更加困难。边区政府发动农民群众生产自救的同时，尽一切可能从财力物力上给以扶持，以解决燃眉之急。首先，发动农民之间的借贷，号召农民群众以友爱精神，进行户与户、村与村之间的种子、耕畜借贷，以多贷少，相互调剂。其次，是政府筹措一部分种子、农具借给农民，凡缺乏农具种子的农民，持村农会开具的证明，无须任何担保即可借到农具、种子。另外，就是由政府发放生产贷款，在财力上支持农民购买农具、耕畜或办水利等。仅1940年春，边区政府即发放300万元的合作贷款，解决了部分贫苦农民的生产困难。[3]边区政府的这种大力扶持，农具、耕畜、种子均得到补充与调剂，克服了生产上的困难。据不完全统计，1940年春耕运动中，补充农具344 229件（北岳区22县），借贷种子4 767石（北岳区20县）。补充耕畜：牛6 921头（14县），骡1 127头（9县）[4]。从而，保证了1940年春耕运动和生产的开展。

边区还根据战争和人民生活的需要，调整农作物的种植面积，安排分配农作物的种植计划。其原则是："鼓励粮食和必要原料的生产，减少成熟期较长、产量较少之精细作物之种植，增加成熟期短，

---

〔1〕"春耕竞赛总结"，《边政导报》第2卷，1940年第28、29期合刊。

〔2〕韦明："晋察冀边区的生产建设"，《新华日报》，1940年11月14日。

〔3〕宋劭文："边区行政委员会工作报告"，《晋察冀边区财政经济史资料选编》（总论编），第519页。

〔4〕宋劭文："边区行政委员会工作报告"，《晋察冀边区财政经济史资料选编》（总论编），第512页。

产量较丰之杂粮作物之种植，限制并禁止不必要作物及有害作物之种植”。[1]比如，为防止棉花资敌，冀中平原地区大大压缩棉花的种植面积，大量增加玉米、谷子、高粱的种植面积。农民多种玉米、高粱等高秆作物，既多收了粮食，又便利平原地区“青纱帐”时期的对敌斗争。

综上所述，在残酷的战争环境中，在技术落后、物质极端缺乏、劳动力减少的情况下，农业生产取得可观的成绩，充分表现了中国共产党和抗日民主政府领导人民群众坚持抗战、坚持农业生产、巩固和建设根据地的坚强决心和伟大力量。这些成绩总的来说，虽然没有使无日不受敌人掠夺破坏的农业生产完全得以恢复和迅速发展，但却使抗战初期的农业生产获得了战时所能得到的好收成。1940 年夏收，还获得了抗战以来最好的收成，冀中区的小麦产量，可供全边区军民两年之用。[2]农业生产的发展，基本上保证了战时的军需民用，为巩固和扩大晋察冀抗日根据地提供了赖以生存的主要物质基础，为坚持长期抗战作出了贡献。

第三节　战胜水患　兴办水利

一、1939 年的严重水灾

边区境内河流纵横，海河水系的潮白河、永定河、大清河、子牙河、滹沱河、南运河及其大小支流遍布全区。冀中平原中部，地势低洼，更是河道如网，洼淀棋布，如白洋淀、东淀、文安洼、团泊洼，皆为北方著名水乡。太行山麓一带泉水不少，水位较浅，宜于开渠、

〔1〕“经济问题决议案”，《晋察冀工作研究参考资料》第 2 辑，1944 年 8 月 22 日。

〔2〕孙志远：“在冀中平原上我们怎样和敌人斗争”，《解放》，1940 年第 115 期。

凿井。这些水利资源，有不少航运灌溉之利。

但是，由于华北地区雨量过分集中，加以海河汇百川于一流，为入海唯一通道，河道狭窄，宣泄不畅，经常造成各流决口，洪水泛滥。所以边区所属的河北省，历来水患严重。早在明清两代即有不少记载，《国榷》及《明史》河渠志、五行志都记有滹沱河等河水泛滥、淹没民田等事。清代道光、光绪年间，对河北省诸河流的泛滥成灾，记述得更为详细。如光绪东华录记载，甲戌年7月，“各河盛涨，惊涛骇浪，高过堤颠，永定河两岸并与运河，大清河及任丘千里堤，先后漫溢多口，上下数百里一片汪洋，有平地水深两丈余者，庐舍民田，尽成泽国。人口牲畜，淹毙颇多，满目秋禾，悉遭淹没，实为数十年来所未有。”到了民国时期，在1913年、1916年、1917年、1924年、1929年诸年，都曾发生过水灾，被灾常达数十县之多。冀中各河为害最大的是滹沱河和永定河，两河皆有“小黄河”之称。“滹沱河下游，安平油子、武毛营、饶阳王岗等地为经常决口地区，淹及饶阳、献县北部、肃宁、高阳、任丘、河间、大城、文安等县，至文安县境则汇为湖泊，即所谓‘文安洼’，该地有句俗话：‘收了文安洼，粮食满地抓；涝了文安洼，十年不回家’”；“永定河含沙量大，且水势汹涌，右岸无堤，时常注入大清河，为害永清、固安、新城、安次等县”；其他各河亦经常为害，“唐河既无堤防，又无固定河漕，更是年年泛滥”；“潴泷河下游，河道弯曲狭窄，渲泄不畅，两岸经常决口”；大沙河含沙量大，“流经之处，田园被冲毁，变为沙岗荒滩”。[1]七七事变以后，各河堤防又遭国民党溃军的破坏，致使不少河堤被毁、大量堤树被伐。冀中各河河务局亦“相继解体，职员弃职逃散，河务无人负责”。[2]残堤决口，更是比比皆是。所有这些原因，再加上1939年夏季华北地区的多雨天气，和敌寇肆虐决堤放水，遂酿成了空前未有的严重水灾。

1939年7月，华北地区夏雨连绵，山洪暴发，大水从山西高原

〔1〕《冀中五年来水利工作总结》（冀中行署），1943年4月22日。
〔2〕同上。

和太行山区沿滹沱河、大沙河、唐河、大清河向冀中平原渲泄，同时，其他如潮白河、永定河、子牙河、潴泷河、滏阳河、漳河等及其大小支流，均相继暴涨，冲决河堤，其中以滹沱河、潴泷河决口最多。日寇阴谋乘机淹没抗日根据地，又在冀中决口185处，决堤120道。天灾加上敌祸，敌祸更加重了天灾。使冀中不少河河相并，洼淀相连，全区“除深县南区，交河、献县、河间东区局部无水以外，其余全部没入水中”。[1]灾情特别严重的安平、饶阳、博野、里县、肃宁、高阳、任丘、安新等县皆平地水深数尺，方圆数百里，一片汪洋。

冀中区，灾情最为严重。水灾因日军决堤放水而猛烈扩大，人民无法预防和逃避，禾苗、粮食、衣服、家具、牲畜漂去者不计其数，被淹死者亦为数不少。据统计，冀中全区被灾面积达30余县，淹没村庄6 752个，占当时冀中行政村总数8 625个的78%。田禾被淹15万顷，其中有6万顷禾苗秋季绝收；无家可归者有200万人。

在北岳的冀西、察南和晋东北，不少山林、耕地、村庄被毁，粮食、牲口损失严重。据平山、灵寿、行唐、井陉4县的统计，财产损失达467万元，房屋被毁36 000间，冲走粮食（已收未收均在内）32万石之多；又据平山、灵寿、行唐、浑源、灵丘、井陉、蔚县、曲阳、易县、唐县、定县、阜平、正定、盂县等14个县统计，冲毁耕地584 990亩，淹没耕地415 842亩，人口死亡只浑源一县即达3 000人，灵寿一县冲走树木10万株，平山一县淹死牲口800头。[2]全北岳区灾民达100万之多。

据边区政府的统计，在这次数十年不遇的大水灾中，全边区良田被毁17万顷，粮食损失60万石，淹没村庄一万余个，人畜伤亡严重，灾民达300万人。[3]天灾与敌祸引起了一系列社会经济问题，给边区人民的生活、生产和对敌斗争带来了严重的困难。

---

〔1〕 郭化若：“救济晋察冀边区水灾加强敌后抗战力量”，《新华日报》，1939年10月13日。

〔2〕 刘恰文：“救救灾难中的华北同胞”，《新华日报》，1940年3月22日。

〔3〕 宋劭文：《边区行政委员会工作报告》，1943年1月。

二、救灾度荒，安定民生

边区政府采取了许多紧急措施来安排人民的生活，维护社会的稳定。1939 年 7 月 26 日，晋察冀军区司令员聂荣臻号召边区军民："本着同甘苦、共患难、共存亡的精神，积极的帮助受灾同胞"，无论生活怎样困难，绝不要悲观失望，被敌人乘机欺骗利用；而应该"加倍努力，克服困难，积极参加生产，坚持抗战争取最后胜利!"[1] 8 月 21 日，中共北方分局指示冀中区党委，在"已被水淹的地方，应从速办理急赈。这些地方在水退后，大部留下沃土，应加紧种麦，供给明年粮食，应设法调剂麦种，保证这些地方今秋的充分种植。"[2] 边区政府提出的口号是："加紧救灾治水，保卫边区，克服困难，坚持抗战到底!"并于 8 月 30 日制定公布了《救灾治水安定民生的具体办法》，建立了各级救灾委员会，派出干部深入灾区，开展了广泛的救灾工作。

边区政府拨款 10 万元，救济受灾最重，又无生产能力，不能维持生活的抗日军人家属和赤贫民众。另外，还加强边区境内的粮食调剂，实行粮食统制，对可供灾民充饥的红枣、黑枣、柿子等，严格限制出口。并想方设法吸收敌占区的粮食，组织运粮队和商贩去敌占区购粮。同时，动员边区各界节约粮食，要求八路军，"每人每日节省米二两，每马每日节省花料一斤，政权群众团体工作同志按干部战士发给米数，每人每日节省四两。一般民众每人每日以节约二两为原则，特别劳动者节省一两。"[3] 边区军民积极响应政府的号召，投入节粮运动，积少成多，救济灾民。在冀中区，所有用粮部门，不论是机关、部队，还是学校、团体，一律由三餐改为两餐。"每人用量由每日二斤减为一斤六两，后再减为一斤二两。"[4] 有不少地方的机关

---

〔1〕"救济边区水灾坚持敌后抗战"，《抗敌周报》第 1 卷，1939 年第 7 期。

〔2〕《中共中央北方局对冀中工作的指示信》，1939 年 8 月 11 日。

〔3〕《晋察冀边区救灾治水安定民生的具体办法》，1939 年 8 月 10 日。

〔4〕《冀中五年来财政工作总结》，1943 年 4 月 25 日。

和部队，也曾以麦苗、野菜、谷糠等充饥。

在紧急赈灾的同时，全边区广泛开展了募捐救灾运动。边区各级党政军机关、学校及救亡团体的工作人员，争先恐后地捐出自己本来就不多的半月、一月甚至数月的津贴费，充作赈款。冀中区的政权工作人员自动降低零用费标准，取消冬季的烤火费。农民群众也发扬了互助的精神，积极参加募捐，救济受灾同胞。仅易县一县即募集现金2万多元。据边区农救会1940年7月的统计，平山等24个县、农会募集救灾物资折款达177 000余元，另外还有小米4 500余石，枣子、花生、山药蛋等15 000多石。[1]在工会组织的领导下，边区的工人更是走在募捐救灾的前面。据边区工会1940年的统计：唐县工会募集现金20 777元，布8匹，小米1石2斗，山药干100斤；望都工会募集山药7 829斤，萝卜1 050斤，白菜140斤，粮食3斗；灵寿煤矿工人捐款26 432元，磁窑工人捐款2 065元；平山、井陉两县共捐款7 349元，米714石，羊14只，农具30件；救灾委员会在四分区纪念大会上募集现金1 800元；完县在庆祝反“扫荡”胜利大会上，当场即募集现款2 000元。[2]陕甘宁边区人民也开展募捐活动，捐款10 000元救济坚持敌后抗战的晋察冀边区受灾同胞。

为安置部分无家可归的灾民，边区政府还在各地设立了灾民工作介绍所、妇女儿童收容所等，介绍灾民参加工作或参加部队，组织灾民妇女纺织小组、洗衣小组，尽一切可能使他们得到生活安置。平山县曾建立灾民工厂，实行“以工代赈”，组织各种生产。这些措施，不仅解决了部分灾民眼前的生活困难，还使一些灾民得到长久生活之计。

救灾度荒的根本办法是发动群众开展生产自救。把募捐救济与恢复生产结合起来。如前所述，当洪水泛滥之际，党和政府就号召边区军民，要克服困难，积极参加农业生产，抓紧多种、种好小麦。聂荣臻司令员指出，要“用人民的汗和战士的血来保卫秋收！”[3]由于

〔1〕 王稼祥：《晋察冀边区的财政经济》，1944年2月25日。

〔2〕 辛渐愚：“一年来晋察冀边区工运概况”，《中国工人》，1940年12月1日。

〔3〕 刘怡文：“救救灾难中的华北同胞”，《新华日报》，1940年3月22日。

全边区党政军民的努力，在子弟兵帮助下，各级政府组织农民抢收未淹的庄稼，收回了灾后能够收回的粮食。尽一切努力解决了麦种困难，水退后及时种上了冬麦。

1939年下半年的救灾工作，产生了积极的社会效果，这是显然的，给人的印象是深刻的。但是，水灾的严重损失造成了1940年的严重春荒。加以日寇的冬季扫荡，又使边区损失粮食10万石，毁坏房屋14万间，更加重了春荒的严重局面。边区军民在政府提出的“战胜天灾、恢复耕地面积，恢复农业生产”的号召下，奋起生产自救，开展了以修滩治水为中心的春耕生产运动。边区政府竭尽一切努力帮助群众解决生活和生产中的困难。首先，政府发放合作贷款，吸收灾民参加生产合作社，大搞春耕，组织运销，以达到在“扩大再生产的经营中，求得持久的解决生活问题”。〔1〕第三专区，拨款300万元作为合作贷款，用于春耕生产和运销，即解救了春荒困难，春耕生产也取得了显著的成绩。唐县受灾最重的第三区，由于吸收了无衣无食的灾民参加生产合作社，使被冲毁的滩地，得以全部修复。其次，为解决春荒中的粮食问题，边区有计划地在一些地区兴办了粮食供给合作社，先后共调剂粮食10万石，以低于市场1/5的价格售予灾民，使为数25万的缺粮灾民，渡过了春荒。边区政府还开展了借粮运动。所谓借粮，就是由政府出面向地主富户借粮，解决缺粮户的困难，使其能够坚持生产，到秋后如数归还。不少开明士绅和富户，在边区政府的发动和政策感召以及互济会的影响下，也发扬互助的精神，自动捐款借粮。仅据北岳区的统计，即捐款达180 000余元，借粮400 000余石。〔2〕为进一步开展生产自救，1940年3月，边区政府又将救国献金和救灾款1 264 979.2元，分配给各县，并且严格要求以实物，如种子、农具、粮食等全部发到灾民手里，“要与春耕、修地、整滩、垦荒、合作贷款等工作，有机的联系起来”，切实解决

〔1〕《关于合作贷款的指示》（晋察冀边区行政委员会），1940年。
〔2〕《北岳区群运发展和当前任务》，1943年5月5日。

春荒和生产中的问题。[1]所有这些生产自救的措施，充分调动了农民，特别是灾民春耕生产的积极性。据新乐、平山、行唐、灵寿四个县的统计，参加春耕运动的人数达到559 967人之多。[2]有力地促进了春耕生产的开展。募捐赈灾、生产自救运动的广泛开展，战胜了空前未有的大水灾和敌祸造成的严重困难。使边区数百万灾民得到了救济，免于饥饿逃荒。以北岳区平山县为例，在救灾度荒中得到实惠的有789个村庄，11 300余户，人口达五万多人。[3]晋察冀边区在执行"有钱出钱，有粮出粮"为原则的财政政策下，胜利地渡过了水灾造成的困难，没有发生盗匪，没有乞丐，没有像民国6年（1917年）那样饿死人，社会秩序良好。同时，生产自救运动不仅夺回了因水灾造成的部分损失，取得了春耕生产的胜利，而且在大水灾后的1940年，就获得了抗战以来的农业大丰收，基本上保证了军需民用。

三、兴办水利，治理水害

水利是农业的命脉。晋察冀边区春季少雨干旱，夏季雨量集中经常发生水灾。边区政府成立初就把兴办水利、治理水害作为发展农业生产、彻底战胜水害的重要措施。早在1938年1月边区政府成立的军政民代表大会上，就提出"切实办理水利"的主张。同年2月21日边区政府又颁布了《奖励兴办农田水利暂行办法》（以下简称《水利暂行办法》），提出了整理水利组织，奖励整理旧渠、开凿新渠的具体措施。《水利暂行办法》规定：凡边区境内的水利组织和设施，"无论公营私营，须由负责机关加以整理，以增进其灌溉量；但其组织不健全者，当地政府得督促改组之"。其组织解体者，由政府派人管理，对于私营旧有水利事业，"其独占较大者"，由政府派人监督其经营，以免发生流弊。《水利暂行办法》还明确规定对新办水利事

〔1〕"晋察冀边区行政委员会关于献金赈灾的指示"，《边政导报》第2卷，1940年第11期。

〔2〕韦明："晋察冀边区的生产建设"，《新中华报》，1940年11月14日。

〔3〕王稼祥："晋察冀边区的财政经济"，《群众》第9卷，第3、4期。

业要加以鼓励和资助，“如有河流可资利用，人民愿集体开凿者”，可报政府批准，予以开凿。“如开凿水利，其力不足者”政府可以贷款资助之。

在冀中区，冀中政治主任公署成立后，即成立了冀中河务局，负责统一治理各河水害，并在为害最严重的河段分设了子牙河办事处和第十一专署河务委员会。1939 年大水灾以后，更感到水利建设的重要。为适应迅速治水的需要，改变群众中历来存在的“给河务局工作”的被动观点，真正把治水变成人民群众自己的事情，于是又改组了治河机构，结束冀中河务局的工作。在水利工程有关各县成立由冀中行署统一领导的河务委员会，由县政府直接负责，由县长、实业科长和武委会主任分任正副主任委员；并在沿河各区设立办事处，由区长、实业助理员和武委会主任任正副委员；聘请当地熟悉堤工、热心公益的人士为委员，负责具体监修、采购等工作。同时各级政府招聘水利人才，添设水利技术员，负责河工计划、技术指导和检查水情的工作。这种在政府统一领导下的、政民结合的水利委员会，是地方性和半群众性的组织形式，较为适合于战时的敌后环境。它既可以充分发展群众治河的积极性，还可以减少由于敌人破坏所造成的损失。特别是被聘请的当地人士，他们有广泛的社会关系，有采购、监修的经验。他们已不是过去肥肉美酒大吃大喝高高在上、不理工程的委员大人了。[1]在这种新的水利组织中，贪污中饱的恶习被禁绝，打骂河工之事也不再发生。根本上清除了国民党旧河务局的“水衙门”作风。在民工的动员和组织方面，废除了封建的雇佣制，实行了“有人出人，有钱出钱”的合理动员。对于民工的伙食，实行一部分和全部补助或“以工代赈”的办法。在工程占地问题上，改变了旧政府无偿占用农民土地的作法，本着局部利益服从全局利益，同时又兼顾局部利益的原则，“在影响到局部利益的地方，如新堤新河占地，都予以适当的禾苗损失赔偿与占地赔价”。[2]

---

〔1〕《冀中五年来水利工作总结》(冀中行署)，1943 年 4 月 22 日，第 338 页。

〔2〕同上。

奖励兴办水利，治理水害的各项政策和措施，调动了广大农民兴办水利事业的积极性，在北岳、冀中形成了兴办水利、治理水害的热潮。

在北岳区，为提高农业生产，特别是提高山岳地区的农业产量，边区政府提出“整理旧渠、开凿新渠”、“变旱田为水田”的号召，水利建设取得了显著成绩。据不完全统计，1939 年水灾以前，平山等 13 个县整理旧渠 123 道，可浇地 92 264 亩；阜平等 11 个县新开渠 74 道，可浇地 30 620 亩；曲阳等 3 个县凿井 245 眼，可浇地 1 842 亩。[1]1940 年易县等 13 个县整理大小渠道 2 611 道，可浇地 198 759 亩；五台等 25 个县开新渠 1 216 道，可浇地 199 099 亩；涞源等 13 个县凿井 1 843 眼，可浇地 17 053 亩。[2]两年中，北岳区共计整理旧渠 2 734 道，恢复灌溉面积达 291 023 亩；共开新渠 1 290 道，凿井 2 088 眼，新增加灌溉面积 248 614 亩；两项合计，共恢复和增加灌溉面积达 539 637 亩。以第五专区为例，原有水渠 1 336 道，可浇地 92 000 亩，1940 年新开渠 258 道，增加灌溉面积 47 000 亩，比原有灌溉面积增加了 51%。[3]在战争环境中，短短两年的时间，取得这样的成绩，可以说是惊人的。

在冀中区，农业建设的中心工作是治理各河的水害，以保证农业生产的进行。冀中政治主任公署 1939 年春，即开始了春季工程，动员民工 171 399 人，修堵三角塘、万安闸口、龙门口、殷家庄等重要决口及各河险工多处。[4]保障了雄县、里县、高阳、任丘大部村庄的丰收。1939 年秋大水灾后，为争取被淹地区适时种上小麦，下汛不久，即动员民工完成了影响小麦播种的决口修堵工程。1940 年春，在政府组织领导下，沿河地区人民，在敌人的炮火下，战胜了严重春荒，开展了治河斗争。男劳力出河工，妇女们下地劳动，学生儿童送水送饭。经过几个月的艰苦奋斗，修堵了大小决口 215 处。长 17 429.8

〔1〕 张帆：“晋察冀边区的农林建设”，《晋察冀日报》，1943 年 1 月 17 日。
〔2〕 同上。
〔3〕 张苏：《生产与合作》，1940 年 8 月 6 日在边区经济会议上的报告。
〔4〕《冀中五年来水利工作总结》（冀中行署），1943 年 4 月 22 日。

丈；整修险工 53 处，长 2 380.1 丈；复堤筑堤 38 条，长 528.5 里；疏浚淤河九段，长 165.45 里。共动员民夫 690 285 名。[1]在这些大小工程中，新乐县西里村决口和饶阳县五岗决口，都是几十年从未完成的艰巨工程。西里村决口，位于大沙河上，土质沙性筑堤打桩都极困难，又靠近敌占区，广大群众以百折不挠的精神经数次失败，终于堵上了决口，消弭了新乐、定南、深泽北部、安平北部地区的水害。王岗决口，是由于滹沱河改道而形成的大决口，危害饶阳等 8 个县。政府动员了饶阳、献县、肃宁三县的 56 万群众，战胜了敌人的多次围攻和严重春荒，不怕流汗流血和牺牲（修河期间，曾被抓去民工 70 多人，有 7 人惨遭杀害），经过 3 个多月的抢修，共计开凿了 22 里长的新渠（上口宽 10 丈，下口宽 6 丈）。堵住了大小决口五个，完成了多年来未完成的艰巨工程，消弭了饶阳下 8 县的水害，使文安洼有千余顷水田能种上水稻。[2]

1939 年和 1940 年春的抢险堵口工程，初步奠定了冀中河防的基础。1941 年 4 月，冀中行署即集中各县水利技术员组成冀中水利局，加强对水利技术的研究和水利工程的指导，开展巩固堤防和疏浚河道等新工程，发动高阳、任丘等县的 36 万群众，战胜敌人 6 次围攻，开挖了 8 里长的潴泷河入淀新河；平毁了为害多年的献县引河堤。在敌占区利用“合法”的形式，雇佣当地民工完成了大清河的八碑堵口工程，防止了白洋淀的淤塞，保障了千里堤的安全。发动安平、饶阳、献县 26 个区的 7 000 壮丁，在敌人大“扫荡”中坚持 40 天，完成了全长 70 多里的滹沱河南北大堤的培筑和新筑工程。其中，献县引河堤的平毁和滹沱河南、北大堤工程的完成，巩固了冀中千万亩良田的收成。[3]以献县为利，过去滹沱河的水害，“沿河村庄只是‘一水一麦’的收成。自引河堤平毁，南堤修筑以后，献县四十八村，当年就有两季的收获。有的群众说：‘稀罕事，几十年没有收过高

〔1〕《冀中五年来水利工作总结》（冀中行署），1943 年 4 月 22 日。

〔2〕同上。

〔3〕同上。

梁、谷子，今年丰收了！’”[1]

从1938年到1942年春季日寇对冀中大“扫荡”以前的4年时间里，冀中区总计动员民工和群众达100万人以上，整修险段271处，堵决口309处，筑堤630里，疏浚河道173里。这在冀中治理水害的历史上是空前的壮举。

[1] 《冀中五年来水利工作总结》（冀中行署），1943年4月22日。

第五章 边区初创时期的工商业

第一节 公营工业

晋察冀抗日根据地建立初期，工商业是很落后的。长期的封建统治和地处边界，交通阻塞，小农业和家庭手工业相结合的自然经济占居着首位，除了一些手工业外，近代化的工业几乎没有。根据地建立后，不断削弱封建势力及日益增加的战争供应，给工商业的发展创造了有利条件，而抗日战争的长期性，也要求工商业迅速发展，保障军事供应。为适应军需民用，边区政府和军队以进取的精神成功地建立并发展了一些军事工业和民用工业。

晋察冀边区政府利用根据地的自然资源和现有的技术条件，积极发展边区工业。边区军政民代表大会确定的工业建设方针是："发展农村手工业（促进农家手工副业、提倡大规模手工业经营）；开展国防工业"。[1]实际上边区公营工业重点是发展军事工业，民用工业所占比重极小。在其后的一年中，私人不愿经营或不易经营的，又是边区经济发展所必需的工业，政府投资创办了一些。

日军为巩固其占领区域，不断进攻根据地，经济封锁也日益严重，禁止必需用品输入，增加了边区物资上的困难。这种严峻的形势

〔1〕"晋察冀边区军政民代表大会"，《晋察冀边区财政经济史资料选编》（总论编），第38—39页。

促使边区尽可能自力更生，发展一切日用必需品。凡能自己制造的，决定设法自制，以求自给自足。于是着手筹建了一批公营民用企业，如造纸厂、制胰厂、制革厂和造机厂等，在曲阳和阜平经营了两个煤井。受战争环境的限制，这些厂矿都是因陋就简，就地取材，由边区政府实业处直接经营管理。

造纸厂（金龙纸厂）。1939 年 2 月建立，厂址设在阜平县金龙洞，投资一万余元。建厂伊始从行唐县请来几位手工造纸工人，后逐渐增至 10 余人，主要是手工操作，设备简陋。原料靠各地收集来的麻绳头，日产麻纸 15 刀。1940 年资金扩大为 11 781 元多，盈利 1 700 多元。

制胰厂（玉洁胰厂）。厂址在阜平县下店，1939 年 3 月创立，1940 年正式投入生产，投资 5 500 元，职员、工人共 10 人，日产各种肥皂约 1 200 块，有香皂、洗衣皂和卫生皂三种。除供军需外，部分可在市场销售，当年盈利 1 116 元。

造机厂（裕华工厂）。1939 年 9 月在阜平县建立，投资 17 240 元，1940 年增为 23 820 元，职工 20 余人。主要任务是研究和改造纺织机，以解决边区纺织业急需的经线。该厂曾生产出一批纺织机及配件，后因设备和技术条件的限制，钢铁缺乏，1941 年 5 月停办。

制革厂（力生制革厂）。1939 年 10 月筹建于阜平县，1940 年投资 29 229 元多，职工 14 人。当年即生产各种皮革制品 800 余件。由于初建经营管理不善，亏损 1 000 余元。

阜平炭灰铺煤矿。1939 年筹建，1940 年 5 月开工，投资 8.5 万元。是边区较大的一座以营业为主的公营煤矿，计划解决军民燃煤之急，因缺乏经验，该矿当年就亏损 2 万余元。

永升煤井。位于曲阳灵山。1939 年 10 月开始经营，为公私合办企业，政府投资 4 万余元。敌人占领灵山后被迫停产。

1940 年以后，日军经济封锁更紧，边区物资严重缺乏，边区政府再次提出“争取边区工业品的自给自足”的口号，动员广大军民充分利用土产原料，生产各种日用必需品，打破敌人的经济封锁政策，并鼓励技术上的发明创造。1940 年 8 月 13 日《晋察冀边区目前

施政纲领》中又提出：发展军事工业及公营矿业、制造业和手工业，奖励合作社与私人工业，争取工业品自给自足，以杜绝日货的方针。

为加强对工业生产的领导和促进生产技术的提高，边区政府1940年9月24日成立了工矿管理局。该局设正副局长各一人，正局长张珍，副局长肖明。下设秘书长、会计科、生产科、运输队及技术研究室等。工矿管理局成立后，原实业处所属各厂矿均移交给工矿管理局，增添了设备，扩大了生产。并增设了一批新厂，如工具厂、窑业厂、酒精厂等。还专门建立了技术研究室，开展各项科学研究和科学试验，还负责对各厂矿进行技术指导。从此，公营工业有了较大的发展，也收到了较好的成效。

在游击战争的艰苦条件下，发展工业很困难。首先，边区没有钢铁工业基础，缺乏必要的各种机械设备；其次，原料来源困难，依靠的是当地的土原料。而且从事工业生产更加需要的是技术人才。边区政府很注意吸收爱国知识分子参加边区经济建设工作。在1939年1月26日下达的《网罗技术人才》的决定中，就指示各县大量吸收各种技术人才。同年7月又发出了《招请名誉技术人员启事》，对边区有一技之长者普遍进行登记，请他们为发展边区生产事业献计献策。1940年边区召开第一次经济会议时，再次强调技术的作用，并决定：(1) 网罗技术人员，各县要大量发动；(2) 设立研究机关，进行科学试验；(3) 设立专门学校或短期训练班，造就大批技术人才；(4) 搜集购买书籍、药品及各种器械，为开展科学试验提供资料及必要的设备。边区党、政、军负责人聂荣臻、彭真等还通过各种渠道广泛动员和吸引爱国知识分子到边区工作，从而聚集了一批人才，工矿管理局技术研究室很快建立起来。根据工作需要和他们的专长，分为应用化学组、制革组、酿造组、工具组、纺织组、窑业组以及矿产采冶组和水利交通组，分别进行有关项目的研究试验，并负责各厂矿的技术指导工作。

工矿管理局成立后，公营民用工业发展较边区初创时期为快，在边区经济困难时期，为保证军需民用起了一定作用。

第二节 军事工业的建立

一、创建军区修械所

战争时期，财政最大的支出是军费，是枪支弹药的费用。国民政府发给八路军的装备极少，八路军所用的枪支弹药主要来源是在战斗中从敌人手中直接夺取。第一军分区从成立到1939年底，打过半个多月的“雨季战斗”，打过有名的大龙华战斗、塘湖战斗，仅黄土岭战斗打了七天七夜，用迫击炮弹打死了日军阿部中将。但这期间只领到过一万发子弹，而大量的子弹、枪、炮则都是从敌人手里夺过来的。[1]“没有枪，没有炮，敌人给我们造”，是根据地军队后勤的真实写照。在边区还没有来得及建立兵工厂的时候，八路军的武装，几乎全部是夺自敌人，具体见表5－1：

表5－1

地点	缴获敌人步枪数（支）	俘虏敌人数（名）	备考
门头沟	8		
大龙华	10	1	
涞水县	13	3	
香水地	500		
保定		3	
正定、新乐	2	7	
完县		3	
保定西关		8	
定县	3	5	
忻定间	10		
昌平	150	20	
杨坊	40	20	
合计	736	70	

〔1〕 李公朴：《华北敌后——晋察冀》，生活·读书·新知三联书店1979年版，第59页。

仅1938年5月的十多天，差不多进行了100多次大小战斗，除打死打伤近千名日伪军外，缴枪700余支。用敌人的武器装备自己，去消灭敌人。

其次是收集国民党军队溃退时丢弃的武器弹药，以及民间所有枪炮武器。有的县政府出布告号召群众献枪、卖枪，很快就有“很多轻重武器和弹药，甚至还有军服都被发现了，有一部分还是全新的未被动用过的”，[1]灵丘县政府发出布告后，“只半个多月就收集步枪五百多支，机关枪十数挺，还有几门大炮，十多万发弹药。全区范围[2]内的数字就更大了，比灵邱县的要多十几倍。”[3]各地群众也踊跃献出，如平山县的老百姓一次就交来国民党军遗弃的迫击炮2门、机关枪6挺；许多青壮年带着枪来参加游击队。

从战场上缴获和民间收集的枪支，多是零件不全，没有刺刀或枪机，或零件损坏，需要修理和装配。数量上也远不能满足部队的需要。因此，军区司令部当即着手组建修械所，修理枪械、锻造刺刀，初期隶属军区供给部领导。

1937年12月，军区供给部集中了随军修械人员，在五台县跑泉厂村的几间民房和草棚里修理枪支，这便是修械所的雏形。后陆续从北岳各分区调来工人和机器（元车），并招收了一部分太原工人，于翌年4月才建成勉强称之谓“健全”的修械所。设有机工、木工、铸工、钳工、铣工五股，除两台元车外，大部分是手工工具，如大锤、锯子、凿子、钳子、锉刀等。1938年10月日军“扫荡”，该所人员携轻便设备迁到河北省平山县桑园口村，此为军区第一修械所。粉碎敌人“扫荡”后，军区从第一修械所派部分人员返回跑泉厂旧址，挖出机器设备，修整房屋，恢复生产，主要是锻造刺刀。此是军区第二修械所。

1939年4月，军区从三分区修械所抽调大部工人和元车三台，钻车一台，组成第三修械所。

---

〔1〕 肖斯：“聂荣臻将军怎样创造晋察冀解放区”，《群众》第9卷，1944年第23、24期。

〔2〕 指当时第一军分区活动地区。

〔3〕 杨成武：“初上抗日战线”，《星火燎原》，1983年第4期。

第四、第五修械所是在冀中军区修械所的基础上建立的。冀中军区修械所，是以原人民自卫军修械所为主，合并各驻地小型修理所于1938年5月建立的。地址在河北省饶阳县大官亭村。该所从栾城、安国、安平、博野、蠡县、高阳等地招收抗战前在平、津、保做工的技术工人，职工最多时达300多人。1939年春，敌人“扫荡”冀中，该所人员分为两部分迁到路西涞源县栾木厂村和唐县大滩、望天岭等地建立军区第四、第五修械所。修理、装配枪支，制造黑火药、手榴弹等。

1939年6月，生产手榴弹的三分区修械所改建为军区第六修械所。

此外，各分区、冀中军区依然保存一部分工人和机器，组成分区修械所，便于枪支就地修理，随时装配。

规模较大的是1938年5月边区政府设立的边区制造所。招收了太原兵工厂的工人和失业回乡的工人，以及当地的石匠、木匠、铁匠等匠艺人员，职工最多时达500余人，铸制手榴弹和地雷。1940年5月设立分所，后移交边区工矿局改为工具厂。

上述修械所大多规模较小，设备简陋。困难的解决，靠的是工人的智慧和勤奋，如没有发电机，便以磨扇为轮，木杠为轴，麻绳纳破布当皮带，以人工为动力，手摇带动机器转动。锻工生产完全是靠拉风箱烧红炉，抡大锤。尽管如此，修械所总是按时完成修配枪械的任务。“那些大炮、机关枪和步枪，不管多少，他们同样能够在很短的日子中，把从战场上运回到供给部的损坏了的武器全部修好，同样又回到前方。”[1]1938年5月，供给部曾把缴获的200支只有枪管可以用，其他零件全部需要修配的六五式步枪，要求一个月内修好，任务十分艰巨。修械所当即动员全体职工出主意想办法，集群众之智慧，以锤刀代铣刀，用钻床顶替铣床，解决了撞针铣半圆的技术难题，200支枪只用了20多天，提前保质保量地完成了任务。

修械所锻造的刺刀，铸造的手榴弹、地雷等，尽管产量少质量

〔1〕 田间：“工人的精神站在反扫荡的战线上”，《晋察冀日报》，1941年1月15日。

差，但毕竟是边区军民自己制造的，它标志着边区军事工业已经建立起来了。

二、军区工业部的成立

战争形势的发展，战斗的频繁，以及队伍的扩大，修械所的维修和武器制造，从质量上数量上显然都不能适应部队需求。如刺刀，开始每盘炉只能打 4 把，后又增至 40 把，因原材料质量差，拼刺时仅扎四五次便弯曲变形不能再用。手榴弹装填黑火药，杀伤力小。特别是子弹的数量仍很缺乏，每次战斗一个战士只能领到四五发子弹。为此，军区司令部决定成立工业部以加强领导，提高产品的数量和质量。

晋察冀军区工业部，简称“军工部”，1939 年 4 月在河北省完县一个山区小镇——神南镇成立。它的成立将把边区的军事工业推向一个新阶段。

军工部部长刘再生，政委杨成武。刘再生，河北省滦县人，1929 年考入日本仙台东北帝国大学工业部机械科学习。九一八事变后，毅然回国。1937 年底到延安，于抗日军政大学毕业后，跟随彭真到晋察冀边区。

军工部刚成立时，只有 7 人，冀中兵工厂干部、技术人员及工人合并过来后，机构逐渐扩大与健全。直属职能部门有：工务科（曾先后称为军械科、统计科），负责生产计划、工作检查与统计总结；材料科，主管采购、调配各军工连所需要材料；粮秣科亦称供给科，保证钱粮、被服供应；管理科，管理各军工连伙食、住房等；警卫排，担负生产人员及设备的安全保卫工作。

军工部成立不久，即组织技术研究室，进行军需产品的研究制造。凡是学过自然科学或懂得技术的人员来到边区，大都被分配到军工部或政府工矿局所属的研究室。其中一些人在燕京大学、北京师范、北平大学、天津河北省立高等工业学校学过理工，也有来自延安、冀中或平、津、保的留日留法勤工俭学的技术人员。

研究室主任由刘再生兼任，副主任张方。机构由六七人发展到20多人。一般称他们为技师，负责军工产品的研制工作，即利用边区的原材料和土制设备，依据科学原理研究各种必需的化学药品及各种军械弹药。他们虽为研究室人员，但平时的工作岗位就在各军工连，与各连的干部、工人一起，刻苦钻研、试验操作，努力把科学理论运用到边区的生产实践中去。

军工部领导下的军工生产连。军工部初建之时，把北岳、冀中各分区的修械所合并到军事工业部，并增编了一部分工人，先后建成11个军工生产连，亦称厂或所，有按习惯称“修械所”的，以后又建立3个化学厂和两个矿工队。依照军区司令部关于“集中领导，分散生产，小型配套，就地取材”的具体方针，上述各兵工厂分散在河北省易县、完县、唐县、曲阳、阜平、平山等县，这些县份多是重峦叠嶂的山区地带，具体厂址又选择在敌人“扫荡”不易到达的偏僻山村或小山沟，如化学厂设在河北省唐县青石山西侧的深山沟中的大安沟村，只有几十户人家，比较隐蔽，离最近的敌人据点约一天多路程（步行），水源基本可以供生产需要。在边区游击环境里，工厂分散可以免受敌人的集中破坏，也便于充分利用分散的原料，减少运输上的困难，也做到了就地供应战争的需要。工厂规模小，可以缩小目标，遇敌来犯，便于随时掩藏或转移设备，即使遭到敌人的破坏，损失也相对小些。

由于坚持了这一原则，尽管敌人“扫荡”十分频繁、残酷，但军工生产损失很小。

军事工业部对各连采取集中领导的方法，由军区下达生产任务，根据生产任务大小、产品种类多少，调拨生产材料，分配技术力量。各连产品上交军事工业部，由军事工业部统一交给军区。

军工部所属军工连，大致可分为两批：一批是在1940年10月以前，军区各修械所进行调整充实，增强修造能力，并逐步由修械转向制造。按军事编制名次如下：

军区第一修械所编为军工部第一连。

军区第二修械所编为军工部第二连。

军区第三修械所与第四修械所合编整理为军工部第三连、第四连，驻地分别在河北完县东阳洼和易县张家庄子。

军工部第五连是1939年10月，接收一分区（修械所）做子弹之压力机三部，工人15名组成。驻地在河北完县小王庄。

军区第五修械所因厂房机器设备被大水冲毁，1939年秋与第六修械所合并，组成军工部第六连。驻地河北曲阳县红岗。

1940年1月，军工部第六连分为两部分：六连专作翻砂和迫击炮弹。七连主要制造黑火药、手榴弹。驻地曲阳县牛粪岭。

1940年7月成立化学厂，研制硫酸、硝酸、酒精、乙醚，直至无烟药。驻地河北唐县大安沟村。

矿工队于1940年8月间成立，有百余人开到平山铅矿，因矿苗不好而停止，后去唐县、阜平开铁矿。

军工部军工连的另一批是为了适应反“扫荡”需要，于1940年11月，在河北平山县一带建立的“总厂”（又称“南厂”），下设若干军工连。为防止敌人“扫荡”和水灾等造成损失，军工连的组织机构时分时合，厂址搬迁和干部调动都很频繁，而南北两片的军工生产，始终保持着产品小配套，以便就地供应部队的需要。直到1941年底，军工部所属各连产品只能供给正规部队的一部分，游击队还不能供给。“但各地武委会爆炸组很多，工兵所用手榴弹、地雷均由爆炸组供给，自二十九年（1940年）春季‘扫荡’后，当时还能组织武装开展爆破运动，曾发展了很多民间军事工业。”[1]这是促进全民抗战，组成边区军事工业的一支不可忽视的力量。

军工产品的制造。在军事工业部将各修械所合并改编扩建为军工连时，就有比较明确的分工，军工第一、二、三、四连制造步枪，六、七连制造手榴弹，五连复装子弹。

这一时期的军工产品主要是制造手榴弹（包括生产黑火药）、复装子弹和仿造捷克式步枪，1940年7月开始试制硫酸。

---

〔1〕 吕正操、程子华：“关于军事工业情况的报告”，《晋察冀边区财政经济史资料选编》（工商合作编），第99页。

以下分别介绍它们的制造工艺：

手榴弹的制造。在世界军工史上，手榴弹的使用开始于 1904 年日俄战争，第一次世界大战时又有所改良。手榴弹按起爆装置的不同可分为二种：一种是曳火手榴弹，投掷前须燃火于曳火信管或导火线；另一种为著发手榴弹，有著发装置，触碰物体后能自行爆发。边区所铸造的多为前者，它的构造分为拉火弦、导火索、手榴弹壳，均为手工生产。

手榴弹厂的生产机构一般分为翻沙股，铸手榴弹壳；木工股，制手榴弹把；制药股，生产黑火药。

在边区，手榴弹的生产过程是：用柴油机带动鼓风机，将投入化铁炉内的生铁加热熔化，倾入模内翻沙，铸成弹壳。然后填入自制的黑火药。黑火药易受潮，故用木盖垫油纸加螺丝制成子母盖封闭着。

手榴弹中装的主要是黑火药。黑火药是按民间传统的作法，所用原料是一硝二磺三木炭。边区硝石、硫磺多有出产，所以黑火药的生产便很顺利地发展起来。

边区制造所又称手榴弹厂，生产规模较大，产量也高。据 1940 年 10 月统计，年产 2 号手榴弹 53 147 枚，3 号手榴弹 304 195 枚，圆形弹 1 723 枚。边区政府曾指出边区最有效之杀敌武器，首推该所铸造之手榴弹。说明自制手榴弹的性能是很好的。

手榴弹的威力很大。聂荣臻说：“在军事工业方面，我们注意手榴弹和刺刀的制造，日本鬼子对手榴弹是相当怕的，特别在山地里，正规军可以用；游击队、老百姓也可以用，它的效力很大，是用来解决战斗最好的东西。我们造两种手榴弹，一种是普通的，一种是小的，可以掷六七十米远”。[1]

复装子弹：用钢模将旧子弹壳冲压恢复原状，取敌炮弹中的无烟药剪成小块填入，安上用铜元冲压并灌上熔铅所制成的子弹头即成。

军工部第一、二、三、四连的产品是捷克式七九步枪。生产机构

〔1〕 聂荣臻：“晋察冀边区的形势”，《晋察冀边区财政经济史资料选编》（总论编），第 78 页。

可分为机工股、钳工股、锻工股、木工股和刺刀股。机器设备有元车（四尺或六尺的）、铣车、钻车、小柴油机和老虎钳子等手工工具。这些机器是远远不能满足制造枪支需要的，机器能做的工艺是枪筒、枪栓、节套、子弹夹的成型等，现有机器做不了的部件，连队干部和工人们自行设计、制图，用土法自制代用机器，如解决钻枪管孔，拉来复线，拉键槽的土制铜瓦架子、卡罐、丝杠缠度板、刀杆等。

当时各连仅有一台小柴油机，或经常没有柴油，或敌人“扫荡”时，柴油机被破坏。在这种情况下，他们就打个式样像水车的铁齿轮安装起来，用牲口拉，把动力传给车床工作。尽管有各种困难，军工连的干部、工人总是千方百计坚持生产，完成生产任务。最初军工部规定每个工厂月产枪 50 支，一般只完成 30 支左右。以后规定每个工厂月产量 100 支，一般均能完成，甚至有超产者。每支枪上都有年号、枪号等标记，军区司令部警卫的枪就全是军工连自己制造出来的带刺刀的全新步枪。

三、军工原料的来源

原料是工业生产的先决条件，军工生产亦不例外。边区工业所仿造之步枪，其主要原料——钢铁，来自铁路上的钢轨。平汉线、平绥线、同蒲线和正太线，以及沧石线，都是敌人的交通运输线。八路军及游击队将其破坏后，即组织力量向根据地内输送。这些钢轨经过锻打车铣之后，可制成枪筒、炮筒、掷弹筒、枪栓、子弹夹等部件，性能很好。据抗战两周年的战绩统计，共破坏铁路达 177 里又 92 段，这是一个颇为可观的数字。边区政府和军区都十分重视这项工作。边区行政委员会曾向军区发出公函说：“边区军需工业的生产及农具的补充，均须使用大量的钢铁。但铁的来源日益减少，如不再积极设法，将会影响军需工业的发展和农村的生产。为补救计，请令各游击队配合地方机关不断进行破坏铁路，并大量发动民众向内地搬运。为提高民众搬铁情绪，由各专员公署负责给价收买，每斤五分，以资鼓

励。”[1]

生铁和铜，一直是边区军需工业中的紧缺原料。本来地处山区的晋察冀蕴藏铁矿不少，各地民众也有小本经营。但是抗战以来，产铁区域多被日军封锁，生铁不易输入。冀西之阜平、唐县一带，由于工具设备、耐火材料不足，可资开采者较少，军工部矿工队在唐县石门矿开采，产量也不大。加上运输条件落后，运输到100里以外的地方，其运价就要超过铁本身的价值。因此，就地收集废铁是边区各级政府列为经常性的主要工作。

由于生铁供应不上，边区制造所向边区政府告急。例如1939年4月14日制造所所长郑云彪电称：“本所需用生铁万急”[2]。同年6月该所报告：“最近极感生铁缺乏，若不设法积极筹集，恐有停工之可能”[3]。同年9月又报告：“本所现因生铁缺乏，昨又停工”[4]。对此，边区政府极为重视，认为“我们多制一个手榴弹，便能多杀死几个敌人，所以对于我们生命攸关的铁料，要拼命地募集”[5]。还指出：“本边区以抗战部队逐渐扩充，各项武器之供给，较为困难，非自谋制造，无以支持此长期抗战局面”，“此事关系抗战前途，至重且要”。[6]这项工作的开展是颇费周折的。

首先，有些村庄有相当积存不愿交出，经过各种政治说服，始终收效不大。至于发动农村拆毁寺庙铁钟，因受数千年封建迷信的熏染，更多表示不愿意拆毁。

其次，边区政府虽函令各专、县，但所属之区级干部，有的敷衍塞责，不予彻底帮忙，致使工作无法开展；县级干部认真执行者固属不少，而视此为琐碎事务工作，奉行不力者，亦实所在多有。

---

〔1〕“晋察冀军区关于奖励搬运铁轨的通知”，《晋察冀边区财政经济史资料选编》（工商合作编），第24页。

〔2〕《边区行政委员会令》实字第83号，1939年4月14日。

〔3〕同上。

〔4〕“晋察冀边区行政委员会关于组织运输生铁的指示”，《晋察冀边区财政经济史资料选编》（工商合作编），第23页。

〔5〕边区政府：《募集生铁运动宣传大纲》，1939年9月21日。

〔6〕“晋察冀边区行政委员会关于搜集制弹材料的指示”，《晋察冀边区财政经济史资料选编》（工商合作编），第21页。

再者，运输不力。各县所动员之生铁，大部分是由各村交通站递转；但人少力微，不能立刻送达。

面对这些矛盾，边区政府采取了多项解决措施，现综合如下：

1. 多次发出函、令、布告，要求各级干部提高认识，做好收集军需原料及搜罗人才的工作。如军区供给部要扩大修械所，创设装置子弹厂（指军工部第九连），“但原料与技术工人，均感缺乏，尚希通令所属各县政府各机关各群众团体以及地方武装，予以极大的帮助”[1]。他们需要收集的原料是枪械原料——钢、铁轨；子弹原料——子弹壳、黑铅、无烟药、九膜药、坏炮弹的火药及弹皮；技术工人需枪工、子弹工人，好的铁工。希望各群众团体配合，广为搜罗与介绍，仰各该县勿得视同具文。[2]

2. 开展“募集生铁运动”。1938 年 9 月至 10 月，边区行政委员会编印了《募集生铁运动宣传大纲》，制定了《募集生铁办法》，规定：组织县、区、村三级“募集生铁运动委员会”；这种募集“纯用政治号召不给代价”；各村募集后“以区为单位集中运送指定的安全地点；完成任务好的户、团体、县，均给予奖励”。1939 年 9 月下旬边区农工青妇及抗敌后援会等民众团体发起组织募捐生铁运动，边区政府要求各级政府配合。

边区政府于 11 月 17 日发出第 140 号通令：从 1939 年 11 月至 12 月要求募集生铁 50 万斤。1939 年 6 月 24 日曾以实字 104 号令下达《各县募集生铁办法》，号召深入农村，广泛动员，募集破碎生铁器皿如破锅、废犁、旧铧等，以及乡村庙宇之在文献上毫无保存价值的钟磬炉鼎等。不易动员时可出资（铁价每斤不超过铜元二大枚）购买。并通令“各县负责发动自卫队广为募集，并转送边区制造所或军区工业部备用”[3]。

3. 组织难民运输队突击运输和临时支差。1939 年秋，各交通站

---

〔1〕“晋察冀边区行政委员会关于搜集制弹材料的提示”，《晋察冀边区财政经济史资料选编》（工商合作编），第 21 页。

〔2〕同上。

〔3〕《晋察冀边区行政委员会令》，实字第 150 号，1940 年 4 月 15 日，河北省档案馆藏件。

未能及时送出的“存铁太多”，以致影响了边区制造所的生产。为了不妨碍农事，边区政府通令各县以受灾之难民为主，组成运输队，集中沿大路村庄专事转运生铁及手榴弹之责。这些灾民所需伙食费，由边区行政委员会供给，用上解款垫发，但不发给工资。为了保证军工原料的运输，边区行政委员会于 1940 年 3 月 8 日公布《临时支差办法》。《办法》规定，军区工业部，分区修械所和边区制造所有权力动员人力、畜力临时支差，来运送机器工具和钢铁、铜、铅、硝磺、火药、煤炭、煤油、木料、皮革等物资。

4. 严禁铜铁输入敌境。敌人或派奸商潜入边区搜买废铜烂铁、铜元制钱，或派兵攻入边区掠夺铜铁器具。如 1939 年 9 月五台县政府电称：“这次敌人进攻屋腔返回时曾将沿村民户遗留之铜铁等器具完全带走，充做军器原料”。[1]针对上述情况，边区政府采取两项措施，第一，于 1939 年 1 月间先后发出布告和通令，宣布一切铜铁“绝对禁止出境”，违法者以汉奸论罪。第二，通令各县组织民众在敌人进攻之前，将铜铁器皿妥善埋藏或转移。

军工生产所需要的其他原料如火硝、棉花等，边区政府多方采取措施，保证供给。

硝盐，冀中产量很多，包含的成分有火硝、皮硝，1940 年已研究出提硝方法。过去实施食盐统制政策，严禁采制硝盐，但因产盐区大抵为敌控制，自应废除熬制硝盐禁令，提倡大力开采。1940 年 3 月 4 日冀中政治主任公署发令，各专署县配合群众团体“迅速调查所属硝盐产地，发动民众大量熬制，并聘请富有熬制硝盐经验之人士研究提炼硝质及精制方法”[2]，既可解决边区食盐，又可提取土碱、土硝供工业需要。当时熬制硝盐一种是以提盐为主，一种是以提硝为主。

棉花，也为制造军火的重要原料。边区有广大的土地适宜种棉花。但边区出产的棉花，三年以来大部分流入敌区。虽曾制定棉花出

---

〔1〕“晋察冀边区行政委员会关于组织运输生铁的指示”，《晋察冀边区财政经济史资料选编》（工商合作编），第 23 页。

〔2〕《冀中政治主任公署令》，实字第 10 号，1940 年 3 月 4 日。

境税暂行条例，但因各县局查禁不力敌人收买棉花或暗派奸商偷运，输出不少。在冀中冀西各县棉花不断外流，致使该区棉花价格上涨。边区政府以财赋字第 93 号令废止棉花出境税暂行条例，规定“所有本区各县新旧棉花，一律严禁输出敌境”[1]，违者没收货物，其人按情节轻重送由当地行政司法机关处理。

由于实行以上措施，“各工厂都能够以自给原则来解决一部分军事器材和原料问题。我们的铁和铅及硫酸可以做到不是泊来品。”[2]

晋察冀边区的军事工业，就是这样在抗日战争中建立起来了。在军区成立 3 周年纪念总结大会上，总结了军工生产情况：“一般的工厂都完成了生产计划，超过计划的占 34.3%；按时完成的占 53.7%；没有完成计划的占 12%。”[3]军工生产制造出来的枪支送到前线得到战士们的称赞，制造出来的手榴弹给战士在火线上歼灭敌人以百倍的信心。

第三节　商业贸易

一、对内自由、对外统制

商业是经济活动中的重要环节，发展边区商业是根据地经济建设中的一项重要任务。边区政府有效地组织商业贸易，给边区的经济生活带来了生机。

边区的商业政策是：对内自由贸易，对外统制。在边区内部，以发展公营商业和合作商业为主，同时保护私营商业，但限制商业资本

---

〔1〕 晋察冀边区行政委员会，财赋字第 93 号，1938 年 9 月 9 日。

〔2〕 张平凯：“晋察冀军区之军事工业”，《晋察冀边区财政经济史资料选编》（工商合作编），第 29 页。

〔3〕 同上。

的过分剥削，取缔奸商，反对投机倒把。对外贸易方面，禁止一切奢侈品及非必需品的输入与边区必需品的输出，奖励边区必需品的输入与边区多余物品的输出。边区商业，就是在这样正确的政策下，不断发展的。

边区对内自由，对外统制的贸易政策，经历了逐步完善发展的过程。

第一阶段。1938 年 1 月，在《边区战时经济建设计划》中，对商业贸易政策已有原则规定：有计划地经营大规模土产的输出和必需品的输入。设立特种物品的公开市场，管理重要商品的进出口，建立边区关税，统制商品进出。实行特产输出和必需品输入的奖励办法，禁止和限制非必需品的输入和必需品的输出。调节全区的物品供需，平衡各项货物的价格。取缔奸商的破坏，严禁富商巨贾的囤积买清与买空卖空，防止牙行及一切商人的遏粜、垄断和居奇。

第二阶段。为了总结经验，进一步发展边区贸易事业，1938 年 9 月间，边区发表了《我们的贸易政策》一文，阐明统制对外贸易及内部自由贸易政策的界限。所谓统制对外贸易，即禁止敌货及非必需品的输入与内部必需品的输出；对抗战有利的东西则尽量输入，而限制能以土货代替的外货的输入。原则上鼓励一切土货的输出，但凡能资敌且又为边区军民所必需的物品则严禁出口；而凡输出之物品对边区之利益超过对敌之利益者，则有条件的仍允许出口。内部贸易必须自由，贸易机关并不是与民争利，对内贸易凡采取垄断措施者，主要是为了调剂民生，促进土货出口，平衡物价，稳定金融。

第三阶段。1940 年 8 月边区首届经济会议上作出《关于贸易问题的决定》，更全面地阐述了边区的贸易政策。决定中指出：“我们的贸易政策是内部贸易相对的自由，对外贸易相对的统制”。对内相对自由，是指所有边区内部的商业都要进行登记，领取营业证，小贩行商一律要领取通行证；所有边区内部的商业盈利一律不能超过一分，对合作社交易盈利一律不能超过五厘；边区内部的商业，都要依法纳税，并受合法的检查；边区内部的人民和商人，只要遵循政府的政策法令，在边区境内任何地区，都有做买卖的自由。对外相对统制是指出入口贸易必须经政府批准，否则是非法的；一切出入口物品，都要根据边区的经济政策，政府对出入口有限制权；要逐渐做到出入口贸易有一定的路线，逐渐做到一切出入口贸易都要通过政府所指定的路线；凡是边区的人民都有权利做出入口贸易，任何商号、合作社，任何商人都有做出入口贸易的权利。为防止合作社垄断贸易，规定消费合作社在政府的政策法令条件下，可自由发展，社员有权把自己的生产品卖给合作社，并从合作社换回所需的物品，但合作社不能禁止社员和非社员把东西卖给别人，或买别人的东西。为纠正边区贸易中的几种流弊，决定规定：对商人，除汉奸外，一律不准扣留，违者以妨碍人权论罪；对违反政策法令的商人，扣留与处置权（包括罚款等）属于政权机关，其他人一律不准扣留和处罚；对商人的营业及活动地区的限制，一律予以禁止；粮食、布匹、山货，在边区境内贸易一律自由；对商人的捐税，不准巧立名目变相增加负担。

二、贸易机构的建立

（一）裕民公司

战前晋察冀三省边界，自然经济占统治地位，除县城和较大集镇外，农村商业极不发达。所谓商业，主要是各地小商小贩和城镇中一些中小商号，贩卖一些油盐酱醋、日用杂货等，来进行商品流通。当时各县县城，都设有农村集市贸易；较大的村镇，如阜平的王快，平山的洪子店，五台的东冶，繁峙的大营，完县的北神南，唐县的军城等等，也都有集市。广大农民依靠这些集市和小商小贩，出卖他们的农副产品，换回所需要的生活用品和生产工具。七七事变后，日本对三省边界进行疯狂的掠夺和破坏，边区的商业遭到了严重摧残，一部分商人携资外逃，小商小贩也大部被迫停业，洪子店、北神南、东冶、军城等大的集市，已处于瘫痪状态。如繁峙县的大营镇，战前是河北、山西两省粮、棉及其他物品交流的中心点，凡大同、太原、保定、涞源、易县、行唐、阜平、曲阳、浑源、广灵、灵丘、应州、代州等地商人都来此地做买卖。市内有 8 家大粮行，每日都有 2 000 石

粮食的买卖；有5座银号，8家当铺，大小商户约80余家，实是千里交流的商业重镇。1937年日军侵占大营镇，烧杀抢掠，被杀害者达千余人，被烧房屋500间，只剩下几家商店，冷冷清清。又如平山县洪子店，战前有一千余家店铺，商业十分活跃。日军侵入这一地区后，很多商店被掠劫一空，有些被烧毁，绝大部分关门停业。各地商业萧条情况，给边区的军需民用带来了严重困难，尤其是粮食、布匹、食盐和日用工业品奇缺，投机商人哄抬物价，扰乱市场。

为杜绝汉奸活动及调剂商品运销，克服战时经济困难，活跃市场，保证军需民用的供给，边区政府成立后，首先建立公营商店，加强贸易管理。1938年4月21日，成立了边区第一家公营商店——裕民公司，作为管制对外贸易的经济组织。裕民公司在各县及输出入的交通关卡，都设有分公司，一切私人输出入事务，均须托其代办，它既是个贸易机关，也做生意。裕民公司的经理和公司大部分干部由边区政府委派，并吸收了部分业务精通的商人。公司的主要任务是：组织货源，收购粮食、棉花及土产品，重点保证军队机关的供给；同时批发给小商小贩，解决部分民用必需品。在裕民公司建立的同时，各县还成立了贸易局（或裕民公司分店），为边区商业贸易工作的开展打下了基础。

裕民公司和各地贸易局在边区商业政策指导下，开展边区的贸易。

在禁止敌货（除必需品外）入境，禁止粮食资敌等方面，边区政府及时采取了一系列具体措施。1938年因控制较松，边区粮食、棉花一时大量出口，商人将大米面粉及一切食粮向敌区大同、太原、保定等处运输贩卖，奸商偷运棉花出境为敌制炸药提供原料。相反，敌区奢侈品如花露水、儿童玩具、纸烟之类大量入口。因此边区政府于1938年4月、5月份先后两次发出禁粮资敌命令，并将裕民公司所拟定的商业统制办法发至各县执行。商业统制办法主要内容是：在边区边境关卡设立分公司，凡必需货物输入边区皆由公司收买，发给小贩转运贸易；凡边区中心（阜平以西，砂河以南，东冶以东，洪子店以北）小贩不准购买区外货物；边区土货由公司收买转运；各军政机关在关卡市场随时验证；中心区外人欲购米粮，须向各地裕民公司购买；非必需品不许入境等。9月再次发出命令，一是决定暂行废止前颁《棉花出境税暂行条例》，所有边区各县新旧棉花，一律严禁输出敌境；二是决定除军用品如枪弹、医药及文具中之报纸、油墨、蜡笔、钢板、钢笔、油印机等必需品外，凡敌区其他货物，一律严禁入境。1939年2月边委会颁发禁粮出境令。1940年4月颁发《外货入境税暂行办法》。同年夏天至1941年初又禁止纸烟入口，先后通令纠正合作社垄断商贩的违法行为，停止自卫队“戒严”，取消各县税局，改为边境设卡，统一由出入口税局领导。把限制内部贸易自由的偏向逐渐清除了，正常的商业逐步繁荣起来。

裕民公司存在时间不长，由于缺乏经验，经营管理不善，加上对内贸易的垄断，损害了私商的利益，遂于1938年秋季反扫荡后，公司宣布结束，各公营商店一律移交给县管理。

（二）贸易管理局的成立

1939年2月，边区《经济建设原则方案》规定，商业贸易的重心主要放到县里，除个别县份外，到4月底各县建立了贸易局。贸易局以一般商业面目出现，尽量吸收私人资本。同年7月，边区政府转发了冀西二专署所拟的《贸易局组织章程草案》，把统制全县的贸易局以一般商家字号组织起来。边区政府开办了贸易干部训练班，为商业战线培养了一批新干部，发展充实了基层；在自由发展各专局及县级贸易的同时，提倡发展民族商业资本，用投资办法扶植贸易的发展。

由县管理公营商店，对各县贸易工作的开展起到了一定的促进作用。但由于各县管理商店照顾不过来，遂于1940年8月20日又成立了边区贸易管理局，陈大凡任局长。根据边区首届经济会议决定，边区政府拟定了《1940年10月—12月贸易工作布置大纲》，指示：未建立贸易局之专区，建立专区贸易局，以便领导各县贸易局；未建立贸易局之县建立县贸易局。并要求扩大资金，边区贸易管理局，专区贸易局根据实际情况向专区、县贸易局投资。同时也大力动员私人资金。对已有私资的地方，要求扩大到现有私人资金的5%，未有私

人投资的地方要求达到现有资金10%。据1940年统计，边区贸易局对一、三、四、五专区贸易局和平山、灵寿、行唐、井陉、新乐、曲阳、阜平、五台等县贸易局的投资总额达70万元以上。

边区贸易管理局的建立，有利于对外贸易的统一管理。因当时贸易管理局与税务局分设，不便于出入口的管理，1941年1月1日将税局结束，其工作转移于贸易管理局，并建立各级贸易管理局，但管理工作始终限于征税缉私。

当时专区贸易局向县贸易局投资，各县贸易局有了很大的发展。如灵寿县，1938年1月开始筹办贸易局，其资本初为300元，6个月后结账，得利千余元，股本增加十数倍，到1940年初，资本增至60余倍，每个股东所分红利已超过原来股本。并在交通市镇建立贸易分局四处，股额千余股，股本有总局两倍之多。同年3月，行唐县成立贸易局，有4 000股，股金2 000元，经营布匹、粮食等运销事业。至翌年第二季度，资本已达6 645元。1939年洪子店贸易局利用敌人大“扫荡”的间隙做生意达80万元，输出花椒20万斤，核桃仁50万斤，占平山往年输出总量的2/3。总之，1940年仅五专区出口额约3 646.89元（多为我非必需品之出口），入口约为35 849.87元（此多为我必需品之入口），营业额达3 231 462元。

在冀中区，1938年底成立冀中贸易总局（李猛、尚子锦、周化民先后任局长），1940年反“围攻”后结束，改建专区贸易局领导县局，1941年9月改组贸易局与税局，成立冀中区贸易管理局。

三、合作商业

合作社商业是边区商业的重要组成部分。边区政府成立后，为调剂民生，维持贸易，大力发展合作商业。战前国民政府在华北农村也曾组织过“合作社”，但多操纵在少数人手中，战后这种合作组织自行瓦解。

晋察冀边区的合作商业是劳动人民集体投资组织商品交换的一种集体所有制商业，是边区政府团结千百万工农群众，发展根据地经济，支援抗日战争不可缺少的一种经济组织形式，已成为发展边区商业的一个重要环节。这种合作商业随着合作社的建立而兴起。边区合作社经营四种业务（生产、运输、信用与消费），经营消费的合作社就是合作商业。

合作事业是商业的利器。因边区边界不固定，商业没有组织，零零散散的小商人，没法严密的监督，唯利是图的商人，因无利或者利小，便不肯将剩余的土货输出去；有利或者利大，就不惜将禁止入口的外货运进来。普遍地组织起消费合作社、运销合作社，再使各个合作社联合起来，就可逐渐将商业集零为整，使它成为有系统的组织。

边区经济主要是小农经济，小生产，一点余粮不能跑到远的市场出卖，小的消费品也不能跑到远的市场上购买。特别在抗战环境中，布、盐、油等日用品十分缺乏，而山货土产又常感到卖不上价钱。为了改善人民生活，对敌进行经济斗争，减少奸商垄断操纵，调剂边区经济，1939 年 2 月 6 日晋察冀边区行政委员会发出推行合作事业的第一号通令，制定《晋察冀边区合作社暂行规程》，规定了合作社的种类、社股（每股五角）、社员及盈余的分配等问题。事后，又颁布了《各县合作事业促进会组织办法》与《晋察冀边区奖励合作社暂行条例》，促使边区的合作运动很快发展起来。

边区合作社是新民主主义一种经济组织，就其性质而言，是统一战线的自愿参加的群众自己的经济组织。它是经济需要相同的人们以平等互助的精神、民主的原则组织的，是在残酷的战斗环境中，产生和壮大起来的，是在与敌进行经济斗争中锻炼和成长起来的。根据边区的客观条件，经营的难易，边区合作社经营业务的发展道路，是由消费、运销到生产信用；由商业到工业，由工业到农业。在工业上则由家庭手工业到作坊工厂。在农业上由副业到水利耕畜。在组织上由单社到联社。1940 年底以前，边区政府发放了 300 万元的合作贷款，其目的在于发展合作社，以增加生产、活跃市场，稳定物价，改善民生，满足社员经济需要，减少商人中间剥削，发展边区经济。

消费社在 1940 年前大量发展，是边区合作社发展中的一个特点，其原因是因为在合作事业开创的初期，消费性质的合作社容易举办，资金流转较快，社员获利易于兑现。以北岳区为例，1938 年有合作社 14 个，社员 5 545 人，股金 14 942 元；1939 年合作社激增至 13 033 个，社员 60 152 人，股金 12 322 元。从 5 月底以前的统计来看，消费合作社占合作社总数的 95%，其他运销、生产、信用三类合作社仅占 5%。1940 年合作社增加了 6 033 个，社员人数猛增至 841 425 人，股金达 1 717 324 元，其中生产合作社占 31%，消费合作社只占 27%。这说明合作社业务已由较单纯的消费业务逐渐转向生产业务。但由于本钱少，经营技术不完善，总的说来，全区经营生产合作社还是少数，经营消费合作社的还是占绝对多数。如曲阳县，1940 年 11 月份，生产社有 5 个，运销社有 3 个，混合经营社有 113 个，而消费社却有 153 个[1]。就专区而言，有的专区生产合作社比例也很大，见表 5 - 2。

冀中区，1939 年 7 月大水灾后，人民生活日益困难，冀中行署于是年 8 月、9 月份在武强县北代村先后召开了三次县长会议，部署救灾工作，决定开展合作事业，发展生产进行自救。1940 年 10 月以定南县合作联社主任李雪峰为首，成立了冀中供销合作总社筹备委员会，各村社、县社也相继成立。调剂了粮食 10 万多石，售价低于市价五分之一，使 250 万灾民受益。1940 年 5 月至 7 月短短 3 个月中营业额达 1 300 余万元，盈余达 390 余万元，每一股分红即超过原股[2]，成绩不小，很受欢迎。

合作商业主要是供销性质，解决群众日用必需品，如油、盐、酱、醋、火柴等，开展山货运销，也经营一些副业生产，如织土布等。它在调剂粮价，打击伪钞，救济灾民，拥军优抗等方面起了不小的作用。

1938 年敌人“扫荡”流通中断，平山县境洪子店与回舍两处相距不到 40 里，而粮价高低悬殊，农民买粮时受羁扣。县农会号召社

〔1〕“曲阳合作事业的开展”，《晋察冀边区财政经济史资料选编》（工商合作编），第 856 页。

〔2〕宋劭文：“边区行政委员会工作报告”，《晋察冀边区财政经济史资料选编》（总论编），第 519 页。

表 5－2

北岳区合作社分类统计表

社数	专区	一专区							二专区				三专区						四专区						五专区						六专区	统计	百分比
	县名	五台	孟县	崞县	定襄	寿阳	代县	忻县	浑源	灵县	繁峙	广灵	易县	涞源	定兴	满城	蔚县	徐水	曲阳	阜平	唐县	完县	定县	望都	平山	井获	灵寿	行唐	新乐	正定	宛平		
各种合社数	生产	39			4				48	2	1		464	66	8	5	11	8	63	96	92	13	79	64	36	5	2	5				1 111	31
	运输	33	2		24						8		4	16	1	15	12	1	2	4	70	3		5	376	1	1	6	2			586	17
	消费	30	2						8	3	2	1	51	32	34	22	5	13	133	134	33	76	17		120	110		109	27			962	27
	信用				6								1								15				9				1			32	1
	兼营	30	50	46		5	2	2	5	42			31						58		23	91	18	5		140	165	2	74	26	29	844	24
	合计	132	54	46	34	5	2	2	61	47	11	1	551	114	43	42	28	22	256	234	233	183	114	74	541	256	168	122	104	26	29	3 535	100

员凑集了100多元的股金，成立平山县农民合作社，只半月的工夫赶了3个集，就把附近粮价每斗相差八九角或一元多的情形平衡下去了，人民得到了购粮的便利与利益。1939年合作社派员挑贩山货到游击区活动，以边币买货，价钱特别便宜，一包盐，法币33元，边币32元。欢迎拿边币买货，拒用伪钞，结果边币的信用在平山立即提高了。

普遍建立消费合作社也是防止汉奸活动的有力手段。1939年北岳区捕获的汉奸和敌探中多冒充中小商人。故除奸工作着重审查商贩，如平山的部队所在地因有消费合作社，外来商贩很少，易于保密。曲阳的部队所在地因无消费合作社，便常被来历不明的“小贩”包围着，而当加强了小贩的管理后，情况就有所好转。

在拥军优抗方面，消费合作社也起了作用。仅平山县合作社从1939—1941年就用红利数万元慰劳抗日军队，并规定凡持抗属光荣证[1]者购货一律九扣。1940年春节完县各地合作社对抗属减价五天，山后各村合作社赠送每家抗属火柴一包，山前赠枣3斤，对赤贫抗属赠盐一斤。

然而，单营的消费社毕竟不是农村合作社的发展主要方向。1940年8月底召开边区首次经济会议时，提出边区合作社要进行整理，明确合作社应向生产业务发展，而发展生产，又要靠供给、运销、信用去推动，因此合作社的发展方向应是兼营消费、生产、运销、信用各种业务。这是适应于战争环境农村条件的，因为：第一，兼营则一人加入一股，可以享受数种权利，适合于农民的要求；第二，兼营可以适合农村经济季节性大的特点，春耕需要供给，秋收需要运销，冬闲可以从事副业，利用季节照顾闲忙，随时有事可做；第三，兼营可以充分利用劳力和技术力量，统一筹划资金原料；第四，兼营在干部和组织机构上只需一套人马，节省开支，适合战争的要求。

[1] 系指军属。家里有人参加八路军，发给光荣证。

四、私营商业

根据地私营商业全部为中小商人经营，行商小贩占绝大多数。坐商虽不少，但多属农商兼作，农忙时务农，农闲时以运销方式进行商业活动，作为家庭副业经营。且这些小商贩多为中农或贫农，少数是村干部、过去的店员学徒，及无房无地和无固定职业的群众。边区政府对这些人采取扶植、发展的政策。在同敌伪作经济斗争中，单靠消费社的力量难以完成，必须团结商人，集中力量才能完成。小商人具有经商的经验和商业技术，熟悉贸易路线，也有与群众联系的社会关系和活动能力。信用关系也不少，能做较大的生意。就资本而言，全边区的商人资本也比合作社的消费社大若干倍，因此消费社吸收商人，使用其一技之长有利于对敌经济斗争。有的小商人因资本小，出去买货、家庭有事都要锁门，感到独自经营困难，愿意参加消费合作社，资本同社员一样分红，其劳动力的一部分给与人份股的报酬。而消费社方面因股金扩大，干部又缺，业务增多，甚需增添懂商业技术的人员，故消费社与商人合作，双方均有利。

就公营商店而言，处在小农经济为主的农村环境，由于边区政府的经济能力和经营商业的干部有限，因而公营商店的资金和经营范围尚不能伸入到每个乡村集市，以调剂群众的物资。而小商贩适合小商品生产的农村环境，在市场中占有重要地位和作用，是与敌人在商业贸易上直接作战的基本队伍。如果说公营商业是边区商业的“正规军”，那么私商小贩就是边区商业的“游击队”。在敌占区、游击区，有了这支游击队，就可以使敌人防不胜防。而且在敌人百般统制监视之下，也只有这样的分散经营的“游击队”，才易于隐蔽活动。

为了扶植、发展私商，边区政府一方面规定：小贩行商只要不违背政策法令，均可在边区境内东来西往，南去北来，自由买卖（要领取营业证、通行证）。另一方面对一些无本经营的小商贩发放贷款。如平西贸易局1940年为了恢复和活跃境内的商业，专门发放一次无利的小本贷款。其金额从10元起至50元为最高额，三个月收回。这笔贷款贸易局不取利息，对本身的营业额虽有影响，但扶助了境内的商贩，活跃了内部贸易，人民获得物资的调剂。

据平西昌宛等四县统计，263 户小贩发放贷款 2 060 元。数字[1]如表 5－3：

表 5－3　　四县发放贷款统计

县别	昌宛	蔚县	涞水	房涞涿	合计
户数	5 户	20 户	154 户	84 户	263 户
贷款数	185 元	300 元	515 元	1 060 元	2 060 元

由于执行了内部贸易自由，扶植、发展私商的政策，市场开始活跃，小贩逐渐增多，私营商店也开始出现。仅北岳区 1941 年就有 25 户私营商店营业。

就市场来说，边区没有什么大的商场，但小商业历来繁荣，每个镇都有很多货摊。每逢集期，往来行人摩肩擦背，拥挤难行，不亚于一个小的都市，在晋察冀边区一般的大集镇五天为一集期。洪子店是河北平山县的一个大市镇，在滹沱河畔，东有公路通平山，东南通井陉，西通山西的盂县，地处交通要道。周围有广大的枣林，盛产枣子，还有杏仁、花椒、核桃、栗子、梨、柿子、烟叶、羊毛等特产。农民把这些山货运到洪子店出卖后，换回食物、煤油、棉花和食盐。商人将山货运到石家庄、天津出卖，买回食盐、布匹、煤油。居中转运、贸易活跃。就是五台县东冶人民商社为群众购买的布匹、棉花，也来自洪子店。在冀中，因交通便利，商业异常发达，其主要出口地点为天津、保定，各县在外经营商业者遍布全国。

私商小贩的恢复与发展，对活跃经济，改善边区人民生活，支援抗日战争，巩固边区根据地起了一定的积极作用。

[1] 朱良才：《四年来紧张战斗中的东西抗日政权》（1938—1942 年），1942 年 3 月 10 日在平西县八次联席会议上的报告。

第六章 精兵简政与节约运动

第一节 1942年前后边区的社会经济

一、日军对边区的经济破坏及封锁

从1941年起，晋察冀边区的抗战形势所以出现极端困难局面，有两个因素：一是日本侵略者为确保华北占领区的统治推行了更残酷的战争政策，二是边区境内发生了灾荒。第一个因素是主要因素。

1940年国际政治格局出现了新变化。1940年9月，德、意、日三国军事同盟成立，它是国际法西斯进一步扩大侵略战争的主要信号。1941年6月，希特勒撕毁“苏德互不侵犯条约”，对苏联发动突然袭击。从苏德战争开始，第二次世界大战进入了一个新时期，欧、亚、非、美、大洋洲61个国家和地区共17亿人被卷入这场空前规模的战争。日本此时的战争目标，是加紧对华战争步伐，妄图征服中国，以便把中国作为其太平洋战争的基地。1940年7月26日，日本内阁会议决定的《基本国策纲要》提出，以建设大东亚新秩序为根本，首先将重心放在结束中国事变上，综观国际局势的变化，讲求建设性的，富于灵活性的策略，以期推进皇国的国运。11月13日，日本御前会议决定了《处理中国事变纲要》。1941年1月16日，日军大本营陆军部根

据陆军大臣东条英机和参谋长杉山元会谈确定的关于必须使“中国事变”尽快解决的基本方针和设想，制订了“对华长期作战指导计划”，企图在1941年秋后转入长期持久态势之前，继续对华施加重大压力，利用国际局势变化，竭尽一切手段，发挥综合作战能力，谋求“中国事变”得到定局。并明确作战目的是以维持治安肃正占领区为主。

侵华日军把华北作为政治、军事、经济、文化、特务各种侵略活动为一体的所谓“治安肃正”的重点，由华中抽调两个师团（第17、第33师团）加强华北方面军。1941年2月25日，日本华北派遣军司令召开管内参谋长联席会议，传达所谓新年度的“肃正建设计划”，要求“在1941年度，重点集中，力量统一，使作战及肃正建设等项工作更加积极开展”，“首先在华北促进中国事变的解决”，“全部重点均指向示范区，特别是华北北部及重要国防资源所在地，以便尽快体现成果”。据此，于1941年和1942年间推行了五次所谓“治安强化运动”，自称是“三分军事，七分政治”的“总力战”。对其占领区加强殖民统治，对游击区进行“蚕食”和反复“清剿”，对各抗日根据地进行野蛮残酷的反复“扫荡”。如“1940年10月11日至12月3日期间，对正太路及同蒲路北段的共军，再度实施了扫荡”，“10月13日至12月8日进行了肃清晋察冀边区作战”。“扫荡”中实施了所谓“铁壁合围、捕捉奇袭、纵横清剿、反转电击、辗转抉剔”等战术手段，以毁灭根据地。

日军实施其“治安肃正”政策，首先是在边区边缘地带游击队最活跃的地区制造“无人区”。如在冀东、平北，沿长城一线建立了东西长500余里，南北宽50余里的“无人区”，包括松树岭、靖安堡、松树洼、苏家河、五里坡、下河、后河、头水沟、五于家地、小庄科、大庄科、降栅山、上栅、下栅、蒋口子、营盘沟、西差山、大融山、小融山、滥角等村庄，目的是使坚持抗战的八路军“欲穿无衣，欲食无粮，欲住无屋，杜绝其活动力之根源，使其穷困达于极点，俾陷入自行歼灭之境，此外更施以彻底剿除”。[1]被划入“无人

[1] 1938年9月1日布告。

区”的村庄，房屋悉被烧毁。平谷、兴隆、密云联合县沿长城一带，每天都有几十个丧失人性的日伪讨伐队烧杀抢掠无恶不作，村中所有百姓都被驱赶到指定的山沟集中居住。热南10个县共有21万多户被驱入“人圈”。“人圈”周围垒起高墙，只留几个门，白天放人出入，晚间禁止活动，高墙四角和出入口，都筑有炮楼，日伪军日夜看守监视。“人圈”内没有房屋，男女老少同牲畜杂居在一起，很多人被折磨而死。在“人圈”内日军强迫人们“大检举”，或对其严刑拷打，或以“思想犯”、“政治犯”、“运输犯”等罪名，任意杀戮。为便于其防守、巡逻，“人圈”周围10里以内的土地，禁止种植。在晋东北，日军建立了长300华里的封锁沟，沟两侧30余里为“无人区”，以此作为隔绝根据地同敌占区的“绝缘体”。大好的农村，变成荒无人烟的漫野。

为镇压人民的反抗，敌军采取彻底毁灭军民生存条件，实行惨绝人寰的杀光、烧光、抢光的“三光政策”。1940年秋冬之际，日本军事指挥机关曾给其参加山西作战的军队下达命令：这次作战的目的，在于完全歼灭八路军及八路军根据地内的人民。因此，日军对根据地人民，不论男女老幼，见人就杀，所有房屋，一律烧毁，锅碗一律打碎，凡不能运走的，也一律烧毁，水井一律填死或投入毒药。1942年8月日军对北岳区两个月的扫荡，杀害民众4 525人，烧毁房屋1 502万间，抢走粮食5 800万斤、现款60余万元、牲口1.1万头，毁坏农具40余万件，毁坏庄稼5.2万亩。1943年秋季对北岳区中心区三个月的“扫荡”，群众被杀害6 000余人，牲口损失18 000多头，猪羊损失52 000多只，衣服、被褥损失达45万件以上，抢走粮食80 000多石[1]。1942年日军对冀中的“五一大扫荡”，根据地所遭受的破坏更为严重。据晋深极县的周家庄、马铺、东北马村三个村庄的调查，被日军抢走的边币299 700元，粮食16 660斤，衣被33 861件，毁坏家具2 650件，农具1 960件等。《晋察冀日报》当年有以下记载：“今年夏天，敌人对冀中发动了‘大扫荡’，五万兽军在冀中

〔1〕“经济会议结论”，《晋察冀边区财政经济史资料选编》（农业编），第383页。

践踏了几个月，从此老百姓由快乐的生活坠入了苦难的深渊。”“鬼子只要下手抢，便狠狠地达到‘光’的程度。砸锅队后面是捡铁队，铲子小刀都拿走；倒油队是专搜倒各家的煤油灯瓶，每个墙角、粪堆、厕所，甚至锅台角都搜索到。6月×日，在任丘县梁沟拉走财物八十车；一区东大坞一次抢走40头耕牛。安新县端村一天便搜满了载重两万斤的大船三艘，约值四十万元的财物被掠走了。拉不走的就破坏。5月16日，深泽敌人曾暴劫贾村一次，百余户人家无一幸免，除抢走外，村周围和各家门口都有一堆火，里边是柴、草、衣服、粮食、门扇、柜盖等等，每家的锅和水缸都有两个以上的窟窿。”[1]在日军毁灭性的破坏下，整个边区人民生活处于极端困苦之中。

边区的农业在日军“扫荡”中，破坏极其严重。第一，日军大量修筑碉堡、据点、公路、封锁沟、封锁墙等等，使耕地面积大大缩小。据1942年12月统计，日军在晋察冀区域内修公路占地224平方里，封锁沟占地131平方里。冀中区“五一大扫荡”后，平均每个专区筑岗楼毁农田320余亩，修公路毁田900余亩，界沟和围村沟毁田700余亩，三者共毁耕地1 920余亩。安国县南马村，日军第一次修岗楼、公路、挖沟共占耕地117亩，县界沟占地102.5亩，其他占地61.3亩，总共所占土地约占该村总耕地的6%。耕地面积的缩小，碉堡林立，沟壑纵横交通中阻，严重破坏了农业生产。第二，农村中的劳力、畜力均遭到严重破坏。1942年日军在北岳区“扫荡”，一次就抓走青壮劳力17 000多人，送往东北当劳工。在遭受敌人破坏后，农村中畜力严重不足，如冀中“五一大扫荡”前，平均每30亩地有一头耕畜，“扫荡”后，大批牲畜遭屠杀，每73亩地才有一头牲口。完县平均120亩有一畜力，唐县180亩才有一畜力。农村中劳力和畜力的不足，使农业生产难以进行，农民生活异常困苦。

日军在“扫荡”的同时，对边区实行经济封锁。首先，封锁敌占区之重要物资，不准流入边区。在敌占区各城市中，敌伪设立了“商人合作社”，规定商人所贩卖的货品均需向“合作社”登记，销

---

〔1〕《晋察冀日报》1942年10月22日。

售情况随时报告，严禁货物流入边区；对粮食控制更严，实行口粮配给制度。购买其他物品也均有数量限制，违者即被捕、被处死。其次，封锁通往边区的各卡口，不准必需物品流入边区，也不准边区的非农产品流入敌占区，企图从经济上扼杀边区。1941 年以后，敌伪经济封锁进一步加强，在各地先后成立了“经济封锁委员会”。在所谓“治安强化运动省本部”的统一控制下，各地设立了“经济督察专员”，各县设立“经济调查班”、“经济督察班”，严格控制敌占区货物的流通。并以恐怖、暴力手段，阻止敌占区商人、民众向边区运货。在沿铁路、公路的村庄，敌伪均设有“检查所”，检查来往的货物。日军制定的《经济封锁实施纲领》中规定，凡属于军火弹药、电讯器材、粮食、棉花、羊毛、麻纱、油墨、盐、糖、铝、铜、铁、各种医疗器材和药品、火柴、煤油、机器零件等 50 多种物品，均列为封锁之列；对毒品、化妆品等非必需品则要大量向边区倾销，并从根据地吸取战略物资。

据 1941 年 12 月统计，日军在边区南线的太原、平定、定襄、盂县、阳泉等地设立的“封锁班”达 100 多个，并划定盂县云牛村、上下社至五台县的河口、耿镇、石咀以东，定襄以东，阳曲山上、平定之三区、井陉之正太线以北，均为封锁范围。在此范围内，日军规定：除鸦片、果子酒、人造丝、化妆品等可输入外，其他货物均不准输入。在敌占区，购买物品必须持购买证，向指定的“新民合作社”购买。盂县城关和平定的河底，敌伪还规定：每人凭证只准买一斤棉花，如偷着多买，一经发现，即处以砍断手指。阳泉有一老汉因偷买棉花三两，即被日军砍断手指；河底有人因偷买棉花一斤被日军枪杀。敌军以这种凶残手段，阻止敌占区民众同边区交往，日军的经济封锁，不仅给边区经济造成严重困难，而且使敌占区人民也身受其苦。

二、物价上涨，边区财经日益困难

由于日军对边区的连续“扫荡”和破坏，加上 1939 年后华北地

区连年的自然灾害，使边区的经济遭到摧残，以致财源减少，军需政用发生了严重困难。在敌寇疯狂“扫荡”的 1942 年，冀中区农业收成一般只有五成左右，北岳区有些地区只有三、四成，整个边区粮食缺乏，其他物品如食盐、煤油、火柴、药品、布匹等也严重不足，从而出现了市场物价的暴涨。据冀中调查统计。（以边币计值的物价）[1]

1942 年	6 月份	市场小米	每市斗	15 元
	8 月份	市场小米	每市斗	25 元
	10 月份	市场小米	每市斗	40—45 元
	12 月份	市场小麦	每市斗	85—90 元
1943 年	2 月份	市场小麦	每市斗	110 元

（以下以伪币计值的物价）

1942 年	10 月	玉米	每市斗	6 元
	11 月	玉米	每市斗	9 元
	12 月	玉米	每市斗	22 元
1943 年	2 月	玉米	每市斗	30 元

同一时期，北岳区粮价上涨也很厉害，1940 年小米每斗仅 12 元左右，1941 年上涨为 18 元。到 1942 年 4 月、5 月间，已同冀中情况一样严重。边区政府采取措施，以平粜和限价的方式，力争使粮价平稳下来。

长期战争的消耗和破坏，加上物价的上涨，人民生活的困难与日俱增。山区很多地方群众吃糠咽菜，糊口度日；有些地区以树皮草根充饥。冀中安平县报子营村，原是富庶的村庄，全村 200 余户，1942 年间有 140 多户缺粮难以度日。晋深极县的东河町村，情况更严重，绝大多数人家粮食不够吃，有些人家连糠菜都吃不上，外出讨饭的有 90 余户。北岳区的中心区，有不少农户食不裹腹、衣不蔽体、度日维艰。有些劳动力因为没有衣服穿，只好整天坐在炕上，下不了地。一些灾情严重的地区，灾民们只有依靠政府救济为生。1941—1942

[1]《晋察冀边区财政经济史资料选编》（总论编），第 738 页。

年，是边区经济最困难时期。

根据地的缩小及敌祸天灾，使政府的财政收入大大减少，而支出有增无减，入不敷出。因此，这时政府的财政也是最困难的时期。公粮是边区财政的主要收入。如以 1938 年公粮收入为 100，1940 年增长为 195.07；到 1942 年则下降为 85.57。支出部分，因物价上涨，军政费用的开支都加大了。另外，1942 年边区政府发放救济粮达 16 900 余石；北岳区向群众发放生产贷款达 200 万元，边区财政入不敷出，政府只有依靠向银行借款，多发行边币来解决。这种财政发行实质上是向社会上的一种透支，承担这个义务的是人民群众，因此，财政透支是人民群众的一大负担。从边币发行逐年增加的情况，可以看出当时边区的财政困难。边币发行额，以 1938 年为 100，1941 年增加到 844.53；1942 年又上升为 1 229.95。边区政府向银行借款情况，以 1938 年为 100，1941 年增加到 1 281.39；1942 年上升到 1 817.81，比 1938 年增加了 18 倍。因此，在敌祸天灾频繁的形势下，财源增加已难以实现，唯一的办法只有节衣缩食，减少支出，以保障抗战必不可少的供应，因此，边区党政军民同舟共济共度难关，克服困难是坚持抗战争取最后胜利的重要条件之一。

第二节　精兵简政　节约开支

一、精兵简政

日军的残酷“扫荡”和实行“蚕食”政策，使北岳区和平西区的巩固区面积比 1940 年缩小了 1/4，冀中区的基本区缩小了一半，人力、物力、财力都大大减少了。北岳区人口到 1941 年底减少为 350 万，其中巩固区仅有 220 万。全区老根据地的劳动力日益缺少，尤其是青壮年更少，部队的兵员补充困难。自 1941 年秋季反“扫

荡”之后，由于伤亡、疾病和其他非战斗减员，多数连队不满员。一般连队约八九十人，最少的只有五六十人，不足编制的一半。同时，人民的负担加重了。1941 年边区人民的公粮负担比 1938 年增加了两三倍，税款交纳也增加很多。平西区大部分人民负担超过了国民经济总收入的 10%，有的村庄甚至超过 30%。边区政府财政开支入不敷出，靠增发货币弥补，实际上也是人民的负担。

在根据地面积缩小和人力、物力、财力减少的情况下，军队和地方脱产人员的开支大大超过了人民负担的承受力。1942 年初北岳区的巩固区脱产人数占总人口的 4.2%，平西区高达 5.5%。“池小鱼多”，必须紧缩自己才能适应情况的变化，才能适应战争的需要，才能度过严重的难关，实行精兵简政，实为当务之急。它是坚持长期抗战争取最后胜利的重要条件之一。

（一）第一次精兵简政

1941 年 11 月，陕甘宁边区召开了第二届参议会。李鼎铭等 11 人提出有关财政问题的提案，建议政府应彻底实行精兵简政主义，避免入不敷出经济紊乱之现象。这个提案经参议会通过后交政府速办。毛泽东批示：“这个办法很好”。中共中央于 1941 年 12 月 13 日向各抗日根据地发出精兵简政、发展经济的指示，要求普遍推行。同时，中共中央在《关于太平洋战争爆发后敌后抗日根据地工作的指示》中重申了必须普遍地实行精兵简政政策，要求脱产人员不得超过，甚至少于根据地人口的 3%。

在晋察冀分局领导下，晋察冀军区和边区政府分别召开了高级干部会议，贯彻实行精兵简政政策。

1. 精兵方面。1942 年 1 月 15 日，军区召开了军分区首长以上高级干部会议。根据中央军委《关于抗日根据地军事建设的指示》，整编主力军加强地方军。精兵的基本精神是：明确划分主力军和地方军的关系，紧缩上层机关，安置老弱病残，减少冗员，充实战斗部队，大量减少马匹以利行动，使部队短小精干，加速提高战斗能力，以积蓄与准备反攻力量。高干会议后，在频繁的反“扫荡”战斗中进行了如下的精兵措施：

(1) 经中央同意，撤销“冀察热挺进军”。挺进军司令员肖克任晋察冀军区副司令员，原挺进军领导机关的人员，一部分并入军区机关，另一部分加强军分区的领导。原挺进军战斗的地区——平西、平北、冀东分别设立第 11、第 12、第 13 军分区。

(2) 整编主力军，加强地方部队。

①整编主力军。主力军是作战的骨干力量，为执行不同的战斗任务分别编为甲种团和乙种团。甲种团设 3 营 12 连，编制名额为 2 770 人；乙种团设 6 连，编制名额为 1 080 人。

整编后，北岳区甲种团 6 个，乙种团 16 个。冀中区甲种团 5 个，乙种团 5 个。

②加强地方部队。地方部队分为地区队、县基干游击队和区基干游击队。

整编前（1941 年 5 月），全区 9 个地区队，整编后（1941 年底），加强为 31 个地区队（北岳、平西、平北、冀东共 17 个，冀中 14 个）。

(3) 整编原冀中区转移到北岳区的部队，[1]撤销原冀中军区后勤机关和原冀中各军分区直属机关，干部充实到连队。转移到北岳区的 5 个团，整编为 1 个甲种团 4 个乙种团。

(4) 取消团以下机关与部队的勤务员制度，勤务员工作由通讯员兼任。

(5) 担任部队生产任务的工人与部队总人数的比例为 1∶100，尽量减少非战斗人员，部队伙食的改善主要靠部队生产解决。

(6) 缩编骑兵团，改为骑步兵各一营，以适应反“扫荡”战斗的情况，同时，达到节约财力畜力的目的。

经过这次精简整编，主力军、地方军和军区指挥机关（包括抗大二分校）的总人数，由 1942 年 3 月的 60 440 人减为 1942 年 9 月的 52 590 人。除正常的减员与补充外，实际减少 5 000 人。即减少

[1] 1942 年“五一大扫荡”时，冀中军区及一部分部队，暂时撤出冀中地区，转移到北岳区。冀中区党委和行署级机关大部分随军西移。

8.3%。现有军队的数目约占北岳区巩固区总人口的2.39%。但仍高于中央规定2%的比例。

军队在精简整编的同时，明确了军费供给关系：主力军由边区政府供给；地方部队分别由所在行署、专署和县政府供给。既可保证部队的及时供给又能照顾政府财力，以适应人民的负担能力。

2. 简政方面。简政的中心问题在于调整组织，调整干部，裁并机关，缩减冗员，以提高工作效能。简政前期，精简整编的重点在专区、县和区级。当时，专、县、区人员编制没有严格规定，脱产人员较多，开支标准不一，财务混乱，浪费很大。由于当时各地环境不同，简政的重点是北岳、平西和冀中区。冀中区在“五一大扫荡”后，大部分地区不能公开进行工作，留在地方进行工作的脱产人员已大为减少，在这种情况下，已不必要再进行精简了。

北岳区和平西区，在简政后规定了严格的人员编制。专署作为边府的派出机构，除正副专员外，各科只设少数办事人员。县设县长、秘书和民政、财政、教育、实业四科。区级不是一级政权，区公所属于县府辅佐机关。自1939年由原来管辖五六十个村庄、方园近百里的大区划为管辖30个村庄的小区后，人员大大增加。精简时区公所减少了1/5，区干部（区长及助理员）和通信员由原来的6—7人减少为3—4人。地方脱产人员已大为减少。

精简后，北岳区地方系统脱产人员由精简前的3.3万人减少为2.5万人，减少0.8万人，即减少25%。现有地方脱产人数由精简前占巩固区总人口的1.86%下降为1.1%，仍然超过中央规定1%的比例。北岳区第一次精兵简政虽然取得不少成绩，军队和地方的脱产人数，由精简前占巩固区总人口的4.25%下降到精简后的3.52%，但仍然高于中央规定的比例。因此，不得不进一步实行精简。

（二）第二次精兵简政

1. 中共中央再次指示各根据地实行精兵简政，要求认真贯彻这一极其重要的政策。1942年9月，全国各敌后抗日根据地处于日益严重的困难时刻。为了冲破黑暗，争取抗战的最后胜利，毛泽东为中共中央机关报——《解放日报》写了《一个极其重要的政策》的社

论。社论指出："目前的尤其是今后的根据地的战争情况，不容许我们停留在过去的观点上。我们的庞大的战争机构，是适应过去的情况的。那时的情况容许我们如此，也应该如此。但是现在不同了，根据地已经缩小，在今后的一个时期内还可能再缩小，我们便决然不能还像过去那样地维持着庞大的机构。在目前，战争的机构和战争的情况之间已经发生了矛盾，我们必须克服这个矛盾。敌人的方针是扩大我们这个矛盾，这就是他的'三光'政策。假若我们还要维持庞大的机构，那就会正中敌人的奸计。假若我们缩小自己的机构，使兵精简政，我们的战争机构虽然小了，仍然是有力量的。"〔1〕

社论发表不久，毛泽东在陕甘宁边区高级干部会议上作了《抗日时期的经济问题和财政问题》的报告。再次强调实行精兵简政的重要性。指出："这一次精兵简政，必须是严格的、彻底的、普遍的，而不是敷衍的、不痛不痒的、局部的。在这次精兵简政中，必须达到精简、统一、效能、节约和反对官僚主义五项目的。这五项，对于我们的经济工作和财政工作，关系极大。精简之后，减少了消费性的支出，增加了生产的收入，不但直接给予财政以好影响，而且可以减少人民的负担，影响人民的经济。"〔2〕

在1942年下半年和1943年初时，边区总人口虽然号称1 200万，但比较巩固的中心区只有北岳区，人口约百万，而且多是经济落后又遭受敌人严重摧残的山区。游击区人口也只百万。在这个地区内供养着脱产人员（包括部队和地方人员）七八万人。频繁的游击战争和敌军不断"扫荡"破坏使这支庞大队伍的物质供应发生了困难。不论从增强抗战力量还是从减轻民力着想，精兵简政是克服困难，准备力量，准备胜利反攻的唯一正确出路。

2. 边区执行精兵简政的情况。1943年1月15日边区召开了第一届参议会。边区行政委员会主任宋劭文在政府工作报告中指出，要进一步贯彻精兵简政政策，纠正"头大脚轻的毛病"。晋察冀分局负责

〔1〕《毛泽东选集》合订一卷本，第837—838页。
〔2〕《毛泽东选集》合订一卷本，第850页。

人刘澜涛在报告中也指出："继续精兵简政。边区精简工作始于民国三十年[1]冬季。仅冀中北岳两区，裁减人员先后已达4万。今后为减轻民负，军政双方必须贯彻精简政策，裁去不必要的机关，缩小后方人员，加强干部质量。"[2]

参议会后，边区的部队和政府根据中央指示和参议会通过的施政重点，在反"扫荡"战争十分紧张的情况下进一步实行了精兵简政。

（1）精简整编部队。1943年2月，边区进行了第二次精兵简政。这次精简认真贯彻了中央指示的"精简、统一、效能、节约和反对官僚主义"的五项原则，紧缩机构和机关、充实战斗连队。经过这次精简，所有甲种团一律缩编为小团，其编制是：团部、1个特务连、1个侦察连和5个步兵连（人员不足者编4个连）。经过精简，北岳区共19个团，10个地区队。

冀中军区撤销了后勤部，精简了指挥机关。各主力团进行了整编，除警备旅归第129师外，共编为6个团11个地区队。

晋察冀军区警卫营与边府警卫大队合编为独立团，负责边区党政军领导机关的保卫任务。

平北和冀东地区因敌人对根据地进行残酷"扫荡"，部队与地方除战斗减员外未能进行精简工作。

（2）整顿边区各级政权机关。边区各级政府过去的简政取得不少成绩，边府本身在创建伊始也注意精干。但是仍然存在着机关林立，系统纷繁，人浮于事的现象，在机构设置上也有缺陷：例如，上级机关人数多素质高，下级机关力量薄弱，形成"头重脚轻"；人事安排不适当，不能做到人尽其才、才尽其用；工作不统一，分工不明确，遇事互相推诿，工作效率低等。这些缺点有碍于抗战力量的发挥和干部的培养与提高。因此，简政是切中时宜的施政方针。

---

〔1〕即1941年。

〔2〕《抗日战争时期晋察冀边区财政经济史资料选编》（总论编），第97页。

政府的简政着重从紧缩编制和改进作风两方面进行。

在紧缩编制方面，减少机关和工作人员，充实基层，矫正“头重脚轻”的缺点。边区政府起了带头作用。

边区政府原有直属处、局机构 12 个，精简合并为一厅二室一处，实行合署办公，精简的人员，加强专署和县区领导。合并后的机构设置和主要负责人如下：

①办公厅　秘书长张明远。

下设一室三科——研究室、文电科、干部科、总务科。

②第一办公室（由原来民政处、教育处、高等法院三部门合并）主任宋劭文（兼）。

下设一科——民政、司法、教育

二科——编辑、整理和研究材料

③第二办公室（由原来财政处、粮食局、实业处、贸易处、农林局、银行等部门合并）　主任张苏。

下设一科——农林、合作

二科——工商、贸易

三科——财政、金融

④公安管理处，组织机构不变。

这次机构合并有三个特点：第一，改变了政府多年来的传统组织形式，使各部门的工作更易密切结合，避免各自为政、分散力量；第二，加强调查研究，从组织上解决这一问题。无论办公厅和各办公室除日常行政事务外，均加强调查研究工作，及时了解情况掌握政策，提高领导水平；第三，过去各处是首长制，民主精神发扬不够，此后各办公室均采用民主集中制，实行集体领导，工作效率将更加提高。这些都是简政与领导一元化精神的体现。

专署、县、区的机构，也相应进行了调整、合并和精简。

1943 年 8 月 5 日中央书记处致电晋察冀分局，要求彻底进行精简。电文指出：“你们现在只有 90 万人口的比较巩固的根据地，其他能收公粮的 90 万人口是处在游击区中，而你们连马匹折合计算尚有 8 万多人脱离生产，这是不能持久的。目前你们应即下决心减去 3

万，只留5万，其中文武比例，应是文一武四。”[1]

根据中央指示，边区进行了比以前更为彻底的精兵简政。精简和整顿了北岳区各军分区和军区的后方机关，裁减了2 000人和1 500匹军马。使战斗部队人数由精简前占总人数的73.49%上升为军队总人数的84.36%，非战斗人数由精简前占总人数的26.51%下降到15.64%。为了培训和储备干部，部队在精简过程中，还抽调一批红军时期的老干部和一部分青年干部送往延安深造。机关中精简下来的一般战士有作战能力的，充实到连队，或到军工部门从事军工生产，无劳动能力，自愿退伍返乡者，和家居敌占区者，地方政府和部队给予资助做运销工作，自谋生计，困难的给予补助。

边区政府继续进行精简。各级政府工作人员比精简前平均减少了47%。事务主义、文牍主义得到纠正。边区行政委员会的文件收文减少了28%，发文减少了68%。

经过党政军民的共同努力，1943年秋，北岳区的脱产人数已减为63 800人，占北岳区总人口（包括游击区）的3.2%。以后又陆续调往陕甘宁和晋绥边区12个团和几个学校共1.6万人，已接近北岳区巩固区人口的3%，基本上合乎中央的规定比例。

经过精兵简政，部队的战斗力提高了，政府的工作效率也大为提高了，人民的负担有所减轻，对于增强抗战力量，发展生产，改善人民生活都产生了良好的效果，对于克服财政经济困难起了重要作用。

边区在1944年，敌人的据点减少，一些县城开始收复。在敌军转入退守状态时，部队需要由分散逐渐向集中发展。但是，同年9月再一次进行“精兵简政”，在精简机关的同时，把一些地区队编为县支队，使主力部队继续实行地方化，这与当时形势的发展是不相适应的。这是边区在精兵简政中一个值得总结的经验教训。

---

〔1〕 引自《文献与研究》，1983年第2期。

二、节衣缩食

边区政府在实行精兵简政的同时，节衣缩食艰苦奋斗。早在边区政府成立之初，边区部队和边区政府工作人员的生活是相当艰苦的，“边区政府主席，每月生活费只有18元，各级行政工作人员生活费普通都在10元左右，一切个人的应酬、衣服且均为自备。”[1]部队的指战员除粮食、被服由政府实物供给外，每月津贴费（即零用钱）战士为2元，干部为4元。上至政府主席下至通讯员、马夫，吃的是窝窝头小米，穿的是布衣服，人民称颂边区政府是“廉洁奉公的政府”。

进入严重困难时期后，为了进一步节约开支，减轻人民负担，边区政府重新制定了行政经费开支标准，普遍降低了津贴费，紧缩了办公费的开支，严格财经制度，反对贪污浪费。如1943年公布的《开支标准规定》：参议员、政府处局长、行署正副主任、专员、县长等每月津贴费为10元（比原来降低6元），一般政府工作人员为6元（比原来降低4元）。部队的津贴费普遍比原来标准降低一半。同时，还取消县、区、村中存在的吃伙饭，即吃饭不要粮票、不收菜金的现象。规定出差人员吃饭必须按标准交付粮票菜金，并禁止用烟、酒、肉招待客人。取消“一百斤十里二角”的运输费，要求机关、部队自己组织运输队，解决本单位粮食、物品的运输问题。运输任务多的，由地方武委会组织抗勤解决；节省纸张开支，每张纸上两面抄写，部队家属要参加劳动生产。在粮食供应方面，军政人员过去每日三餐，严重困难时期改为两餐，每人每天由2斤减为1斤6两（16两1斤），最困难时，减少为1斤2两，部队和政府人员经常以麦苗、野菜充饥。为了节省粮食，边区还开展了打狗、杀鸽、挖鼠、灭雀等活动。

精兵简政和节衣缩食活动，使边区财政开支大大压缩下来，收支情况逐步好转。1943年后，边区开展了大生产运动，军民们一面节省开支，一面增加生产，使边区得以顺利地渡过了难关。

---

〔1〕《解放》第55期，1938年10月。

第七章 战 胜 灾 荒

第一节 深入减租减息

一、深入减租减息

抗日战争初期，边区多数地区依照政府法令进行减租减息。但工作进展很不平衡，在群众尚未发动起来的地区，减租减息多流于形式，有的地区出现明减暗不减的情况；在群众充分发动的地区又出现不交租息的情况，个别地区佃户向地主追算过去多交的租额，使地主不仅收不到租反而要退还过去的地租，造成地主严重不安，纷纷向政府申诉。为了正确贯彻减租减息的政策，1942 年 1 月 28 日，中共中央政治局通过了《中共中央关于抗日根据地土地政策的决定》，规定了实施减租减息政策的原则、方针和作法。这一政策的基本精神是：地主要减租减息，农民要交租交息。它的基本依据是：（一）农民是中国抗日与生产的基本力量，应该加以扶助。减轻地主的封建剥削，实行减租减息，保证农民的人权、政权、地权、财权。借以改善农民生活，提高抗日与生产的积极性。（二）中国地主的大多数是抗日的，一部分开明地主也是赞成民主改革的。在减租减息之后，应该交租交息，保障地主的人权、政权、地权、财权。借以联合地主一致抗日。（三）富农是农村中的资产阶级，是抗日与生产的一个不可缺少的力量。在适当的改善工人的生活条件下，奖励富农生产与联合富农。但富农有一部分封建性的剥削，为中农、贫农所不满，在减租减息中对富农的租息也须照减。对一部分用资本主义方式经营土地的地主即经营地主，其待遇与富农相同。为便于减租减息政策的施行，并制止地主的破坏，中共中央还制定了《关于抗日根据地土地政策决定的附件》，规定要保障佃农的永佃权；无永佃权者奖励双方订立转交时间的租佃契约；债权人不得因减息而解除借贷契约，债务人亦不得在减租减息后拒不交息等。

边区第一次参议会于1943年2月制定并正式颁布了《晋察冀边区租佃债息条例》，具体地规定了保障农民既得利益，照顾各阶级、阶层利益，团结抗战的办法，边区减租减息政策日臻完善，在正确政策的指引下，各地减租减息运动深入展开。

北岳地区：1940年以前，已积极贯彻了土地政策。1941年以后，敌人的不断“扫荡”破坏，使减租减息的贯彻受阻。特别晋东北、平西、雁北等地基本上没有普遍深入执行。即使过去实行减租减息较好的地区，也尚存在着明减暗不减和不明大义的地主乘机夺佃的问题。1943年7月，北岳区开展的减租运动，重点放在基本上业已实行减租减息但尚未彻底贯彻实行的地区，主要纠正明减暗不减的问题及限制高额地租，废除超经济剥削等，并依法保障农民的土地使用权。减租过程中，日军虽进行三次“扫荡”，但由于深入贯彻了政策，减租运动仍由点到面的深入开展了。北岳地区6个专区的8个县内，由县以上干部参加进行了21个村庄的典型调查，组织典型村的减租斗争会达21起之多。典型村减租斗争，一般采用群众大会，或者以讨论一个问题为中心召开佃户会、农会小组会、地方座谈会等方式进行。这种发动群众的减租斗争方式，在北岳区，特别是在过去执行政策较差的六专区和一专区，取得了明显的效果。如六专区涞水县的7个典型村中，183件租佃关系，退租达190.39石粮；一专区盂平县某村一个租佃关系，则退租达16石。[1]这些典型村庄的调查与实

〔1〕 边区联会：“目前北岳区的减租运动”，《晋察冀日报》，1944年2月29日。

际问题的清理和解决，大大鼓舞了群众斗争的勇气，他们打破了情面积极参加减租斗争。同时各地还办起了以贯彻执行减租政策为中心内容的干部训练班。例如“三专区训练村干部484名（包括一些区干部）四专区只完县就训练了514名”。[1]提高了政策水平的干部在深入减租中起到了骨干作用。

二分区地委于1942年秋反“蚕食”斗争后即开始进行深入的减息工作。这次减息，无论从执行政策的面上看，还是从贯彻政策的深度上看，都比过去发展了。如：定襄：共计134个村庄，其中有51个村彻底贯彻，17个村基本贯彻，111个村初步贯彻，55个村未贯彻。[2]五台：租种地、佃耕地除个别区外，一般的均已贯彻了减租政策，据统计：彻底贯彻村89个，基本贯彻村59个，初步贯彻村52个，尚未贯彻的村8个。[3]盂平：共计210个村庄，其中有33个村彻底贯彻，54个村基本贯彻，80个村初步贯彻，43个村尚未贯彻。[4]另外，在忻县三区部分村庄也贯彻了减租政策；寿榆23个重点村减租政策得到了一般贯彻。

总之，从整个二分区减租政策贯彻的情况来看是不平衡的。定襄、五台、盂平已经基本上贯彻，山阴、代县、崞县等已是初步贯彻。寿盂、阳曲的中心区也已开始。而广大的游击区则难以贯彻。

三专区的龙华县深入减租后，租佃纠纷得到清理与解决。据不完全统计，1942年，“四区地主与佃户订立的契约就有700多张，五区只许家庄一村就订了80多张。”[5]租佃契约的订立，使地主和佃户都感到“从此安心了”，大多数地主与佃户确已按照减租法令实行了减租，保证了交租。

五专区井陉县刘家会村的情况，是更能说明减租运动深入的一个典型。这个村庄在1940年前，曾实行了减租减息，贫苦农民生活

[1] 边区联会：“目前北岳区的减租运动”，《晋察冀日报》，1944年2月29日。

[2] 《二分区地委关于1943年贯彻减租初步总结与1944年全面贯彻减租指示》，1944年9月5日。

[3] 同上。

[4] 同上。

[5] “龙华县租佃关系的改进”，《新华日报》，1942年9月7日。

得到了改善，1941年秋季反“扫荡”后，该村变成了游击区，农民群众利益得而复失，一些顽固地主借着敌人的势力，加租夺佃，向农民反攻。防口地主何××（当时在伪政府当民政科长），兄弟俩在刘家会村出租滩地80亩，是刘家会最大的地主。他们出租的这些土地，1938年都实行了二五减租，农民取得了耕种土地的永佃权。每亩租额6元，秋后交租。环境变化后，何氏兄弟依恃敌寇的势力强迫农民加租，每亩由6元加到伪钞30元；1942年又强迫农民每亩交租6大斗；1943年冬，何氏兄弟将80余亩出租滩地强行收回，剥夺了农民的土地使用权。这一地区的其他地主在何氏兄弟的左右和带动下，纷纷向农民加租、收地，农民敢怒不敢言。

深入减租运动开始后，抓住刘家会何氏兄弟这个典型，召开佃户会议，发动群众，解除他们的思想顾虑，动员和组织他们向地主开展说理斗争。坚定了减租信心的广大农民，纷纷起来要求何氏兄弟退回多收的租子。县政府根据佃户的要求，将何××扣押起来，向他说明政府的减租法令，责问其加租夺佃的错误。在政府、群众、团体的教育下，何××认识了依靠敌人势力加租夺佃、压迫农民，是违背抗日政府法令的严重问题，诚恳地向政府承认了错误，并表示愿意将多收的租子立即给农民退回。事后并依法与佃户订立了新约，农民的土地使用权得到了保障。刘家会典型村问题的解决，打击了不法地主的气焰。刘家会另一地主霍某，原打算收地夺佃，这时，不仅不敢收地，还向农会表示“一定要坚决执行政府的政策和法令。”[1]过去农民害怕反动势力，不敢减租。而现在则都说：“何××当伪民政科长，还得交统累税，执行减租政策；咱村的坏家伙敢怎么样呢？只要佃户们团结得好，地主就不敢反攻”。[2]

再从平西来看，平西根据地的建设与群众运动的发展，较北岳其他地区为晚，因而在减租减息政策的贯彻与执行上也有先后程度的差别。除昌宛是在1938年2月边区减租减息法令颁布后，执行了这

〔1〕《五专区全面贯彻减租运动总结》，1944年6月。

〔2〕同上。

一政策外，涞水、房涞涿等县都是在1939年或1940年8月《双十纲领》颁布后才开始执行这一政策的。直到1943年10月，真正执行了减租减息，并能保证在减租减息后交租交息的“只是涞水、昌宛、房涞涿和蔚县等中心区村”。[1]即使在这些地区里也存在着不少没有减租，或明减暗不减，高租、增租夺佃的情况。据“涞水县3个区9个村的调查，308家佃户中，有113家佃户没有减过租，占佃户总数的36%以上。在昌宛的天合村21家佃户中只一家减了租。”[2]也有的地区曾实行过减租减息政策，后因环境变化，群众已得到的利益，得而复失。在环境好转后的新开辟地区及恢复再建地区也都还没有实行过减租减息政策。甚至有的区村在地主欺骗蒙蔽之下，还根本没有听说过减租减息政策。根据这一情况，平西便于1943年10月展开了深入的减租运动。平西民政干部以全部力量投入这一工作，充分发动群众逐区逐村地解决问题，形成了广泛的减租减息热潮。过去没有实行过二五减租的区村，依政府减租法令从1941年以后实行退租；减租后仍超过三七五的高租、地主以各种各样形式增租的、长期佃户订立年限的、钱租改为粮租或谷租改为米租的、租额不到三七五而提高到三七五的、租佃地改为佃户自营地的等等，均依据政府减租减息的法令给以纠正或取消。地主和佃户没有订立契约的、契约期满的或契约订错了的，均重新订约。在伴种地问题的解决上，凡地主出牛粮仔种等投资的，秋后从总产量中扣除地主投资。伴种地地主只出土地，不出其他投资的，一律改作租佃关系，佃户应按二五减租后不超过三七五交租。

平西在深入贯彻执行减租的过程中，各县都充分发动了群众，并依据团结抗战的原则，以民主仲裁的方式解决实际问题。据不完全统计：涞水6个典型村（岭东、黄土台、台峪、香峰崖、柏林城、罗府窖）共有佃户183家，退租190余石粮，每户平均得租粮一石多；台峪永佃权退地近37亩；黄土台解决永佃权12件。[3]又据房涞涿24

---

〔1〕 丁原:《平西的减租运动》，1944年1月22日，《晋察冀日报》，1944年2月24日。

〔2〕 同上。

〔3〕 同上。

个村的统计；共退租461石多粮，订约395份；新订租约平均租额占总产量的30%上下。昌宛四区11个村，66个租佃关系，退租73石粮。一区换约335件，解决土地纠纷150件。[1]

平西深入贯彻减租减息后，地主讹诈、霸占、高租、夺佃、强迫农民无偿劳役等非法行径大体上都得到了纠正和解决。既保障了地主土地的所有权，又保障农民土地的使用权。

平北区：在边区减租减息法令颁布后，虽已有个别区村贯彻执行，但由于忙于对敌斗争，一般都停留在宣传阶段，而大部分地区未能真正实行。1944年5月，根据中共中央晋察冀分局对平北工作的指示，平北地分委作出了改善民生深入减租减息运动的决定。在实行过程中，以深入贯彻党的减租减息为中心，以巩固区为重点，采用不同地区不同对待的方法。对业已实行过减租政策而不彻底的地区，着重纠正明减暗不减及减得不彻底的现象，保障与巩固农民的既得利益。对从未实行过减租的巩固及游击根据地在充分发动广大群众的基础上实行减租。在游击区，若具备减租条件的，适当地实行之；没有实行条件的，积极准备条件和创造条件实行减租。平北地分委的决定发出后，在全体民政干部及群众团体的努力下，减租减息运动较深入普遍地开展起来。实行的区域范围及情况可从表7－1至表7－3中所见：

表7－1　　龙延怀联合县减租的区村数统计表

区数	村庄数	总　计
二区	13个村	3个区38个村庄实行了减租
五区	14个村	
六区	11个村	

我们尚未发现平北所属各县完整的减租数目字，但从现有资料看各县都不同程度的实行了减租，仅据龙赤、龙崇赤、昌延三个联合县不完全统计：已实行减租的共有16个区，149个村庄；减租的佃户共有804户。

〔1〕丁原：《平西的减租运动》，1944年1月22日，《晋察冀日报》，1944年2月24日。

表 7－2　　　　龙崇赤联合县减租统计表

区别	村庄数	佃户数	备考
一区	9	39	5 个区 49 个村庄中有 223 家佃户减了租。（二区户数缺）
二区	9	××	
八区	5	19	
九区	15	126	
十区	11	39	
总计 5 个区	49	223	

表 7－3　　　　龙赤减租统计表

区别（项目／数目）		村数	佃户数	地亩数	实减租数	减租率
一区		10				25%
二区		10	93		56.26 石	9 个村 25%，1 个村 20%
三区		10	93			25%
四区		10	300			25%
五区	粮租	5	13	47 亩	3.25 石	25%
	伴种		9	78 亩		25%
	钱租		8	39 亩		
六区	粮租	8	41		7.875 石	25%
	伴种		19			20%
七区		4				20%—25%
八区		5	25			20%—25%
共计		62	601	2 021.7 亩	124.276 石	20%—25%

平北区的清理旧债，也没有各县完整的统计数字，这里只有龙赤、龙崇赤两个联合县的部分材料，如表 7－4 至 7－5 所示：

表 7－4　　　　龙赤清理旧债统计表

项目＼区别	一区	二区	三区	四区	五区	六区	七区	合计
清理件数	68 件	9 件	55 件		19 件		51 件	202 件
清理钱数			5 023 元		1 005 元	7 381.5 元		13 409.5 元
清理粮数			21.44 石		3.5 石		3.49 石	28.43 石

表 7－5　　龙崇赤清理旧债统计表

项别＼区别	一区	八区	九区	十区	合计
债务人	84	44	241	41	410
债权人	49	59	89	31	228

上述龙赤、龙崇赤两个联合县清理旧债的件数共812件。[1]

冀中区：1942年“五一大扫荡”前，绝大部分地区基本上实行了减租减息，“五一大扫荡”后被“蚕食”，封建地主依靠敌伪的势力向农民反攻倒算。将几年来农民斗争得到的民主民生权利夺去，并将敌伪的沉重勒索转嫁到农民身上，“在土地关系中出现了许多问题，如抬高租额、推翻减租法令、明当暗租、假当假卖、隐瞒土地、逃避负担、认差种地等等。迫使广大农民群众妻离子散、流离失所，过着极其悲惨的生活。”[2]在这场敌我斗争异常尖锐的情况下，冀中区在深入贯彻减租政策中，采取了不同地区不同办法的对策，重点放在对敌斗争上，一切工作服从对敌斗争。“在过去业已减租，至今仍为我游击根据地的地区，应继续深入巩固农民群众的既得利益；在减租已被推翻的地区，积极创造条件，待条件具备时及时恢复之；在新开辟地区，积极发动群众，根据主客观条件，在条件具备时实行减租。”[3]

二、保障农民的合法利益

边区各根据地在深入贯彻执行减租减息政策过程中，有的地主采用断章取义的手法，抓住政策中有利于自己的法令条文，加以曲解和扩大，向农民反攻，侵害农民既得利益，引起了许多纠纷，破坏了团结抗战的统一战线。其主要表现是：

1. 地主违法夺佃，侵犯农民土地使用权。所采取的方式一是不够租佃年限的夺佃（包括长期佃户），二是另佃、另当、另卖，不尊

〔1〕见《平北地分委1943年工作检查与总结》。

〔2〕《冀中区党委执行中央五四指示的基本总结》，1947年4月1日。

〔3〕《中共中央晋察冀分局关于彻底实行减租政策的指示》，1943年10月18日。

重佃户的优先权。这两种夺佃都是以地主不顾佃户死活，采取卑鄙手段为共同点的。根据北岳区平山县调查材料，“柏岭村六家地主一年来收回土地近百亩；洪子店镇地主收回土地占租佃地总数的百分之四十以上；东黄塈村王家地主收回土地近六十余亩，失去土地的佃户十余家。”[1]二分区地主所辖的三区，地主非法夺佃更为严重，如“止卜社共有三百五十亩租佃地，被夺佃一百六十六亩；富村夺佃二百五十亩；峨口夺佃450亩（以上均为水地）；东段景夺佃三百亩（旱地）。据不完全统计，三区地主共夺佃一千五百亩左右。”[2]地主曲解法令，压制农民，“在平山许多土地案件中地主控告农民者达百分之八十之多，其中还有不少是地主联名控告的”。[3]地主夺佃的手法很多：有的借口家中生活困难，收地维生；有的借口契约期满或未定契约，随时收回土地；有的把地分一半叫佃户自耕，另一半自己收回；有的假说卖地，价很高，佃户买不起，于是地主把地卖给假买主；还有的为了抬高租额而收地；也有的收回佃农土地后宁肯荒芜或少收成，对佃农施行报复；更有的造谣惑众，威胁佃农而收地的。由于地主的非法夺佃造成许多佃户无地可种，无法生活，甚至携家带口逃亡他乡。《晋察冀边区租佃债息条例》，本有“在抗战期间出租出佃人收回土地，致承租承佃人无法生活者，应减收一部或暂时不收，并另订新约”、“累世承租承佃之土地，视为承租承佃人取得其永佃权，非承租承佃人自愿放弃其使用权者，出租出佃人不得夺租夺佃”的条文规定。但不法地主多方违背，拒不执行，加剧了地主与农民的紧张关系，影响了农民抗战与生产的积极性。

2. 地主强迫佃农加租，侵犯农民合法利益。平山、平定等县有些地主，违背租佃债息条例中关于“实行减租后之租额或新订租佃契约之租额，均不得超过正产物收获总额千分之三百七十五，超过者

〔1〕刘澜涛：“打退地主的反攻全面贯彻党中央的土地政策”，《战线》第113期，1943年版。

〔2〕《二分区地委关于1943年贯彻减租减息初步总结与1944年全面贯彻减租减息指示》，1944年9月5日。

〔3〕抗联会：“目前北岳区的减租运动”，《晋察冀日报》，1944年2月29日。

应减为千分之三百七十五，不及者依其约定”的规定，恣意提高租额，如平山县元方村地主将其累世出租出佃之庄田租额提高到千分之三百七十五以上；有的地主把地租定为麦秋两季并作一季交纳麦租，形成收“细粮”、“土打租”；也有的地主把两季地租收足后仍再分副产物之1/2；孟家庄区段峪村竟有地主因佃户按实收交足了租额，未按死租交付，而向政府告发40余家佃户，诬为“拖欠地租”。灵寿、行唐此种现象也很多。还有的地主为了逃避统累税负担，把出租土地强让佃户登记为自耕土地，将负担转嫁到农民身上。〔1〕根据政府法令1941年以后未减租或减后超过三七五者，须酌情退还佃户。所以在此次深入减租运动中，北岳区8个县1 461个高租的租佃关系中，退租达1 508.57石粮，平均每一个佃户得退租粮1.03石。房涞涿21个村庄的统计，退租达199石粮。〔2〕

平北、平西区内有的地主采用先发制人的手法，当听到要实行减租政策时，便在每一个佃户的原租额上增加25%，待减租后仍为原租额。若佃户反对地主加租，地主则以收地来威胁。

总之，仅“根据北岳区基本地区的不完全材料，近一年来约一万件的租佃纠纷中，绝大部分系因地主夺佃加租等非法行为所引起的。”〔3〕为深入贯彻减租减息政策，维护农民基本群众的优势，调节地主与农民间的矛盾，以巩固团结，共同对敌，边区党和政府领导农民对地主阶级的反攻展开了合法的斗争。所掌握的原则是：

1. 对地主违法夺佃的事实，发动群众展开合法的斗争，地主巧借名目违法收回的土地应立即退回。在契约期满，地主要依约收地时应依具体情况处理。若地主生活优于佃户，不收地仍能自给，而佃户因收地无法生活者，应暂时不收。地主如强制收地，仲裁机关应制止之。若佃户生活优于地主者，得允许地主收回一部分或全部。若地主与佃户生活均能自给，佃户不因收地而无法生活者，得允许地主收回

〔1〕“中共中央北岳区地委关于当前执行土地政策（租佃债息条例土地之部）初步检查纠正右的偏向的决定”，1943年6月18日。《战线》第113期，1943年版。

〔2〕“目前北岳区的减租运动”，《晋察冀日报》，1944年2月29日。

〔3〕《晋察冀边区行政委员会关于贯彻减租减息的指示》，1943年10月28日。

一部分或全部。如双方生活均有困难得允许地主收回一部分。这样才能真正保障农民的土地使用权。

2. 对地主加租造成的高租地及未减租地，均依法予以减租。减租后佃户应依约交租，不得故意拖欠或不交租。对地主的超经济剥削如杂租、上打租、大租斗等未废除者一律废除。

3. 对地主与佃户所定的契约期满者，要根据边区租佃债息条例重订新约。凡未定契约或减租后未换新约者，须依法订立书面契约。

4. 地主收回土地真正自种，及在外经商做事回家种地者，经地主与农民协商，经农救会、政府考察属实，可根据具体情形，退回一部土地准其自耕，以便维持和保证其生活。但若是地主收回土地不种，故意让其荒芜以其对农民实行报复者，农民要依理依法与之斗争。

5. 地主合法收回土地出卖应允许，保障其土地的所有权。但地主出卖时应允许原佃户有优先购买权。如地主收回土地要雇工耕种，原佃户在同一工资下，有优先被雇权。

6. 由于典地回赎问题而造成的出典人与承典人之间纠纷的案件，要本着保障地主土地所有权和保障农民土地使用权的原则，按边区政府规定的《典地回赎办法》处理之。

对地主应区别情况，按照地主的政治态度，不同对待。“对于一般尚未对我反攻的地主，必须注意团结，尽量争取他们对基本群众要求的同情与善意的中立，赞扬他们拥护团结、顾全大局的态度。对于一般业已对我反攻，但尚非坚决反对群众的地主，必须利用调解仲裁，尽量说服教育，使他们打消对基本群众反攻的企图”，把少数顽固地主孤立起来。对少数“蛮横无理的分子，则必须动员群众，依法对之进行坚决的斗争。”[1]由于边区政府领导广大群众对地主的反攻进行有理、有利、有节的斗争，地主与农民之间一度出现的紧张关系得到调整，保护了农民的既得利益，促进了减租运动的深入开展。

〔1〕 刘澜涛：“打退地主的反攻全面贯彻党中央的土地政策”，《战线》第113期，1943年版。

减租政策在边区各地的深入贯彻，进一步树立了基本群众的优势，激发了他们抗战和生产的积极性。进一步调节了阶级关系，增强了根据地各抗日阶级、阶层的团结，使边区人民在最艰苦的环境中同仇敌忾一致对敌。

三、北岳区农村土地关系和阶级关系的新变化

减租减息后农民生产与扩大再生产的热忱空前提高，不少农民有了购买、典进或赎回土地的愿望与能力。农村经济关系中，土地占有关系和阶级关系都发生了有利于新民主主义发展方向的新变化。

首先是土地占有关系的新变化。由抗战前土地日趋集中变为逐渐走向分散。

从典当关系来看，抗战前，当出土地者多是中农和贫农，当入者主要是地主或富农；抗战后，特别是实行减租减息以后，当出土地者多属于地主与富农，而当入土地者则主要为中农和贫农。“据 1942 年北岳区阜平县八个区的调查，1 月至 8 月份内，当地共一千零八亩。佃户依法承当的有八百二十二亩，其他人承当者有一百八十六亩。佃户承当的占百分之八十一点五五。”〔1〕又据北岳区的 24 个村庄的调查，以 1937 年至 1942 年在 834. 57 亩的当出土地中，地主和富农共有 599. 04 亩，即占全部当出土地的 71. 7%。雇（农）、贫（农）、中农当出 235. 53 亩，占 28. 3%。在当入土地 1 019. 87 亩中，地主和富农当入者共计 90. 2 亩，占不到总数的 9%；而有 929. 67 亩，即占 91%的为中农及中农以下各阶层所当入。〔2〕

从土地买卖关系来看，抗战以来卖地者多系地主和富农，特别是地主；买入土地者多为贫农、中农，甚至还有雇农和工人。据 1942 年阜平的调查：当年的头八个月内共计卖出土地 620 亩，佃农承买的有

---

〔1〕 方草：“中共土地政策在晋察冀边区之实施”，《晋察冀边区财政经济史资料选编》（农业编），第 52—53 页。

〔2〕 同上。

492 亩，其他人买入的有 128 亩。原佃农承买的占总数的 79.36%。[1]

据北岳巩固区 1943 年的 24 个村庄的调查材料，其土地的买卖关系如表 7－6 所示：[2]

表 7－6

阶　层	卖地亩数	卖出百分比	买地亩数	买入百分比
工　人	4	0.11	29.80	1.35
雇　农	7.3	0.2（弱）	102.15	4.63（强）
贫　农	492.46	13.4（强）	669.89	30.396
中　农	765.00	20.93（弱）	1 192.18	54.1（弱）
富　农	1 061.3	29.06（强）	113.77	5.16（强）
地　主	1 320.61	36.13（强）	35.25	1.59
小工商业者	4.50	0.12（强）	60.70	2.71（弱）

从表中不难看出，中农、贫农、雇农、工人和小工商业者的土地占有绝对地增加了，尤其中农、贫农增加最多。中农买入的土地占各阶层买入全部土地的一半以上即 54.14%；其次是贫农，占 30.4%；雇农、工人及小工商业者购入的土地合计占 8.69%。地主买入土地者只占 1.6%。富农买进土地者也仅占 5.17%。出卖土地的主要是地主，占 36.13%；其次是富农，占 29.06%；地主富农合计出卖的土地占总数的 65.19%。中农以下各阶层，卖地合计占 34.83%。中农以下各阶层买卖地的特点，大部分是卖远地买近地，卖坏地买好地，或者是卖旱地换水地。小部分是因遭到水旱火灾，才转业或转地谋生而出卖土地的。

上述情况说明，抗战以前那种土地迅速向地主和富农手中集中的状况结束了，相反的是从地主和部分富农手中逐渐向广大缺少土地的贫农、中农以及新发展起来的富农手中分散。

其次，是阶级关系的变化。农村土地占有关系的变化是阶级关系变化的物质基础。由于减租减息政策所引起的土地占有关系的变化，

〔1〕 方草："中共土地政策在晋察冀边区之实施"，《晋察冀边区财政经济史资料选编》（农业编），第 52—53 页。

〔2〕《北岳区农村经济关系和阶级关系的变化的调查资料》，战线社出版 1944 年版。

再加上敌伪对农村经济的破坏，必然引起农村阶级结构的变化。这种变化的基本特点是：

第一，地主阶级的经济地位和势力在迅速下降和削弱，其数量也在迅速减少。

根据北岳区涞源、易县、盂县、五台、唐县、定北、阜平、曲阳、平山、灵寿、行唐和灵丘等12个县32个村庄1941年7月的调查材料：战前1937年原有地主196户，到1941年只有140户了，其余39户转化为富农，有14户转化为中农，还有3户变为贫农。[1]又据平山县的郭苏镇、侯家庄、元坊、峡峪等4个村庄1941年6月的调查材料：战前（1937年）有地主28户，到1941年只有23户了。形式上减少了5户，实际上则减少了7户（有一家地主拆居为3家），这7户地主转变为富农。[2]再据北岳巩固区1942年35个村庄的调查材料："地主阶级在抗战前（1937年）占总户数2.42%，到1941年就下降到占总数的2.06%，但到1942年则继续下降为占总数的1.91%。在土地占有上，在战前（1937年）占全部土地的16.43%，到1941年就降到占11.28%了，到1942年则又降到占全部土地的10.7%了。在劳动力的占有上，抗战前（1937年）雇佣劳动力在全部劳动力中占15.58%，到1941年则占10.28%了，而到1942年则占8.05%了。在畜力骡马的占有上，抗战前（1937年）地主富农占有18.9%，到1941年就降到占3.36%了，到1942年则又降到只占6.64%了。其他畜力如牛骡的占有亦同样的大量减少。"[3]

从上述地主阶级的成分及其对于土地、劳力、牲畜占有情况的变化中，可以明显看出：地主阶级的地位和势力下降，绝对数量不断减少，地主阶级的封建剥削大大地削弱。部分地主开始转化为富农或经营地主。

第二，富农经济由抗战初期的某些下降，到1942年又开始上升。也可以说富农是一面增加，又一面减少的。

〔1〕 彭真：《关于晋察冀边区党的工作和具体政策报告》，1941年9月。

〔2〕 同上。

〔3〕 《北岳区农村经济关系和阶级关系变化的调查资料》，战线社出版1943年版。

原有的富农的经济地位是日渐下降的。前面提到的1941年7月12个县32个村庄的调查和同年6月平山县4个村庄的调查来看："原来的355家富农，有124家降为中农（占原数34.9%），有28户降为贫农，而转化为地主的只有9户。"[1]在平山县4个村庄的71户富农中，有16户（占原数的22.5%）降为中农。这都表示着到1940年为止，富农的情况是不佳的。但另一方面，因为贫农，中农甚至雇农经济情况的改善，上述部分上升为富农，以至绝对数又在增加着。在上述同一个地区12个县32个村庄中，富农的绝对数减少了9户（占2.53%）；在平山的4个村庄中，富农的绝对数则增加了6户（占8.4%）。这两个材料的趋势似乎是矛盾的，实则不然。在平山县4个村庄中，现有的富农有的是佃农式的富农。因为得到了减租的利益，足以补偿其他方面的损失，故有微小的上升和增加。一般地说，富农的地位是在或多或少的下降的，中农上升为富农是迟滞的。这不仅是因为受了战争的影响，而且还反映着我们政策上的某些缺点和错误，特别是富农的负担较重而劳动政策又过"左"。

据北岳巩固区1942年35个村庄的一个调查材料，也说明富农经济有某些下降，亦有某些上升，一般的是停滞。但由于在抗战过程中，富农经济的半封建性和半殖民地性的消失，加之党的政策的正确执行，富农经济又开始表现出上升的端倪。其情况按年份列表如表7－7所示：[2]

表7－7

年份	富农人口占总人口数百分比	富农土地占总耕地数百分比
1937年	8.45	21.93
1941年	7.78	19.15
1942年	7.88	19.56

从此表可看出，富农经济从抗战前到1941年为其下降时期，1941年以后，又开始上升。富农人口在总人口中之比重，抗战前

〔1〕 彭真：《关于晋察冀边区党的工作和具体政策报告》，1941年9月，第69页。
〔2〕 参阅《北岳区农村经济关系和阶级变化的调查资料》，战线社出版1943年版。

（1937 年）占 8. 45%，1941 年降到 7. 78%，1941 年到 1942 年又恢复到 7. 88%。在土地占有上，抗战前（1937 年）富农占有土地的 21. 93%。1941 年降到 19. 15%，1942 年则又回升到 19. 56%。富农经济的一度下降，除战争环境中敌人的掠夺破坏为其直接原因外，中国富农特有的封建剥削，在边区实施减租减息过程中被削弱也是重要原因之一。1941 年后，富农的比重又有了回升，主要是新式富农的增加，这是富农经济和有利于国计民生的资本主义生产受到保护的结果。当时已有不少中农发展为富裕中农。之所以没有大量转变为富农经营者，基本原因是受战争环境的影响。此时，地主也已经转变为富农经营形式。

第三，中农迅速地增加，中农经济得到比较快的发展。

据北岳巩固区 1941 年 7 月 12 个县的 32 个村庄的调查：抗战前（1937 年）中农原有 1 676 户，现在则增到 2 423 户。由占原人口的 31. 57%，增加到 44. 47%。原来的中农则有 39 户上升为富农，7 户转化为地主，有 162 户降为贫农，10 户降为雇农。[1]又据同年 6 月平山县 4 个村庄的调查材料得知：中农由原有的 261 户增加到 367 户，增加了 40. 6%。原来的中农则有 11 户上升为富农，10 户下降为贫农。[2]

从上述两份调查材料看，中农不论在绝对数量还是在相对比重上都在日愈增加，日愈成为乡村的中坚。中农上升为富裕中农的比例较大，上升为富农的过程是很慢的。

北岳巩固区 1942 年 35 个村庄的调查，中农经济的比重也是急剧增加的。1942 年，中农在农村中所占的比重已由 1937 年的 35. 42%，上升到 44. 31%。从土地占有上看，1937 年仅占 41. 69%，到 1942 年，中农已拥有全部耕地的 49. 14%。从占有畜力数量上看，占有骡 52. 16%，占有牛 79. 14%，占有驴 61. 88%。[3]中农经济是抗战期间农村经济发展最迅速的力量，也是农村阶级变化的重要标志。

---

〔1〕 彭真：《关于晋察冀边区党的工作和具体政策报告》第 68 页，1941 年 9 月。
〔2〕 同上。
〔3〕《北岳区农村经济关系和阶级关系变化的调查材料》，战线社出版 1943 年版。

第四，贫农、雇农经济地位显著上升。

减租减息政策在边区普遍实行后，贫农的境况迅速好转。北岳巩固区1941年7月，12个县32个村庄的调查：贫农在战前（1 937年）原有2 478户，到1941年就只有2 155户了。即由全区人口的46.67%降到39.55%。而原来的贫农则有688户上升为中农（占原数的27.67%）；有12户上升为富农（占原数的0.48%）；有3户则转化为地主（占原数的0.12%）；转为商人者5户。只有25户下降为工人或雇农。[1]同年6月平山县4个村庄的调查：战前原有贫农317户，到1941年就只有212户了，减少了105户，占原有户数的33.1%。此105户中有99户上升为中农，占原数的31.2%；有6户上升为富农。[2]北岳区巩固区5个专区9个县25个村庄的调查也说明同样的问题，从抗战开始到1941年4年间，贫农上升为中农的占原有户数的28%，上升为富农的占原有户数的0.48%。将近30%的贫农上升了。[3]

边区减租减息政策的普遍实施，使雇农的经济地位得到较大的改善，雇农的数量逐渐减少。1941年7月北岳巩固区12个县32个村庄的统计，抗战后4年雇农由254户减少到158户。[4]同年6月平山县4个村庄的调查雇农则由65户减为34户。[5]北岳巩固区5个专区9个县25个村庄的调查，从抗战开始到1941年，原有雇农上升为贫农的占36%，上升为中农的占20%，上升为富农的占1.8%。有50%以上的雇农是上升的。[6]据北岳区1942年35个村庄的调查：1937年抗战开始时，雇农户数占全村户数的7.06%，到1942年雇农户数减至3.23%。[7]雇农经济地位的上升和其数量的减少，是当时边区的一般趋势。

〔1〕彭真：《关于晋察冀边区党的工作和具体政策的报告》，1941年9月，第68页。
〔2〕同上。
〔3〕张苏：《边区经济发展的状况与我们的经济政策》，1941年8月6日。
〔4〕彭真：《关于晋察冀边区党的工作和具体政策报告》，1941年9月，第69页。
〔5〕彭真：《关于晋察冀边区党的工作和具体政策报告》，1941年9月，第69页。
〔6〕张苏：《边区经济发展的现状与我们的经济政策》，1941年8月6日。
〔7〕《北岳区农村经济关系和阶级关系变化的调查资料》，战线社出版1943年版。

综上所述，减租减息政策的实施，使边区农村的土地占有情况和阶级关系发生了深刻的变化，特别是贫苦农民的境遇有了显著的改善，封建地主阶级的经济地位大大削弱了，富农经济经过减租减息后的下降，又出现了发展的趋势。中农经济得到较快的发展，贫雇农的经济地位显著上升。这些新变化，大大提高了广大农民的政治地位，进一步巩固和发展了基本群众的优势。因而调动了广大农民的抗日和生产积极性。推动了对敌斗争和战时农业生产的发展。这是晋察冀抗日根据地，在极端困难的环境中，能得到巩固和发展的最重要的原因之一。

第二节　劳武结合　发展生产

一、在战斗中生产

日军所进行的“蚕食”、“扫荡”和经济掠夺，使晋察冀边区不少土地荒芜，劳力、畜力减少，生产工具缺乏，产量大幅度下降，农业生产遭到严重的破坏。抗战的最低限度的需要，成了边区人民最大的负担。再加上连年的灾荒，使边区的农业生产遭到极其严重的困难。

为在日益残酷的战争环境中坚持农业生产，以保证军需民食，边区政府在领导军民粉碎日寇扫荡，实行减租减息的同时，特别注意加强了对于农业生产的组织与领导，采取了具体的措施。加强了对农业生产的扶助，在极其困难的情况下，政府大力领导和组织群众进行抢种抢收的顽强斗争。从巩固的中心区，到沟线边缘的游击区；从冀西山区到冀中平原。到处都在战斗中生产，到处都有紧张的劳动与武装生产相结合的生产战斗场面。这里介绍几个不同地区的“在战斗中生产、在生产中战斗”的情况：

在巩固区：每当日军“扫荡”时，民兵和游击队早已在山头上布置好联络哨，在道路上埋好了地雷，灵活而巧妙地配合八路军主力兵团开始了麻雀战。妇孺老弱带着必需的衣被和粮食等，转移到偏僻的山沟里，住小屋、山洞、岩堂或搭起窝铺。青壮年则把不急用的粮食、家具秘密地坚壁起来，丝毫不露痕迹。一切坚壁完成，就带着牲口、农具、抓机会进行生产。在村与村之间，因为实行联防作战，岗哨可以伸到敌人跟前，用地雷封锁敌人，在距敌人一里半里的地方也能坚持生产。当敌人出动的时候，游击组的地雷、手榴弹就响了，山上的警戒树就倒了，从事生产的人们迅速转移隐蔽。一般是白天在山地生产，夜晚去大道边生产。敌人白天清剿，人们就黑夜生产；敌人黑夜偷袭就又改在白天。转移到偏僻山村里的妇女和老弱，在没有敌情时，“就耕种收割山里的庄稼，割草或干别的副业。一天两头见黑做饭，白天不露烟火，不让鸡狗叫。敌人搜山，他们就在游击队的掩护下转移，敌人上这山，他们爬那山，转移兜圈，神出鬼没。”[1]

1943 年秋，敌人在大“扫荡”以后，实行“蚕食”政策，在灵寿县南沟村东山上安了 4 个堡垒，村里人被迫逃到外村。来年春，劳武结合组织起来，建立游击组，深入南沟，摸着了敌人的活动范围和上午下山、下午不出门的规律，组织全体劳动力，牲口不灵便，就不用牲口，把牲口借给外村，以外村人来这村拨换工。全村男人分成五组：游击组负责警戒；种地组每组 4 人，专门种地；播种组拉耧、扶耧、下种；擦地组擦地、砘地。不管谁家的地，地主人只要决定种什么、出种子，则一律耕种。参加的人都记工，种完后按亩平均，每亩需工多少，长工短工互相还。只 4 天工夫，就全部完成了耕种工作。在我武装力量比较弱的地区，“敌人硬往第一线村庄上派粮食，人民就软磨硬抗。妇女们去请愿：‘我家男人被你们抓去了，没个音讯，家里没人，哪有麦子？’抗不住了，就用上点粮食和上沙子、石头、糠皮，放在家里或场面上，让敌人抢点去；再不就送点去。遇上八路军的游击队又打枪一阵，抢回来还给老百姓，送粮的再报告敌人说八

---

〔1〕 水生：“八年来晋察冀怎样战胜了敌祸天灾”，《北方文化》第 2 卷，1946 年第 3 期。

路军抢走了，敌人也没有办法。”[1]

在游击区：民主政府组织领导广大人民，“首先是硬抗软磨，减轻对敌负担，适当减租，发动平封锁沟墙种庄稼，提高农民生产情绪。”此外，由于“封锁沟墙隔成了两个世界，沟里敌人统治，不许沟外老百姓进去，进去就抓就杀，说是‘匪区人民’。这样，老百姓有地在沟里的，就在头天晚上偷着过沟去，第二天，白天做活，敌人查问，游击村干部就说是本村的。或者沟墙里人家也有沟墙外的地，那就与沟墙外的拨换着种，费工和产量不等就补贴。”在游击区，由于敌人派差太重，“老百姓就派老弱和小孩，青壮年轻易不回家，散在地里干活。”敌人还强迫老百姓种棉花和鸦片，“群众便把敌人发的种子用水煮死，再掺些没煮的种下，出苗不全，就向敌人报告：‘你们籽种不好，我们改种别的庄稼了！’这时棉花，大烟下种的季节已经过去，敌人也没法了。游击区，同样是用合法非法各种斗争形式，打击敌人”。[2]

在“无人区”，可以五台县狐峪沟为例：“五台县狐峪沟，是敌人血洗的‘无人区’之一。这条山沟长三十多里，原有五个行政村，万多人口。1941 年秋，敌寇把这条沟里的人、畜杀得剩下不多，杀剩下的被赶到敌‘大乡’去作牛马。沟里一切能搬走的都抢光了，烧不尽的炸光了。森林死灭，田园破坏，房屋和村庄的基础也找不出来了。被赶进敌人据点的人民，没吃没穿，半月饿死了九十多人。来年没地种更会死人。这时候，民主政府就秘密派人去叫他们回来，帮他们解决吃穿住的困难，人民又靠双手重整凄凉的家园。……敌人每天进沟‘清剿’，人民便创造了新的战斗生活：建立隐蔽的窖洞，人人是游击组员，团结互助，日夜在山头山沟坚持；大家的人力、畜力和家具都调剂使用，政府贷款贷粮，帮助群众组织合作社解决困难。狐峪沟的战斗英雄祁六领导群众抢回了敌寇抢去的二十多头牛，又武装掩护大批乡亲脱离虎口，回到沟里建立生产根据地。经过三四年

[1] 水生：“八年来晋察冀怎样战胜了敌祸天灾”，《北方文化》第 2 卷，1946 年第 3 期。

[2] 同上。

的苦斗，敌来就打就转移，敌走就坚持生产，一切家具坚壁稳妥，窑洞又烧不了，敌人破坏了再重建。……到 1944 年，沟里又有了一百零二户人家。其中四户粮食只够吃到冬，十一户吃到春，十一户吃到夏，其余都一年够吃，三户有余粮。沟里鸡鸣狗叫，庄稼按季节生长成熟，草木照常发芽开花结果；一切是野火烧不尽，春风吹又生！而像狐峪沟这样的地区，从无人到复兴，并且是很多的。”[1]

二、劳武结合

在残酷的战斗环境中，边区人民利用各种可以利用的形式实行劳力与武力相结合，坚持在战斗中生产。1943 年夏，北岳区的阜平、盂平等县开展了拨工运动。秋天，边区政府召开生产会议，推广了阜平的拨工经验，并且具体组织了当年的秋季生产。因而，边区人民进一步把武装组织与互助组织结合起来，创造了各种既便于生产，又便于对敌斗争的“劳武结合”的组织形式。概括起来，主要有以下四种：

第一种是抢收抢种包工队。

为防止敌人抢粮，地主乐意按件记工，既不用管饭，干活又快；有劳动力的则愿意实行包工，可以机动灵活，抓空子干活，又可以多得报酬。所以每逢秋收，麦收抢收抢种大忙季节，不少地区就有组织有领导的形成了大规模的自愿抢收抢种包工队。包工的报酬，一般比平时要多，特别是在劳力缺乏、环境残酷的时期，报酬就更多一些。比如，有的地方，“规定割一亩谷挣五升小米，抢稻中规定三七、四六、对成、三一等分配方法。”[2]所以，广大农民都积极参加，自愿结合若干个小组，在本村或去附近村庄抢收抢种。这种包工队，自愿参加，报酬合理，机动灵活，干活迅速，是当时实行抢收抢种的最好形式。

第二种是抢收抢种大拨工。

〔1〕 水生：“八年来晋察冀怎样战胜了敌祸天灾”，《北方文化》第 2 卷，1946 年第 3 期。

〔2〕《晋察冀边区的劳动互助》，晋察冀边区实业处、农会编印，1946 年 1 月。

这是在农活赶紧、情况紧张时实行的一种集体的劳动互助。一般的是在区村干部的组织与计划下，把全村的男劳动力和畜力，按体力、技术、经验等分成游击、收割、耕地、播种等不同的小组，在游击小组的警戒之下，根据距敌人远近，庄稼成熟前后，由远而近，先熟先割、先收先种的规律，实行分工合作，轮流收割耕种，不论有无劳力，直到全村抢收抢种完成为止。在报酬上，实行“各组满打满算，求得每亩使用工数，再从事计工，若欠工则还工，或还钱。[1]这种组织形式，规模大，人数多，有较严密的计划性与组织性，便于完成抢收抢种的突击任务。不少村庄，在1943年的抢收抢种中，都组织了这种大拨工队。这种组织，由于规模大，必须要有坚强的领导与周密细致的组织工作。只能在群众基础好，有坚强领导骨干的巩固区村庄实行。

第三种是劳力与武力相结合的小拨工。

这种形式是多种多样的：有的是游击组负责警戒敌人，拨工组给游击组成员种田，相互实行变工；有的是在拨工组里抽出两三个人，轮流放哨警戒，其他人则负责种地；还有的游击组本身就是拨工组，平时坚持生产，战时则站岗放哨，并抽空在哨位附近生产（种自己的地和其他拨工组成员在哨位附近的土地）。这些小拨工，人数少，便于组织，行动方便，能长期坚持，是当时最流行的一种“劳武结合”的组织形式。

第四种是封锁沟、封锁墙两边的拨换工。

因为敌人的沟墙分割封锁，使得不少地区甲村被圈在沟墙以里，而土地却被圈在沟墙以外，乙村则被圈在沟墙以外，土地圈在沟墙以里，也有的村庄，土地被分成沟墙里外两块。因此，种地遇到了严重的困难。于是在生产与战斗的实践中产生了换种地和拨工的生产方法。所谓沟墙两边换种地，其方法主要是换地、换种、换肥、换劳力等。换地的办法，“不是按地的亩数，而是按地的产量交换。”[2]既

---

〔1〕“晋察冀的大生产运动”，《解放日报》，1944年8月3日。

〔2〕《晋察冀边区的劳动互助》。

方便，又省工，对双方都有利。沟墙两边的拨工，就是“按土地关系，沟墙内外耕地面积，及劳动力大小等具体情形，以自愿为原则组织了拨工队。”[1]拨工队规定集体劳动的时间，在无法出沟墙时集中突击墙里的土地，一有机会就出沟墙到外边合力耕种沟外的土地，解决了单家独户无法种地的困难。如井陉县某村的拨工队，从1944年的春至秋，6个人合种墙内的地88亩，拨工800多个。另外，还开荒地20多亩，秋季超额完成了生产计划，获得了好收成。

边区军民发扬高度的爱国主义和团结互助的精神，创造的这些“劳武结合”的组织形式，把坚持武装斗争，坚持农业生产同广大农民的切身经济利益密切地结合起来。这些劳武结合的组织，既是劳动组织，又是战斗单位；既便于生产，又便于对敌斗争。因而，大大加强了人民群众的自卫能力，保证了战时生产的开展。无论在巩固区，还是在游击区；无论是在战斗空隙，还是在敌人的疯狂“扫荡”中，几年来边区军民毅然坚持了春耕夏种和秋收，粉碎日军的“扫荡”和掠夺，取得了抢种抢收的胜利。先看每年的抢麦斗争，每逢麦收季节，黄粮遍地，敌伪就突击实行抢麦。为此，边区党政军民一齐动员，熟一片割一片，熟一亩收一亩。快收、快打、快晒、快藏，随收、随打、随晒、随藏。有的地方麦场与地道相通，风车与地道口相连。麦子收打完毕，粮食也坚壁转移。由于组织起来，军民结合，“劳武结合”，每年麦收，几天即可完成。秋收秋种，也是以劳武结合的方式进行的。1943年秋，日军对北岳区进行“扫荡”，并抢夺唐河、沙河滩地的水稻。当地的军民，滩滩村村立即行动起来，誓死保卫秋收。“抢回沙河稻，饿死老洋鬼！”在中共阜平县委书记和农会主任的带动下，组织起来，成立了抢收包工队、拨工队，选出负责人；并且规定了严格的纪律；不迟到、不耍滑；不吸烟、不谈话；镰刀磨快，工具带全；服从领导，听从指挥。收割的人分三成，或分五成，紧急时，谁抢了算谁的，反正不叫敌人抢去！在八路军和游击队的警戒掩护下，每晚蹚凉水过河，先从距敌人远的，长得好的稻田割

〔1〕《晋察冀边区的劳动互助》。

起。结果很快完成了抢收抢种任务。据阜平县五个区的不完全的统计，在抢收期间共组织劳动力 3 000 多人，用工 4 万多个，抢收水稻 8 034 亩，占 5 个区全部稻田 9 540 亩的 84%。[1]成为边区军民组织起来，劳武结合，抢种抢收的典范。

事实证明，尽管敌人的“蚕食”“扫荡”给农业生产造成了极其严重的破坏和困难。但是，由于边区军民实行了劳武结合，利用灵活的形式，克服困难，坚持了战时生产。不仅最大限度地减少了由于敌祸天灾造成的损失，而且保证了军需，维持了民用，渡过了难关，在战胜了 1942 年、1943 年严重灾荒后，1943 年下半年局部地区的农业生产逐步得到恢复和发展。

第三节　生产自救

一、严重灾荒的侵袭

1941 年到 1943 年，在敌祸横行的同时晋察冀边区发生了历史上罕见的灾荒。

1942 年春，冀西地区发生严重春旱。受灾面积遍及 39 个县，继之又发生了严重的春荒。据盂县、广灵、涞源、满城、龙华、易县、完县、云彪、灵寿、房涞涿等 11 个县的统计，灾民已有 47 520 人[2]。入夏，有的地区在苦旱之后，又阴雨连绵，积日不晴，致使不少上地荒芜。完县的几个区和易县的不少村庄，前后外出逃荒者近两万人，有的村庄所剩无几。还有的地区，如曲阳、完县、灵寿、行唐、平山、代县、崞县等，在久旱之后，又受大风和冰雹灾害的袭击。行

〔1〕《四三年秋季反“扫荡”中阜平军民的抢稻斗争》，山西档案馆藏件。

〔2〕贾正：《今年春荒救济工作的经验教训》，1942 年。

唐、灵寿等县，不少村庄“房屋塌毁，牲畜被压毙。”[1]严重的自然灾害，使冀西大部分地区秋季歉收。不少地方仅有三四成年景，有的地方甚至绝收，不少农民“连个秋饱都闹不上”。敌人的冬季大“扫荡”，又使仅有的收获，遭到了抢掠和破坏，灾民人数又有增加。1943年春，除北岳区的完县、曲阳连续大旱以外，冀中区也发生了严重旱灾，受灾面积达冀中全区的4/5。不少地区无食灾民，逃荒走口（去张家口一带逃荒）者激增，荒芜土地的情况向冀西根据地的中心地区的边沿和腹地蔓延，并波及北岳区的第三、四、五专区，其中以易县、阜平、完县、曲阳等四县为最严重。据上述4个专区14个县43个区3月底4月初的不完全统计，灾民总数为64 393人，还有从敌占区逃来的难民11 600人。[2]

灾荒从1942年春开始，到秋后情况日趋恶化。1943年初，冀西根据地中心区的边缘和腹地，相当数量的灾民已经断炊。据曲阳三区太平庄的统计，全村共170户，春节时没米下锅做饭的，即有70多户。[3]据四专区统计，三月间各县无食的灾民数目已达到惊人的程度：[4]

曲阳	三个区	8 238 人
唐县	四个区	2 480 人
完县	四个区	3 000 人
阜平	四个区	2 983 人

4县15个区无食灾民总计16 701人。另外，从对完县两个区人民生活情况的调查来看：[5]两个区合计，春节断炊者已有2 791人，能维持到阴历6月份的仅有3 335人，无食灾民仍在急剧增加着。见表7－8所示：

〔1〕 王稼祥：“晋察冀边区的财政经济”，《群众》第9卷，1942年第3、4期。

〔2〕 “北岳区当前的灾荒和我们的斗争”，《晋察冀边区工作研究参考资料》第11集。

〔3〕 同上。

〔4〕 同上。

〔5〕 同上。

表 7－8　　完县一、二区人民生活统计（3 月初的调查）〔1〕

区别	总人口	粮食能吃到的月份					
		当下无食者	二月	三月	四月	五月	六月
一区	18 157	1 441	3 002	2 541	2 614	1 452	1 339
二区	20 440	1 350	2 716	2 775	3 442	3 314	1 996

中国历史上的严重灾害，往往造成“人相食啖”的惨状。在根据地和游击区当然不会再出现这种现象。但是，这次灾荒也恶化到非常严重的程度；“有些地区不断发生饿死人的现象，大多数灾民以花生皮、花生秸、荞麦皮、山药秸、甘草等充饥，糠、菜、树叶、求之不得。在阜平集市上，灾民抓起土豆就往嘴里塞，小孩子捡地上的红枣核当吃的。行唐瓜家峪一家以一百四十元出卖五岁的小孩。某村灾民，以孩子换几升红枣。”〔2〕这些情况在上述的灾区中，已不是个别的现象。灾民无食饥饿难忍，于是偷盗现象不断发生，弃家逃荒严重，沿街乞讨者迭起，各地疾病广泛流行。敌祸天灾，给人民带来了亘古未有的灾难。

二、军民同心抗灾荒

1942 年秋，当严重的灾荒在冀西的完县、唐县、易县等地刚刚出现时，边区政府即于 10 月 20 日，及时发出了《关于救灾工作的指示》，提出了具体救灾办法。号召灾区人民救灾度荒。同年 11 月，边区政府又布置了生产运销救灾工作。1942 年 12 月，中共北岳区党委在《关于目前对敌经济斗争的决定》中，明确提出，要以“合作社的组织，组织灾民生产运销，渡过冬荒，防止春荒”，并强调生产运销是救灾工作最有效的办法。所有这些救灾措施，都取得了一定的成绩。但是由于敌人残酷的冬季“扫荡”和经济封锁，以及在救灾工作中对于生产运销的领导不够统一等原因，未能阻止灾荒的蔓延。

〔1〕 表内的月份是阴历。“当下无食者” 指阴历正月断炊的灾民。

〔2〕 “走到救灾生产的阵线上去”，《战线》，1943 年第 105 期。

1943年初，灾荒日趋严重，晋察冀军区司令兼政委聂荣臻命令军区八路军每一个军人每日节省一定数额的粮食，拨充救济受灾同胞的用途，政府的经济机关和民众的经济组织，如银行、工商管理局和合作社等，要把救灾工作看成自己的责任；强调救灾必须要标本兼治，治本的方法就是积极发展生产，同时要实行各种治标的办法；号召全边区同胞，本着历来互助友爱的精神，实行一口饭运动，救济灾荒同胞。

边区政府和北岳区党委提出的救灾办法是：

第一，由政府拨发部分粮款，赈济无食灾民，帮助灾民恢复生产；第二，开展广泛的节约募捐活动；第三，把分散的灾民组织起来，开展生产运销和各种家庭副业，实行生产救灾；第四，组织救济委员，深入调查，一村一户地解决问题，灾区的共产党支部"应成为救灾生产的堡垒"，[1]如有灾民而不设法救济，要追查责任。从此，救灾度荒就成为当时最中心的工作之一。

边区政府在1942—1943年连续发放大量的农业贷款和救灾款。1942年发春耕贷款200万元，1943年又发春耕贷款900万元，解决灾民购买农具、耕畜、种子的困难。边区政府还筹集专款和粮食，对灾民实行紧急赈济。1942年春荒时，拨款达35 600元，拨粮780石，救济北岳区部分灾民；秋季，政府将收回的一部分春耕贷款用于救灾；同年11月，边区政府拨出救灾贷款共200万元；截止正月止，边区政府发给北岳区的救济粮达3 000石。1943年春荒时，政府以一部分公粮作为赈借粮，分发三、四、五专区灾情严重的县份，其中给三专区800石，四专区1 400石，五专区500石，对灾民进行急赈。具体办法是，"每人每日四两小米计算，赈济或借与之"，"以村为单位，以三分之一为借粮，三分之二为赈粮，对最贫苦无劳动力者赈与之，有生活能力者则借与之。"[2]

政府拨发救济粮款的同时，广泛开展了群众性的节约募捐救灾

---

〔1〕"中共北岳区党委关于紧急救灾的指示"，《战线》，1943年第105期。

〔2〕《晋察冀边区行政委员会对于目前救灾工作的指示》，1943年3月5日。

运动。1942 年春荒时，北岳区的群众发扬互助友爱的精神，踊跃捐输。定县提出了“一把菜，一把糠，帮助乡亲过春荒”的口号。在群众慷慨行动的影响下，有些富户也借贷出部分粮款。据统计，龙华、完县区村借款 5 059 元，龙华、完县、阜平、唐县区村动员借贷粮 187 075 斤。募集的钱款，大部分用于为灾民另谋生计，募集的粮食，大部分借与灾民，小部分实行放赈。1943 年，节约募捐运动更为广泛地开展起来。在部队中，开展了每人每日节约“一口饭”运动；军政工作人员和民众的经济组织，都踊跃参加了节约捐献，并取得了显著的成绩。比如：四专区，在曲阳进行了“一把糠，一把菜”运动。在 3 月间，曲阳 3 个区已募集到红枣 1 191.5 斤，糠 352.62 石，蔬菜达 4 624.5 斤，粮 59.75 石，款 4 212 元，大麦面 86 斤。阜平 8 个区募集到粮食 2 475 斤，蔬菜 3 249 斤，救济灾民 339 户。[1]五专区在 3 月份，仅平山、灵寿两县即募集粮食约 460 石，款 11 508 元。[2]到 4 月份，平山县共募集粮食 200 石，枣 200 石，其他食品 300 石；平定县共捐款 50 000 元，粮食折米 2 980 斤；井陉县共捐款 70 元，粮食折米 1 608 斤；灵寿县共捐款 6 500 元，粮食 120 石；曲阳县在“一把米一元钱”的运动中，共捐粮 75 石，糠 955 石，边钞 22 230 元，枣 1 600 斤。[3]

边区各军政民机关工作人员带头节约，募捐救济灾民。如，第一专区军政民机关各级干部，将 1943 年 4 月份的全部零用费两万余元捐出，“以万余元急赈五台‘无人区’连续回来的灾民，其余用来救济三、四、五专区灾民”；[4]井径县政府全体干部将节余的粮食全部捐出。民众的经济组织也踊跃参加节约募捐。如，北岳区社联合会号召“各级社将现存公益金拿出救济灾民，脱离生产的干部，尽量节省一件衣服，捐出两个月以上的零用费，以救济灾民”。[5]五专区县

[1] “北岳区目前的灾荒和我们的斗争”，《晋察冀边区工作研究参考资料》，1943 年第 11 集。

[2] 同上。

[3] “各地生产救灾猛烈开展”，《晋察日报》，1943 年 4 月 25 日。

[4] 同上。

[5] “响应聂司令号召，各地开展生产救灾运动”，《晋察日报》，1943 年 4 月 17 日。

联社理事长会议，“号召节约衣服粮食，并将县社公益金完全拨出，救济灾民”;[1]三专区各县联合社及办事处，纷纷节衣省用，慷慨解囊。易县县联社 11 名工作人员，捐出的衣服费、零用费达 455 元；二专区公私合营商店，将“职员奖金”的半数汇四专署救济灾胞。此外，边区印刷局工人共捐款 1 896 元，由联工会送边区政府用于赈济；边区保育院也把每月节余的费用捐出来救灾。党政军民，一齐动员，捐款捐粮，积少成多，集腋成裘，广泛的节约，募捐运动取得了显著的成绩。据不完全的统计，在 1942—1943 年的灾荒期间，冀西各部队、机关，共节约小米达 50 万斤之多；群众共募集粮食多达 8 377 大石，糠 1 693 石，小米 24 507 斤，蔬菜 3 000 斤，边币达 20 万元，还互助借粮一千多石。[2]

边区政府拨发粮款和军民募捐运动的广泛开展，急救了大量的无食灾民，大大减少了饥荒，使饥饿无食的灾民绝处逢生，恢复了劳动能力，投入了生产救灾和抗日救国的斗争。

三、生产救灾

战胜严重灾荒的根本办法，是开展群众性的生产自救，想尽一切办法把灾民组织起来，开展生产救灾运动。1942 年冬和 1943 年春，农事不忙时，主要是组织和扶助灾民开展纺织、运销及各种家庭副业。

1942 年冬，纺织救灾首先在完县试行。此后，在灾情严重的三、四、五专区大规模地开展起来。其方法是：“由县联社集中使用贷款，县联社之下按灾区与需要设区办事处领导村社，村社组织灾民经营纺纱（纺纱小组）、织布（织布小组），县联社与办事处集中管理，村社分散经营。由县联社办事处供给原料（棉花与纱），经过村社发到灾民，发棉取纱、发纱取布，同时发给工资。如此运转起来，灾民

---

〔1〕“响应聂司令号召，各地开展生产救灾运动”，《晋察日报》，1943 年 4 月 17 日。

〔2〕水生：“八年来晋察冀边区怎样战胜了敌祸天灾”，《北方文化》第 2 卷，1946 年第 3 期。

所得工资即可维持生活。”[1]为解决灾民纺织工具的困难，合作社备有大批纺车，廉价出售。无购买力的，县联社为其垫款，所垫款项在灾民所得工资中逐渐扣还。这样，合作社就把大量分散的灾民组织起来。从1942年12月中旬到1943年1月间，纺织救灾即普遍开展起来。据统计，三专区发出棉花1.5—1.6万斤，纺成线1万余斤，发出纺织工资12万元；四专区纺线18 752斤，织布629尺，发出工资9.5万元。到1943年2月中旬，二专区参加纺织的人数有6 000人，发出工资13万余元；四专区参加纺织的人数有10 714人，发出工资达263 987.2元（不包括阜平、曲阳、唐县的织布工资数）；五专区参加纺织的人数有4 401人，灾民得利41 920元。随着春荒的日趋严重，组织起来参加纺织的人数也愈增加。到3月底，仅四专区参加纺织的人数即增加到22 304人之多。到5月中旬，据完县、唐县、曲阳、阜平、云彪五县的不完全统计，参加纺织的人数已有24 383人，织布人数2 039人，摇转纺车14 789辆，使用织机1 755架，纺线44 013斤，织布6 854尺，完全盈余达29.7万元。[2]灾民应得纺织工资，合作社多以实物发放，根据灾民的需要发给棉花或粮食。这样，不仅工资受不到物价变动的影响，而且减少了灾民赶集买粮的困难和麻烦，使其有更多的时间从事纺织。纺织救灾的广泛开展，不仅使部分灾民免除了饥饿的威胁，解决了生活上的困难，而且也解决了根据地军民的衣着。同时由于妇女从事纺织的经济收入成了维持家计的重要部分，因而也提高了她们在家庭中的地位。

在运销救灾方面：所谓运销，就是从沟线外敌占区和游击区吸收大量的棉花、粮食和食盐，用棉花进行纺织，把棉花运往察南、雁北和晋东北，再把粮食运回冀西，以解决民食。具体办法是由政府通过合作社贷款给灾民，经商贩运粮食、盐等，或由合作社、商店运销货物，组织灾民进行转运，赚取工资以维持生活。在运销中，工商管理局和合作社负责供给货物，指导路线，并派熟练的村干部或灾民负责

[1]“生产救灾工作的初步检查”，《边政导报》第5卷，1943年第3期。

[2]“四专区生产救灾成绩”，《晋察冀日报》，1943年5月16日。

组织。为便利灾民运销往来，还在运销路上设多处货栈，提供食宿。如遇意外，货栈代管保存货物，大大方便了运销工作的开展。

运销救灾工作的开展，取得了显著的成绩。从 1942 年 12 月到 1943 年 6 月，三专区组织灾民 3 000 余人，贷款 10 万元。灾民得利 5 万元；四专区组织灾民 9 271 人，灾民得利 15.84 万元；五专区由联运办事处组织灾民购运粮食，以低于市场的价格售给灾民，到 1943 年 2 月，即调剂小麦 339.5 石，杂粮 159 石，食盐 125 792 斤，土布 5 521 尺，只平山一县灾民得利达 37 801 元。[1]到 2 月、3 月间，运销救灾进一步展开，把更多的灾民组织起来。据 3 月上半月的统计：四专区五个县贸易贷款人数为 2 510 人，若以各种业务平均计算，尚可得利 9.5 万元，可购米 1.9 万斤。[2]若以县来看，易县成立运输小组 420 个，参加人数达 2 273 人。如柏家庄购运小组，每人贷款 100 元，在一个月内各赚 150 元；干河运输小组，运粮三次共得利 500 元；九区桑岗运粮一次每人得利 70 元，能维持 3 个人的生活。到 4 月初，仅曲阳一个县参加贸易工作的人数有 3 861 人，贷款 28 506 元，私人资金 70 435 元，盈利 502 824 元。[3]运销救灾工作的开展，刺激了大量私资投入到生产中来。如唐县的一、二区，在 3 月份半个月内动员私资 32 200 元；曲阳三区岗北一村，即动员私资近 2 万元。在 3 月份内，完县一区贸易总资金 55 065 元，私资占 32 580 元；二区贸易总资金 36 453 元，私资占 23 283 元。私资超过了贸易贷款的资金，占总资金的一半以上。私资的大量增加，说明运输救灾工作的胜利进展，不少灾民在运销中赚了钱以后，又把资金投入到运销救灾中来。同时，政府又进一步周转贸易资金，把非灾区的贷款转放灾区。这样，就使更多的资金转移到灾民手里，促进了运销救灾运动的进一步开展。

贸易运销救灾运动，不仅解决了大量灾民的生活，给群众贩运了便宜的粮食和日常必需品，而且冲破了敌人对边区根据地的经济封

---

〔1〕“走到生产救灾的阵线上去”，《战线》，1943 年第105 期。

〔2〕“北岳区当前的灾荒和我们的斗争”，《晋察冀边区工作研究参考资料》第11 集。

〔3〕同上。

锁。由于运销救灾运动的开展，还团结了沟线外的人民，解决了他们部分的生活困难。

因地制宜、因人制宜地开展其他各种家庭副业，也是救灾的主要途径。比如打柴、编筐、织席、榨油、开矿、烧柏油等。这样可把大部分有生产能力的灾民，组织到生产救灾的斗争中来。如，易县的灾民不少到狼牙山打柴为生。阜平县七区同家沟的灾民组织起来烧柏油，向山西运销，每斤可换回小麦半斤或其他杂粮一斤，解决了部分灾民的生活困难。另外，阜平县参加编筐织席的有 350 人，织毛口袋的人有 320 人，并以此解决了生计。

通过合作社组织灾民纺织运销，从事各种副业，以济燃眉之急。但是最根本的办法还是发展农业生产。1943 年春季，救灾工作逐渐与春耕生产结合起来。边区政府在北岳区发放春耕贷款 234 万元，帮助灾民和贫苦农民解决农具、种子、耕畜的困难；大力提倡劳动互助，解决劳力不足的问题；动员军政机关工作人员帮助群众生产。到 4 月中旬，北岳区凿井 350 眼，变旱地为水地 1 200 亩，并且新修滩地 600 亩，[1]到 5 月中旬，仅完县、唐县、阜平三个县统计，就制造犁铧及其他铁制农具 6 828 件，木制农具 1 206 件；完县，唐县还准备粮种 10 石，蔬菜种子 1 723 斤，开渠 92 道，凿井 237 眼，增加水地 4 867 亩[2]。

边区军民以极大的毅力和艰苦卓绝的斗争，战胜了敌祸天灾造成的严重祸患。据不完全统计，仅北岳的三、四、五专区在 1943 年春的 3 个月中，有“两万以上的妇女参加了纺织工作，上万的群众参加了运销工作，得到盈利和工资不下六十万元”。[3]再加上边区政府的贷款、借粮，军民的募捐赈济，使绝大部分农民免于饥饿与逃荒，在生产中克服了困难。逃荒的灾民，陆续返回家园。如完县一区不完全统计，在 3 月份逃荒回来的就有 125 户 545 人。“唐县三区马家峪村，3 月份内从外面回来五户，他们在外面要不到吃的，有的卖

〔1〕“响应聂司令号召，展开各种生产救灾运动”，《晋察冀日报》，1943 年 4 月 17 日。
〔2〕“四专区救灾成绩”，《晋察冀日报》，1943 年 5 月 16 日。
〔3〕劳农：“目前生产救灾工作的几个问题”，《战线》，1943 年第 105 期。

掉妻子和儿女，只剩自己光杆回来；有的把孩子冻死在外面”。[1]他们谈到自己的悲惨遭遇，看到根据地生产救灾成绩，无限感动地说：“逃到什么地方，人家也不给吃的，还是边区好，政府关心咱们!”“政府也是困难的，政府没忘了咱们。”“政府真费心，给咱们想办法，给吃的，叫参加生产。”[2]在生产救灾中发展了纺织、运销事业，从而打破了敌人的经济封锁，活跃了边区的经济。在生产救灾斗争中消除了部分群众坐以待毙的“靠天吃饭”的消极思想，增强了战胜困难的信心，通过救灾斗争考验了各级组织，锻炼了边区的干部，更进一步密切了党政军民的鱼水关系，加强了军民之间、各阶层人民之间的团结。在严重的困难中巩固了抗日根据地。

第四节　改良农业

一、兴修小型水利

边区政府非常重视水利事业，以增进灌溉量。1940 年以前已开凿了几十条水渠，1941 年，提出“消灭熟荒、防止新荒、开展小型水利”为重点的农业发展方针。[3]

1941 年 8 月，边区政府召开了第二次经济会议，总结了近年来发展农业生产的经验，调整了农业政策，改变了以开垦荒地、扩大耕地面积为重点的方针，把兴办水利事业列为发展农业生产的重要措施。会议指出，“开发水利，增加水田，这是在旧农业基础上提高技术，增加生产最有效而现实的方法，政府不惜以巨资帮助民众，地方

〔1〕“北岳区当前的灾荒和我们的斗争”，《晋察冀边区工作研究参专资料》，1943 年 4 月。
〔2〕同上。
〔3〕刘英基：“晋察冀边区九年来的农业生产运动”，《北方文化》第 2 卷，1946 年第 3 期。

应格外对此努力”。[1]鉴于历来开垦山荒造成水土流失的教训，会议认为，“开垦山荒，得一时之利，受百世之害，沙滩浩浩，洪水滚滚，多为开山所造成，山地要为平原着想；现在要为将来着想。”[2]明确提出要反对无限制的开垦，并决定35度以上（以后又改为50度以上）的山坡，一律禁止垦荒，要用以植树造林。这种思想是很有远见的，摒弃了眼前的利益，从更长远的历史发展考虑问题，是值得赞许的。边区政府号召各地农民“开展‘开小渠运动’，以期积小成多，收效普遍”。[3]1943年春季旱灾严重，边区政府除继续发展小水渠外，还在水位浅、有凿井传统的冀西平原地区采取民办公助的办法，大力开展凿井工作。

水利事业，已引起农民极大的兴趣，1938年制订的《奖励兴办农田水利暂行办法》已不适应新的需求。边区政府于1943年2月重新颁布《晋察冀边区兴修农田水利条例》（简称《水利条例》），对于兴修水利的原则、土地的占用、费用负担、水量分配及渠道管理等，都作了明确的规定，其主要内容有：

第一，关于兴修水利的原则，《水利条例》规定：“凡边区可资利用之河流泉水，人民均可开凿利用。但工程费用大于土地之受益或对边区生产价值得不偿失者，不得开凿。”

第二，关于土地的占用，《水利条例》规定：凡开渠凿泉占用土地或损害别人房屋者，须经县政府批准；土地所有者，有要求地价或租金之权，其数额由县政府按当时当地情形规定。如果占用不能生产之土地，土地所有者不得要求地价或租金。这些规定，既避免了无偿的占用土地，又制止了某些地主趁机索要高价的弊端。

第三，关于兴修水利的费用负担，《水利条例》改变了以往全由佃户、当户负担的不合理状况，明确了水利的建筑费用由地主负担

---

〔1〕张苏：《边区经济发展的现状与我们的经济政策》，1941年8月6日在边区二次经济会议上的报告。

〔2〕同上。

〔3〕宋劭文：“边区行政委员会工作报告”，《晋察冀边区财政经济史资料选编》（总论编），第513页。

(由种地户先垫付，地主收地时按未失效用之部分工程价格偿还之)，每年的水利维修费用均由耕地户负担。

第四，关于水量的分配，《水利条例》规定：如原水渠水量灌溉有余时，方可以增修新渠，增修新渠部分只能使用余水。如果原水渠水量不足，上游一律不得另开新渠，以防止影响原水渠的灌溉。水量分配和灌溉的次序，要就各户土地之多少，庄稼之种类以及水量的多少而定，不得搞平均主义。

第五，关于水渠的组织管理，《水利条例》规定：在水渠开凿时，要由各“受益有关之村庄，共同组织渠工委员会”，负责渠工事务；渠工已竣，则由“受益地户共同组织管理委员会”，负责渠道的管理和一切灌溉事宜。并且要订立使水公约，共同遵守。

上述内容，总结了几年来兴办农田水利的经验，充分照顾到各阶层农民特别是贫苦农民的经济利益，规定了兴办水利和灌溉用水等一些比较合理的办法，从而剔除了过去水利施工及管理上的弊端，减少了在水利费用担负及使用问题上的纠纷。兴办小型水利，工程量小，财力物力较易筹集，用不着政府大量贷款，或根本不需要贷款。土工按工分摊，土石就地解决，技术比较简单，勿需精密勘察测量，当地的“土专家”即可指导。合股农民共同协商即可动工；工程小占地少，费用负担轻，渠道管理和水量分配等问题，都比较容易解决；工期短受益快，可以积少成多普遍受益。处于战时环境，小型水利工程不易被破坏，即遭破坏也较易修复。事实表明，开展小型水利事业，是在战争环境中，在生产力落后的农村提高农业生产的现实可行的好办法。

1941 年春，在敌人大“扫荡”以前的春耕运动中，北岳区的水利事业，曾取得了很大成绩。据不完全统计，仅平山等 11 个县，即开新渠道达 701 道，浇地 60 770 多亩。[1]同年开工的曲阳县的沙河渠、行唐灵寿的行灵渠和涞源县的城南子渠，是著名的“三大水利

---

〔1〕 宋劭文：“边区行政委员会工作报告”，《晋察冀边区财政经济史资料选编》（总论编），第 513 页。

工程”，灌溉面积都在百顷以上，工程艰巨，贷款不少。但是，由于敌人的“扫荡”，沙河、行灵两渠工程，尚未完成，即被敌人“蚕食”而去。城南子渠几次复工兴建，历尽艰辛，才于1943年完成。但常遭敌人破坏的这些较大的水利工程，没有充分发挥水利工程应有的作用。1942年开展兴修小型水利以来，情况发生了很大变化。据统计，1942年北岳区整理旧渠64道，浇地13 123亩（九县）；开新渠256道，浇地20 844亩（十五县）；凿井1 206眼，浇地3 183亩（十二县）；修滩13 733亩（十一县）；修堤坝100道，护地13 462亩（六县）。〔1〕以上除修滩、筑坝护地面积以外，一年内共增加水田37 150亩，每亩可增产5市斗，总共可以增产粮食185 750市斗。1943年北岳区的小型水利又取得了显著成绩，仅据上半年的不完全统计，开渠12道，可浇地1 880亩；修滩18处，得良田4 170亩；修护滩工程33处，可护地10 130亩；凿井289眼，可浇地817亩；总计共得良田16 977亩。〔2〕

北岳区发展小型水利的结果“能浇三亩两亩、十亩八亩的水渠，二年之内已布满全北岳区”。〔3〕上千眼水井遍及冀西平原。“灌溉面积已超过著名‘三大工程’的好几倍，并减少政府大量贷款。”〔4〕这些水利工程，对于改进农业技术，增加农业产量，特别是在1943年和1944年的抗旱斗争中起了很大作用。1945年初，《解放日报》介绍了北岳区开展小型水利的经验说，这是当时“北岳区农业建设上最成功的一件大事”。〔5〕

二、改进农业技术，开展农事试验

改进和提高农业生产技术，是提高农业生产力的重要前提。

---

〔1〕 宋劭文：“边区行政委员会工作报告”，《晋察冀边区财政经济史资料选编》（总论编），第514页。

〔2〕 “北岳区大兴水利”，《解放日报》，1943年7月23日。

〔3〕 陈凤桐：“北岳区的农业推广”，《解放日报》，1944年12月2日。

〔4〕 同上。

〔5〕 同上。

早在1938年1月，边区政府就明确提出要发展农业生产，除普遍实行减租减息，提高广大农民的生产热情以外，还必须进行农业技术的改进和提高，要“设立农业技术改良机关，协助农民建立合作社，大量制造农具，指导农民育种、播种、施肥、土壤等各种技术之改良”。[1]同年，边区建立了第一个实验农场，开始了农业生产技术的试验和研究工作。那时边区政府刚刚建立，百业待举，边区发展农业生产的主要工作不得不放在垦荒修滩和春耕夏耘秋收之上。

1940年8月和1941年4月，边区召开了第一次经济会议和高级干部会议，总结了抗战以来的经济工作和生产建设经验，研究了如何进一步发展生产的问题。关于农业生产，会议认为：“扩大耕地面积，这是增加生产的一个方法，但不是主要的方法，因为耕地面积是有限的，特别是在边区，一般的耕地面积大都已开发了，扩大面积的可能已不大”。[2]今后发展农业的主要方面是“要在边区提高技术”。[3]即要加强对于耕作方法、品种改良、水利利用、工具改良、增加肥料、家畜饲养等技术的研究试验和总结推广工作。为改进和提高生产技术，会议根据边区农业生产技术的状况和战时条件，提出了如下几项具体措施：

第一：发展边区的农业生产，“主要的还是依靠原有的技术”，“原有技术是普遍的，现实的，有把握的”。[4]因此，必须要充分发挥边区原有技术的作用。同时，还要特别注意总结原有技术、普及优良技术，我们的生产技术虽然落后，但原有技术也有不少优良的东西，今天需要把它总结出来，使它普遍发展”。[5]比如，“深耕易耨”、修造梯田、增加肥料、兴办水利等优良技术，均可广为发展。

第二，适当地运用近代科学技术。在边区“使用现代技术的可能性不大，但近代产业的发展，也有许多过程的，比较低级的科学技

〔1〕“经济问题决议案”，《晋察冀工作研究参考资料》第2集，1944年8月22日。
〔2〕张苏：《生产与合作》，1940年8月5日在边区经济会上的报告。
〔3〕同上。
〔4〕张苏：《发展生产事业》，1941年4月在第一次高干会议上的报告。
〔5〕同上。

术，我们能采用的地方并不少。要提高生产技术，就须尽可能地运用那些技术”。[1]比如，农学上的“品种试验，杂交试验，是改良种子增加产量的重要方法。这种方法，需要广泛的应用”。[2]

第三，招聘技术干部，奖励技术。边区各实业部门和生产部门，技术干部缺乏，各级政府应大力发动，广泛访求与网罗技术人才。有“科学专家固然很好，土专家也很重要，土专家的经验应与科学家的原理结合起来”。[3]给这些专家以优厚的待遇，帮助他们政治上取得进步，使他们积极工作。

第四，设立农业技术研究试验机关，根据边区的具体环境和条件进行农业技术改良和试验研究工作。其主要任务是：“研究科学技术，研究科学技术在边区的具体应用，进行进步技术的推广工作”；“总结生产上的经验教训，深入研究，推广原有技术中的进步技术”。[4]同时，各级政府要想方设法通过各种路线从敌占区的大中城市搜集和购买中、外文技术书籍和技术设备。

第五，提倡“学习技术、掌握技术、普及技术”。[5]要开办专门学校或短期训练班，培养造就技术人才，培训各级实业部门的干部学习技术，选拔经过实际锻炼的技术干部充实实业部门的技术力量。要求行政干部要学习技术，“实业行政干部虽然不一定是专家，但至少要有常识，要懂技术”，[6]克服行政干部中存在的“鄙薄技术”的偏向，提高对于实业的领导和管理水平。同时，技术干部必须要学习政治深入实际，克服技术干部与实际脱离的偏向，把农业技术广泛运用到生产实际工作中去。

为加强对农业生产的管理和指导，1940 年 12 月边区政府成立农林牧殖局（简称农林局），集中边区的部分农业技术人员，分设农艺、畜牧、水利、推广等专业小组，负责指导农业技术的研究、试验

〔1〕 张苏：《发展生产事业》，1941 年 4 月在第一次高干会议上的报告。
〔2〕 同上。
〔3〕 同上。
〔4〕 同上。
〔5〕 张苏：《生产与合作》，1940 年 8 月在边区经济会议上的报告。
〔6〕 张苏：《发展生产事业》，1941 年 1 月在第一次高干会议上的报告。

和推广等工作。农林局以下先后成立了两个农事试验场、一个繁殖场和林场，作为边区农业技术的试验研究机关和技术推广的场所，为鼓励生产技术研究，促进生产技术的改进和提高，边区政府于1941年7月正式颁布了《晋察冀边区奖励生产技术条例》，规定凡边区人民对于农业、林业、水利等农业技术有创造发明者，均视其成果给予精神或物质奖励（奖金100元到1万元不等）并且规定：凡边区人民欲作生产技术研究试验者，得请求边委会批准，可赴边区工矿管理局或农林牧殖局的研究室工作，试验期间的生活费及实验费，均由边委会供给；其自行研究所需经费不足或缺乏者，得请求边委会酌予补助一部分或全部。所有这些鼓励技术、召集人才、培养人才、坚持深入实际提高农业技术的措施，使边区在战争环境中从无到有建立了自己的农业技术队伍，促进了农业技术试验研究和推广工作的开展。

农林局的干部和技术人员，在高山深处的落后农村，在仪器设备极端缺乏的战争条件下，坚持着农林技术的实验。他们向书本学习、向当地农民请教、深入调查北岳区农林水利等技术状况，总结原有的农业技术、推广先进的农业技术。有时为了调查要爬山越岭长途跋涉，有时一种试验，费尽几年辛苦，被敌人毁之一旦。但是，他们不怕困难、不怕失败，坚持一次又一次的试验。技术人员的心血和汗水，终于换来了不少的成果，并在不少农村得到广泛推广。

在农业技术方面：农业实验场坚持“少而精”的原则，以试验本地优良品种为主，采取一种试验两地进行的办法，使作物品种试验获得成功：小麦可增产10%，玉米能增产10%—20%，茄子可增产40%。[1]

在育种方面：培养成功了燕京811号、燕京14号、燕京15号等抗旱新谷种，可以增产10%—25%；黄牙齿、白马牙、大金贵等玉米新品种均可增产10%—20%。[2]这些新品种在北岳区的平西、冀西不少农村，广为种植。另外，大麦、小麦黑穗病和枣尺蠖（枣树的虫害，又俗称枣步曲）病虫害的防治，也取得了成果。

---

〔1〕 张帆：“晋察冀边区的农林建设”，《晋察冀日报》，1943年1月17日。

〔2〕 同上。

在农具改良上，制造了“五一”水车、滑轮犁、三角耙、活底粪筐等新式改良工具。同时，还总结推广了固有技术中的优良技术，比如，广泛推广了“深耕易耨”、“不误农时”经验，搜集了本地的“深耕一寸，顶上一粪”、“粪大水勤”、“锄带三分雨”、“稀田出大穗、密植多打粮”等有益的农谚。组织指导农民开展了压绿肥运动、推广绿肥种植、改革农家肥的保存方法等。推广了田间选种、温汤浸种等进步技术，开始改变北岳区农村不浸种、不选种的落后状况。为解决北岳区的棉麻供给，农林局还组织农民学习冀中的植棉技术和冀南的种麻技术。

在农田水利技术方面：边区的水利技术人员，在敌人的炮火中，同当地的“土专家”和广大农民打成一片，终日东奔西跑、勘查测量、监修堤坝、指导放淤等，直接组织指导了边区大大小小水利工程的建设，帮助农民制定使水公约，解决水量分配，推广了水利工程和水利管理技术。同时，还结合北岳的实际改良和制造了一些水利工具。如“五一”水车、水利自动机、改良井架、手摇吸水机、土制水平仪、水利簸箕等。其中“五一水车”，在广大地区得到推广。在阜平山区，还号召农民改变了“刨山”的习惯，学习平山县修梯田技术，收到了一定的效果。

在林业方面：边区农林局和林场的技术人员组织农民植树造林，特别是在北岳区河滩地区，建造了大片的护滩林、护岸林、护堤林；在山区指导农民进行荒山造林、播种造林，以防止水土流失；保护了不少农田。同时，还在北岳山区组织特约林场，吸收当地农民为特约林家，由林业技术人员指导农民修枝、间伐，改造天然林，推广黑枣、胡桃、柿子等果树的接枝技术，发展果木林业。总结北岳区原有的“照山”（村有或户有的禁山）经验，发展禁山造林，保护公私林木。推广农民在园田地头的育种苗的技术，大力发展“小苗圃”，积少成多解决了树苗的来源，保证每年春季造林运动的开展。在果树移植技术试验方面，也取得了不少成绩。比如边区林场苗圃在从来不产花椒的易县培育成功了花椒树苗，在从来不长胡桃的阜平县九区培育成功了胡桃树，“打破了‘一方水土养一方人’的狭隘经验主义说

法”。[1]为保护和发展林业，边区林业技术人员还大力普及护林教育，宣传护林、造林知识，帮助农民制定“实际具体、简明通俗、妇孺容易上口”的护林公约，[2]合理地解决了林益分配问题，提高农民发展林业的积极性。

在畜牧技术方面：边区农林局繁殖场着重调查研究当时的优良家畜、家禽的饲养和管理方法，在边区加以推广。同时，为解决部分地区的急需，培养了一批马、骡、驴的繁殖技术人员和兽医，开展防疫、检疫工作，尽可减少战时牲畜的损失。另外，繁殖场还进行了部分外来品种的培育和推广实验，并取得了一定的成果。比如，边区农林局繁殖场饲养的来亨鸡，每年可产蛋达 300 个，比本地鸡多三倍；波支猪每年每头比本地猪多产肉 40 斤；美利奴羊每只比本地绵羊多产羊毛三倍，而且羊毛又细又长。[3]又如，繁殖场饲养的瑞士奶羊，是当时世界上唯一的奶羊品种，每只羊一天可接鲜奶六磅以上。[4]这些品种很受当地农民的喜爱。其中来亨鸡的饲养，在北岳部分地区已进行了推广，深受农民欢迎。

北岳区的农业试验和农业技术的推广工作取得的成果是显著的。尽管现在看来，其水平还是很低的，技术还是落后的，甚至可以说是微不足道的，但是，它对于当时农业技术的改进，对于帮助农民克服严重困难，发展农业生产，起了很大作用。同时，农业技术推广工作的开展，特别是“深耕易耨”、“精耕细作”技术的广泛提倡，为 1944 年以后边区大生产运动的开展作了思想上和技术的准备。尤其值得提起的是，边区的农业技术人员在党和民主政府的领导下，坚持了从具体情况出发，深入实际调查研究，为群众着想，为生产服务的道路，在广大落后的农村首次播下了近代农业科学技术的种子，为边区的经济建设培养和锻炼了第一代新型的农业技术和农业管理人才。就这一点来说，北岳区的农业试验和推广，其意义是深远的。

[1] 陈凤桐：“北岳区的农业推广”，《解放日报》，1944 年 12 月 2 日。
[2] 同上。
[3] “农林局实验成绩优良”，《晋察冀日报》，1942 年 2 月 22 日。
[4] 赵烈：“晋察冀边区农林牧殖场”，《解放日报》，1943 年 11 月 17 日。

第八章 实行统一累进税

敌后根据地处在敌伪的包围封锁之中，一切方针都以适应敌后抗战需要和抗日民族统一战线政策为原则。在财政政策上采取的是适于团结抗战建国的合理税收，主张按照财产的多少来规定纳税的多少，除最贫困的人民免税外，其余的公民，工人、农民、城市小资产阶级、民族资本家、地主均在内，都有纳税义务，而不应将税款完全放在地主、资本家身上。初期边区征收的合理负担和救国公粮，也还存在着不合理和不完善的地方，主要问题是负担面太窄，一般只占40%—50%，不利于广泛地动员人民的财力物力支援持久的抗战。为保证人民负担的平衡合理，把边区财政建立在健康与持久的基础上，边区政府提出和实行了新的税制——统一累进税。

第一节 统一累进税的提出

实行统一累进税是中国共产党在民主革命时期的一贯主张。从中国共产党第二次代表大会以后的历次代表大会发表的政纲中，都重申了这一主张。在抗日战争进入相持阶段以后，毛泽东曾指出，在“主要的大城市与交通线丧失之后，国家财政经济必大现困难，没有新的有效的办法，便无以渡过战争的难关。然而只要实行新的政策，

动员人民力量，便任何困难也能够克服。……在于实行一种新的战时财政经济政策。”[1]同时，他在谈到财政税收问题时又指出：“在有钱出钱原则下，改订各种旧税为统一的累进税，取消苛杂和摊派制度，以舒民力而利税收。”[2]根据这一精神，1940 年 8 月 30 日中共晋察冀边委颁布的《晋察冀边区目前施政纲领》中，对于晋察冀之税收政策明确提出：“实行有免征点和累进最高率的统一累进税（以粮、秣、钱三种形式交纳），整理出入口税，停征田赋，废除其他一切捐税；非经边区参议会通过，政府不得增加任何捐税。”在此基础上，晋察冀边区政府总结了过去实行合理负担的经验，于 1940 年底先后制订了《晋察冀边区统一累进税暂行办法》和《暂行办法实施细则》，并征求各界人士意见，于 1941 年 3 月 1 日又公布了《修正统累税暂行办法》。3 月 22 日公布了《晋察冀边区统一累进税暂行办法施行细则》。在此之前还先后公布了《统一累进税分数评议章程》和《统一累进税审查委员会章程》等，为开征统一累进税完成了一切法律程序。此后，边区政府又组织大批干部，深入到各村庄，对土地、资产和收入等进行了调查评议，开始征收工作。

统一累进税是一种进步的税收制度，是按照“有钱出钱、钱多多出”的原则征收的，是最公平的税收制度。能够更好地体现“取之合理”的政策。“实行统一累进税，是边区财政建设新阶段的重要内容。……是边区征税制度向高阶段的发展。”[3]开征统一累进税，在边区的财政建设上具有重要的地位，条例公布后，曾作为边区政府的一项中心任务在各地贯彻执行。北岳、冀中和平西大部地区都贯彻执行了统一累进税，效果很好。从此以后边区的税收制度就稳定下来了，一直到抗日战争胜利，边区大部分地区是执行的这个办法。冀东和平北地区特殊，斗争环境复杂，所执行的仍是合理负担办法。

实行统一累进税，是边区税收制度上的一次比较彻底的改革。所谓统一包括两个意思：

[1] 毛泽东：《论新阶段》，1938 年 10 月 12 日。
[2] 同上。
[3] 晋察冀边区行政委员会：《关于我们的统一税》，1940 年 12 月。

第一个意思是，把所有按资产或收入征收的税，都统一于这一种税。把以往征收的田赋、营业税、所得税、印花税、烟酒税和烟酒牌照税、救国公粮等税合并，只征收一种统一累进税。

第二个意思是，把边区各级政府征收税的权利，完全统一于边区政府。过去财政分为边区款、县款、村款三级，各级都有征收权。这样隐瞒、截留、浪费的现象比较严重。现在除村款开支仍由村合理负担自筹外，县区以上的收支，统归边区政府统筹统支。这是进一步健全预决算制度，使预决算完全走入正轨的重要途径。

所谓累进，是对比例税率来说的。人们的收入有多有少，收入多的人负担能力就大。如果不按收入多少纳税，是不合理的。累进，就是钱多的人要纳较多的税，钱少的人就少纳税，并按照收入多少分级，制订不同的税率。收入越多，税率越高，这就是累进税的意思。

统一累进税还有一层意思，它是直接税，是向财产所有人和收入的所得人征收的，它不转嫁于任何人。

这就是说统一的、累进的、直接的是统一累进税的三个基本特点。实行统一累进税，使人民负担更趋向合理，使边区税收制度向高级阶段发展。

第二节　统一累进税的基本内容

一、确定纳税人和征税范围

1941 年 3 月 20 日边区政府修正公布的《晋察冀边区统一累进税暂行办法》，是实行新税制的第一个法规。这个文件共分 8 章 35 条，主要内容有以下方面：

（一）关于纳税人

办法规定：边区之经常费、临时费悉依本办法向财产所有人、收入所得人统一累进直接征收之。这就是说，凡在本边区有资产或有收入的一切单位和个人，都是统一累进税的纳税人。这项规定，使边区的纳税人口，由原来的40%—50%上升到80%。负担面的扩大，既有利于边区财政力量的增强，又有利于抗日民族统一战线的巩固和发展。

（二）征税范围

统一累进税的征税范围，按照条例规定分为资产和收入两大类。资产的征税项目有：土地、商业投资、存款、公私合营之贸易局投资、证券、存粮、存货及金银珠宝等。征税的收入项目有：

1. 土地、林木、羊群及家庭副业之收入；
2. 房租、存款、证券、存粮及利息；
3. 公司、商店、行栈、工厂、合作社及个人经营事业之收入；
4. 公私合办事业之收入；
5. 属于临时经营事业之收入；
6. 自由职业及从事各业者薪给报酬之收入。

此外，还规定了免征统累税之财产和收入项目，其中包括房屋、工业投资、合作社股金、水利投资、畜养、一切用具、各级政府或团体之基金存款及边区公产、县公产、各级学校校产、脱产之党务人员、军队、政府、群众团体之工作人员、教职员及靠体力和脑力劳动直接所得生活费等之收入均予以免税。

二、确定统一的计算单位和方法

（一）标准亩和富力

统一累进税征收的范围很广，课税的对象，既包括农业，又包括工商业和劳务工作者。有的是对资产课税，有的是对收入课税，课税的客体各不相同，必须有一个统一的计算单位。这是计算统一累进税的一个特点。计算单位有下列几种：

计算土地数量的为“标准亩”。它是个抽象的计算单位，是土地的质量与数量的综合折算单位。既考虑到它是资产的因素，又考虑到

它的生产成果。是资产和收入的综合反映。在 1940 年征税开始时，土地折合标准亩，一般地区以平均年产 1 担 6 斗为一标准亩；冀中地区产量较高，以平均年产 1 担 8 斗为一标准亩。后来又经若干次修改，逐步趋于合理。

除土地外的其他资产和各种收入的计算单位为“元”。

“标准亩”和“元”是两个不同数量单位，不能据以直接计算税款，必须有一个统一的折算单位，这就是“富力”。

“富力”也是个抽象的计算单位，是课税客体的数量反映。总“富力”就是课税客体的总称。

“分”是应纳税额的折算单位，起着税率的作用。然后就可以根据每年下达的单位“分”值计算税额了。

上述这些抽象的计算单位，是一个很大的创造，把复杂的课税对象和不同的课税客体，都统一起来了，使这个十分复杂的税种，实现了既统一又累进的要求。

上述各种计算单位的折算依据：

标准亩，1941 年规定以三年平均年产谷 12 市斗为一标准亩。

元：以晋察冀边币“元”，作为其他资产和收入的单位。

富力：自营土地以一标准亩为一富力；出租土地以一个半标准亩为一富力；佃耕土地以两个标准亩为一富力；土地以外的资产，以 200 元为一富力；收入以 40 元为一富力。

分：是定额累进税的可变税款，具体数额是根据每年的财政需要和农业的收成情况分年确定的，没有固定的数字。

统一累进税之征收单位定名为“分”，是因为税额是累进的，必须先将富力折成分数才能作为征收单位。以分为征收单位在全边区是统一的。

按富力定分，1941 年规定的办法是：第一等富力以 1 分计算；第二等每一富力以 1 分 1 厘计算；第三等每一富力以 1 分 2 厘计算；第四等每一富力以 1 分 3 厘计算；第五等每一富力以 1 分 4 厘计算；第六等每一富力以 1 分 5 厘计算；第七等每一富力以 1 分 6 厘计算；第八等每一富力以 1 分 8 厘计算；第九等每一富力以 2 分计算；第十等每一富力以2分2厘计算；第十一等每一富力以2分4厘计算；第十二等每一富力以2分6厘计算。

1942年边区政府公布的《统一累进税税则》对税等和富力定分作了如下修正：税等改为16等级，第一等每富力以8厘计算，第二等以8厘5计算。第五等以1分计算，以后每加一等，以增加1厘计算。第十六等以2分1厘计算。

分数确定后一般不再变动，而每分的负担量是比较灵活的，如边区政府规定的每分应纳税额：1941年为1.35市斗米；1942年为0.9市斗米；1943—1945年为0.85市斗米。

（二）税额的计算

统一累进税的等级，开始公布时共分十二等，按照每人平均（扣除免税点）富力的多少，分级累进征收。计算程序如表8-1所示：

表8-1

纳税等级	每人平均富力（扣除免税部分）	每级负担分数	累计应纳分数
1	1	1.0	1.0
2	2—3	1.1	2.1—3.2
3	4—6	1.2	4.4—6.8
4	7—10	1.3	8.1—12
5	11—15	1.4	13.4—18
6	16—20	1.5	19.5—25.5
7	21—30	1.6	27.1—34.5
8	31—40	1.8	36.3—46.5
9	41—55	2.0	48.5—76.5
10	56—75	2.2	78.7—120.5
11	76—115	2.4	122.9—216.5
12	116以上	2.6	219.1

表列每户每人的平均分数，每年在征收统一累进税之前，都要进行调查，由各户自报资产和收入，然后由村和区先后进行审定和评

议，确定其应负担的富力和分数。

关于免税富力（亦称免税点）的扣除，因地而异。1941年边区的规定为1.5富力。即按资产和收入合计计算，按人平均不足1.5富力者，予以免征。但由于各地的经济情况不同，收入也有很大差异，如一律按1.5扣除免税富力，在经济情况较好的地区，几乎人人都要纳税。反之，在经济落后的地区，负担面则仍然很小。为了解决这个矛盾，边区政府又规定，以行政村为单位，纳税人口最低不得少于全村总人口的70%；最高不得大于总人口的90%。在此原则下，免税富力的分数可以适当地降低或提高。但必须保持负担面70%—90%的幅度以内，不能超越这个幅度。

1942年5月边区政府重新修正税等税率，如表8－2所示：

表8－2

税等	扣除免征税后每人平均富力	单位税率（每个税率折多少分）	累计税率（全部税率共折多少分）
1	0.5	0.8	0.4
2	1.0	0.85	0.825
3	1.5	0.90	1.275
4	2.0	0.95	1.75
5	2.5	1.00	2.25
6	3.0	1.10	2.80
7	4.0	1.20	4.00
8	5.0	1.30	5.30
9	6.0	1.40	6.70
10	7.0	1.50	8.20
11	8.0	1.60	9.80
12	9.0	1.70	2.50
13	16.0	1.80	24.10
14	31.0	1.90	52.60
15	51.0	2.00	92.60
16	81以上	2.10	155.60

统一累进税的计算方法并不复杂，但计算的依据要真实可靠，标准要统一；另外还要查清楚财产与收入的属人属地问题。

属人，就是人在哪里，就在哪里计算纳税，而不管其财产在何处。属地，就是根据财产所在地纳税，而不管其人在哪里。这一问题，过去没有得到很好的解决。平山采取的办法叫做“属人属地主义”，即属人和属地并取。平山县有盂县人的土地很多，他们对此采取属地，就是土地在某村，即在某村纳税。而对平山县人在其他县内的土地，便又实行属人，也在平山县纳税。唐县完全采取属人的计算方法，这样的办法，对有些村子都是佃户，种别人土地的，当地不能取得收入，所以吃亏很大，对发展本村的建设很不利。五台县是属地。因没有找出统一的方法，发生纠纷很多。究竟采取哪种办法好？按道理讲，属人好；在执行上，属地好，各有利弊。边区政府对这一问题根据资产收入的实际情况作出了如下规定：（1）凡财产所有人之财产收入不出其所在之县者，均就其所在村合并计算。但对其散于村外之财产收入，为了便于计算、征收和照顾村与村之间负担，规定一个适当的界限，即占外村财产收入富力 1/3 以上者，属地计算，分别就其财产收入所在之村征收；在 1/3 以下者则属人征收。（2）财产所有人之财产收入不在其所在县者，均在财产收入所在县立户，统一计算，分别就其财产收入所在之村征收。（3）财产所有人不在边区者，属人计算，属地征收。（4）财产所有人在边区，其在边区以外之收入，属人计算，属人征收。村公产、县公产、没收之汉奸财产，均就所在村分别立户、属地计算征收。

统一累进税是以个人为单位计算分数，人口的多少，对税额的计算有着直接关系。根据《晋察冀边区统一累进税税则》关于人口计算的规定，概括起来有以下几点：（1）计算统一累进税不分男女老幼大口小口均以一人论。（2）散有之财产收入均按其实有人口计算。（3）工商业者，一户均按一人计算。（4）族田、公产、投产、没收之汉奸财产一户均以一人计。但实际无人口者，即不扣除免税点。

第三节　全面开展统累税的征收工作

一、组织动员和调查评议

统累税的征收工作，不仅仅是财政部门的工作，它是全边区军政民的共同任务，也是政府各部门的共同任务。宋劭文曾指出：各部门互相配合，深入进行政治动员和组织工作，才能有统累税征收的胜利。[1]

在统累税征收工作的全过程，政治动员“应被视为是一种具有决定意义的工作。”[2]因为统累税的税收政策，是最适合于抗日民族统一战线和边区经济发展，也最适合于广大民众的自身利益。这一政策，“必然要为边区广大的民众所拥护和乐于执行；只要经过我们深入的政治动员之后，而使他们能够彻底的了解到统一累进税政策的本质，了解到统一累进税政策与其自身利益之间的联系。”[3]

边区政府从实际出发有针对性的作了组织动员工作，对实行统一累进税的有利与不利条件作了调查分析，认为有利条件为：第一，1940年的民主大选举，已为边区的民主政治生活奠定了有利的条件；第二，几年来的各项方针政策，是深得人心的，为广大人民群众和抗日的开明士绅所拥护，他们对实行统一累进税，表示积极支持；第三，统一累进税的具体政策和办法，是多次与各有关方面研究讨论，最后由边区政府以法令公布施行的；第四，已积累了丰富的动员工作经验。其不利条件是还存在着一些阻力和困难：第一，虽然在政治上边区的基本群众占据优势，但主要的生产资料却掌握在地主、富农手

---

〔1〕《晋察冀边区财政经济史资料选编》（财政金融编），南开大学出版社1984年版，第469页。

〔2〕同上，第403页。

〔3〕同上。

中，有些不明大义的地主、富农和资本家，不愿意尽纳税义务，而消极抵制。特别是他们利用长期的统治经验，经济上的优势和技术上的特长、用引诱收买操纵种种方法，使基本群众甚至个别党员入其牢笼，逃避其应纳的赋税，而增加统一累进税动员的困难。第二，群众暂时的局部利益和边区总的战略任务间有矛盾。征收统一累进税须改变负担面小的现状，负担面将扩大到人口的80%，难免有一些落后的群众不了解自己的纳税义务和民族利益的一致性，而产生不满情绪；第三，日寇“扫荡”和加紧封锁，影响边区经济的发展，也给纳税数量的调查统计造成一定的困难，再加上敌伪汉奸及隐藏在边区的反共顽固分子的煽动破坏，在群众中产生一定影响；第四，征收工作在技术上存在着一定困难，特别是村干部能写会算的不多，征税离不开写写算算，这些难题不解决将影响任务的完成。

边区政府要求各级干部必须学会技术，掌握技术，对简单的统计工作等起码的技术知识要精通。使一切破坏者无隙可乘，并以身作则，在群众中起模范带头作用。

组织动员的方法。首先由军政民组织按系统进行动员。利用群众团体的会员大会、村代表会，村民大会等群众集会，进行宣传教育，动员依靠有组织群众去号召、团结无组织的群众并去做抗日士绅、地主、资本家的工作。其次，建立群众性的推行组织，由党、政、军、民抽调适当的干部共同组成统一累进税推行委员会，协助政府推动统一累进税的实行。

边区政府还发动一切宣传机构，从政治上反复说明统一累进税的重要意义，在群众中以口头宣传为主。因为边区农村的文化水平低，一些具体问题，用简单文字又很难说得清楚。所以口头宣传，可以启发群众民主讨论和辩论，收到很好的效果。

在政治动员的基础上，组织干部，深入群众中开展调查工作。在执行统一累进税工作中，调查工作是个重要而又很困难的工作。调查工作不深入，调查结果必不确实，匿报现象一定严重，会影响到负担人口减少或每分实际负担的加重。

调查工作，要求做到确实、公平、民主。即对土地、工商业或其

他财产收入都尽量调查清楚；把户与户、村与村、区与区及县与县之间的土地折算标准亩，财产收入折算富力，以及各种计算要求基本上一致；并要求干部工作方法与作风要民主。

边区统一累进税的课税对象主要是土地，土地是调查的重点。调查工作最大的障碍是村本位主义和假报现象。村本位，主要是一些村干部害怕本村分数调查高了，负担要重，因此隐瞒土地和财产，逃避负担。

边区政府，根据自然条件划分成调查区，区政府派员与村干部组成调查组。每一小区包括五个到八个行政村，按步骤依次调查，甲村完成了第一步骤，即进行乙村，乙村完成了第一步骤，即进行丙村。使小区各村评定地等的标准基本上达到一致。为达到小区与小区之间的调查公平，行政区召开了干部会，交流平衡。行政区之间平衡则由县召开会议解决。对于那种讨便宜逃避负担的错误想法和作法予以说明和教育。冀中地区，在调查过程中，开展了反假报和创造模范户主活动。所谓模范户主，就是在填表申报时，实事求是，有一说一，有二说二。冀中主任公署还规定了联村调查和侧面调查，[1]防止以多报少，降低产量，隐瞒土地等不良现象的发生。

调查工作开展后，同时要进行审查评议工作。审查和检验调查的材料是否确实、公平、合理。为做好此项工作，边区政府规定，县区村分别组织统一累进税审查委员会。县审查委员会设委员7人，区审查委员会设委员5人，村审查委员会视村庄之大小设委员5—11人。各级审查委员会之委员，均由各该级人民代表机关（村区代表会、县议会）选定，或由驻会代表（或议员）推定之。审查委员会人员，应自调查工作开始就参加他们的工作，以掌握所属范围纳税人财产和收入的具体情况，作为审查的依据。

各级审查委员会的审查事项，边区政府公布的《审查委员会章程》指出：

---

〔1〕 联村调查，是指由三五个行政村组织起来，联合进行调查工作，互相监督。侧面调查，是指调查组干部，除调查户主外，可向了解户主情况的人、如邻居、村干部、长工等等，进行调查核实。

（一）村审查委员会之审查事项如下：

甲、本村各户财产收入之填报调查是否确实。

乙、杂粮折合，财产收入折价，各种财产收入折合富力是否合理，户与户之间是否公平。

丙、人口计算是否正确。

丁、属人属地之计算是否合于规定。

戊、除免税点是否合于规定。

己、分数之计算与统计是否无误。

庚、应报区改算之各户调查表分类是否正确。

（二）区审查委员会之审查事项如下：

甲、本区各村财产收入之填报，调查是否有隐瞒情形，村与村间是否公平。

乙、杂粮折谷，财产收入折价，各种财产收入折合富力是否合理，村与村间折合比率是否基本上一致。

丙、各村分数之计算与经济区改算各户之分数与分数统计是否规律。

丁、应报县改算之各户调查表分类是否正确。

戊、其他各项与第一款丙、丁、戊项相同。

（三）县审查委员会之审查事项如下：

甲、本县各区财产收入之填报调查是否有隐瞒情形，区与区之间是否公平。

乙、杂粮折谷，财产收入折价，各种财产收入折合富力是否合理，区与区间折合比率是否基本上一致。

丙、各区分数之改算计算统计与经县改算各户之分数及分数统计是否无误。

丁、其他各项与第一款丙、丁、戊项相同。[1]

所谓评议，是统一累进税纳税人对于村公所、区公所或县政府调

---

〔1〕“统一累进税审查委员会章程”，《抗日根据地政策条例汇集》第2辑（晋察冀部分），1941年2月5日。

查决定之应纳税额有疑义时，向人民代表机关（村、区代表会、县议会）提出书面理由，请求复议的办法。评议工作由各级民意机关承担，它是统一累进税调查、计算、审查工作达到公平、合理在组织上的又一保证。

各级人民代表机关接到申请评议人之请求评议书后，根据所陈事实，分别责成申请评议人所在村（或区）之人民代表，进行具体调查。“各级人民代表机关进行评议，应于每届调整人厘定统一累进税纳税分数时，将所有申请评议事件，逐一调查清楚汇齐后，总合召集会议一次进行之，但村代表会得多至二次。”[1]在评议时采取公开的形式进行，申请评议人及同级政府代表可以列席申述意见，其他与评议有关之区村人民也可列席旁听，以充分体现统一累进税之合理负担政策和边区民主的政治生活。另外，对一些瞒产瞒地的户主，也可以公开评议，使其受到教育，心服口服。如冀中“某某商会主席，经过评议后，还没等到会议决定，他就把他所有的财产自动的完全报告出来”。[2]

二、统一累进税的征收工作

统一累进税的征收分为三种形式，即粮、秣、款三种，在冀中区还包括柴草。原则是纳税人有什么交什么。但是为了保证部队的供给，边区政府对于各地征收粮食的种类，也都规定了不同的征收比例。对交纳的各种粮食和柴草，也都规定了折算价格，以便交纳。

1941 年 2 月平西、冀中、冀西开始积极推行统累税的宣传工作，各县办起村级干部训练班。2 月，《晋察冀边区统一累进税暂行办法》公布，各地开始调查财产收入和人口情况。从 1941 年 6 月起，冀中和北岳先后征收统一累进税，“全边区分数共 1 660 万分（其中冀中区 1 000 万分，北岳区 660 万分），每分负担小米 1.35 市斗（北岳

〔1〕“统一累进税分数评议规则”，《抗日根据地政策条例汇集》第 2 辑（晋察冀部分），1941 年 2 月 5 日。

〔2〕《晋察冀边区财政经济史资料选编》（财政金融编），第 419 页。

区）至 1.4 市斗（冀中区），约合库粮 18.9 斤。”[1]

关于负担面，冀中负担人口达总人口的 92%；北岳区平均为 74.4%，有的县超过 80%，最低的为 60%。冀中的纳税富力占总富力 62.8%。各阶层负担的数量是不同的，据冀中两个代表村的统计，单钱粮两项（柴草及地方款未计算在内），地主负担占其总收入 22%，富农占 18%，中农占 10%，贫农占 3.5%。

至于统一累进税的完成情况，据冀中区统计，到 1941 年底，全区“共计征收统一累进税 1 600 万元，占分配数的 80% 以上”，[2]如除去灾情、敌占区减免一部分外，和分配任务相差无几，完成了征收任务。使统一累进税占到当年本区财政总收入的 93%，为实现了“量入为出”的原则打下了基础。当年的财政收入用于本区的政费等开支占 12%，向边区的上解款达 88%（其中用于在冀中的部队军费占去 77%，实际上解的占 11%）。这一年冀中向边区运布十余万匹，上交款 300 万元，完成了支持边区的任务。

在北岳区，1941 年度统一累进税税款完成和解库的情况[3]如表 8 – 3 所示：

表 8 – 3

专区	县名	完成百分数	解库百分数
一专区	五台	118.104	114.427
	盂县	109.101	108.588
	定襄	80.864	59.262
	崞县	84.312	80.892
	代县	29.887	22.840
	寿阳	100.832	43.026
	忻县	91.352	85.708
	阳曲	74.484	71.871
	山阴	71.022	59.539
	共计	84.43	71.79

[1] 孙元范：“关于统一累进税在晋察冀的实施”，《解放日报》，1942 年 8 月 10 日。

[2] 张佳寺：“冀中五年来财政工作总结”，《晋察冀边区财政经济史资料选编》（总论编），第 704 页。

[3] 《边区导报》第 4 卷，1942 年第 22 期。

续表

专区	县名	完成百分数	解库百分数
二专区	灵丘		62.003
	繁峙		95.937
	广灵		64.657
	浑源		49.646
	应县		58.731
	共计		66.19
三专区	易县		95.730
	涞源		80.801
	满城		76.189
	徐定		83.283
	龙华		113.683
	共计		89.937
四专区	唐县	97.313	96.799
	阜平	99.379	95.467
	完县	70.241	67.300
	曲阳	99.497	83.565
	定唐	90.476	30.410
	云彪	100.000	35.587
	共计	92.818	68.188
五专区	灵寿		95.061
	行唐		63.564
	井陉		122.131
	建屏		86.063
	平定		76.261
	平山		94.617
	共计		89.616
总计			73.946

北岳区统累税款征收工作，原定1941年8月10日开始，因日军向我根据地大规模“扫荡”，故各专区推迟到9月初开始征收工作。战争影响了征收与解库，是税款任务完成不好的重要原因。但是在同样环境中，一专区完成解库任务71.79%，五专区则是89.616%。二

专区征收成绩不好，主要是调查工作和分配任务存在着缺点，数字不真实，负担不合理，故只完成解库的66.19%。至于征得款数和解库款数之间有差额，有些是因为反“扫荡”中来不及解库，也有些是属于对解库抓的不紧所造成。据北岳22个县的统计，损失税款事件多达81次，损失款数11.32万元。有的是坚壁后被偷、被烧、被猪食鼠咬损失的；也有的是身上带款被抓、被搜或被敌追赶中丢失。尽管发生过上述种种差错，边区政府广大税收干部都是为响应“不失一分钱一斤米”，“与公款共存亡”的号召而努力的。有不少的优秀干部，为此忠勇殉职，给人民留下了许多可歌可泣的事迹。

1941年，北岳区统累税粮秣征收任务也没有按原计划完成。全区完成数占原分配数的62%。其中第一专区完成47%，第二专区46.87%，第三专区59.43%，第四专区完成71.83%，第五专区完成84.9%。影响任务如数完成的主要原因，是敌人“扫荡”破坏了北岳区的经济。

这次边区开征统一累进税，虽然是在频繁的对敌斗争中进行的，但大多数地区都是按统一累进税的办法征收的，冀中区占到3/4左右。北岳区旧税都停止了，全部按新税办法征收。

总的来说，1941年试办统一累进税成绩还是很大的，边区政府财政收入增加了，解决了当时财政所面临的严重困难。另外，负担面扩大了，地主、富农等一些比较富有的阶层，他们的负担相对地减轻了，有利于抗日民族统一战线的巩固和发展。

三、修订统一累进税办法

1941年，统一累进税征收工作开始后，由于缺乏经验，又处于敌后战争环境，在执行过程中，又遇到许多问题，无论是税率的确定或计算方法上都存在不少缺点，概括起来有以下方面：

（一）在农业方面，没有照顾到复杂的租佃关系与出租地之不同的租额，从地租都是生产物375‰的假定出发，规定出租地与佃耕地的税法，把租佃关系简单化。因而发生地主、佃户之收入税与收入脱节，土地税与土地脱节之弊。使低租地主的负担过重，租额在土地产物10%以下者，甚至尽其收入不足纳税。同时低租佃户的负担较轻，高租佃户的负担较重。而同一土地，自营所计富力，同出租、佃耕双方所计富力不等，也是不妥当的。

（二）在税等累进方面，纳税人口最多的富力在第一和第二税等。这两个税等的纳税人口，占全部纳税人口的70%以上，只分了两等，因而等距长，累进缓，贫者吃亏，稍富者占便宜。纳税人口在55富力以上的人数就很少了，因而九等以上的各个税等的划分是不适当的。

（三）工商业、合作社及家庭副业，因战争关系很容易受损失，且其消耗大于农业。税率较高，没有考虑此因素，致影响其发展。

（四）在免税点方面，为达到纳税人口占全人口70%—80%的负担面，各地要求以行政村为单位升降，这在当时是权宜之计。80%的负担面应就全边区计算，以行政村为单位也是不适当的。

（五）在计人口方面，旧法规规定在外县财产的收入，或财产在边区，全家均在边区外者另列户，一户均按一人计算，这就特别加重了大地主等的负担，致发生收入不足纳税之弊。

鉴于1941年公布的《晋察冀边区统一累进税暂行办法》存在着上述缺点，边区政府又对统一累进税办法进行了修订，并于1942年5月2日公布了修订后的《晋察冀边区统一累进税则》。

重新修订的统一累进税税则，调整了各阶层人民的负担，巩固与扩大了边区的抗日民族统一战线。促进工商业的发展，力求边区经济自给自足，以反对敌人对边区的经济封锁。这次修订的要点是：

（一）首先是免税的财产、收入增多。以农业为主，工商业为辅，凡不雇工不雇伙、利用农闲进行的家庭副业与符合合作社组织条例经政府批准的合作社，其财产与收入完全免税。其次是商业资本存款、放款、存粮一律免税。这些都有利于边区经济发展。

（二）财产税与财产合拍，收入税与收入合拍。在农业方面，土地与土地收入分算，土地所有人负担土地税。地主之地租收入及经营农业者之收入，征收收入税。土地多的多纳税，少的少纳税；收入多

的多纳税，少的少纳税。矫正去年某些收入税与收入脱节、财产税与财产脱节之弊，使负担更公平合理。"

（三）降低标亩（由12市斗改为10市斗），并改变标准亩的作用。在去年标准亩是农业累进税的计算单位，现在改为单纯计算土地的单位，这是由于财产、收入分算造成的结果，一矫过去标准亩混淆财产、收入之弊。标准亩的降低，只是计算单位的缩小，这对于征税上并无直接影响。

（四）缩短等距（12等改为16等），缩小累进率。等距短、累进率小，使累进税更进一步公平合理。由钱少少出到钱多多出是递加累进的，这样，钱少者可以负担得起，多者也可以负担合理，一免过去等与等间跃进之弊。

（五）工商业税减轻了，财产以400元计一富力（去年为200元），总收入除消费（每一经营人员每年平均300元计）后，每60元（原40元）计一富力，纯收入40元为一富力。这样比农业收入税较轻，对工商业的发展是有利的。

（六）免税点以行政村为单位的升降取消了。北岳区、冀中区每一地区的免税点，一般都是一致的，在今年北岳区的免税点为1.5富力，冀中区为1.8富力。按新税则富力单位，今年的1.5富力比去年低0.3富力。这就是说："在冀中实际免税点同去年一样；在北岳区则尚低0.3富力，这正是北岳区负担面要扩大的所在。"[1]

按照1941年统一累进税办法征收的结果，第一、第二税等，也就是1—3的富力是统累税的主要负担者，占70%。只分了两级，累进太快了。而且这部分纳税户都是收入较少的户，负担也显得重了些。这次修改，便把这两级分解为六个等级，富力的负担分，由原来的1分至1.1分两级，修改为0.8分至1.1分。分了6个等级，缓和了累进率，适当地减轻了他们的税负。其他各个税等，累进也比过去缓和了。

修订的税法，根据执行统一累进税的经验，明确规定了各阶层的

[1] 孙元范："关于统一累进税在晋察冀的实施"，《解放日报》，1942年8月10日。

最高负担限度；贫农负担最高不超过其总收入的10%；中农不超过总收入的15%；富农不超过总收入的25%；地主不超过收入的70%。雇佣工人的收入继续免税。对于敌占区与接敌区的人民负担，可由边委会另颁新税则，累进率应低于巩固区，按估计收入从轻征收。

1942年统一累进税办法，于5月2日修订公布后，北岳区按此办法征收了1942年的统一累进税。但这时在冀中却出现了意外的情况，敌人于5月1日开始空前的“大扫荡”，原来大约有3/4的农村为我所控制，现在则大部沦为敌占区，约占60%。村庄变成了“资敌村”。在整个冀中地区已无我巩固的根据地，而变成了游击根据地、游击区和敌占区。敌占后，对于群众纳税强行采取按亩摊派的办法，极力破坏我统一累进税，破坏各阶层的团结。

鉴于敌人对冀中的严重摧残，冀中区行政公署于1942年对全区布置的征收任务为9 750万斤小米，规定每分一般不超过10斤小米，比上一年每分减收50%。同时，为了适应分散的游击环境，财政体制也作了调整，由原来的冀中行署统一管理，改为以专区为单位解决本专区的军政开支；县及县以下的部队经费，改由县政府供给。坚持一年一次分配征收任务，分2次或4次征收的办法，依靠广大群众充分发挥每个乡村都是后方兵站的作用。在对敌斗争极其残酷、极其复杂的情况下，完成了敌后游击区的财政工作任务。

1942年修订的统累税办法，比过去的办法切合实际，但对低地租的收入征税仍然过重；对工商业的收入按货币计算富力，由于物价波动出现失实现象；在扣除免税点上，有些特殊情况照顾不够；对出典土地的征税和依常年产量征税，在执行中也存在着一些问题。

据此，边区政府于1943年2月4日公布了再次修正的《晋察冀边区统一累进税则》。其要点是：

（一）低租地租额在耕地总收获物20%以下者，其财产税以收租8市斗谷之土地计一富力，以减轻低地租之财产税。

（二）工商业收入及其他收入，均以10市斗谷之价计一富力；纯收入以7.5市斗谷之价计一富力。工商业消费按每人每年平均50斗谷计算，均以县政府公布之市价折算实物。就是由元改为以实物为

纳税的计算单位了，避免了物价的影响。

（三）对孤儿寡妇人家扣除的免税点，可提高至二富力。对逃亡户返回边区的，应允许改算，计入家庭人口。

（四）出典之土地，由出典人还是承典人交纳财产税，应依约按具体情况和税则的规定，照顾双方的利益适当解决，不作硬性规定。

（五）对于土地种植经济作物（如烟叶、蓝靛、棉花、药材等）及以出售为目的之蔬菜、麻等作物，按其实际收入计算，不以常年产量计算其收入，以避免征税与收入脱节。

经过这次修改，边区的统一累进税就趋于完善了。从此以后，边区就按照这一税则征收统一累进税，成为边区最主要的财政收入来源。

四、冀东、平北地区征税办法

1940 年冀东和平北两个根据地都先后恢复并开始发展。冀东地区 1940 年建立了一部分县政权，1942 年年底又进一步建立了冀热边行署，下辖三个专署，冀东的政权建设又大大向前发展了一步。平北地区在这时期，也建立了几个抗日县政府，归十四专署领导。这两个根据地在财政上始终采取了合理负担办法，筹措军粮军款，一直到抗战胜利都无变化。现将冀东根据地实行合理负担的情况概述如下：

冀东开始筹措财政收入，只是在比较巩固的根据地，是采取按地亩摊派的旧办法。1940 年根据地恢复后，在丰、遵、滦等县部分地区试行按土地分四级累进征收的合理负担办法。办法过于简单，级距大，累进率高，比较富裕的户负担过重，结果未能实行。

接着于 1940 年秋，冀东区党委又制订了 12 级合理负担条例。这个条例在东部地区公布后，群众反映强烈，计算方法复杂，许多基层干部也弄不懂；而且累进率仍然太高，超过了大地主的负担能力。东部地区党委曾召开紧急会议，收回成命，中止了 12 级合理负担条例的贯彻执行。

同年冬，又经区党委盘山会议研究，又制订了一个 13 级合理负担条例，降低了累进率，由十三专署公布，就在冀东地区实行了这个办法。基本内容是：

第一，征收，凡土地、林、矿、果园、工商业及其一切收入，均按市价折合标准亩计算征收。负担与征收以标准亩（200 斤红粮）为单位计算。

第二，政府征粮征款及本村一切花费，均依本办法摊纳。

第三，合理负担共分 13 级的地亩及摊纳比例（如表 8－4 所示）。

表 8－4

纳税等级	级　距	各级摊纳比例
第一级	0—1 亩	1
第二级	1—3 亩	1.1
第三级	3—5 亩	1.2
第四级	5—8 亩	1.3
第五级	8—12 亩	1.5
第六级	12—16 亩	1.6
第七级	16—20 亩	1.8
第八级	20—25 亩	2
第九级	25—35 亩	2.2
第十级	35—50 亩	2.5
第十一级	50—70 亩	2.8
第十二级	70—100 亩	3.2
第十三级	100 亩以上	3.6

第四，人口计算标准，以户为单位征收。以本家人口为单位计分，不分男女老幼均以一人论；其人在游击区外 2 年无信者不计人口；在敌伪机关、团体、会社、学校及企业中服务者不计算在内，赴伪满劳工者 2 人按一人计算；抗日军人及脱离生产工作人员只计人口，不计收入。

第五，自耕地折成标准亩后，一亩即以一亩计算。租佃地折成标准亩后，再按租额多寡决定地主、佃户分摊或地主负担办法——租率在 50% 以上者，完全由地主负担；租率在 25% 者，地主、佃户各出 1/2；其余按租率多少，地主多出或佃户多出依比例折合。

第六，债务计算，债权人利息收入，按市价折合，足 3 标准亩或超

过时，每亩按一亩半标亩计算之；其足5标亩或5标亩以上时，每亩按两个标亩计算。债务人于其全部收入中减去应纳利息，然后折合标亩。

第七，工商业计算，游击区小贩收入折合标亩并入农业收入部分。游击区小贩铺以一人一户斗，按全年总收入，以实有股份数目、平均折合标准亩计算。各集市据点之商号不实行合理负担，采用商号捐办法，附业不以专营为业者不计算，手工业全年收百元以下者免征，超过百元者，按市价折合标亩。

第八，免征点规定为一标准亩，免征户在村负抗战勤务者，由村补助两人一日粮（米四斤），负担一级者，负抗战勤务时由村中补助一人一天食粮（米二斤）。

这个办法公布后，在执行中又发生了一些问题，如等级太多，累进率太高，出租地折算标准亩不尽合理等，后来专署又曾作了部分修正。但各地在具体执行中情况很不一样。有的地方不论政府征粮、征款，还是本村花销，都按本办法摊纳。在有些游击区，对敌、对我都用合理负担办法；有的对敌是按地亩摊派，对我用合理负担；还有对敌用标准亩摊派的。但执行了这个办法的，还是那些我力量强大、比较巩固的地区。只有迁遵兴口里的一、二、四、五区及六区个别村，蓟宝三口里的7个区大部分村及八区的一部，共9—10个区。占我4县总区数（28个区）的35.7%。其他各地实行的合理负担，虽名称相同，实际执行差异很大。不少原则都作了变更，有的地区是各村有各村的合理负担办法。在平三密县一部分地区实行的是等级摊派办法，具体办法各区又不相同，但都是以村为单位，按土地的肥瘠分级征收，如表8－5所示。

表8－5

区别	土地等级	每亩负担米数	每亩负担款数
一区	甲等地	2斤半	6角
	乙等地	2斤2两	5角
	丙等地	1斤12两	4角

续表

区别	土地等级	每亩负担米数	每亩负担款数
四区	甲等地	3 斤	6 角
	乙等地	3 斤	5 角
	丙等地	3 斤	4 角
三区	甲等地	3 斤	7 角
	乙等地	3 斤	6 角
	丙等地	3 斤	5 角

这种办法是按土地分等征收的，比按地亩平均摊派合理了一些。

至于其他地区，由于对合理负担的规定理解不同，或者是当时对敌斗争的形势所限，在具体执行上各不相同，伸缩性很大。但是，由于广大群众的支持和干部们的努力，所征收的粮款任务都能较顺利的完成。如 1943 年，冀东区在极其残酷的环境中，所征收的粮食达 2 400 余万斤，征款 1 100 多万元，保证了冀东军政费用的开支。

第九章 粮食战线上的斗争

粮食是决定战争胜利的重要物质基础，只要能够得到和掌握粮食，就能够坚持战争，并争得反侵略战争的胜利。北方局书记杨尚昆在《论华北抗日根据地的建设与巩固》一文中说：抗战时期，如果能很好将粮食问题解决了，就等于解决了全部问题的2/3。掌握住粮食是边区重要战略问题之一。

晋察冀边区北岳区，地处晋东北、冀西、察南的山区、半山区及接近山区的一些平原地区。这些地区，抗战前，日本侵略者为解决其棉花需要，就诱导一些农户种植棉花，使粮食生产不能自给。战后，边区政府为了使粮食生产基本能自给，提倡多种粮食，少种棉花。但农业生产仍比较落后。

在北岳区，根据1942年19个县的统计，农户占全户数的98.58%，工商户仅占1.42%。粮食生产约占总生产量的90%，工商业及家庭副业生产量，仅占10%左右。可见，北岳区的粮食生产正是坚持和发展该区抗战的重要的物质基础。

日本侵略军也深知这种情况，他们不论在对峙、“蚕食”，还是在“扫荡”时期，经常把破坏边区的粮食生产，掠夺、烧毁庄稼和粮食，作为对边区摧残和破坏的重要措施。

自1939年，特别是在1941—1943年，边区军民和日本侵略军进行了极其复杂、激烈的粮食战。这种粮食战主要是通过武装斗争进行的。有时也通过各种形式的经济斗争，制止敌人的掠夺。归纳边区军

民和日本侵略者进行粮食战主要有四种形式。

第一节 运 粮 战

晋察冀边区西部在富饶和人口方面都比不上冀中，1939 年沿河产粮区遭受水灾，北岳区的军政人员又比较多，粮食用量大。从 1939 年开始，就出现了粮食供应紧张的局面，1940 年发展得更为严重。而边区的东部是冀中平原，农产丰富，1939 年水灾后恢复较快，1940 年又获得了粮食大丰收。将冀中平原的粮食向西部山区进行调剂，是具备着物质条件的。但是在两区之间，纵贯着一条平汉铁路，有敌人的重兵把守，要通过敌人这条封锁线，才能实现边区的东粮西调任务。冀中区的党政军民十分清楚完成这个任务的重要意义。他们认为：这两个地区是唇齿相依不可分离的两部分，山地是平原的后方堡垒，是最可靠的屏障；而平原农产丰富，以粮食调剂山地是平原应尽的义务。为克服西部山区粮食供应的紧张状况，边区政府于 1940 年 7 月到次年春，在武装的掩护下，将冀中区大批的粮食运送到西部山区，以解决军粮的急需。

这次运粮共前后进行了两次，“基本上完成了边区给我们的任务。第一期完成了预定总数的百分之八十。第二期就我们应担负的半数来说，已百分之百的完成了。”[1]这是财政战线上的一场伟大的斗争。

这一轰轰烈烈的艰巨工作，从 1940 年 7 月开始，经常是大车数百辆，在八路军和民兵的武装掩护下，往返驰骋于敌人的交通线上。经过四个月的战斗，完成了 1 100 万斤的粮食运输。同年 11 月以后，敌人在铁路沿线挖沟筑墙，企图阻止运粮队伍通过，于是冀中运粮队

---

〔1〕 徐大本：“冀中一年来的政权工作”，《晋察冀边区财政经史资料选编》（总论编），1941 年版第 174 页。

由大车运送改为人力背运，经常发动成千上万的民众秘密运送及武装掩护运送，直到1941年4月底，又经过6个月激烈而残酷的斗争，继续完成了800万斤的背运任务。

冀中向冀西运粮，有四条主要运输干线，即新乐车站以北经行唐县至口头；保定车站以南经方顺桥、北羊村至唐梅；保定车站以北徐水县以南经满城至塘湖镇；高碑店车站以北至张坊（涞水县）。在铁路东4个地区设立了运粮点，负责编队、装袋、督促、检查；在路西的口头、唐梅、塘湖镇、张坊等地设立接收点，负责接收、倒袋、核准粮数、打收据。每条干线通过铁路封锁线都是一夜行程，约60华里，路东的运输点出发地一般距离铁路线为10—20公里。运粮方法，通过敌人封锁区，都是利用夜间进行。开始，铁路沿线敌人据点不多，还没有封锁沟、墙，可以组织马车运送；后来敌人据点增多，铁路两侧各挖宽一丈、深一丈的封锁沟，在沟旁还筑墙加铁丝网，给根据地运粮工作带来了严重困难。冀中行署决定，马车运粮已不适应，改为人背、肩挑。“每条布袋装粮40或50斤，区村按照上级给的背运任务，事先都编好了队和班，指定了队长和班长，规定晚上什么时间出发，谁走那一条路线，谁是领队的，哪个人在前走，哪个人在后头走，都是有顺序的。出发前队长、班长要对每个人逐个检查，看扎结的是否结实，背的姿势是否合乎要求等”。[1]参加过当年背粮的民兵回忆说：“那一次背粮，太阳刚落，运粮大军出发了，成五路纵队朝正西偏北方向前进。我们走在靠前，回头一望，约有两万人，也真好看，每个人的肩头上都鼓起了一个又粗又圆的家伙——有偏在一个肩头上的，有两奄头套在脖子上的……队伍浩浩荡荡，俨然一股铁流。‘前边就是铁路！接近距离，准备过路！’这是前头运粮指挥人员传过来的命令。人们个个都憋足了劲准备冲过铁道去。”[2]背粮过铁路是最紧张、最艰难的一段路程，有时遇到敌人的巡逻装甲车，就只好退回附近村庄休息，另找机会冲过封锁线。为了保护这4条运输

〔1〕 刘丕昌：《从事粮食工作的一生》，1985年12月。
〔2〕《冀中人民抗日斗争资料》，1984年第10期。

线，冀中军区调 4 个主力团担任警戒掩护任务，以保证运粮工作的完成。

这次运粮战，是边区军民付出了很大代价来完成的。首先从冀中把 2 000 万斤以上的公粮集中起来运往冀西山区，是在广大平原的边沿角落以及腹地汇流而来的，在境内也要通过无数的敌人封锁线，然后集中起来向山区运送，经过敌人的重要军事交通线的平汉路而运送到北岳区的边区政府所在地。要经过长途跋涉，特别在运粮中，敌人逐渐加紧封锁袭扰，挖沟筑墙，并以较大兵力截击，这些都说明了这一工作的完成，有着极其伟大的意义。

在整个平原与山地的调剂过程中，冀中有 62 万民兵参加了向山地运粮的光荣任务（每人平均四天工夫）。他们在敌人伏击截击之下决不畏缩气馁，有些人光荣负伤，有 160 余人为运粮而流尽了最后一滴血。他们动用了 4 941 辆大车运粮过路，损失大车 300 余辆，牲口 200 余头。政府曾以 20 万元的款子补偿了人民的损失，并且为了减少人民的劳役负担，还购了 250 辆大车及 400 头牲口建立了运输队。在秘密运粮中，铁路附近的“爱护村”充分发挥了他们热爱祖国的热忱，用一切秘密的运粮方式创造了无数模范生动的事迹。

当然，在这 10 个月运粮当中，农民的生产及财物上受到不少的损失，是付出了巨大代价的，但这却深刻地改变了边区的物质条件，边区得到了 1 900 万斤粮食（12 万石），解决了当时边区的粮食困难，胜利地度过了大水灾后灾荒的一年。“平原向山区调剂粮食的胜利，是一个不可磨灭的伟绩”[1]，粮食战线上的成就主要是：克服了 1940 年的粮荒；筹集了百团大战中所需粮食，保证了主力部队的行动；粉碎了“毁灭扫荡”，保证边区的粮食；有计划地平抑了粮价，保证了军粮，调剂了民食；从 1940 年开始，健全了粮食系统的组织，强化统一了边区粮食的行政工作，建立了各种制度。写下了粮食战线史篇上光辉的一页。

〔1〕 冀中区行署：《冀中五年来财政工作总结》，1943 年 4 月 25 日。

第二节　粮食平粜

北岳区冀西一带，一向每年春夏之交发生粮荒，垄断囤积者借机抬高粮价，大获暴利，广大贫苦民众深受其害。1941 年，日本侵略者企图抬价套购冀西粮食，扰乱北岳区的粮价，以造成我军民更大的粮食困难。

1940 年秋，边委会有预见的号召政府民众合办平粜局，稳定北岳区粮价，保障贫苦人民的生活，有效地制止粮食流向敌区，打击敌人套购边区粮食的阴谋。

平粜局在 1941 年 1—3 月份，以边区银行发行期票 343 万多元，并募集民股 247 万多元，合计 591 万多元作为资金，购买了粮食 60 101 石，开展平粜工作。北岳区平粜局及时掌握到这一批粮食，不仅使 1941 年军需民食得到了很好的保证，而且“全年粮价非常平稳，每斗小米通年市价在五元左右”[1]。

平粜工作的胜利，对北岳区起了很好的作用。首先，平粜调剂了公粮，政府购粮补充军粮无须再向市场来办，减少了粮食竞买现象；其次，有了平粜，平稳了市场粮价。如唐县七区，小米每市斗涨到 7 元时，平粜局开粜，即由 7 元降到 5 元。平粜局掌握了大批粮食，对敌人套购粮食的阴谋，更起到了有效地制止和打击作用。

1941 年秋，平粜局已有 517 万元资金，掌握粮食 30 180 石。在 1942 年 4 月、5 月、6 月份粮价上涨之际，进行平粜，同样起到了上述作用。

不过，北岳区在 1941 年经敌人大“扫荡”后，巩固区缩小，游击区扩大，产粮区受到损失，平粜工作已不能发挥作用。1942 年 5 月，平粜局即开始归还民股的本利，结束这一工作。未了事项由工商

〔1〕 宋劭文：《边区行政委员会工作报告》（1943 年）。

管理局办理。

第三节　反掠夺破坏

边区这块抗日根据地，像一把尖刀插在日本侵略军在华北占领区北平、天津等周围地区，1938 年秋冬以后，侵略者对北岳区连续发动残酷进攻，多次企图摧毁我根据地。1940 年春天开始，敌人向北岳区“扫荡”时，专门组织了“放火队”；“扫荡”到一个村庄就纵火，一面烧毁民房，一面焚烧民众的粮食，包括已经打下的粮食，及村外即将成熟的田禾，并极野蛮地屠杀和平村民和牲畜。据记载：1940 年的一次“扫荡”，“只平山一县，即被敌人烧掉粮食十万石，在弥天的大火中成千上万亩的粮食都变成了焦土”。在定襄县炭窖沟，敌人夜袭该村，进村就乱砍乱杀，不论男女老幼。据统计全村遭难者达 50 人之多（全村总人口约 100 人），受伤的还有十几个人，人、牛、羊、猪、驴、马等各种烧焦了的尸体，造成一幅人类空前未有的惨景。

鉴于侵略者对抗日根据地进攻的极其野蛮和残酷，北岳区军民一面随时准备进行反“扫荡”的战争，一面随时严密地坚壁清野，以反对敌人抢掠、破坏粮食。1941 年 8 月，日军 7 万多人，由空军配合，对北岳区进行空前的扫荡。用“铁壁合围”、“梳篦式清剿”等战术，企图消灭我主力部队于长城两侧，施行“三光政策”抢掠烧毁边区粮食，破坏和摧毁生产力，妄图毁灭北岳区。很多村庄被抢掠烧杀一空，并实行并村，制造无人区政策。这次反扫荡一开始，边区主力部队即转至敌后和外侧，骚扰敌人，使敌军事上没能得逞。9 月下旬，八路军适时地集中了相当的兵力，予敌以沉重打击。十月中旬，敌人的大扫荡被我粉碎，敌军主力撤出了北岳区。这次反“扫荡”战役中，毙俘敌伪 8000 多人。但敌人烧毁我房屋 15 万多间，抢走粮食 5 850 多万斤，破坏秋禾 5 万余亩，牲畜损失 1 万多头。北岳区一、五专署大部分地区成为游击区。经济和粮食方面的损失相当严重，出现了极其困难的局面。

1942年以后，敌人对北岳区实行分割“蚕食”、跃进“蚕食”和“辗转扫荡”、“抉剔扫荡”，主要是企图扩大对“面”的占领，并在我区村内外，到处反复挖掘物资及粮食，破坏我坚壁起来的粮和物。我区民众对之进行了坚决的斗争。敌人进村以后，强逼让民众说出坚壁的地方，但民众坚守秘密。为此，惨遭毒打或杀害者不少，造成许许多多的惨案。敌人还带着民夫，强迫他们到处挖掘，发现粮物即抢走或毁掉。这一时期正值天灾严重，而敌祸更大于天灾。民众家家无粮，多以草根树皮充饥，边区军政人员，为了解救民众的极度困苦，除实行精兵简政，开展生产运动之外，还降低口粮供给标准，以厉行节约与广大民众同甘共苦，终于战胜了严重的敌祸天灾，使北岳区坚持下来。

1942年9月，晋察冀边区召开了高干会议，决定组织北岳区全部力量，彻底粉碎敌人的“蚕食政策”，并采取变敌占区为游击区，变游击区为根据地，坚决保卫秋收、秋征及敌进我进，向敌后之敌后进军的作战方针。此后北岳区和敌人的斗争更加激烈和残酷。

1943年9月开始，侵略军纠集了4万多人，对北岳区腹地进行“毁灭扫荡”，乘秋收时节抢掠粮食。10月中旬到11月中旬，敌企图到走马驿、倒马关、川里、神南等一带近万亩的产稻区抢粮，边区军民同心协力快割、快收、快藏，变稻田为战场，激战多次，抢回8 034亩稻子，占全部稻田的84%，使敌人企图未能得逞。11月中旬敌人加紧在北岳区各地抢粮，八路军用地雷和飞行射击网等方法，又使敌人未能为所欲为，同时还组织了民兵力量打击其运输队，夺回了不少被抢走的粮食和物资。到12月中，敌人“毁灭扫荡”终于宣告失败。这次反“扫荡”战役中，边区的损失也不小。据不完全统计，敌共杀害我6千余民众，13万间房屋被烧毁，损失牲畜7万多头，被抢衣物40多万件。虽然如此，因这次作战得力，使损失减少到较小限度。北岳区非但未被“毁灭”，而且此后敌再未敢对北岳区进行这样大规模的“扫荡”战争。但反抢粮的战争在北岳区到1944年还很激烈。这一年6月行唐、贾木一带曾设埋伏，击溃抢麦之敌500余人，夺回粮食万余斤。在白沙等地还曾夺回粮食5万余斤。据当时《边政导报》统计，仅在6月一个月中，抢粮的战争达84次之多。

北岳区的反抢掠粮食、反破坏生产力的战争，最终战胜了敌人，北岳区始终岿然不动。

第四节　武装保卫秋收

在残酷的战争环境中，坚持粮食生产，就必须在战斗中组织农民进行生产。根据中国共产党提出的“劳力与武力结合”、“战斗与生产结合”的方针，组织农民一手拿锄，一手拿枪，敌来则打，敌退则耕；快收、快打、快藏，随收、随打、随藏。这是一种持久而普遍的粮食战。不论在北岳区的巩固区，游击区、山区、平原，自1942年以后到处都是在紧张的劳武结合的战斗中生产的。

在巩固区，当日伪军侵入时，民兵游击队就布置了联络哨，摆下地雷阵，配合主力军打击敌人。妇孺老弱带着衣被粮食到山沟里隐蔽，青壮年坚壁粮食，疏散在田野，一面战斗，一面坚持生产。白天在山沟里生产，晚间到大路边生产。敌人白天“清剿”，人们就夜间生产；敌人晚上偷袭，就改为白天生产。隐蔽在山沟的老弱，也就近参加生产。倘敌人搜山，就在游击组掩护下和敌人兜圈子，使敌人到处扑空。再以1943年秋灵寿南沟村为例，南沟村是巩固区的边缘，是敌我斗争的第一线。东西两面山上敌人共安了7个碉堡。该村为了坚持粮食生产把全村男劳力分为5个组，游击组负责警戒敌人，种地、播种、耙地、砘地4个组负责生产，不管是谁的地，从沟口逐步耕作，牲畜、劳力互助互换，仅4天时间即全部耕种完了。

在游击区，多是被敌人用封锁沟墙分割起来，沟里沟外不许交通。但沟外的劳力常是夜间过沟，在我村干部掩护下进行耕种。也有的沟外沟里土地互相拨种，互助互补，游击区敌人差派太重，群众就

派老弱小孩前去应付，壮劳力轻易不回家，散在田地耕作。敌人强迫游击区种鸦片、棉花，群众即把他们给的籽种一部分煮死再种，使出苗不全，迫敌准予改种粮食。游击区用这样多种合法和非法的斗争形式，打击敌人，坚持生产。

在敌人血洗的“无人区”粮食生产的斗争更为激烈。以五台县狐峪沟为例，这条沟原来有5个村，数十人口，1941年敌人进沟杀死群众很多，其他牲畜、房屋、田园、森林俱被烧杀破坏干净，剩下的群众被敌人赶到敌人据点，半个月就饿死90多人。狐峪沟从此就成了无人区像一片荒野一样大片土地寂无人烟，边区政府这时秘密派人叫群众回来，给贷款贷粮，把他们组织起来，成年人均参加游击组，一面坚持战斗，一面在极艰苦的条件下恢复生产。其中战斗英雄祁六（1944年牺牲）曾领导群众夺回了敌人抢去的20多头牛，又武装掩护大批群众脱离虎口。到1944年年底，狐峪沟无人区又成为北岳区的一个生产根据地。

北岳区劳武结合对敌斗争，武装保卫粮食生产，到1943年以后，主要出现了四种组织形式：（1）抢收抢种包工队；（2）抢收抢种大拨工；（3）劳武结合小拨工（游击组负责警戒，拨工组给游击组种地等，这种拨工比较简便，最为流行）；（4）封锁沟墙内外的拨换工。在各种组织形式下，武装保卫粮食生产收到了很好效果。在1943年秋冬反对敌人进行的三个月“毁灭扫荡”中曾最大限度地减少了敌之抢掠破坏所造成的损失，保证了粮食的军需民用，扭转了严重困难的局面。

第十章 贸易和市场

第一节　重建边区商业网

一、团结商贩，整顿合作社

太平洋战争爆发后，华北敌占区由澳洲与美国输入粮食的渠道已完全断绝，日本侵略者为把华北变成其兵站基地，更加强了对华北的经济掠夺和控制。为了搜集钢铁造军火，不仅把敌占区各地中国厂家的机器零件强行运走，还将各地机关寺院的金属什物、民间日用铜、铁器也被征发、搬运一空。在主要产粮区冀中、冀南地区建筑起巨大仓库数百处，强迫农民把粮食存积“公仓”。不仅如此，还在敌占区实行了“商品登记”、“配给制度”，统制贸易。对抗日根据地则利用奸商捣乱我后方金融，倾销奢侈品及毒物，并利用法币吸收我物资。

为了打破敌人经济封锁和掠夺所造成的边区严重困难，晋察冀边区政府一方面广泛团结商人、商贩、扩大对商人统一战线工作，并普遍建立公营商店，重建和恢复边区市场。另一方面还设法开辟通往敌占区的贸易战线，开展对外贸易的通道，加强对敌人的贸易斗争。

开展对敌贸易斗争，商贩与合作社的作用都是十分重要的。

在贯彻执行贸易政策的过程中，限制商贩经商积极性的现象时

有发生，如在冀中一个商人从交河到安平，沿途要受28次检查。1939年在冀中甚至提出过取消小贩，反对剥削制度的口号；各区村对小贩更发生过乱扣乱罚的现象。在北岳区，合作社还出现过滥用组织力量，垄断土产的行为。加上锄奸团的工作方式不善，自卫队沿途检查太多，甚至县与县之间都互相限制出入。因此商旅裹足，流通减少，市面萧条起来。这种状况如不改变，对付敌人的封锁政策，对付敌人的堡垒沟墙政策是很不利的。对边区商业贸易打开局面，是很不利的。

因此，在困难时期到来之初，边区就注意到加强贯彻对内自由贸易政策问题并加强了扩大对商贩的统一战线工作。

1941年8月，边区召开了第二次经济会议，实业处处长张苏作了题为《边区经济发展的现状与我们的经济政策》的报告。报告中特别强调贯彻内部贸易自由的政策，要求保护商人合法权利，取缔一切非法统制垄断，加强统一战线工作。1942年5月又召开了晋察冀边区贸易管理局第二次支局长经理联席会议，管理局局长陈大凡作了报告，报告中对便利发展商业的问题做出六项决定：（1）商业资产税免征，商店抗战勤务可以用一部分鞋子来代替；（2）提高免征点（以够其本人的生活为标准）；（3）私商资金不足，可由政府及贸易局投资；（4）纠正过去锄奸工作上的缺点，尽量给商人便利；（5）号召组织商人救国会；（6）避免私商对商业登记的怀疑与害怕，取消商业登记。其中，取消商业登记一项事关重要。商业登记本是为保护正当贸易，繁荣商业而定的，曾对团结商人为抗战起到一定积极作用。但登记时要求过严，手续过繁，控制过紧，也增加了某些小商小贩的疑虑。1941年困难时期到来以后，敌占区、游击区、根据地犬牙交错，情况变化很快而且复杂，商业登记的办法更不易实行，将之取消是完全符合形势需要的，是适合团结商人为抗战服务的。为此，边区采取了三项措施：

第一，组织商人救国会。商人救国会是商人抗日救国的群众组织。1942年雁北横向市场成立的商人抗日救国会，宣誓遵守七项公约：（1）抗日救国；（2）不资敌；（3）遵守政府法令，不走私，不偷漏，不贩卖仇货；（4）调剂民生，不囤积居奇；（5）讲信用，不诳不骗；(6) 公平斤秤不进大出小，童叟无欺；(7) 信用边币，打击伪钞，不破坏金融。

第二，组织商会，是为了团结商人，繁荣市场，保证贯彻贸易政策，使商业与农业、工业密切结合起来，更进一步为群众服务。

第三，加强政治思想教育。对私商既以物质利益为刺激，又加强了政治思想教育，只有把两者结合起来，才是团结掌握商人的有效方法。要把多数私商小贩所具有的爱国心都激发起来，是不能忽视政治教育的。一个民族敌人深入国土，烧杀奸淫，惨不忍睹。商人看了，无动于衷者是极少的。

在困难时期，团结商人是边区贸易工作的重要环节。只要边区贸易工作能坚持统一战线的原则，团结和使用不是汉奸的各种商人，才能搞活流通，购买到边区所急需的物资。即使是想赚大钱的商人，也要团结和使用他们，让他们为边区购买重要而又急需的军用物资。既不要怕他们赚钱，又要控制管理，不能放任。

历史表明：私商小贩是商业贸易上的基本群众，是与敌人作战的基本队伍。只要充分发挥出他们在对敌贸易中的作用，就能解决边区商业贸易战线上的各种问题。

边区政府曾组织游击区商人小贩化整为零到敌占区去作买卖，或组织商贩结伙到敌区贩运物资，运交边区公营商店，活跃边区经济。如边区四专区曲阳县 1942 年发动群众及小贩，自由组织“互助贩运小组”，到敌占区和冀中贩买必需品，每组多则二三十人，少则七八人。政府开给通行证、贸易证，予以种种便利。有的在可能条件下利用合法手段，让敌人也开给许可证；有的则与伪军家属打通关系以通过检查；有的发动据点儿童和小学生，在边区商人通过据点时，和敌伪开玩笑，缠住敌伪，以利通行；有的则在适当条件下开展武装斗争，这些斗争收获很大，仅据曲阳两个区一个月内统计，就贩来粮食 700 余石，食盐 5 800 余斤，棉花 1 500 余斤，土布 7 800 余匹，火硝 4 200 余斤[1]。

[1] 甘娜：“曲阳的集市争夺战”，《边政往来》第 2 卷，1942 年第 6 期。

边区政府重视团结商贩产生了积极的效果。1943 年北岳区仅 8 个商店就组织起 651 人为边区工作。其中往来巩固区者共 119 人，往来游击区者共 321 人，往来敌占区者共 61 人，往来雁北者共 150 人。他们在贸易斗争中作出了贡献，有的人后来成了我们的商业干部。

边区合作社是具有广泛群众性的统一战线经济组织。入社是自愿的，不分阶级、性别、民族，都可以参加合作社。它有自己的领导机关，在边区政府的政策法令范围内，任何机关团体，均不能干涉其自由。合作社又是边区新民主主义经济建设中的一种经济组织。它不同于私人商店和私人工厂，不为少数人谋私利，不是剥削者，而是减少中间剥削，不垄断与限制私人商业，主张相互间自由竞争的经济组织形式。它的主要任务是满足社员需要，与敌伪作经济斗争。它是巩固抗日根据地工作中重要的一环。

边区合作社在发展过程中，虽然在调剂群众的经济生活，供给军政的需要，对敌伪进行经济斗争上，起了相当大的作用，但是在 1940 年以前也出现了一些偏向。业务与社员的需要脱节；社务缺乏民主精神；统制商人，限制了边区境内的贸易自由，以组织手段对物资进行垄断，妨碍私商活动，挫伤了私商的积极性；合作社虽然经营生产、贸易、借贷各种业务，而其基本目的是在于满足社员的经济需要，不是为了营利发财，是在于减少他人的剥削，不是为了剥削他人，但有的合作社单纯盈利思想严重。合作社的这些缺点和不足，限制了它的发展，减低了合作社应有的作用，使它在经济战线上不能担负起艰巨的战斗任务。1940 年秋，边区政府对合作社开始了整顿工作。

1940 年 8 月北岳区召开了经济会议，次年春天，边区政府实业处即组织了合作社检查团，对合作社进行调查研究。1941 年 8 月边区又召开了经济会议，为纠正合作社的偏向，会议对合作社的性质、任务和发展方向进行了讨论，并修改了“合作社法”，对整顿合作社提出具体要求。1942 年 1 月边区召开了北岳区合作社代表大会，总结了经验和教训，成立了边区合作社联合委员会，选韩少白、郑刚为正副主任。决定成立各级联合社作为领导机构，并决定按新修改的《合作社法》整顿合作社。6 月北岳区合作社整顿工作遂普遍展开。

在整顿中，边区政府规定废除原有的合作社许可证，整顿后由县政府批准，重新发给许可证，准予免征统一累进税。不整顿的合作社不能再用合作社名义，应改为商店、工厂或者解散。

经1942年的全面整顿，北岳区的合作社在数量上减少了一半以上，而质量上有了很大提高，使合作社真正成为群众性的经济组织，负担起克服经济困难和对敌经济斗争的巨大任务。

首先，纠正了单纯营利的观念。如整顿后的平山县合作社1942年下半年的营业额2 781 038元，得利不过36 169元，仅占营业额的1.3%。

其次，1942年北岳区由于供销合作社迅速发展，油、盐、酱、醋、火柴、碱等人民生活必需品均有所备，而且物美价廉，给人民生活很多便利。总计北岳区运进军民必需品总值3 000余万元，运出总值达2 000万元的边区土产等非必需品。这在打破敌人封锁，与敌人进行经济斗争方面，起了不小的作用。

二、重建北岳区贸易路线

从1941年起，北岳区过去的商业贸易路线，遭到严重破坏。货不能畅流，根据地内部各地区还能调剂有无，但和游击区、敌占区则几乎完全隔绝。敌人严禁从平汉路、正太路与雁北游击区运粮食、棉布、军用器材、日用必需品到边区，违者处死。这样就更加剧了边区的困难。

为能够掌握游击区、敌战区的物资，与敌伪进行市场斗争，边区积极恢复、重建和打通商业贸易的路线。

要打通平汉线、晋东北、晋西北、雁北、察南和绥远的贸易路线，边区必须掌握主动权，改变主动权操诸敌伪和商人操纵边区的情况，必须把这种情况倒转过来。

北岳区的贸易路线，大体有三种情况：（1）北岳区的内部贸易，主要是冀西棉布与晋东北、雁北粮食的交流；（2）北岳区与晋西北、察南、绥远的贸易；（3）北岳区与平汉路沿线敌占区的贸易。这三种贸易关系是互相联系的。按照这三种贸易关系北岳区在这一时期恢复、重建、打通了三条贸易路线：一条是由雁北下关经铁岭口、史家寨、阜平、王快、曲阳至定县通往冀中。这条路线主要是沟通北岳区二专区与四专区的物资交流，以二专区粮盐与四专区的布棉相交换，互通有无。或与阜平往东下关、龙泉关至五台山这条贸易路线，也可打通冀中区与晋绥边区的商业贸易关系。这是抗战前华北地区老百姓与五台进香的道路，抗战中边区以此道路解决军需民用的困难。第二条路线是以平山四舍、洪子店、小兰为通道，西至定襄、忻县、五台、崞县、代县，东到灵寿、行唐、新乐、正定，通向冀中。这条贸易路线主要是沟通北岳区一专署与五专署的商业贸易。一专署的花椒、核桃等山货土产可运下来，五专署的布粮可运上去。以定县北神南为中心，分三条线汇合于此处。再北通满城、徐水、定兴、涞源、蔚县。这三条线分别是：一由定县经燕赵、邓家店、齐家佐等地到北神南；二是由唐县王京经砖路、马庄、百合、齐家佐到北神南；三是出望都东郭村、玹山、东吒口、北大裴到北神南。这三条路线主要是沟通北岳区三专区与四专区的南北贸易。

除了恢复、重建、打通贸易路线之外，还需要根据贸易路线的需要设置商店。各贸易路线经过的地区不同，所设商店的任务也不一样。归纳起来，北岳区贸易路线上的公营商店，可分成四种类型：

第一种类型，是运输路线上的转运站（过货点），主要任务是货物的收发（过秤、过斗、记账、运输）。如雁北下关到阜平，中经史家寨，在此即设转运站。

第二种类型，是既有转运站的任务，又有吸收商品销售货物、平抑物价、调剂市场的任务。如转运线在阜平、王快、洪子店所设商店，这类商店业务比前一类复杂。

第三种类型，是面向游击区、敌占区所设的商店，任务是掌握游击区、敌占区物资，掌握出入口贸易也办理专卖采购，这类商店设在靠近游击区的巩固区的边缘地带。

第四种类型，是为建成第三类型商店而设置的三种形式的商店或商业小组：

(1) 经由敌占区、游击区通到边区巩固区的过货店，以二三人组成，深入游击区敌占区，办理收货、发货、定货及买卖货物的业务，起着交易所的作用。

(2) 第三类型商店派出两三个人员，到敌占区或游击区办理推销采购，将工作伸张出去。

(3) 利用敌占区或友区的商店或商人，替边区办理出入口贸易，把他们变成边区出入口的起点或终点。

这四种类型的公营商店主要业务是对外办理出入口和对内调剂市场、平抑物价，其所经营的货物主要是粮食、棉布、食盐、火柴与军需品及其他人民所必需或出口所必需的商品，原则上不进行零销。这一方面可以防止私商进行操纵民生，另方面也可有力地与敌伪进行商业贸易和货币斗争。

从北岳区贸易路线全面来看，上述四种商店密切联系着，形成了一个全北岳区的贸易网，形成一个商业贸易的有机整体。而在这个整体上，在广大农村有边区的合作社、私人商号、作坊、摊贩、货郎担等等，又构成了边区农村基层的商业网点。

至于商店的设置，原则上是根据贸易路线的长短，同时也照顾行政专区，在贸易干线上分别设总店。总店一般以专区为单位，专区设总店，县设分店，有的县还设有支店、购销站。但也要照顾到贸易路线所通过的地区的复杂性，战略地区、巩固区、游击区的差别也是不能忽视的。一般来说总店设在根据地，分店设在根据地或根据地与游击区的边缘地带有集市的地方。至于总店的领导，可以由专署，也可以由县政权，也可以由边区直接领导。这主要根据每个总店的业务性质和工作方便而定。如阜平的恒升号总店虽设在四专区辖境之中，但工作上还联系着一、二、五3个专区，所以由边区政府直接领导，边区工商管理局副局长陈大凡兼经理，李恒久任副经理。如定襄商店，距一专署太远，即由所在县政府或专署办事处领导。当然，总店、分店、支店之间有自己领导关系。至于商店与地方政府的关系有两种具体情况：一种是有领导关系，一种只有监督关系。总之，当时的商店，主要按经济区域、贸易路线而设置，地方政府不干预商店的内部

事务。1944 年的实践证明，北岳区打破行政界限，根据贸易路线而设立商店的作法是正确的。第一，商店向外伸展与解放区的扩大相结合，配合和支援了扩大解放区的工作，有力地进行了贸易、金融方面的斗争。第二，克服了过去各商店之间互相竞争，一味追求利润的缺点。商业在业务上组织上的统一，从平汉路到平绥路（利民、恒升等商店）、同蒲路（天德店）之间，在一条路线上各商店能及时互相调剂物资，发挥很大作用。第三，由于资金与干部力量的集中统一，所以物资交流畅通活跃。由东线可以直接向雁北输送布棉，由雁北也可以直接向东线输送牲口、粮、麻。

三、普遍建立公营商店

边区政府在恢复私营商业和发展合作商业的同时，还大力发展了公营商店。公营商店是边区政府投资兴办的商店，是对敌伪进行贸易斗争的主力军，是边区政府组织商民进行物资交换的领导力量，对巩固和发展根据地经济起着重要作用。公营商店“以执行贸易政策，团结扶助商人，发展边区商业，供给战时军需、调剂人民日用、提倡推销土货、抵制外货、扶植土著工业的生产，粉碎敌人经济进攻为宗旨”[1]。由经理、副经理、会计、店员组成，行政上受同级政府领导，业务上受上级业务局领导。其任务就是调剂军民需要，搞好物资交流，扶植土特产出口，采购军民必需的物资，掌握物资稳定物价。其经营获利的原则要区别交易的对象。对敌贸易营利愈大愈好，对友则以两方都有利为原则，对内则不求营利；二要起调剂市场、平衡物价的作用；三对小贩按市价公平交易，对公家（军队政府）虽不能赚公家的钱，但可收 1% 以下的手续费，以补偿货物的耗损。为便于与游击区、敌占区私商在商业上往来，加强信用联系，自 1941 年在北岳区便出现了以旧商号命名的公营商店。

〔1〕“晋察冀边区公营公私合营商店组织简章草案”，《晋察冀边区财政经济史资料选编》（工商合作编），第 499 页。

1941 年 8 月专区贸易局“全改为公营商店，县贸易局的原有的私资参加公私合营，或动员到其他生产部门，听其自便。公私合营商店里面的公资由专区公营商店以股东资格，分负监督责任，各县除公私合营的商店以外，必要时另成立公营商店或成立专区公营商店的直属分店而受其指挥”[1]。

北岳区自此对一、二、三、四、五专区贸易局和平山、灵寿、行唐、井陉、新乐、曲阳、阜平、五台等县的贸易局，在进行登记的基础上，先后于 1941 年、1942 年将各专区改为晋察冀贸易局的各支局（设商店的总店）、各县贸易局改为公营商店的各支店、分店。

就地区来说设立总店的有：五台地区的德和茂总店、平山地区的德茂总店、行唐地区的利民总店、唐县地区的裕民总店，平西地区为对北平出入口成立了瑞华总店。各总店一般都有分店，如阜平地区恒升号总店下设 4 个分店：德茂永、民兴号、振华、永义成。易县地区的万聚隆总店下设 5 个分店：同兴隆、中兴裕、裕源成、福源号、聚兴隆和一个宏济号独立分店。二专区雁北中和裕总店（1943 年迁到下关后）下设的分店有上寨的中和长、应县的复德隆、冉庄的中和祥、繁峙的中和昌，除此之外，还有两个独立分店：一为应县的角裕分店，一为繁峙的庄旺分店。兹将边区第三专区商店设置情况列表 10－1 于后，可以略见概貌。

表 10－1　　　　三专区商店设置情形表

店别	名称	设立地点	经理或副经理	资金（元）	附设部门	主要业务	备　考
总店	万聚隆	易县南营头	张平之 王俊祥	250 000	同兴制药厂	调剂与运输	以良岗的粮换满易、徐的食盐、土布
分店	同兴隆	龙华五区良岗	康宗立	300 000		调剂运输各占 50%	以涞源的粮换满城完县的盐和布
独立分店	宏济号	满城二区石井	范菊秋 陈国报	210 000		采购运输各占 50%	吸收满城、完县游击区的物资及敌区的军用品

[1]《晋察冀边区财政经济史资料选编》（总论编），第 429 页。

续表

店别	名称	设立地点	经理或副经理	资金（元）	附设部门	主要业务	备　考
分店	中兴裕	易县六区山北	于子久	200 000		采购占85%，运输调剂占15%	吸收易县游击区的土布、运输到龙、涞
分店	裕源成	涞源二区银坊	胡盖二	160 000		调剂运输各占50%	吸收四专区的土布红枣换回涞源的粮食
分店	福源号	涞源三区走马驭	李肃亭	250 000		调剂	吸收四专的土布红枣换回雁北的粮食
分店	聚兴隆	龙华四区南城寺	郝桂桐	200 000		调剂运输	以关南的土布换回蔚县的粮食

注：本表采自《第三专区经济委员会第二次会议记录》（1943年5月）。

天顺店是北岳区二专区的直属总店，下设9个分店。晋丰恒、兴盛店、生成永、大胜魁、永和茂、晋丰裕、晋兴裕，这7个分店主要是沟通太原方面敌占区的贸易往来。德和茂、晋通久这两个分店主要沟通繁峙、代县、崞县、大同方面的贸易往来。〔1〕

在四专区，1941年初将贸易局改为德庆魁商店。1943年年底明确德庆魁为总店，经理何法章、副经理杨仕陶，设在平山洪子店，下设若干分店，如平山洪子店的裕丰昌、葛苏的积玉成、建屏（今获鹿）的裕华、正定的华昌、平定的兴隆、回舍镇的同兴成、行唐的同盛昌、小党、下口、孟家庄、灵寿、井陉等商店。这些商店是在内线收购花椒、核桃、杏仁、土布、羊毛等，通过边区组织出口，商人在新乐、行唐设贸易货栈作价再出口。1944年，边区考虑商店的位置，原则上根据贸易路线来设商店，区县界限不能完全照顾，故将四专区德庆魁总店（取"德"字）与二专区的天顺店（取"天"字）合并称天德总店，在平山、小党、井陉、灵寿、获鹿等地均有分店。主要经营的物资，除了花椒、核桃等土特产品和冰、白、红糖日用百

〔1〕 此系山西省忻县地区财政局原财政局长韩成贵对北岳区二专区贸易局的历史回忆，1984年7月。

货外，还经营土布、粮食、煤、铁以供军需民用。[1]

随着公营商店的普遍建立，公私合营商店也有发展。由于边区政府的财政困难，公营商店数量有限。加上抗战初裕民公司的经验教训（官商作风，办事马虎），所以提倡公私合营商店的开设，于是公私合营商店曾分布于边区的大小市场，以补充公营商店的不足。在农村的公私合营商店，既易于对付敌人对边区商业的打击和破坏，又适应小农经济为主的社会环境，密切了与大中小私人商店的关系，扩大了商人的统一战线。因此，1942 年 5 月 6 日边区贸易局长陈庸（即陈大凡）在边区贸易管理局第二次支局长经理联席会议上的报告中即指出："今后商店发展的方向是以扩大私商为主，我们现有的公营商店要逐步变为公私合营，大量发展，使边区大大小小的市场都有我们的商店"。

公私合营商店的宗旨、业务设置等均与公营商店相同，只是公私合营商店领导由股东代表大会产生董事会领导，股东代表大会之一切议决案得提交董事会监督商店执行。

公营商店，从 1942 年开始，逐渐变为公私合营。据统计，1942 年北岳区各支局共有 46 个商店，其中公营商店 28 个，公私合营商店 18 个。就业务性质上讲，调剂商店有 24 个半，采购商店有 10 个。北岳区的商店在困难时期迅速发展，经营货物的种类从粮食、被服、原料、食盐、日用品到军用品，山货等均在其列。1942 年北岳区二、三、四、五专区商店与直属商店的贸易额总计达到了 579 414 528 元，其营业额总计达到 291 122 586 元；1943 年北岳区一、二、三、四、五支局商店与直属商店的营业额总计达 2 726 743 835 元，因而在支援抗战，保障供给上作出了不小的成绩，起到了相当大的作用。

首先，在调剂军需民用方面。仅北岳区公营商店 1942 年春季营业额买卖商品综合分析统计：调剂民用达 136 109 323 元，供给军需达 114 657 747 元；在调剂粮食方面，仅 1943 年上半年经雁北商店吸

〔1〕 根据商业部食品局副局长杨伯亚及中央组织部办公厅主任杨仕陶的回忆综合整理，1984 年 11 月。

收的粮食用以调剂冀西的就达 5 837 石以上，价值 2 546 227 元（内有专卖粮 600 石以上，推销土布出口达 30 522 匹，价值 24 236 800 元以上[1]。1943 年春夏之交，阜平的小麦长势很好，可望丰收，但青黄不接时，不少农户缺粮，恒升号商店决定以粮换麦，即商店把玉米赊销给有麦田的农民，麦收以后，再以小麦归还恒升号。在价格上玉米按赊销时的市场价格作价。小麦按归还时的市场价格作价，这样物价上涨了农民也不会吃亏，既使农民安全度过春荒，又密切了农商关系，使商店真正在农民中扎下根来，从而避免了商店在反“扫荡”中人、财、物的损失。

其次，在拥军优抗方面。1942 年 8 月 10 日晋察冀边区贸易管理局北岳区第三次支局长联席会议召开时，冀中后方机关及一部分部队转移冀西休整，为给冀中八路军以生活与精神之安慰，鼓励战斗，大会一致通过决议发动商店慰劳部队。其慰劳办法是选派华昌号、公胜魁，边局共出 3 人为代表，持慰劳信及慰劳品支票，代表边区各支局商店，向冀中八路军致敬慰问，以后冀中八路军可持支票向指定商店随吃随取。其慰劳物品为：植物油 1 000 斤（价值 5 000 元），其慰劳款由各支局商店分摊：计五支局 1 600 元、四支局 600 元、三支局与二支局各 500 元、一支局 300 元，另外直属各商店 1 500 元，共计为 5 000 元。

商店工作与边区广大军民日常生产、打仗有密切关系。为了支援前线，调剂民生，促进生产、繁荣经济，充分发挥公营商店在对敌贸易战中的作用，边区很注意商店的廉洁作风和组织管理。1942 年晋察冀边区公营、公私合营商店合同暨规则中作了这样几条规定：商店不得操纵居奇，不得走私漏税，不得放债贷款，本店人员之私事不得用本店名义为之，本店人员应做抵制仇货、私货的模范，全店人员对主顾及来宾态度需谦恭和蔼殷勤招待。

1943 年 3 月边区工商管理局开成立大会时，关于商店作风问题

[1] “晋察冀边区第二专区工商管理局三至七月份工作总结”，《晋察冀边区财政经济史资料选编》（工商合作编），第 633 页。

还提出了8条要求：

1. 坚决执行政府法令、贸易政策、商业方针，成为执行政策法令的模范。

2. 不贪污不腐化、账目清楚、爱惜公物。

3. 做什么像什么，做买卖像买卖，一切生活商店化。

4. 做什么学什么，做商业学商业，一切学习以商业技术为中心。

5. 做什么接近什么，做商人接近商人和团结商人，一切待人接物要商人化。

6. 商店工作要细心耐心，能吃苦能耐劳，勤俭守规矩。

7. 对代收代购军需用品的工作，要有主动性，愉快地去做。

8. 要薄利多销。

商店工作要面向群众，经营目的是为了调剂军需民用，不是单纯为了赚钱。纯商人意识，满脑袋赚钱思想与上述8条商店作风是格格不入的，故要对商店干部加强思想教育。

良好作风的树立除了加强思想教育之外，商店的组织管理也要不断改善，1943年二专区的中和裕总店和边区直属的恒升号总店在会议、报告、干部、请假诸方面都有详细规定。

抗日战争时期，边区公营商店的经营管理是个复杂的问题，为了认识战时商品流通规律，懂得商业特点，使经营管理卓有成效，边区政府，贸易管理局及工商管理局，曾多次对商店经营管理的经验教训进行总结。归纳起来，就是及时掌握敌我双方行情，善于掌握与运用资金，逐步具备熟练的商业技术，对内要能团结商业干部，对外要能团结商人小贩，造就一支真正有力量的正规军队与游击队。通过实践，深知处在极其分散、经济落后的农村抗日根据地的商业要搞好经营管理，离开了分散的商人小贩，或者不能团结、掌握他们，那简直是不可能的，因为他们了解商业路线，知行情，懂技术，具有复杂的社会关系，开展内外贸易的许多工作需要通过他们分散去做，既要分散，又要统一。统一领导、分散经营，这是边区商业经营管理的原则。

第二节 对敌贸易斗争

一、统制对外贸易

抗战的最后两年，敌我经济斗争更加尖锐，晋察冀边区政府配合八路军的反攻形势，更有力地开展了对敌贸易斗争。增强了经济作战力量。引人注目的是变更了出入口货物的种类。

1944 年 4 月 20 日，晋察冀边区政府对冀西（平汉线方面）的出入口货物的变更是：除金属原料、金属器材、硝磺、羊毛（成品在外）、植物油和油类作物（花生、大麻籽、核桃、芝麻等）禁止出口，大米、小麦、羊由政府专卖出口外，其他货物一律免税自由出口。对敌占区出口的这种开放，实际上是以边区有余的东西，来换回边区所必需的东西，这是有利于边区的。北岳区一二专区及第六专区西线产粮不多，仍禁止粮食出口。

对进口货物，则规定：除纸烟、酒、香皂、烧纸、锡箔等仍禁止入口及在市场上进行买卖外，其他货物一律准予免税入口自由买卖。而所列禁止入口之货物，如果机关部队有所必需，也可以向县以上各级政府详述理由，经批准后还可特许入口。这也体现除奢侈、迷信货物外，凡抗战所需、人民生活所需，都准许入口，对边区经济是有利的。

这是出入口贸易上的重大变革。此后稽征线与卡，均行撤销。对出入口货物的检查由各级政府直属负责。对违禁走私者由政府，视情节轻重，分别予以教育、没收货物或罚款处理。

为严格执行这种形式的对外贸易的统制政策，1945 年 4 月 23 日边区政府对输出输入货物又规定：粮食原则上禁止出口，但察南、雁北、平北、平西特准征税 10% 后出口，土布、棉花原则上禁止出口，

但冀热辽、察南、平北、雁北特准也能免税出口。羊及羊毛绒原则上禁止出口，但羊只在平西、平北，则在征收过境税后可以出口。白洋淀的苇席也可征税后出口。实践证明这种规定在对敌贸易斗争上，也是对边区有利的，同时也是对敌占区老百姓的一种关怀照顾。

此外，还规定有些出口货物，在提高税率后可以准许出口。如植物油，这时征税20%（比1941年的规定提高了10%）。有些货物规定征税后可以入口，如茶叶征税30%，洋布征税25%。

征收出入口税是加强对外贸易统制的有力措施，提高税率是管理出入口贸易、保护边区经济发展的办法，主要是限制边区非必需品的输入，奖励多余物资的输出，调剂市场，争取出入口贸易平衡，达到发展生产、保证军需民用、增加收入、支援财政的目的。

自1942年6月与11月边区政府先后颁发统一采购和对重要物资实行专卖出口的指示以后，通过粮食专卖，边区从敌占区换回了不少最需要的物资。如军需品、钞票纸、医药用品等等。而边区实行统一采购的办法以后，也克服了各单位争相购买入口物资的风气。对这种现象的纠正，边区政府也及时地加强了对外贸易的统制政策，有利于边区本身工业的恢复与发展。

1945年2月27日—3月25日，边区召开了贸易金融会议。关于专卖问题，会议规定：专卖品的批准与撤销的权限属于边区政府。而在特殊紧急需要的情况下，专署可先行批准或撤销，随后再报边区政府最终决定：凡边区统一的专卖品，在专卖期间，一律禁止自由出口，专卖终了后，该项货物仍按边区出入口货物稽征条例的规定办理。贸易管理局所指定的专卖商店，在办理专卖品出口期间，受贸易管理局、支局的指挥，并受所在地方政府的监督，专卖商店可直接办理专卖出口。同时专卖商店也可与私商合作办理，或委托私商办理。但必须订立合同，可照顾私商一些利益。专卖出口必须持特许证办理出口，无证者，以违法论处。

专卖出口在敌我贸易上既然是要以“热货”换“热货”的重要手段（所谓“热货”即指两方都所急需的重要物资），也是争取等价交换或高价交换的重要手段。因此，一要换到边区最需要的必需品；

二要争取到等价交换甚至高价交换；三要在不得已时再换回伪钞。这三项原则比 1942 年 6 月的规定更明确，也更灵活了。

当然，在实际执行中也不尽如此。如二专区雁北中和裕商店在专卖工作中有这样一条经验，即边区之专卖要与敌区之专卖结合起来，从低价的敌区贩入，到高价的敌区销售，以取得更高的利润。这是一种不投入资本的专卖，任何物品都可以这样做。可见专卖制度也要根据情况、灵活执行。

为统一对敌力量，减少奸商暴利，争取等价交换，平衡出入口贸易，1945 年 4 月 23 日晋察冀边区政府又作出《关于统一采购与专卖办法的决定》。决定指出：采购应指定一定的商店，划分地区指定某个城市为重点来进行。除指定的商店以外，一般公营商店（包括机关部队的商店）及其他机关人员，一律不得进行对外采购。对外采购要坚持分散入口、集中收买的原则。分散入口不是由商店统制入口，而是要多方发动私商采购以及群众性的在敌区走私。集中收买则是以商店收买为中心，各用货单位所派出的采购人员，应协助商店进行收购工作。在内地市场购到外来的采购品，品次交商店统一进行销售与分配。

对外贸易的统制与管理的加强，为这一时期对外贸易开拓了新局面。主要是通过统一采购与专卖，使军民用品的困难在这两年得到适当的缓和。

二、开展物资争夺战

开展对敌经济斗争与加强根据地经济建设，是对敌进行经济战一个问题的两方面，为了掌握物资冲破敌伪的经济封锁，必须开展对敌经济斗争，而根据地经济建设，就是充实物资，增强对敌经济斗争的实力。对敌经济斗争和根据地经济建设的中心，就是掌握更多物资，壮大自己。掌握巩固区的物资固然重要，但掌握游击区的物资更为重要。1942 年日军对冀中“五一大扫荡”后，游击区人口占全地区 60%，资源比重为 60% 以上。日军为实现“以战养战”的阴谋，

采取各种手段对游击区的物资进行野蛮的掠夺。于是，边区政府与日伪展开了一场激烈的物资争夺战。

游击区是敌伪掠夺物资的主要对象，在残酷的掠夺下，游击区人民遭受严重损失，如不积极进行斗争，巩固区的物资亦难于阻止其外流。晋察冀边区政府曾采取了多种办法与敌伪争夺游击区的物资。

第一，动员群众，掌握粮食与棉花，打击敌人的掠夺。1943 年敌伪为解决物资困难，制定了掠夺粮食两千万石的恶毒计划，其方式是派集公仓，低价收买和武装掠夺。1942 年 11 月，在冀中的安新、文安、任丘三县以低价强买稻米，在高阳、里县掠夺棉花，还把全年收成 50% 以上的粮食抢走，造成了冀中人民生活的严重困难。边区政府一方面发动群众挖窖分藏粮食，免遭日军攫取，在对敌负担上宁可交钱，也决不交粮于敌伪，这些保护粮食办法，均是在武装斗争配合下进行的。另一方面，在平汉线一带大量收购棉花，发动群众纺纱织布，运到察南、雁北、平西等地，换取了大批粮食，供军民食用。这样做既促进了边区纺织业的发展，又粉碎了敌人掠夺粮食的阴谋，使产粮区的粮食能被根据地所吸收。

第二，在游击区开办商店、设货栈，吸收边区必需的物资。1941 年以后，边区政府针对日军的经济封锁政策，不准敌占区游击区物资流入边区的阴谋，即在游击区建立了游击性的战斗式的商店，分散资金，团结游击区小贩分散经营，建秘密存货室，商店内不存货，白天交易，夜晚进山。并派坚强干部经营，情况一紧即可立即归店。同时在经由敌占区游击区通往边区巩固区的贸易路线上设置货栈，购买军用品。如 1941 年将行唐南城寨的新（新乐）行（行唐）贸易货栈改为商业味较浓的华昌总店，以适应游击区的环境，将山货运到敌区（主要是天津），得到伪币买回西药、颜色、钞票纸，还有军工厂用的钢锉、刀锯、炸药等，然后经游击区经常的商业关系，放在群众家里地窖当中，采取数月昼夜运转，细水长流的办法输送到根据地。

第三，建立合作社，以武装斗争为后盾，与敌争夺白洋淀的资源。冀中白洋淀盛产苇席和鱼虾，仅苇席一项，年产值约千万元，这一丰富资源每年大都流往平津，被敌吸收了。1941 年敌人设卡低价强制收买苇席，不准他人收买，群众为换取粮食，只得忍痛低价出售。冀中区为了争夺这一富源，解决群众疾苦，首先在军事上进行布置，使敌足以控制苇席的两个据点变成二线，第一线则处于根据地掌握之中，然后发出布告，号召群众出卖苇席时到根据地机关登记，并由合作社配合，减低粮价，提高苇价，群众获利，皆大欢喜。

第四，掌握游击区的市场，使广大乡村的丰富物产，不为敌人贱价收买，自由利用。农村集市是农村物资集散的场所，敌人为掠夺游击区物资，一般在城镇大村设有集市。在冀中，为吸收棉、麻、铜、铁、羊皮、猪鬃等，敌人大量发行伪钞。为控制集市，敌人在村镇集市上划分特定货物，在特定地区出售，不到一定时间，卖主不准擅离市场，故群众常不顾价格之高低而被迫出售。对此，我们一方面采取分散集市，化大集为小集，在武装保卫下建立游击区小集市，以吸引群众来赶我集，不赶敌集，促使敌集垮台。同时动员群众力量，在通敌的各村各交通要道实行封锁，禁止行人特别是商贩来往，不许货物流入敌人据点，并派出武装在赶集的日子向敌人据点进攻，保护我小集市，形成尖锐而又明显的市场争夺战。

游击区的物资我能多拿一分，敌就少拿一分。只有把物资夺回来，用少数物资换回多的物资，用不必需的物资换回必需的物资，才能壮大自己，粉碎敌人的封锁。但是，敌人控制着城市与铁路，在军事上、经济上我处于相对劣势的情况下，游击区的物资很难控制，同时由于边区对外贸易不统一，贸易局、合作社的采购处等竞相以高价争购外货，急于以低价出卖土货，互相竞争，妨碍了对外贸易的管理，不利于争取游击区的物资，甚至予敌以操纵之机。因此，为了在物资争夺战中取得胜利，除设立采购商店外，必须指挥统一，步调一致，避免竞争，从组织上加强对贸易战的领导。

1943 年 3 月 1 日中共中央北方局决定：在边区政府成立专门委员会——经济委员会，分边区、专区、县三级，由军政民共 7 人组成，程子华为边区经济委员会主任。3 月 11 日边区经济委员会正式成立，它是发展边区经济，对敌经济斗争的统一指挥部，它的一切决定，工商管理局、实业部门、银行、合作社和其他经济部门，以及军

队均须无条件服从，各部门根据经济委员会的决定订出具体计划，执行时互相联系密切配合。

与此同时，边区政府先于1943年初决定将贸易管理局与工矿局合并为工商管理局，继于1943年1月7日发出《关于组织工商管理局的决定》，2月12日发出《关于工商管理局与实业部门关系的补充决定》。后来于3月，召开了晋察冀边区贸易管理局两周年、工商管理局成立扩大会议，宣告边区工商管理局正式成立，由程子华、陈大凡任正副局长。

为集中力量，加强对敌经济斗争的统一领导，避免过去各专管机关与行政机关联系不密切的现象，边委会决定各级工商管理局与工商管理员为各级实业部门之组成部分，受各级实业部门之领导。

工商管理局的组织系统：边区设管理局，专区设专局，县根据实际需要设县局或工商管理员，在专区或县的接合地带，因工作需要，设工商管理所或工商管理员，由专区或县工商管理局领导。工商管理局的任务是：团结边区内外工商业者，掌握物资，对敌进行经济斗争。其职权是：管理对外贸易，领导稽征和缉私；管理公营与公私合营之商店工厂；指导合作社的运销业务；指导商会，并通过商会指导贸易。

关于工商局与合作社的关系，1940年边区首次经济会议时，合作社与贸易局尚无明确分工，两者的业务性质也不大分明，特别在出入口贸易上互不协调。到了1943年3月11日《边区经济委员会第一次会议决定》中，明确规定：工商局办理对外出入口贸易，合作社办理对内调剂。合作社的调剂以专区为范围，超过专区范围的基本上是出入口性质的贸易，由工商局办理；超过专区范围，但属于县与县、区村与区村的互相调剂，合作社仍得自行办理。在接敌区的边缘，除主要出入口由工商管理局办理外，边缘地带的合作社可以领取执照，按工商局规定的价格，零星办理必需品贸易，其他任何机关不许出口货物。

在贸易斗争中，随着贸易路线的开辟，边区商业伸向敌占区、游击区，依靠群众，团结商人，以军事政治斗争相配合，争取了不少根

据地所必需的物资。仅 1942 年北岳区各支局商店配合统计累税的征收，从游击区吸收的物资计有：食盐 345 280 斤，土布 68 830 匹，粮食 14 498 石，加上日用品、军用品和其他物品，共计价值 4 718 858 元。同年，各支局商店代收军需原料（包括从游击区吸收的）计有：铁 140 755 斤，铜 32 636 斤，锡 9 037 斤，硫磺 18 605 斤，火硝 34 741 斤，加上其他，共计价值 5 596 473 元。可见，掌握游击区的物资，对于边区解决军需民用的供给是十分重要的。

三、加强缉私

对敌的进出口贸易，是一场极为复杂的经济斗争，一直在进行着。我根据地与游击区、敌占区紧密相接，既无固定的边境，更无正常贸易。抗战中期敌以高价收买粮食、棉花、羊绒、羊毛等必需品，走私奸商乘隙而入，偷运贩私之事便蔓延起来，根据地物资流入敌区。而根据地所需输入之必需品，甚至严禁入口的奢侈品、消耗品、迷信品、毒品，也偷运走私流入根据地内，这是我对敌贸易所不能允许的。因此，必须严缉走私，取缔一切违法贪利的奸商，教育干部群众“人人不走私”，并发动群众缉私。只有这样才能取得对敌经济斗争的胜利。

边区政府采取严厉政策，明令的违禁品，不准私自外运，除严格执行税则外，还采取了两项措施：

第一，划分缉私带、线，建立缉私小组和密报网。1942 年边区政府为杜绝走私，决定在较稳固的边缘地区划一道外线，在外线内距离数里或十数里，再划一道内线，内外线之间便构成缉私带。再于缉私带上之交通要道及村镇广设“人造口”，并于“人造口”处设置贸易稽征所或派驻贸易管理员，处理稽征登记等事宜。一切货物出入边境时，必须由“人造口”通行，否则以走私或偷漏税论。

1943 年 5 月反“扫荡”后，为了充分发挥缉私在管理对外贸易中的作用，一方面把所有抗日村庄及抗日工作较好的敌伪“爱护村”，有组织有条件的划到线上来，使原有外线上的村庄划到内地；

另一方面又在线外建立缉私小组，如第四专区建立了78个缉私小组，占北岳区全部缉私小组的46%，并广设密报网在划定地区游动，其数目据1942年8月统计，北岳区密报网共有489个。

第二，发动群众缉私，配合行政力量管理对外贸易。为禁粮资敌，保证粮食不走私，边区政府对群众进行爱护边区物资的教育。在游击区发动村民制定公约，“不卖一粒粮食给敌人”。云彪县进行对走私的检举活动，提出“人人不走私”的口号，使走私者在群众中孤立；定唐县让游击区群众逢集日在敌人据点市场周围、道口等候检查走私的商贩。为了广泛地发动群众缉私，根据行政区及贸易路线，每20里划一段（面宽十里），每段包括若干行政村，每一行政村成立一缉私队（5—7人）为缉私基本单位，每段设卡长一人，村等于铁路看道房，段等于铁路路基巡查员，由于这样逐村逐级的组织管理，加强了平汉铁路沿线的缉私工作，很快制止了粮食的大批出境，粉碎了敌寇高价收买粮食的阴谋。

缉私斗争成绩不小。1942年北岳区查获出口走私物资47种，折价9 809 674元，查获入口私货物资128种，折价2 273 703元（见表10－2）。

表10－2　　1942年北岳区查获出入口私货统计表〔1〕

出口			入口		
项别	种数	变价	项别	种数	变价
粮食	12	2 630 943	装饰品	24	160 994
牲畜	6	4 406 810	奢侈品	9	294 045
军需原料	13	504 329	服装品	14	340 265
榨油料	6	65 840	消耗品	7	595 865
其他	10	2 194 752	迷信品	7	765
			其他	67	881 769
合计	47	9 802 674	合计	128	2 273 703

〔1〕陈庸：“一九四二年贸易工作总结报告”，《晋察冀边区财政经济史资料选编》（工商合作编），第618页。

1943年5月、6月、7月，3个月定唐查获走私牲口46头，走私粮食921斗，一年以内查获了折价3 637 249元的走私物资。由于在接敌区开展了缉私工作，有重点地深入敌占区，扩大了边区经济阵地，打下了在游击根据地执行稽征政策与掌握物资的局面。使根据地的对敌进出口贸易政策能够比较好的得到执行。

第三节　恢复扩大市场

一、恢复扩大市场

市场是商品经济发展的重要条件，没有市场物资不能周转，资金通融不畅，直接影响着工农业生产及人民生活。为发挥集市市场经济枢纽作用，晋察冀边区贸易局关于《一九四一年三月至六月贸易工作布置大纲》中规定：于适当地点建立新市场，恢复原有集市，于敌据点附近建立活动市场，其贸易任务是限制农工业品的输出输入，吸引敌占区人民来解放区赶集。

1941年4月25日晋察冀边区政府发出恢复边区境内各庙会的指示，要求各种组织，动员广大民商，共同为建立与繁荣边区市场，活跃境内贸易，并与敌伪作市场争夺战而斗争。借庙会进行物资交流，实为边区固有的主要贸易形式之一，庙会地点，有的不在原地，新地址的选择，根据贸易路线而定。

关于建立新市场，1941年8月13日边区实业处处长张苏在边区第一次经济会议上关于《问题讨论总结》的报告中指出：建立新市场，要选很好的地理条件与群众条件，事前要有充分的准备，诸如商贩的动员，货物的供给，坚壁清野警戒工作等。市场组织要适当分散，不应集中，应在山沟小道发展小市场，乡村合作社应发挥市场的作用，竭力调剂群众经济生活。

集市的建立，一般来讲，游击区比巩固区较困难。游击区建立小集市大体分三步进行：第一步，区公所根据本区村庄具体情况划分成若干小集区，分别规定集期；第二步，区公所分头到各小集区召集该小集区村干部会议，以座谈方式对村干部进行动员，通过村干部对商民进行宣传教育，揭露敌人统制集市之阴谋，说明赶据点集的危险，启发群众认识建立小集与民众利益的关系；第三步，协助小集建立集市委员会，规定集期与集市规则。新建集市的规模，一般应以人口密度为准，人口稀少的三十里地左右设一集，人口密的十里至二十里内设置一集。游击区的集市可适当分散，宜小不宜大，每3—5个村建立一个小集，不设固定市场，可在几个村庄内轮流设集，集日不宜过密。巩固区或游击区、抗日一面村庄适合发展大集，可适当集中。集大买卖人多，货物多，物价容易稳定，便于掌握，群众交易方便，对土特产品发展也有促进作用，故集市大小应视具体情况而定。集市是由政府、群众团体、游击队、税卡合组的“市场管理委员会”来领导。

边区政府对集市的积极扶植与边区内部贸易自由的政策使北岳区的集市市场从1941年开始逐渐形成。

在二专区，以往市场是很少的，特别是比较大的市场更少。1941年至1943年开始形成较大的市场，如下关、上寨、玉帛庄、应县甲峪、繁峙横涧等，其中以横涧市场为最大，而这一市场的兴起，直接关系到下关、上寨市场的兴衰。

横涧市场：位于繁峙大营以东，西北通应县小南川、北楼口，直达应县川；西通大营、砂河、繁峙城，直达代县崞县；东北通王庄堡，直达浑源川；中通灵邱下关；东南经西庄通阜平沙洼，直达阜平城，城南庄。就政治环境来说，三面被敌据点所包围，其西二十里有大营敌据点，西南有神堂堡及韩庄两据点，东北有南坡头敌据点。东南接近巩固地区灵邱，冀西商贩由此而来。可见，横涧市场为游击区与巩固区之桥梁，是典型的游击区中间地带，是我强敌弱的地区。

横涧市场的形成有其过程：1938年日军于神堂堡设据点，繁峙冀西之间贸易路线被切断，横涧遂成为冀西与雁北贸易路线出入口。

但横涧仅是粮食、食盐入口之枢纽，尚未形成市场。因为巩固区灵邱下关有市场，繁灵商贩及冀西商贩多到下关赶集。1941 年秋反“扫荡”，冀西雁北食盐缺乏，商贩运盐者日渐增多，横涧遂成为冀西雁北间商品交换的场所。反“扫荡”结束，敌人于下关、上寨修筑工事，企图久扎，下关市场被挤垮，冀西与雁北物品输出输入中心也就转移全横涧。该市场于 1942 年正式形成后，成为行唐、阜平、唐县、完县、浑源、灵邱、繁峙、代县等县之间货物的交易所。

横涧市场的特点。第一，它是自发的，过去没有集市，是敌伪经济封锁后才自然形成的；第二，横涧市场是一个典型的游击区二层市场[1]，交易采取分散形式，不像集市那样有定期，每天都有交易。根据敌伪出扰的一般规律，商人们有时把交易的时间完全放在上午，有时放在下午，还有时放在晚上，敌人一走就立即开始交易，很便于商品交换。第三，上市商品带有季节性，市面上从不出现消耗品，出入口物品一般都有规律。粮食出入为常年性质，牲畜只限春秋两季，食盐入口以秋冬为最多；其出口物品，土布多在秋冬及春初，棉花出口秋后多为套花，红枣在冬季春初为出口大宗。第四，市场地处游击区，但市场之货币以白洋为本位，占绝对优势，边币次之，伪钞无人使用。第五，交易的方法极大部分是直接的“以物易物”，小部分是通过商店进行的间接交易，还有一小部分采用信用的交易，冀西雁北商贩之货物完全集于店中进行交易。第六，市场上没有专门营业的“牙纪”，需要的时候，由商店作公平人，交易成功后收少量手续费。

在三专区，龙华县于 1942 年恢复了大良岗和南城司两个庙会。庙会前县政府曾拨部分春荒货款给各区村，让灾民作小本生意以维持生活，“所以在两个庙会上卖小吃物的占 150 余户，连同比较大的饭担有 280 摊之多，另外贩卖农具、布匹、铁器及一切日用品的达 350 余摊，南城司是聚兴隆总店所在地，此地是一个小集镇，每逢旧历三、八日为集，战前每集不过 200 人左右，市场上商品不多，物品

[1] 在游击区的市场中，有的市场敌人出扰较少，为我所控制，此为一层市场；反之，就是游击区二层市场。

种类也少；抗战开始后，南城司逐渐成为东西物资集散地，每集有400—500人，日用物资甚多，集市十分活跃。

在六专区，随着平西政权的建立，内部集市贸易有所发展。1942年2月为调剂昌宛一带的必需品，吸收涞源四区蔚县川下的粮食，以及敌占区粮食，在涞水五区的蓬头与二区的大河南又相继成立了集市，集市开幕日那天，市场上堆积的货物估计价值二万余元，赶集的买卖人有2 000余人，此等繁荣景象曾打破了平西的历史记录。

上述恢复、建立的市场，是根据地赖以与敌伪进行市场斗争的基础。有了这些市场，既能调剂内部贸易，又利于吸收敌占区、游击区物资，吸引敌占区人民前来根据地做交易。敌占区市场由于敌伪的横征暴敛而萧条冷落，商号倒闭，人民叫苦不迭，这里摘引当时报刊的两则典型报导：

1942年完县城敌人为敲诈据点附近所谓“爱护村”的民财，专门设立“交易所”，其诈骗办法十分可恨，即对凡是到完县县城赶集的群众“先用伪合作社以贱价卖给老百姓东西（如食盐、火柴、煤油等）作为引诱，再按户口册强迫各户到城内去赶集。无论你到城内买或卖东西，必先到交易所去登记，领取‘交易证’，按你的货品价格要钱。譬如买或卖一块布，应买一张五角的交易证。卖或买一只猪，必须买一张一元的交易证，其他类推。也不管你是否成交，该证概不退回。所有赴城内赶集的老百姓，无论是卖猪也好，卖布也好，只要买了那张‘交易证’，把东西弄到城里去，卖掉卖不掉就不许往外拿了，必须交‘交易所’负责保管。一只猪存一天拿饲养费五角或一元不等……五天一个集，一只猪存五天就得拿二元五角或五元的饲养费，……这样猪价再贱也得卖掉，不然寄存两个集就不够拿饲养费了!”[1]老百姓称这个“交易所”为一架吸血机，老百姓逐渐明白了敌人这套鬼把戏，再也不到城内去卖东西了。

1943年日军强制“减低物价”，实行“经济封锁”政策，繁峙县大营商店贩卖货物，十分困难。购货前，先得花“印花费”、“搬

[1] “完县城里的‘交易所’是一架‘吸血机’”，《晋察冀日报》，1942年7月30日。

运费”等费用；购货，要经过“组合社”的手续和“警察所”的“批准”；购货回来后，出售手续更麻烦，每日卖了多少货，卖什么货，卖到何人手里，都得向“警察所”报告清楚。每人买货有规定的数量，按规定每人至多买洋布一丈，粗布一匹，火柴一包，水芋一斤，生芋一包，如果超过此数量，就会受严重处罚。敌人来买货物时，须实行所谓“减低物价”，如一元白洋购芋面老百姓买给五斤，敌人买就得给九斤。商店被逼不得不关门，但敌人为了叫商店摊款，又不准关门，就是每天无买卖做，也得按股给敌人摊款。商号硬是被逼得走投无路，异口同声叫苦：“唉！买卖不能做，关门又不叫，反正咱们是活不成！它娘的，日本鬼子甚时走！”[1]

二、集市争夺战

贸易战、货币战、粮食争夺战等都需要以市场作阵地的依托。随着边区市场的恢复建立，与敌占区市场的日益萧条，争夺集市的斗争，也日趋激烈。敌伪采取种种手段妄图控制更多的市场，吸收边区的物资。

封锁破坏边区出入口贸易路线。在雁北强抓民夫挖五尺宽深的沟壕，在险要山路砌悬崖，筑堡墙，以封锁粮食与棉布的交流。在边区贸易路线上打劫商客，一次应县百十人结伙驮货的商贩，惨遭毒打后没收全部货物及牲畜。

倾销配给堵塞边区棉布销路。1943 年繁峙敌人从太原购进一批破烂不堪的各种旧服装，强令各村配给换粮，以阻止边区布棉在敌占城镇市场上出售。同时，通过私商向边区廉价倾销雪花膏、肥皂、纸烟及迷信品等边区禁止入境的物品，妄图以此达到占领市场进行经济掠夺目的。

侦察边区市场情况，造谣毁坏边区所设集市。1943 年 7 月的 10 天内，应县市场被敌伪经济密探谣言炸集达十三次之多。有些汉奸伪

〔1〕“大营镇”，《晋察冀日报》，1943 年 3 月 6 日。

装成卖粮人常到雁北玉帛庄市场侦察我军队与市场情况，了解十分仔细，如市场周围有哪些部队？人数多少武器若干？市场营业情形，有哪些货？从哪里来，到哪里去？客商常住地点与坚壁货物的地方？川下那些村庄哪些人去卖粮食等，真是无孔不入。

武装摧毁边区市场。雁北市场是冀西、冀中的土布与二专区雁北市场吸收的粮食进行交换的主要阵地，是边区商业贸易上打通绥远晋西北的路线，组织推销棉布出口的主要通道。1941 年正当雁北横涧市场兴起时，敌伪就下令马上摧毁它，仅 1941 年 5 月—1942 年 6 月统计，敌伪对该市场共抢掠 13 次，其中 9 次抢掠就达 12 万元的货物。1943 年 2 月敌在雁北玉帛庄市场一次掠夺总值就达 8 390 余元（以当时市价算）。

在争夺集市市场过程中，晋察冀边区政府进行了针锋相对的斗争。

在游击区，将敌占集市分散，变大为小，化整为零。如北岳区第四专区游击区群众，为对付敌特分子的扰乱，缩小目标，1942 年组织流动集市、夜市，晚上在树林里隐蔽营业，各行摊彼此相隔几十丈以至半里，集期不定，有时两天，有时三天。九专区冀中群众为对付敌人低价统制收买产棉区的棉花，1943 年 1 月发展“黑市”、“暗市”、“碰头市”，实行不定时的个人交易，暗价较敌定价高出一倍，不仅使群众互通有无，而且削弱了敌人低价政策，使敌市场形成有行无市的状态。同时用隐蔽的斗争方式建立乡村游击小集市，每 3—5 个村轮流设一个小集，不设固定市场，实行粮食与土产的直接交换，禁用仇货和奢侈品。

削弱敌伪统治的市场，建立完全由边区掌握的游击区市场。为此，采用了三条办法：一是利用游击区伪军伪组织人员的家属组织合作社，使市场不易引起敌人注意，便于以武装作后盾保护集市。二是掌握游击区集市和伪税收人员，力争斗秤牙行为边区服务，把一部分敌人统制较松的集市争取到边区方面来。1942 年曲阳下河镇的斗行在说服教育下被争取过来后，下河集没有了斗行，敌之集市随着就垮台了。三是扰敌游击区敌占市场。1942 年敌占四专区燕赵市场后，

边区贸易卡结合游击小组就混入市场打抢扰乱，组织三五群众返行炸集，使敌伪不安。结果由于边区在曲阳削弱了下河、李东旺等敌市场，在望定打垮了两合营、薛家庄敌市场，在定唐打垮了敌足里市场，不仅把燕赵、西羊平、东口南，望定县留早、云彪郭村、魏村，定唐砖路等市场争取过来，而且还建立了河沟、程东旺市场与高就、官家庄市场。

根据情况及时转移敌据点市场，即敌控制的市场，以混淆敌之耳目，使其扰乱抢掠常常扑空。1943 年 5 月反“扫荡”后，当敌人军事政治力量仅限于据点活动而企图掠夺物资，控制市场时，四专区曲阳县把晓林据点市场迁至崔家庄，把沙城敌据点市场迁至侯家沟；当敌人增加兵力进行秋季“扫荡”时，边区则把市场又迁回晓林、沙城。如此市场搬家，保证了市场物资安全，便利了群众的交换。

封锁限制不能被边区掌握和不必要掌握的敌伪市场。由于这些市场一般是敌伪军事力量较强，且在贸易路线上无关重要，只是便于敌伪对边区物资的吸收与掠夺，如 1942 年四专区曲阳县对灵山、曲阳城等市场周围划了封锁圈，云彪县规定禁止游击根据地的主要资源（如土布、棉花、粮食等）流入敌伪尧城市场。在冀中，于据点集日，动员民兵散布于要道路口，封锁据点集市。

通过激烈的集市争夺战，到 1943 年底第四专区游击区 36 个市场中，被边区政府控制的已有 15 个，即望定 3 个、云彪 2 个、定唐 1 个、曲阳 9 个。被敌控制的市场尚有 21 个，即望定 3 个、完县 3 个、云彪 5 个、定唐 7 个、曲阳 3 个。尽管敌控制的市场数量仍比较多，但在敌控制的市场中，有的不巩固，有的正处于边区严密封锁之中，或者即将被打垮。因此，在市场争夺战中，边区掌握了的这些市场，构成了路东与路西、游击区与巩固区物资（如土布、食盐、棉花、牲口）交流的桥梁（详见表 10－3）。

表 10－3

第四专区游击区敌我市场现状一览表

市别		地点＼项目	集期	货币	主要的路线及商品情形	备考
敌控制的市场	望定	清风店		伪钞	在平东汉线上，是沟通东西的跳板，布棉多	可能争取深入力量
		王家町		伪钞	粮食多	同上
		东市邑		伪钞	同上	同上
	完县	完县城	3、5、8、10	伪钞	通保定，敌在此吸收山货皮毛及棉花	敌人正在巩固发展中
		北城	1、6	伪钞	通方顺桥上猪、粮食多	同上
		巷北	2、4、7、9	伪钞	同上	同上
	云彪	望都城	4、9	伪钞为主边币暗市	是敌我货物交换主要市场之一	可能秘密的组织力量深入
		东白城	5、10	伪钞为主边币公开用	通清风店上布、棉、猪多	同上
		招庄	5、10	同上	通望都上粮食猪	同上
		尧城	2、4、7、9	同上	通望都、方顺桥、上粮食、棉花、猪多	我正进行封锁
		王各庄	3、5、8、10	同上	同上	同上
	定唐	拔茄	2、5、8	同上	沟通铁路东西，上猪、布、棉、粮食多	我能掌握而未掌握
		唐县城	1、3、6、8	完全伪钞	敌伪消耗供应市，上皮毛多	能组织力量深入或封锁
		温家庄	1、3、6、8	伪钞为主边钞公开用	同上	我拟封锁或打垮
		岗北	3、8	同上	同上	同上
		王京	1、6	完全用伪钞	沟通东西的要点，布棉出口走私	能组织深入未着手
		西板	3、8	伪钞为主边钞公开用	同上	同上
		赵村	2、5、7、10	同上	同上	同上

续表

市别	地点	项目	集期	货币	主要的路线及商品情形	备考
敌控制的市场	曲阳	曲阳城	1、3、5、7、9	同上	敌人吸收山货皮毛布棉零星上市	在我严密封锁中
		晓林	1、4、8	同上	沟通行唐曲阳的点线粮布盐上市多	我能深入掌握
		辛庄	2、4、8、10	边钞为主伪钞少	作用不大	同上
我掌握的市场	望定	高就		同上		
		官家庄		同上		
		留早		同上		
	云彪	郭村	2、7	边币为主	沟通路东上盐、布、棉、粮食	
		委村	2、7	同上	同上	
	定唐	砖路	1、4、6、9	同上	通路东，上植物油、布、棉为一切市场最大宗	敌很注意，我应加强管理
	曲阳	庄窝	2、4、6、8、10	边币占绝对优势	通邓家店燕赵、阜平的中心点，土布最多	同上
		程东旺	1、3、5、7、9	同上	当地群众日用交换市场	
		七里庄	同上	同上	同上	因作用小没人管在自流中
		高门	2、4、6、8、10	同上	同上	
		燕赵	1、3、5、7、9	同上	通行唐、保定、冀中路线，布、棉、盐上市多	敌很注意我应加强组织力量
		西羊平	3、6、9	同上	与查路线同，上市数量次于燕赵	同上
		文德	2、4、6、8、10	同上	小市场、布粮为主	同上
		北家庄	1、5、8	同上	同上	同上
		砂城	2、6、10	同上	沟通阜平出口要点，南通燕赵	同上

三、边区的物价

在集市市场争夺战中，为占有更多的物资和掌握更多的市场，物价相对稳定是很重要的。但是，在抗日战争期间，边区的物价是很难控制的。物价的涨落除受价值规律影响外，还多与敌经济斗争的形势、伪钞力量的强弱有关，随着敌我军事斗争形势的发展，物价的波动也表现出它的阶段性。一般来讲，1940 年前在人民力量上升时期，市场物价的波动不大。1940 年后，敌寇加强“扫荡”掠夺，推行“三光政策”，环境残酷，生产下降，物资少了，货币多了，加上敌占区伪币贬值，物价增长的影响，因而边区物价的波动趋于频繁。

冀中区，1941 年秋小米每斗 35 元，至 1942 年底上涨到 600 元，增长了 17 倍之多；相反，煤油在 1941 年秋至 1942 年 5 月由每桶 125 元只上涨到 300 元，充分说明了输入品（煤油）与农产品（小米）价格增长的速度极不平衡，这种不平衡的发展，严重影响着根据地市场物价的稳定。

北岳区，1941 年 1—12 月，小米、小麦、土布、食盐价格增长的速度不大，基本是稳定的。1942 年的物价则是直线上升，如 1—12 月，小米由每斗 7. 50 元涨到 33 元，小麦由每斗 9. 70 元涨到 42 元，土布由每斤 9 元涨到 28 元，盐由每斤 1. 25 元涨到 3. 50 元。1943 年 1 月至年底，小米、棉花、食盐等主要物资的价格则迅速上涨，灵丘下关市场的小米每市斗由 40 元涨到 137 元，棉花每市斤由 11. 70 元涨到 40 元，土布每市斤由 46 元涨到 72 元，食盐每市斤由 2. 80 元涨到 7 元。

战争期间物价上涨是必然的规律。1941—1943 年日军对北岳区、冀中区“扫荡”频繁，致使生产破坏，物资减少，消耗增多，物价升高。且因敌人对根据地不断分割封锁、蚕食，边区政府控制的地区缩小了，能够利用的资源则大大减少。巩固区是资源较少的地区，粮食、棉布部分需要游击区调剂，食盐、洋货全部需要从敌占区购买。能出口的东西如皮毛、山货、药材之类不多，且大都未能掌握起来，

却在商人与采购人员的竞争中（以低价输出土货，以高价输入洋货）自流出去，更增加了出入口贸易的困难。由于物资缺乏，货币增多，边币贬值，因而造成了物价高涨。

除此之外，1942 年“五一大扫荡”后，敌伪一方面从冀中北部向南部驱逐边币，使伪钞大量流入冀中，降低边币对伪钞的比值。另一方面又以经济上的相对优势实行低价收买苇席和粮食（如 1942 年 11 月日伪向安新县同口村提出购买稻米 15 万斤）。配合经济封锁，极力压低根据地出口货物的价格，抬高输入根据地物品的价格，通过不等价交换扰乱根据地金融，促使商人投机操纵粮食大量走私。如 1941 年 6 月、7 月间任丘县的任河、大东、西支地区每月小麦走私达 2 100 万斤，1941 年秋白洋淀大米每月走私达 120 多万斤，均流入敌手，造成输入品价格上涨。

晋察冀边区物价虽处波动状态，但与敌占区物价相比，还是相对稳定的。因敌伪不择手段的掠夺，借其军事力量滥发伪钞，强行流通，造成敌占区物价飞腾，1942 年 10 月底至 1943 年 2 月，白洋淀玉米由每斗 6 元（伪币）涨到 30 元。边区政府执行的是独立自主的经济政策，随着军事、政治、经济斗争的不断胜利，边区工农业生产的不断发展，根据地的物价虽有所上涨，但是，边区的物价与国统区和敌占区相比，还是比较稳定的，取得了很大的成绩。

第十一章 工业的恢复与发展

第一节　军事工业

一、军工部生产连的创建与各地军事工业的发展

晋察冀军区的军工生产单位，最初称“修械所”。后来，在军工部辖下称“军工连”，人们习惯地按其实质称它为“厂”。

1940年年底，日军占领曲阳、定县以南的大沙河，切断南北交通。为保障大沙河以南的八路军的军需供应，军工部决定在平山县一带建立一批军工连，并设立总厂以全面领导。这个总厂习惯称为“南厂”。1941年秋季反“扫荡”前，总厂部设在平山县的拦道石，反“扫荡”后移至下卸甲河。南厂厂长胡大佛，副厂长石城，政治协理员孙志瑞。

属南厂管辖的有军工部第一连、第二连、第八连、第九连和第十一连。

军工部第一连、第二连住平山县，主要任务是生产刺刀、制造捷克式步枪，亦称“造枪厂”。1941年秋季“扫荡”中，第一连的设

备全部为敌所夺，便与第二连合并，称第二连。厂地迁至平山县磨子坪村。连长郭宝钱，指导员杜光斗，副连长兼工务主任汪金满。

军工部第八连，其前身为边区制造所（亦称手榴弹厂）。1940 年 11 月，军工部接收该所工人 130 余人和制造手榴弹的工具，又招收工人七八十名，编为第八连，仍然制造手榴弹，月产 3 万枚左右。厂址在平山县卸甲河的杀反沟。连长赵喜全，指导员华英。

军工部第九连是 1941 年 1 月开始筹建的，干部和技术骨干系从各连抽调而来，工人是在当地招收的（女工占 1/3），连长任其如，指导员汪江涛。最初，主要任务是复装子弹，故习惯称为“子弹厂”。军工部自制子弹试制成功后，即投入子弹的生产。厂址原在平山县的北苍蝇沟，1941 年秋季“扫荡”后迁至滹沱河岸的郄家庄。

军工部第十一连是 1941 年春季“扫荡”后，由八连分出一部分人组成的，专搞翻沙，铸造迫击炮弹壳和手榴弹壳。厂址在平山县清水河，后迁至平山县回龙沟。

从此，军工部所辖军工连以大沙河为界，分为南北两片。分布在完县、唐县、易县、曲阳一带的军工连与“南厂”相对而总称为“北厂”。实际各连直属军工部，并未设总厂。

1941 年和 1942 年，军工人员有所精简。据 1941 年统计，军工部所属第二连至第十一连共有工人 948 名，其中钳工工匠 74 名，学徒 115 名；机工工匠 50 名，学徒 33 名；机工（旋工）工匠 35 名，学徒 47 名；木工工匠 46 名，学徒 37 名；翻沙工匠 14 名，学徒 65 名；其余 432 人（女工、矿工、装手榴弹和做子弹的工人等）。

1940 年 1 月，军工部于唐县大安沟村建立化学厂，亦称硫酸厂。为了保密，对外称“醋厂”，其主要任务是从试制硫酸着手，研究无烟火药。开始有工人二三十名，设备极其简陋：粉碎原料用的是石碾子，制造硫酸用的是陶瓷缸、盆和罐，压无烟火药片用的压面机。但终于以边区的原料，利用自己设计的工艺流程和土设备，制造出硫酸、硝酸以至无烟火药，为边区的军事工业开辟了新道路。

化学厂厂部设厂长、指导员、工务主任等职。根据生产需要逐步健全了生产机构。全厂设原料股，股内分三班：白醋班，制造硫酸；

黄醋班，制造硝酸；蒸醋班，浓缩硫酸。半成品股，股内分硝化班、棉花班、提硝班、甘油班。成品股，股内也分三班：酒精班和香水班制造乙醚，合面班制造无烟火药，是生产的主要部分。其他还有材料员、供给员、担水员、炊事员等。至1942年，全厂发展至100多人。

出于隐蔽的目的，军工部1942年决定将该厂制造无烟火药部分转移到阜平县马兰村通天寺，组成化学二厂。原厂则称化学一厂。

化学二厂设生产机构和管理后勤两部分。生产机构设班，有酒精、香蕉水、棉花加工、胶化和切药五个班，每班10余人；管理班后勤人员包括管理、材料、运输、通讯、炊事等人员10余人。此外，还有木工和黑白铁工10余人，生产用冷凝器、蒸发器、搅拌机、切片机等都是自制或改装的。

军工部各连的产品主要供应正规军。各地还设有一些小型军工厂，制造手榴弹、炸弹、地雷，并修理机械，以解决当地的驻军和地方武装的武器弹药问题。

冀中地区，曾几度建立手榴弹厂，皆因敌人的“扫荡”而失败。1941年，日军对铁路封锁更严，运输梗阻，武器弹药的补给日趋艰难，冀中各区决定设厂自制手榴弹，六、七、八、九分区均各设一厂，共有工人283人，规模较小，因煤铁来源困难，不能经常开工，每月平均生产量六分区为4 000个，七分区为7 500个，九分区为3 000个，八分区只能修理，尚不能生产。[1]

为组织和开展群众性爆破运动，冀中一带还发展了许多民间军事工业，民兵使用的手榴弹、地雷主要来源于此。

北岳地区，许多县都设有修械所。如满城县修械所，设在石板山下。五台县多数区、村都可以制造黑火药、手榴弹和地雷。尤其地雷的种类很多，有踏雷、拦火雷……，地雷的触发器各有特色，巧妙非凡，在地方游击战争中发挥了很大的威力。

冀东地区，尽管对敌斗争环境极其残酷，在离敌人较远的山区还

〔1〕 吕正操、程子华：“关于军事工业情况的报告”，《晋察冀边区财政经济史资料选编》（工商合作编），第99页。

是建起了军工工厂。他们先举办制造手榴弹、地雷的技术训练班、普及技术，然后分头成立工厂。开始时工艺极其简单，用一块铁片焊接成圆筒，装入火药即成。后经军工部南厂翻沙工人指导，学会翻沙，开始用生铁铸造手榴弹壳，每天可生产 80 多个。1942 年春，遵化县成立武装总队，在团小洼也建立炸弹厂。生产的手榴弹不仅供应地方武装，还曾供应八路军主力部队。

二、保护军工原料的斗争

日军于军事侵占华北的同时，加紧对华北沦陷区和根据地的经济掠夺和封锁，实行物资禁运，既不准占领区和游击区的物资流入边区，也不许边区的非必需品流入其占领区。1941 年 7 月、8 月间，日军在各地普遍设立“经济封锁委员会”。在“治安强化运动省本部”设立“经济督察专员”督察其事。对各村庄用“连保法”实施禁运。禁运的主要物资有雷管、弹药、粮食、棉花、羊毛、油墨、盐、生铁、煤油、药品等，给解放区物资供应造成了极大困难。晋察冀边区政府实业处处长张苏这样写道“资源大量外流：敌人用强制购买或不等价交易等方法，大量掠夺我游击区资源，粮食、棉花、金属资源大量流入敌占区”。“必需品输入困难，非必需品输出困难，不仅敌占区必需品输入困难，即游击区物资输入也很困难，如粮食、棉花、铁等资源输入巩固地区相当困难”。[1]

为确保军工生产，边府采取了许多保护和扩大军工资料来源的措施：

第一，建立“资源统制委员会”。该会由军区司令部、政治部及边区政府、军区卫生部、工业部、冀中供给部、贸易局、工矿管理局、武装部等部门共同组成，统制军工原料，防止军事资源垄断、外流和使用不当。各分区、专署也都先后组成分会。该会还拟定了

〔1〕 张苏：“整理合作事业加强经济经营开展对敌经济斗争”，《晋察冀边区财政经济史资料选编》（工商合作编），第 810—811 页。

《关于资源统制委员会的意见》，对军工原料的统制、采购、分配都提出了明确具体的措施和办法。

关于统制办法有八条规定，主要内容为：对煤、硝、铁、煤油、铜、铜元、锡、铅、弹壳、钢、道轨等12种兵工器材实行统制，由边区政府颁布法令推动实行；这些物资不得输出资敌，不得自由买卖，党政军民各机关不得收藏，由统制委员会统一管理。

关于采购工作规定：

（1）对外购买由贸易局统一进行，由军区统一分配；

（2）对内采购由贸易局利用合作社及公营商店购买之，交军区分配；

（3）对边区动员之物资由政府负责收集，由军区分配之。

各地成立了采购委员会，设立采购商店，代购军需原料。据统计，1942年边区各商店代收铁、铜、锡、硫磺、火硝及其他军工原料价值达5 596 473元。

1942年8月边区贸管局北岳区第三次支局长联席会议通过的《晋察冀边区硝磺统制暂行办法草案》指出，硝磺系军火原料，为专卖商品，“由边区贸易管理局指定商店统一收买，专供军需”。[1]

1945年6月17日，冀中行署决定：现存酒精及酒精数，不得在市场出卖，不论已存及新造之酒，“应尽先全部供给医务及军火制造机关之用”。[2]

第二，制订解决钢铁来源的具体措施。边区第一次高干会议和边区第二次经济会议，均把解决钢铁来源作为重要问题进行了研究，提出的具体办法是“根本没有的钢，必须大量的搬取铁轨解决。铁的问题，第一要靠收集生铁，第二要利用平定、盂县的铁。平定、盂县的铁工大半失业，我们应该帮助他们就地制造。五台的铅铜、阜平的

〔1〕《晋察冀边区贸易管理局北岳区第三次支局长联席会议报告讨论决定记录》，1942年8月10日。

〔2〕《晋察冀边区行政委员会冀中行署指示》贸字第一号，1945年6月17日。

硫化铁、冀中的硝石都需要大量开采”。[1]

边区第二次经济会议提出的具体办法是：

（1）利用平定铁矿，若私人铸造、资金不足，政府可酌情帮助；

（2）搜集废铁，必要时可搞献铁活动；

（3）奖励搬铁轨，号召群众广泛破路，适当给予代价或奖励；

（4）开采新矿。

军工部于1940年8月组成矿工队，共百余人，在平山一带开铅矿，在唐县、阜平开铁矿。1942年10月又成立矿工二队。1943年5月，两队合并驻河北省唐县北庄子村。主要任务是采矿炼铁，队长葛振民。

第三，解决原料运输的困难。平定的生、熟铁及铁器很多，各地废铁也很多，皆因运输困难没有收集。解决的办法是：在抗战勤务适当解决之后，腾出一部分人力，运输工业原料。对制造农具或手榴弹的生铁，不能尽靠运输解决，可改变固定一地的冶铸方式，采用流动制造。

军区决定建立军事交通运输兵站，保证军需材料能够及时地送到生产部门。共建立了6个兵站：一分区2个，三、四分区、军区直属队和一二〇师各组织一个，由军区司令员副官指挥。

第四，发动边区军民积极支援军工生产需要的钢和铜，主要靠破坏敌人铁路、缴获铁轨、割断敌人电线来补充。“破路也是人民的任务，成千条的铁轨，老乡们抬往兵工厂制造步枪炸弹，成千成万米的电线，老乡们送到部队，送到政府”。[2]据1937年至1941年9月冀中子弟兵交通战绩统计，这期间破坏铁路，就缴获了钢轨2 212条，缴获电线226 705斤。[3]民兵开展的交通破击战，缴获的钢轨更是不计其数。

五台县、浑源县硫铁矿产量丰富且含硫量高，多由私人开采，所

---

〔1〕 张苏：“发展生产事业”（1941年在第一次高干会议上的报告），《晋察冀边区财政经济史资料选编》（工商合作编），第267页。

〔2〕 李公朴：《华北敌后——晋察冀》，1940年。

〔3〕《冀中我子弟兵四年来的交通战绩》，1941年11月29日。

炼硫磺主要是供边区军事工业用。当地农民以硫铁矿干馏升华提取硫磺的办法，源源不断地向军工生产提供硫磺，满足了军工生产的需要。1945年五台县东西窑头合作组织开采硫矿，产量更高，日产硫矿3万多斤，能冶炼硫磺3 000来斤，硫磺月产量可达10万多斤。[1]

边区多产硝土。农闲时，千家万户用铁锅熬制硝盐，提取火硝。仅火硝一项，有时在一天之内可收到50—100驮子，为数八九千斤，供应军工生产，数目相当可观。

此外，复装子弹需要大量的旧弹壳，铜元等制弹材料。1941年5月，八路军总部向各军区发出通知，要求大量回收旧弹壳（“七九”、“六五”两种弹壳）、黑铅、铜等，上交总部换取补给。其中晋察冀军区的任务是：收集弹壳50万发，黑铅5 000斤，铜元50万枚，由军区所属各分区、骑兵团、游击军、挺进军以及直属部共同完成。[2]

总部规定上述任务要求：一年内完成，分期缴送。第一批须有1/4—1/3，于6月中旬送到总部。[3]当时部队对军需原料要求数量之大可以想见。

各种措施的制定和军民的努力，军工生产所需的原材料，大部均可达到自给。据1945年2月统计，所需兵工材料除常用的水银、肥田粉、卫生球、碱面等还需从敌占区购买外，其余如火硝、硫磺、生铁、黄蜡、棉花、铁轨、大铜元、制钱、碎铜、锡、铅、银、石炭、石灰和动、植物油均可自给。自给品价值达162 751 130元。

三、军工生产的新成就

晋察冀边区的军事工业，就是围绕着制造弹药这个中心逐步发展起来的。

边区抗日军民所用的子弹，最初来源于战场的缴获。1940年军工部成立子弹连，开始复装子弹，弹壳仍依赖抗日军民作战时回收和

[1] 《冀晋区第二专署大生产运动总结》，1945年。
[2] 《晋察冀军区转发总部收集弹壳、黑铅、铜元自制子弹的通知》，1941年5月19日。
[3] 同上。

打扫战场时拾取，而发射药则取自缴获的敌军炮弹无烟火药。缴获的敌弹是极少的，子弹复装的生产常处于“等米下锅”的局面。为了改变这种被动局面，军区工业部决定自己研制无烟火药。

（一）硫酸的制造与浓缩

无烟药是一种高级火药，是子弹和各种炮弹的发射药。它的生产过程极其复杂，所需要的原材料品种多，要求高。其中的硫酸、硝酸、酒精、乙醚和硝化棉等都是边区难以获得的。

生产无烟药，首先必须从硫酸的研制做起。在当时的工业条件下，硫酸的制作方法有两种：一种是“接触法”，它需要白金做触媒；另一种是“铅室法”，需用大量的铅板，这些边区当时都是办不到的。军工部的技师们便依据“铅室法”的原理，根据铅皮耐酸的特性，选用了边区曲阳县灵山烧制的陶瓷器——大水缸为主要器具，设计成“缸塔”进行试制。

设备装置：将四至五个大水缸按要求分别凿去底部，与一个完好的水缸自上而下的排列，之间用水玻璃、石棉灰、石灰等封接成“塔”状，此为一个“缸塔”；将七八个不等的“缸塔”，用陶瓷管联接并装，即成一组反应塔。塔内可用碎瓷、石英石等填充，促进化学反应。这种土法装置生产硫酸的方法，当时称“缸塔法”。制出的是比重1.42—1.50的稀硫酸。稀硫酸经过加热浓缩，便可得合格的浓硫酸。

此成果的主要研究者是军工部技术室的技师韦彬、黄锡川、张方和张奎元等。

边区制造硫酸的设备，其简陋程度为国内外化学史上所不曾有的，但这种因地制宜，就地取材，把科学理论与当时当地的实际相结合的独创，对于发展边区的军火工业是有着深刻意义的。

化学厂试制的硫酸，开始时质量差，数量也少，每天不过一二斤，经过技师们进一步研究，改进方法，试制的硫酸“虽稀薄些，但经蒸发后，浓度可到百分之七十”。[1]以后一套设备年产浓硫酸可

[1] 张苏：《生产与合作》，1940年8月5日。

达1万多斤，浓度提高到98%（即比重1.84）。据1942年5月统计，化学厂硫酸月产量已增至3千斤左右。[1]

（二）硝酸的制造和酒精、乙醚的制取

有了硫酸，军工部技师们开始着手试制硝酸。

在边区，没有条件采用一般使用的“空中固氮法”制取硝酸，而采取了简易的方法：用浓硫酸与火硝化合而成。制作时用生铁缸作反应器，大水缸作冷凝器。所得的硝酸为比重在1.52—1.45以下的稀硝酸，可用来制造硝化弱棉、雷汞。稀硝酸加入适量浓硫酸分馏，即可得到浓硝酸。

酒精的制取，通常是用粮食酒。为了节省粮食，边区用的是红枣或黑枣酿成的果子酒。这种酒每百斤可出93%浓度的酒精20斤，80%—90%浓度的酒精30斤左右。使用黑枣酒，分馏时加少许碱，可中和其酸性。

有了酒精和硫酸，又按常法制取乙醚、硝化棉。当时边区没有检验仪器，便用土法检验。如取硝化强棉干燥点燃，发出“嘭、嘭”之声或火焰成针状者，即为合格；硝化弱棉干燥点燃，燃烧无灰烬为合格。取合格的硝化棉进行胶化、压片、切块上石墨，即为无烟火药。

化学厂从试制硫酸开始，到无烟药的诞生，仅经历了10个月，即1940年7月至次年4月。1941年“五一”节，在军工部召开的庆祝国际劳动节大会上，他们用自己制造的无烟药成功地进行了实弹射击。并在大会期间举办的展览会上，展出了化学厂自制的硫酸、硝酸、乙醚、硝化棉和无烟药。

初制的无烟药质量差、数量少，到1942年5月，月产已达3百多斤。

自制无烟火药，最初用于复装子弹。当日寇也采取回收旧子弹壳的办法后遇到了困难，弹壳的供应难以为继。

〔1〕 聂鹤亭、唐延杰：“晋察冀军事工业情形的报告”，《晋察冀边区财政经济史资料选编》（工商合作编），第101页。

八路军总部曾为此向各边区军区提出：“为坚持抗战，巩固抗日根据地，必须要自力更生解决子弹问题。”〔1〕晋察冀军区负责人也向军工技术人员发出了自己制造子弹的号召。

要扩大子弹的产量，有了无烟药，还必须制造子弹壳。弹壳的原料是纯度很高的黄钢料（铜锌合金）。边区收集的铜杂质太多，一冲就裂；若用杂铜做阳极板也不成，因纯度太低，在电解过程中无法保证电解液的纯度，所以自制弹壳的关键是自制黄铜。技师们经过反复研究，利用锌的沸点（摄氏907度）低于铜的熔点（摄氏1 083度）的特点，把收集到的铜钱（其中含有大量的锌）、杂铜，装入高温耐火熔罐，蒸馏后可得纯度很高的锌。再将蒸过锌的粗铜进行熔化、去渣，将生成的氧化铜还原，得到了适宜做阳极板的铜，进行电解，便得到纯度很高的电解铜。将锌与铜按三比七的比例配合便可熔制成合格的黄铜板，解决了制弹壳的原材料。

经过艰苦的努力，边区终于生产出包括无烟药、子弹壳和子弹头在内的“全自制子弹”并由军工部第五、第九连投入生产，据1944年11月份统计，全自制七九子弹月产19 000发，自制六五子弹11 000发。〔2〕为了使子弹既适用于步枪，又适用于机枪，技师们改进冲压弹壳的冲模工艺，生产出了规格化的子弹。

为适应游击战争的需要，这一时期军工人员还仿造了射程为200多米的枪榴弹和射程达700多米的掷弹筒，研制成功了掷弹筒所用的五〇炮弹，由军工部三、四、十连制造生产。据1944年统计，枪榴弹月产223个，掷弹筒月产50—80个，五〇炮弹月产1 200—2 000枚。此外还将迫击炮曲射改造成为即能曲射，又能平射，可以直接摧毁敌人的碉堡，机动性更强，威力更大。

〔1〕《晋察冀军区转发总部收集弹壳、黑铅、铜元自制子弹的通知》，1941年5月19日。

〔2〕程子华、唐延杰：“关于军事工业情况的报告”，《晋察冀边区财政经济史资料选编》（工商合作编），第104页。

四、军工生产的进一步发展

1942年10月，为加强军事工业的领导和研究力量，更好地发挥技术干部的作用，边区工矿管理局局长张珍兼任军工部副部长，工矿管理局的技术干部也大部分到军工部工作。张珍兼任军事工业部技术研究室主任，研究室机构扩大，从此技术力量大大加强，有力的推动了军工产品的科研工作，取得了用边区原料制造烈性炸药、雷银、雷银纸雷管等一批重大的新成果，使边区军事工业的发展进入了一个新的阶段。

（一）高级炸药的研制和生产

1943年，日军又集中三个师团的兵力对边区进行三个月的“毁灭扫荡”，边委会特发出指示，要求各级政府在反“扫荡”中“积极领导和组织群众的游击战、地雷战”。[1]这就要求军工生产不仅供应部队，还需要制造更多、威力更大的炸药、炸弹和地雷，武装边区群众。

军工部初期生产的手榴弹、地雷、炸药箱，装的多是黑火药，爆炸力小，一个手榴弹只炸开七八片，有时甚至摔成两半。不能给敌人及其军事设施以有力的杀伤和破坏，也浪费了人力和原材料，这样，制造高级炸药的任务提出来了。所谓“高级炸药”是指含有硝化甘油，梯恩梯（TNT）的烈性炸药，如“硝铵混合物”、“周迪生炸药”。这两种炸药，需要肥田粉、甘油和硝化甘油等原料，技师们经过反复研究试验，终于用边区的原料和比较简易的方法制造成功，使高级炸药的生产有取之不尽的材料来源和大量生产的条件。

1. 硝酸混合炸药的制造。军工部成立初期曾用氯酸钾加梯恩梯（TNT）制造过“氯酸钾混合炸药”，后因氯酸钾来源有限，改用硫酸铵与火硝化合制成硝铵炸药。但所需硫酸铵（肥田粉）必须从敌占区购买，不能保证生产的需要。技师们便设法用边区的原料制取。

〔1〕《晋察冀边区行政委员会关于反扫荡工作的指示》，1943年5月21日。

制取硫酸铵是由氨气与稀硫酸相互作用，所以须首先制取氨气。技师们采取动物骨骼干馏法，特制的干馏大土灶一次可放置动物骨骼、蹄角 3 万斤，四昼夜烧尽。由于边区动物骨骼、火硝来源充足，硝铵混合炸药可以大量生产。据 1944 年统计，军工部化学厂硝铵混合炸药月产可达 1 340 斤。

由于硝铵混合炸药容易受潮，不易保存，装药密度稍大或受潮后不易爆炸，技师们便又研制成功了当时称作高能炸药的周迪生炸药。

2. 周迪生炸药的制造。周迪生炸药的主要成分是硝酸钾、硫磺、锯末和硝化甘油。边区缺少硝化甘油和制造硝化甘油的甘油。甘油的制造一般采用高压水蒸气分解油脂而得。边区没有这种条件，便利用边区生产的动、植物油与熟石灰化合而成。再将甘油与浓硫酸、浓硝酸按比例进行硝化，即制得硝化甘油。

硝化甘油的制成，使边区军事工业不仅可以制造单基发射药，而且还有了由硝化甘油制成的双基发射药，满足了生产各种炮弹的需要。

硝化甘油是 1943 年春季反“扫荡”时军工部技师张珍、何振廉在阜平县井尔沟试制成功的。在“五一”节的庆祝大会上，晋察冀军区政委程子华称硝化甘油炸药的试制成功“在八路军火药史上是划时代的”。[1]

硝铵混合炸药和周迪生炸药制造成功后，军工部大力推广，除了用于炮弹，掷弹筒和手榴弹之外，还用于制造攻坚用的炸药箱、炸药包。

（二）雷银、雷银纸雷管的研制成功

1. 雷银的研制。手榴弹装填的黑火药改用周迪生炸药以后，需用雷管引爆。雷管是炮弹弹火、地雷、手榴弹、炸药包等不可缺少的火工器件，一般是用雷汞等容易发火的化学药品装在金属管里（一般是铜管）制成。日寇封锁中的边区，难以买到做雷汞的水银，只

〔1〕 何振廉：《回忆抗日战争时期晋察冀边区工矿局、军工部所属厂矿》，1982 年 9 月 24 日。

得用银元和元宝代替。用白银代替水银制造出来的叫雷银。

雷银是一种起爆力很强的起爆药。灵敏度比雷汞高几十倍，任何摩擦撞击，甚至泡到水里也会引起爆炸。按外国的文献记载，每人每次制造量不得超过 1/16 克，当时还没有任何国家、任何地区将它用于军事工业上。但是为了打败入侵者，为了拯救民族于危难，为了边区军事工业的需要，军工部的技师们置个人安危于不顾，不仅敢于用银代汞，而且实际上每人每次生产的用量大大超过了文献规定的数额。

制造雷银的原料是白银（边区可以收集到许多银元、元宝或其他银器以资利用）、硝酸（浓度在 70% 左右）、酒精（浓度在 95% 左右），其用料比例为：

白银∶硝酸∶酒精为 1∶10∶9。

制法：把白银溶于硝酸生成硝酸银，待白银完全溶解后，再加入酒精，静置 10 分钟，即可发生化学反应，不断生成雷银。待反应完全停止以后，用净水反复冲洗，直至洗水中性为止。所得雷银经干燥以后，便可用来装制雷管。

2. 独创的雷银纸雷管。雷银研制成功后，又产生了新的矛盾。过去的铜管只能装雷汞，而不能装雷银。因为雷银与铜会发生化学上的反应，置换成灵敏度比雷银更高的雷铜。用什么材料将雷银装置成雷管呢？用纸做管壁，既安全可靠，成本又低，经过多次试验获得成功。雷银纸雷管在手榴弹、炮弹、地雷等实际应用上，完全代替了雷汞铜雷管，解决了起爆问题。雷银纸雷管的制成和实际应用，在世界武器史上是一个创举，它对边区的军火补充起了重大作用。

军工部化学厂迁至阜平县齐家庄之后，由于几个化学厂的合并，生产能力有了很大的提高，主要产品有无烟药、雷汞、雷银和雷银纸雷管。据 1945 年冀晋军区兵工管理处统计，该处化学厂（又称三厂）生产的雷银纸雷管，不仅满足月产 10 万个手榴弹的需要，还供应了本区各县、区生产地雷所需的全部雷管。

边区的军事工业，在极端艰苦的条件下，从无到有，逐步发展，产品的品种逐渐增多，数量和质量不断提高。据 1944 年 11 月统计，

月生产修理能力：捷克式马步枪100支，掷弹筒65个，枪榴弹筒223个，决枪220个，硝酸铔（特别炸药）1 340斤，无烟药500斤、黑色无烟药180斤，黄药手榴弹1万枚，七九子弹（完全自造）1.9万发、复装七九弹1万发，六五弹（完全自造）1.1万发、复装六五弹3万发，捷克弹1万发。[1]并造就了一批学有专长的军工技师和数千名纯熟工人，为边区根据地的坚持和发展，作出了巨大贡献，达到了毛泽东在中国共产党六届六中全会上提出的“办到自制弹药、步枪、手榴弹等的程度，使游击战争无军火缺乏之虑”。[2]

第二节　民用工业

敌人严密封锁和残酷破坏使边区基础薄弱的民用工业受到极大摧残，物资供应更加困难。在这困难的岁月里，晋察冀边区全体军民奋发图强，经过艰苦努力，利用边区的原材料，因陋就简，制造了一些用于工业生产的土设备，开辟了一条自力更生发展边区工业的道路。

一、公营厂矿的发展

工矿管理局成立后，加强所属各工厂企业的管理，开展科学实验，生产得以不断发展。原有各厂如造纸厂、制胰厂等都增加了设备，还吸收科研成果，增设新厂或在原有厂基础上增加新产品。新设的有工具厂、窑业厂、酒精厂和石膏厂等。1941—1942年，又相继建立了第二造纸厂、皮件厂、纺织厂、矾厂、化学厂及唐县迷城煤矿等工业。

[1] 程子华、唐延杰：“关于军事工业情况的报告”，《晋察冀边区财政经济史资料选编》（工商合作编），第104页。

[2] 毛泽东：《论新阶段》。

工具厂：1940 年 10 月在阜平连家沟筹建，经过五个多月的准备，于 1941 年 3 月正式开工。政府投资 85 000 元，计有工人 60 名，职员 25 名。分木工股、翻砂股、修理股三部。该厂产品主要有纺车、秤、铁锅，还生产一些简单仪器，供酒精厂和工矿管理局技术研究室使用。也曾生产过少量武器如短枪等。1942 年，政府投资增加为 95 000 元，生产规模和产品数量均有扩大与增加。

工具厂用的切削工具和钢铁材料，除极少数从敌占区买进来的以外，绝大部分取材于敌占区的钢轨。民兵和老百姓破坏敌人的铁路后，将钢轨运到根据地，经过锻打加工，蘸火后就当工具钢使用，退了火就当钢材使用。敌人的铁路线成了根据地的钢材库。有了钢铁，还需要燃料，化铁需要焦炭，而焦炭的原料是烟煤，当时烟煤产地多为日军控制，来源困难，因此，工矿管理局技术研究室在该厂与工人一起试验用大炭化铁，解决了铸造工具的燃料困难。

窑业厂（附设玻璃厂）：1940 年 10 月筹建，厂址最初设在曲阳灵山，后搬到唐县古洞村。1941 年政府投资 5 100 元，1942 年生产走上正轨，资金扩大为 13 000 余元。该厂烧制粗细瓷器，产品有盆、碗、大缸以及瓷瓶、油灯瓷头、帽花以及耐火砖等。

1942 年初，工矿局技术研究室陶瓷组的技术人员在该厂研究烧制玻璃，经过反复试验，于 1942 年 6 月研制了高温耐火熔罐，并以石英为原料烧制玻璃成功。从此，该厂附设玻璃厂，边区开始出现玻璃器皿，产品有灯罩、药瓶、玻璃管以及注射针管等。主要供给医药卫生部门使用，如白求恩医院很多玻璃器皿就是该厂生产的。同时，也为军区硫酸厂和化学厂生产玻璃试管，支援军工生产。

酒精厂：1940 年 10 月在曲阳下阁村建立。卫生部门消毒和汽车发动机都需要酒精，边区政府决定利用当地盛产的红枣为原料，酿酒并制造酒精。当时酿酒技术落后，边区工矿局技术研究室改进了酿酒方法，使产量有所提高，还设计制造土设备，烧制酒精成功。该厂于 1942 年 2 月正式投入生产，年产 70 度、80 度、90 度的酒精一万余磅，大部分供给八路军医疗卫生部门和边区各生产单位。

第二造纸厂：1941 年 1 月边区政府投资 1 万余元，建立第二造纸厂，有职员、工人16名，年产麻纸2 200刀。该厂以营业为主，当年赢利1 223.14元。

皮件厂：1941年3月在阜平建立。该厂以制革厂鞣制出的各种皮革为原料，加工缝制各种皮件，如篮球、皮带、背包、枪套、马具等，供军政所需。职员、工人共10余名，以女工为主。

纺织厂：1940年开始筹备，1941年6月正式投产，地址在阜平县五区下店。该厂由政府投资四万余元，设主任、会计、事务员等职员及10余名工人。其中熟练技术工人5名，产品主要有棉背心、腰带、枪带、裹腿、袜子等。该厂以推广试验为主，设推广员12名，到各地推广生产技术，帮助群众发展纺织业。1942年边区工矿局技术研究室协助该厂解决了用羊毛织毛毯的技术问题以后，停止织背心和袜子，主要生产任务改为纺羊毛、打毛衣、织军用毯等。

唐县迷城煤矿：1942年3月筹建，边区政府投资45 000元，同年4月正式开采。该矿有工人和职员60余人，开采无烟煤和烟煤。

矾厂：为解决边区纺织品染色问题而设，属试办性质。1942年2月开始生产，因原料困难于7月底结束，共生产黑矾4 500余斤。

化学厂：为了解决工业用油，工矿管理局技术研究室试验从植物油中提炼煤油代用品，获得成功。在此基础上，边区政府于1942年4月成立化学厂，从植物油中提炼原油。产品有滑机油、灯油、轻油、重油和煤油代用品。每百斤植物油可分馏出原油65—70斤，重油20余斤，原油中可提炼出与普通煤油相同之灯油30余斤，汽油代用品10余斤，机器油20余斤，年产各种用油可达千余斤[1]。化学厂的建立，为边区军事工业及各种机器加工工业提供了动力燃料。此外，该厂还利用炼油的副产品生产电池、油墨和肥皂等物品。

除了工矿管理局所属公营厂矿外，边区政府贸易局、晋察冀日报社等单位也都根据需要经营一些工厂企业。如贸易局在阜平城南庄经营油坊，在完县富有村投资5 000元开办“万有纸厂”，在平山县上御河投资3 000元，开办“大众皮厂”，采购本地生皮制成皮衣，

---

〔1〕“边区工矿管理局实验煤油代用品成功”，《晋察冀日报》，1941年12月26日。

供军民需用，又在其所属的公营和公私合营商店附设生产部门，如被服加工、毛纺和油坊等。晋察冀日报社印刷厂是成立较早的一个公营企业，在战争环境中一直坚持生产，使《晋察冀日报》得以正常出版。

此外，边区比较巩固的专区和县，投资兴办了许多小手工作坊，如行唐、阜平、繁峙等县兴办了公营的毛织作坊，灵寿、平山、五台和阜平等县也建立了一些公营的油坊。这些公营手工业作坊的建立，对当地手工业的恢复和发展起了一定的骨干作用。

1942年1月17日，边区政府召开首次工矿、农牧、贸易三局联席会议，对公营工业作了下列决定：

（1）整理公营工业的经营，采取初期资本主义的经营方式，克服公营工厂中出现的机关化、部队化、头大脚轻、指挥员多、战斗员少的现象及不适合小商品生产的经营方式，要求各厂矿的领导人直接参加生产。

（2）各厂要分散，小规模地经营。

（3）工农商密切结合，把原料、制造和消费联系起来。

（4）工矿局所属各厂以解决民用为主。

根据会议精神，各公营工厂于1942年初进行了整顿。整顿的主要内容是：确定工厂的性质；工厂尽可能让私人办，必须公营的仍由工矿局领导；属于军事工业的交军区经营。此后，工矿管理局所属的皮革、酒精、皮件及第二造纸厂4个厂移交军区经营，产品供军需。同年8月、9月间，窑业厂（玻璃厂）、纺织厂、化学厂以及唐县迷城煤矿一并移交军区经营。工矿管理局经营的公营厂矿只有工具厂、造纸厂及炭灰铺煤矿三处。1943年初，边区政府成立工商贸易局，取消工矿管理局。因为“工业与商业有许多是不能分开的，主要以合作形式发展最为方便。因此，工业管理，除原来由工矿局管理的三个工厂，由边区工商管理局直接管理外，其他工厂均由专区统一管理”。[1]

---

〔1〕 宋劭文：“当前对敌经济斗争的方针”，《晋察冀边区财政经济史资料选编》（总论编），第546页。

二、公营厂矿的经营管理

游击战争的条件决定边区公营厂矿大多采取分散经营，集中管理的原则。厂矿均分散在偏僻的山沟里，交通不便，生产规模小，设备简单，职工人数也不多，这样便于隐蔽，避免和防止敌人的破坏，假如敌人来犯，机器设备易于坚壁，工人易于转移。这种分散经营更加需要集中领导，不然就会出现生产的盲目性和无政府状态。因此，边区政府通过实业处和工矿管理局以及各专县的实业科，加强对各厂矿的领导，以不断改善经营管理。边区政府从办厂开始就重视技术工作，十分注意依靠知识分子和精通专业的人员，加强对各厂矿的技术指导，克服缺乏原料和设备的困难。1940 年 8 月，边区第一次经济会议就强调了技术对经济建设的重要作用，会议认为“今天各级实业行政干部多不是技术人员，今若不改变此种现象，谈不到实业管理”〔1〕，“生产部门最好要技术人员”〔2〕。边区政府主任宋劭文在会上指出：“在今天，要特别注意经济建设的问题，是领导工厂的问题，也就是掌握技术的问题，事业的成功与失败，在政策方针确定之后，掌握技术是决定的条件”〔3〕。边区政府所办各厂矿中多是由学有专长的知识分子负责，他们在各厂的生产和建设中都发挥了自己的知识专长，促进了工业生产的发展。

公营厂矿经办初期，缺乏管理经验，很多厂矿赔了钱。赔钱原因是：（1）一些干部职工做事马虎，浪费现象严重，认为赔了钱与己无关；（2）办事的人存在官僚主义作风，不调查，不研究，不认真改进工作方法；（3）政治教育不够，认为“供给制”，生产好坏都可以平均得到一份，部分职工生产热忱不高。抛弃官商作风，改善经营管理，已成当务之急。边区实业处处长张苏在 1941 年 8 月的高干会

〔1〕 张苏：《生产与合作》，1940 年 8 月在边区经济会议上的报告。

〔2〕 同上。

〔3〕 宋劭文：“边区经济发展的方向与现阶段我们的中心任务”，《晋察冀边区财政经济史资料选编》（总论编），第 303 页。

上指出："三年来，公营事业中充满了机关作风，中国官办工厂的教训我们应该接受的，工厂一成了机关，职员一成为官僚，那就没有不赔钱的。这种作风需要彻底纠正"[1]。

为扭转这种局面，公营厂矿采取的措施是：（1）取消生活费制度，实行红利奖金制度；（2）采取私人投资入股的经营办法，按时结账批红，使工厂经营的好坏，与每个职工的利害联系起来。结果表明，凡是实行这些措施的工厂，很快扭亏为赢，赚了钱。阜平炭灰铺煤矿扭亏为赢就是很好的典型。炭灰铺煤矿是边区较大的公营企业，1940 年初，炭灰铺煤矿曾一度由工会负责经营，由于工会负责人缺乏管理经验，又把工人工资提得过高，使煤矿赔了 2 万元。1941 年经过工矿管理局和总工会的指导，实行红利奖金制，由工人入股，按生产效率分红，把每个工人的收入与煤矿的生产直接联系起来，工人之间互相督促，若有怠工的不但影响本人的收入，也影响其他工人的收入。采用这种办法，提高了工人的生产热忱和生产效率，也降低了消耗，增强了职工的责任感。

随着生产的发展，逐渐形成了一套管理机构和管理制度，该矿的生产组织机构有两个：（1）生产管理委员会，是生产管理的最高权力机关，由工矿局一人，职工会一人，煤矿所在村代表（村长）一人以及矿工和职员代表共 9 人组成。委员会设主席一人，其余 8 人为委员，每三个月召开例会一次，负责决定煤矿的重大事情。（2）生产经理处，是正常生产管理的常设机构，其组织分工如下：

正、副经理

　生产技术部

　　正、副部长各一人

　　班长三人领导开展生产

　总务部

　　部长一人

〔1〕 张苏："发展生产事业"，《晋察冀边区财政经济史资料选编》（工商合作编），第 262 页。

会计一人

营业部

部长一人

杂务工人数人

矿工有长期工和临时工两种，长期工与煤矿约定最低限度工作一年。生产分工分背筐、推车、拉水、打镐、看风门、砸红土砖、打码子、过磅以及杂务等工种。

工人工资采用实物工资加少量现金补贴，根据不同工种和劳动强度分为四等：第一等（拉水、打镐、背双筐）每人每天小米 2 升（市升），钱 6 毛；第二等（推土、锄土）每人每天小米 2 升，钱 5 毛；第三等（背筐 80 斤左右）每人每天小米 1.5 斤，钱四毛；第四等（儿童及老年背小筐 40 余斤），每人每天小米 1.25 升，钱 2 毛。出炭以后，背筐、推车工人的工资就不按日工计算了，而按背炭多少发钱。背一百斤发钱一毛五分，推一车发钱九分。

煤矿赚钱时，长期工人可以分到红利，赚多多分，赚少少分。节假日照例放假，如果不休息，可以发给双工资。生病的矿工还可以领到相当的医药费和保健费。职员的工资实行供给加零用费制度，正副经理每月 14 元，各部部长每月 13 元，会计 12 元，技术人员 18 元。

在改善行政管理的同时，该矿也注意加强技术工作。例如，1941 年从河滩向炭洞开一条沟，让洞里的水从沟中自动排出，免去人工打水，又可将开采出的煤炭通过沟里的平道用小车推出来，免去人工由下而上的背煤。这项技术性措施，既节省了人力，又节省了开支，提高了劳动效率。

经过改善经营管理和改良生产技术，以及工人的努力，炭灰铺煤矿在 1941 年底统计，全年产煤 24 万斤，赢利 25 000 元。

公营工业大部分和炭灰铺煤矿一样，在初办时期，总是赔钱，当改为由政府投资交工人合作经营，把工人与工人利益直接联系起来，生产力马上就提高了。这是一个很好的管理办法。以后一些公营厂矿又不断改进管理制度，使生产不断提高。例如，晋察冀日报社印刷厂，为了把生产水平更推进一步，在胡锡奎社长的领导下，对印刷厂

进行了整顿。整顿的中心是改革工资制度。过去该厂工资制度存在着平均主义倾向，熟练技术工人与半熟练技术工人，助手之间存在隔阂，技术进步受到阻碍。因此，决定改为实行固定工资与超额计件工资两种。固定工资的评定标准，主要是根据技术（技术的纯熟、复杂程度、劳动强度等）计分，每分的报酬按技术等级（分为三级）而有差别，对每个工人每天提出不同的生产数量要求，超过定额的给以相当于固定工资每件应得额数十倍的工资。实行新工资制以后，熟练技术工人固定工资每月最高可得140元，超额可得百元左右共二百四五十元。助手最高工资亦可得百元左右。工资按粮价折成粮食，工资随粮价高低而涨落。对于实行节约，降低废品率，还可以提成分红。新工资制度克服了平均主义。该厂在管理方面注意吸收工人参加，“由厂长、职工会代表、工人大会代表直接选举代表，共同组织管理委员会，进行行政工作”。“管委会的主要任务，是集中工人的意见，讨论工厂行政管理方案、兴举事项，一个时期的生产计划等等问题，由管委会决定后交厂长执行，日常工作仍由厂长处理，各委员只执行委员会所委托的任务”[1]。

报社印刷厂的改革，提高了工人的生产积极性，推动了印刷事业的发展。

职工会在团结工人、组织竞赛等方面对工业生产的发展也起了很大作用。晋察冀边区产业联合会于1940年9月建立，下设分会，所属公营厂矿都建立了基层组织。职工会与工厂的关系是：厂方负责领导厂务，维护生产秩序，制定管理制度，严整劳动纪律；职工会是工人的群众组织，负责贯彻劳动合同，监督劳动政策的实施，并经常组织工人学文化、学政治，提高工人的思想觉悟和生产热忱，保证生产计划的完成。

1942年初，北岳区总工会发动各厂矿开展了以改良生产工具、提高生产技术为中心的生产竞赛，边区政府负责人宋劭文、胡仁奎发表《致边区工人书》，号召全边区的工人积极投入这一生产竞赛运

〔1〕“在改进中的报社工厂”，《晋察冀日报》，1944年5月19日。

动，为克服日军给边区在人力物力上制造的空前困难，完成制造大量军需工业品的伟大任务而奋斗。在这以后，各地产业工人都投入了竞赛热潮，如边区印刷所与晋察冀日报社、双十造胰厂与炭灰铺矿等单位互相挑战，各厂矿组与组、人与人之间也开展竞赛。公营厂矿在这次竞赛中涌现出不少改良技术成绩显著者和劳动模范，受到政府奖励。此后，继续开展技术竞赛，比赛时间为半年，由五卅起至年终止，比赛条件是："（1）提高现有技术，进一步发明新的工作方式和方法；（2）改造现有工具，并进一步创造新的劳动工具；（3）发明新的生产品和工业代用品；（4）节省原料和减少作废；（5）培养学工和技术工人。"〔1〕在产联会的推动下，各厂技术改良运动蓬勃展开，自力更生地解决了许多原料和设备中的技术问题，促进了边区工业的发展。

1943 年，边区各工厂开展了学习"赵占魁运动"〔2〕使工人自觉地节省原料，爱护工具，遵守劳动纪律，提高生产率。5 月 1 日，北岳区总工会号召全区公营工厂的工人创造更多的赵占魁式的模范工人。模范工人条件是：（1）完成并超过生产计划（质量与数量）；（2）遵守劳动纪律；（3）持久地积极工作；（4）团结友爱，帮助别人（政治、经济、技术）；（5）努力学习（包括业务、政治、文化）；（6）执行职工会的决议〔3〕等。在职工会的推动下，各厂学习赵占魁、争当模范工人的生产竞赛蓬勃展开，生产效率显著提高，一般的工业生产效率，比运动前增加 20%—50%，特殊的增加到一倍至数倍〔4〕。如"工具厂改造了小炉化铁，熔铁达 120 斤，质量甚佳，印刷局大石印每天增加了 500 张，报社印刷厂的报页由 3 200 页增到 4 600 页，排字每小时由六七百提高到最高纪录 1 200"〔5〕。再如完县

〔1〕"北岳区产联会号召产业职工继续开展技术比赛"，《晋察冀日报》，1942 年 6 月 3 日。

〔2〕赵占魁是陕甘宁边区农具工厂工人，因工作认真负责，大公无私，具有自我牺牲精神，在陕甘宁边区曾开展学习赵占魁的运动，1943 年推广到华北各根据地。

〔3〕"为纪念'五一'节创造公营工厂中模范工人的号召"，《晋察冀日报》，1943 年 5 月 1 日。

〔4〕林宁："抗战中的边区工人"，《晋察冀日报》，1946 年 5 月 1 日。

〔5〕"北岳区产联召开主任联席会"，《晋察冀日报》，1943 年 8 月 24 日。

万有纸厂和唐县纸厂，在产品质量和数量上也有显著提高。唐县纸厂过去一个池子每人每日抄纸500张，5月份增到750张，完县万有纸厂6月份增到740张。纸的重量均有所减轻，薄而均匀，工人们不但创造了更多更好的产品，而且学文化、学技术的热情也很高，有的假日不休息，抓紧机会学习技术。例如工具厂有的学徒工按规定一年半学会的技术，经过努力三个月就学会了。再如印刷厂工人凌碧英以烧木炭代替发动机所需要的煤油，就地取材，克服煤油缺乏造成的困难。晋察冀日报社印刷厂工人牛步峰装制轻便铅印机，使全边区军民在战斗中能看到铅印报纸……。这样，1944年12月边区召开第一届公营工厂群英大会时，被选拔的工业英雄有76名[1]。上述事实表明，边区工人在工会组织的团结教育下，他们以高度的创造性克服敌后异常困难的物质条件和技术条件，为发展边区工业，保证战争供给，作出了巨大贡献。

三、提倡科学实验

边区政府一成立，即注意网罗技术人才，奖励科学发明。1941年7月7日，边区政府颁布《晋察冀边区奖励生产技术条例》，条例规定：凡边区人民对边区农业、工业、矿业、林业、畜牧业、水利业等生产技术的新发明、现有技术的改良、外贸代用品的制造以及矿业的发现等，由边委会核定给予荣誉奖和现金奖（奖金最低为100元）；凡经边委会批准在边区工矿管理局或农林牧殖局研究室客座进行生产技术研究试验者，其试验时期的生活费及试验费均由边委会供给，其自行试验研究的项目，经费缺乏或不足者可请求边委酌情予以补助；凡边区军政机关、团体、学校和在职干部对生产技术有发明创造或进行技术研究试验者，也按条例规定给以奖励。在抗日战争极端困难的条件下，边区政府尽最大的努力从精神上和物质上鼓励各种科学实验，保证科学技术人员有较好的物质条件，使他们能集中精

〔1〕 林宁："抗战中的边区工人"，《晋察冀日报》，1946年5月1日。

力搞研究，以发挥其创造才能。本条例对提高生产技术，促进边区经济发展具有极其重要和深远的影响。

边区政府为进一步推动生产建设的发展，1942 年初召开的农林、工矿、贸易三局会议，确定了加强技术工作的方针是使技术社会化，使技术与广大群众相结合。会议提出要加强调查研究，并强调要提高技术人员的待遇。会议指出："在抗战建国事业中，技术人员占有重要地位，技术人员待遇要提高，生活费要提高，家境困难或有意外事故者，发给补助费"。[1]根据这次会议精神，边区政府于 1942 年 3 月 2 日正式公布了《晋察冀边区优待生产技术人员暂行办法》。其主要内容是：

"凡农业、林业、畜牧、水利、工业、矿业等技术人员，有一技之长经政府任用者，均按本办法优待之；"

技术人员因其学历、技术水平对边区经济建设之贡献等条件，分为下列几等，由边区行政委员会核定之。甲、技正；乙、技士；丙、技佐；丁、技术员。

技术人员之家境困难或有特殊事故，得由本人申请，经所在机关审核报告行政委员会批准，予以补助，每年补助费规定如下：

甲、技正——300—500 元；

乙、技士——200—400 元；

丙、技佐——100—300 元；

丁、技术员——80—200 元；

"技术人员之技术发明改造，按边区奖励生产技术条例奖励之。"这一条例的公布，充分体现了边区政府对科学技术的重视和对技术人员的关心，使边区的科学技术工作者更积极、更踊跃地投入到各项生产建设事业中去。

为了充分利用边区的自然资源和土产原料，工矿管理局技术研究室的研究人员，在艰苦的环境中，克服技术、设备等方面的困难，进行了多项研究试验，到 1942 年底主要有以下研究成果：

---

〔1〕《农林、工矿、贸易三局第一次会议记录》，1942 年 2 月 4 日。

（一）应用化学组

1. 植物油提炼原油：边区出产多种植物油，如冀西的大麻籽油、杏仁油、核桃油、青籽油，冀中的棉籽油、花生油等都很丰富。研究人员用高温萃取的方法从植物油中提炼原油获得成功，在试验的基础上于1942年建立了炼油厂，产品有滑机油、灯油和轻油。这一试验成果，对边区工业用油和生活用油（灯油）都起了一定的补充作用。

2. 植物油的研制：边区广大群众每年用于照明的煤油需30多万斤，为了利用植物油代替煤油，研究人员研制出一种植物油灯，既光亮又省油，为部队、机关、学校广为采用。

3. 提炼磷和锌成功：磷和锌是军火生产的重要原料，其研究是从研制电池和火柴开始的。提炼磷所用的原料是动物骨骼。边区很容易找到。经过化学处理制出黄磷，再以黄磷为原料提炼出红磷。红磷是制造手榴弹、地雷等爆炸物和火柴的主要原料。锌的原料是黄铜和制钱。提炼锌成功，解决了合金工业（炼原铜）的主要原料问题。两项研究成果对军火生产具有重要意义，在高温耐火熔罐试制成功以后，投入了大批量生产，成为军事工业的一部分。

4. 炼碱和制胰：边区工矿局所属的制胰厂，以边区出产的植物油和动物油为主要原料，所缺者为火碱。研究人员用土碱、生石灰熬制成火碱溶液，代替火碱制胰。以后又利用军工厂的副产品——芒硝（硫酸钠）制成粗碱。每百斤芒硝可制粗碱60斤左右，为肥皂、造纸、炼油和脱脂等工业提供了原料。制胰厂用自制的火碱制造出大量肥皂，“成品虽因条件限制未能尽善尽美，然而在边区成立3周年纪念大会展览时，颇得观众好评”[1]。

5. 铅印油墨的研究：为了解决边区文化事业的需要，进行了油墨的研制，“其成品经印刷机关多次试用，色泽甚好，成绩优良，可供铅印、油印之用”[2]。

6. 其他日用化学品的试制：如墨水、浆糊、牙粉、牙膏等都曾

---

[1] “广告”，《抗战建设》第2卷，1940年第1、2期合刊。

[2] “晋察冀边区加紧推行自力更生事业研究发明汽油及油墨代用品”，《新华日报》，1942年4月18日。

研究并制造成功，但未大量生产。

（二）制革组

制革组研究人员利用边区出产的橡树碗子为主要原料，鞣制羊皮做成皮衣等各种军用品，既提高了质量，又降低了造价。他们以麸子代替黄米面，减少芒硝的用量，降低了成本，在毛皮（肉面）直接着色，使其具有灰、黑、黄、绿等保护色，适合军用。从橡碗子中提取单宁酸，经发酵用来鞣制毛皮，制成的皮衣温水不变质，很适合打游击穿用。

（三）酿造组

这个组由于酒精厂于 1942 年 1 月移交军区而停止工作，虽然时间短，但成绩是显著的。他们用发酵法酿酒提高了产量和质量，并用废铁皮自制成蒸馏塔，在极简陋的条件下提炼酒精成功。

（四）造纸组

纸张短缺曾为边区很突出的问题，该组对各种造纸原料如麦秸、稻草、白草、苇子等进行实验。麦秸含有硅的成分，用生石灰（含氢氧化钙）与其作用，获得麦秸造纸成功。他们还利用一台旧轧面机加以改造，制成两面光的纸，为《晋察冀日报》解决了部分印刷用纸。为了不断提高纸的质量，他们不断进行试验，于纸浆中加入滑石粉和干子土，增加纸的色泽和滑润程度，又添加肥皂，明矾等原料增加纸的致密度和减少吸水性，使纸的质量明显提高。在造纸过程中，他们不断改进生产工具和操作技术，例如曾使用水利糟碾、罗底帘子、简单打浆机和碎解机、火墙干燥等方法，提高生产效率。

（五）工具组

该组的主要研究成果是大炭（即原煤）熔铁成功。

边区烟煤产地多被敌人控制，没有烟煤无法生产焦炭，影响钢铁的生产，因而边区工业的发展受到很大限制。研究人员用边区产的无烟煤化铁，这一试验成功，对边区工业的发展，尤其是军事工业的发展有重大意义。

（六）纺织组

纺织组人才不多，设备、工具也有限，但他们仍然取得不少成绩：

（1）为了解决棉毛织品的染色问题，研究人员用边区出产的各种植物进行研究试验，都获得成功。如用乌郎叶可染出深灰色和黑色，用槐子、荆子叶可染成草绿色，用橡碗子可染出驼色等等。（2）用边区出产的羊毛制成军用毛毯，并组织两期纺织训练班，培养了技术骨干。

（七）窑业组

该组成员较少，研究任务主要是由一名技术员负担，所取得的成绩也很显著：（1）磁窑的设计与建筑。曲阳灵山原有一窑，因敌人占据了灵山，边委会把磁窑改设于唐县迷城附近的古洞村，窑业组技术人员亲自选址、设计，顺着山势建造起一座新窑，既节省了建筑材料，又适于战争环境。（2）研究烧制玻璃，从1942年初开始，经过艰难的试验历程，终于在6月份攻破了烧制玻璃的技术难关——高温耐火熔罐制造成功，从此，边区有了自制的玻璃器皿。高温耐火熔罐的制成是当时边区的重要创造之一，它为炼锌、炼铜等冶金工业打下了基础。以后军事工业使用的锌，就是利用这种设备提炼的。（3）对迷城耐火土与磁土进行研究，以及对古洞村玻璃原料的研究，都为就地取材，生产瓷器，玻璃器具提供了科学根据。

此外，边区工矿局技术研究室采冶组和水利交通组，作了大量调查研究工作。如采冶组对边区矿产进行过数次调查，初步掌握了一些矿藏和矿产情况，该组还对阜平炭灰铺煤矿的开采工作进行了指导和帮助。

研究室所取得的各项研究成果，虽然在当时大城市的一些工厂里早已普遍应用，或已被新的技术所代替，但是对晋察冀边区来说，在一无设备二无资料三缺原料的情况下，研究人员所取得的科研成果，都是难得的。

为了在全边区普及科学知识，推广科学技术，成立了工学会、农学会、电学会、医学会等学术团体，并于1943年7月20日召开了“边区自然科学界协会”首次代表大会，确定“科学研究工作要围绕着生产与战争这两个中心”[1]进行。参加这次代表大会的各界代表

---

〔1〕“边区自然科学协会召开首代大会”，《晋察冀日报》，1943年7月28日。

共40余人。大会第二天和第三天举行了学术报告会。于立本作关于纸浆的碎解及填料的学术报告，著名生物学教授林子明作关于血型方面的学术报告等。会议期间，还举办展览会，展出各项研究成果，包括植物标本，农作物种籽，农具以及大量的工矿产品，“有毛线、绒毛、背心、布、毛毯、夹纸、瓷器、皮毛、工具、纸张、矿石、手榴弹、地雷、轻油、灯油、滑机油、酒精、黑矾等，这些为供给军需民用，粉碎敌人的经济封锁上都有很大的作用”。[1]科学是推动历史前进的巨大力量，科学家从边区的实际出发，艰苦创业，以积极进取的精神解决了边区经济发展中的现实问题，这是晋察冀抗日根据地之所以兴盛发达的重要原因之一。

晋察冀边区政府能够在残酷的战斗环境中，克服由于敌人经济封锁造成的原料、工具及技术力量的极大困难，从无到有地创办了一批公营企业。在一定程度上为巩固抗日根据地作出了贡献。同时，在试办公营工业的过程中，逐渐取得了经营管理的宝贵经验，培养出了一批技术人才，为以后解放区工业的发展奠定了基础。

第三节　手工业和家庭副业

日军对边区连年不断的“扫荡”，使广大农村的小农经济遭到严重破坏。大批生产工具和生活用具被掠夺、毁坏。据北岳区5个专区23个县的不完全统计，生活用具损失了401 400余件，各种农具损失了237 300余件。[2]再加上自然损耗、生产工具和生活用具急待补充；抗战以来逐渐恢复起来的手工业、家庭副业又遭摧毁。特别是平原地区，1941年秋季“扫荡”后，大部分沦为敌占区、接敌区和游

〔1〕“边区自然科学研究会中农村工矿局展览标本，边府人员及军民各界踊跃参观”，《晋察冀日报》，1943年7月23日。

〔2〕宋劭文：“边区行政委员会工作报告”，《晋察冀边区财政经济史资料选编》（总论编）第481页。

击区。敌人所到之处，烧、杀、抢、掠无恶不作，纺织户纷纷携带纺织机（铁轮机），逃往山岳地带，生产工具被破坏者不计其数，织户大大减少。如完县五里岗经此大“扫荡”后，纺织户从 1941 年夏的 68 户减至 23 户。恢复起来的平原纺织业又遭摧残。

边区政府对手工业、家庭副业采取了奖励、扶植和引导的方针，积极创造条件，促其恢复。如 1941 年边区银行生产贷款办法规定：凡燃料工业、工具工业、纺织工业等需款巨大，私资无力筹措者，可由银行用生产贷款来扶持。据 1942 年统计，边区银行对工业放款达 2 214 339 元。以合资为例，灵寿县第一工厂，采取私营公助该厂集私资共 8 980 元，政府投资 2 000 元，开展纺织生产兼营水磨、农具制造和养蜂等副业。在减免税上也有明确的规定。如 1941 年 5 月，边区高干会议讨论通过的《关于工商业、合作社、家庭副业及各种征税问题的决定》中规定：“工业总收入不包括工人职员的工资与饭钱”，“小手工业者、小贩、家庭副业的总收入按其每日的毛利计算其全年的总收入，除去他自己的工资”，并规定“工业经济人员除一免税点”，“小手工业、小贩每人除一免税点。”这些规定都说明，对工副业的征税，都是按纯收入计征的，体现了照顾的精神。此外，还规定了家庭副业与农业合并计算征税的办法。在征收统一累进税计算富力时，对手工业和家庭副业给予很多优惠，如降低征税额等。1942 年，边区政府又进一步规定家庭副业一律免征统一累进税。这些规定大大减轻了手工业、家庭副业者的负担，并得以低利贷款投入生产，使边区的手工业、家庭副业比较快地得到了恢复和发展。

一、纺织业

边区政府棉织业有公营的，也有私营的，而绝大多数是由群众集资合作经营的合作社工厂。公营工厂对提高纺织业的水平起了骨干作用。如 1941 年 2 月满城建立的纺织工厂是很有影响的，推动了纺织业在这一地区的发展，该厂“分纺纱、织布、织手巾三部，有手摇和脚蹬纺织机两架，织布机两架……这个厂不只是单纯的从事生产，而且准备大量培养技术人才，散布满城各村，使产棉区的纺织工业发展起来”。[1]边区像这种初具规模有一定设备和技术力量的纺织工厂和作坊不少，仅易县全县公营及私营的纺织厂，不下数十家，资本共计八百万元以上。[2]又据1942年边区工矿管理局调查，灵寿、唐县、阜平、曲阳、新东、龙华、定县、定兴、五台等县的不完全统计，各种纺织工厂共有19个，各种纺织机57架，总投资约5万元。

边区棉纺织业1941年后，迅速发展起来还有一个原因就是敌占区的纺织户携带铁轮机转移到巩固区，开展小作坊生产，原先被淘汰的木机也复活了，中年以上的妇女大多参加织布，青年、儿童操作纺纱。在战争频繁的敌后，纺织业蓬勃如此，这是根据地特有的现象。

1942年以后，边区发生严重旱灾，边区政府一方面领导人民开展对敌斗争，一方面积极领导人民开展生产自救。边区政府拨出了150万元的贷款，大部分通过生产合作社开展纺织运动，帮助人民解决生活困难，度过灾荒。冀中总社也曾以34万元巨款，协助定县、唐县等地合作社大规模地开展纺织运动。纺织业在生产救灾中发挥了很大作用。

易县义济隆布线庄的发展，就是生产救灾的典型。在1941年秋季反“扫荡”中，易县北界安被日军占为据点，全村有3千难民外逃，啼饥号寒，生活无着。县政府决定在灾民集中的山北镇成立一个生产合作社——义济隆布线庄，利用该村原有的纺纱织布技术，进行生产自救。义济隆布线庄于1942年初成立，县政府及贸易局共投资9 000元，随后银行又贷款10 000元，三专区投资5 000元，资金共达24 500元。合作社负责收买棉花，分发给灾民纺线、织布，然后交回卖出。该社经过半年的发展，至8月份已有纺车700余架，织布机70多台，纺户有830余户，织户有100余户。据1942年4月、5月、6月三个月统计：

买花　7 000斤　价35 000元

[1] “1941年前满城农村经济律设概况”，《晋察冀日报》，1941年8月13日。
[2] 王稼祥：“晋察冀边区的财政经济”，《群众》第9卷，第3、4期。

纺织工资　共19 100元

其他花费　2 100元

共出土布　3 000匹　价64 200元

得纯利　8 000元

由以上统计可以看出，不但发展了手工业生产，难民的生活问题也基本得到了解决。义济隆布线庄地处游击区，离敌人据点很近，他们的经营特点是：供销人员快买棉花，快销土布，生产人员快纺、快织，这样既减少敌人破坏，又加快资金周转。有时敌人进攻打起仗来，商贩脚户不敢活动，合作社就组织扁担队，走山梁小沟，担花送布，在战斗中坚持生产。所以人们又把“义济隆”称作“扁担龙”，说“莫看鬼子鬼，斗不了扁担嘴”。[1]边区政府曾在全边区推广该社的办社经验。

1942年11月，完县召开县区合作社干部座谈会，作出了关于发展纺织业进行生产救灾的决定：“首先，各区找几个典型的村庄，作为实验村，请政府与团体实行帮助；其次，原料由县联社购买棉花，供给各区社，按组织系统分发给各户（20天偿还），纺完后再领再纺，其成品（线和土布）由自己推销，合作社不得加以干涉，如成品卖不出去，由联合社收买。”[2]此次会议之后，不到半个月，纺织业在该县3个区10个村庄迅速发展起来。据1943年初统计，全县有4 500多人参加纺织，截至4月底共织出土布5 200余匹，发出工资215 000余元，难民生活困难基本得到解决。

由于政府的大力帮助和合作社的组织，到1943年，在边区特别是北岳区，形成了一个以纺织业为中心的生产救灾运动。以三、四、五专区纺织业为例，据1943年1月份不完全统计：

三专区：纺织人数　6 000余人

纺线　15 000余斤

发出工资　130 000余元

〔1〕“一个游击区的模范生产合作社”，《边政往来》第2卷，1982年第6期。

〔2〕“宗县开区联合会议决定发展纺织业”，《晋察冀日报》，1942年11月27日。

四专区：纺织人数　　10 714 人
　　　　发出工资　　2 639 872 元（不包括曲、阜、唐织布工资）。

五专区：纺织人数　　4 401 人
　　　　纺棉花　　9 175.5 斤
　　　　灾民得利　　41 920 元[1]

其中四专区发展最快，到 2 月份已增加为 16 364 人，到 3 月底则增加到 22 304 人[2]。其中灵井县 1943 年初开展纺织业的村已有 72 个，组织纺织小组 973 个，有织布机、木机 101 架，洋机 76 架。每日木机出布 1 匹，洋机出布 3 匹，每日共出布 329 匹。纺线每日 1 架可纺 5 两，每日共纺 4 570 两。[3]边区人民在战斗环境中，组织起来纺纱织布，有力地支援了抗日战争。这种群众性的纺织运动，到 1943 年下半年更加蓬勃发展，该年 8 月据易县、龙华、满城、徐定、曲阳、唐县、阜平、云彪、平山、灵寿、行唐等 12 个县的不完全统计，从事纺织的妇女达 38 983 人之多。

冀中区大部是游击区，遭敌人严重破坏。为了适合游击战争环境，纺织业主要以家庭副业为主。在人民子弟兵及民兵的保卫下，冀中区的纺织业在 1942 年“五一大扫荡”以前有较大的恢复和发展。如献县西部一些村庄，是经常闹水灾的地区，该县开展纺织救灾，组织了 20 个纺织工厂，以这些工厂作坊为中心，发展家庭纺织业，据不完全统计，该县从 1940 年 10 月—1941 年 5 月，共纺纱 17 000 斤，出土布 9 400 匹，开出工资 22 000 元[4]。再如晋深极县，为了打破敌人的经济封锁，于 1940 年建立了十几个土布工厂，在县工会、妇联等群众组织的宣传发动下，青年妇女几乎全部投入了纺织运动，全县所有的织布机和纺车都运转起来了。参加纺织的群众，认识到努力生产是为了充实抗日物资，支援战争，因此，他们的劳动热忱非常高

〔1〕《北岳区农村经济关系和阶级关系变化的调查资料》，1943 年 5 月。
〔2〕同上。
〔3〕“灵井纺织业开展”，《晋察冀日报》，1943 年 3 月 2 日。
〔4〕“献县纺织业发达”，《晋察冀日报》，1941 年 6 月 29 日。

涨，经常工作十个小时。1941 年 8 月，在县联社的发动下，为了完成冬装，保证军需供应，各村掀起了纺织热潮，九月份全县生产土布 1 万多匹。他们为了完成这一任务，开展劳动竞赛，提出“一个纺织组员要交一匹布”的口号，并以低价将布卖给合作社，完成了“冬爱”的伟大任务，有力地支援了人民子弟兵。据 1942 年初统计，该县共有纺织工厂 43 处，组织纺织小组 1 402 个，拥有纺车 28 964 辆，织布机 5 879 架，每月纺纱 29 324 斤，织布 15 698 匹。[1]1942 年 5 月，日本侵略者对冀中进行了灭绝人寰的大“扫荡”到处烧杀抢掠，冀中抗日根据地遭到严重破坏，家庭纺织业也受到摧残。1943 年以后，形势有所好转，随着政权的恢复，纺织业也有所恢复和发展。据河间、肃宁、饶阳、高阳、无极、定县、安国、安平、深泽、博野、晋县、东鹿、里县、建国、交河、客城、任丘等 20 个县 1945 年 4 月份调查统计，年产土布共计 9 075 750 匹。销往沧县、阜平、冀南、冀西以及各山地战略区，有的还远销至热河、山东等地。[2]

冀东抗日根据地虽然处在极其残酷的游击环境中，但也进行分散的以家庭副业为主的手工纺织，一部分自给，一部分供给抗日武装。玉田县的鸦洪桥、窝洛沽等镇及其附近村庄，几乎家家户户都从事手工纺织，这是解决冀东军政用布的主要地区。例如 1942 年秋，“治安军”在冀东全面施行沟壕堡垒政策，环境极其艰苦。部队换不上棉衣，冀东抗日政权一方面通过贸易交通线购买棉布，一方面在当地依靠群众征收，共征购棉花一万三四千斤，土布六七千匹，解决了部队的穿衣问题。

冀东也有被服厂，都设在山沟山洞里。如遵化县新城、王家堡山洞里就建有被服厂，最多时安过 12 台机子，用白布做成衣服，再到口外（喜峰口外）去染，在山沟里晾晒，后供给部队穿用。就这样依靠群众保证部队供给，没被敌人发现过。

边区纺织业的恢复和发展，不但活跃了市场，增加了收入，改善

---

〔1〕“晋深极县工业生产发达，各地普遍织布榨油”，《晋察冀日报》，1942 年 3 月 13 日。

〔2〕“冀中土布产销调查表”，《晋察冀边区财政经济史资料选编》（工商合作编），第 211 页。

了人民生活，而且为坚持抗战的八路军及党政机关、学校、团体，提供了大量的被服及各种军用物资。据1943年边区贸易局不完全统计，仅军区供给部通过贸易局三、四两个办事处购买的棉布即达39 765匹。[1]通过商业部门从阜平运销到雁北的土布，总值达1 400万元。[2]为缺棉区提供了大量棉布，保证了军民的需要。

二、毛织业

边区山岳地带羊绒和羊毛的产量很多，如灵丘县每年羊绒的产量达3万斤以上。[3]这里的羊绒和羊毛过去主要销往北京、天津等地或出口，换回其他必需物品。太平洋战争爆发后，日本帝国主义没收英美在华企业和洋行，京津等地的民族工业也遭到摧残，羊毛无法外销，又由于敌人对边区加紧经济封锁，使边区棉布昂贵。因此边区政府在大力提倡棉织业的同时，提出在产毛地区发展毛织业。

毛织业首先在基础较好的行唐县发展起来。1940年贸易局投资8 000元，经营同盛长毛线厂，开始只弹毛绒，交由妇女纺成毛线，再经贸易部门销售。1941年3月增加毛衣编织业务，并逐步扩大，产品有毛线、毛背心、毛衣、毛裤、手套、毛袜以及围巾、大领等毛织品。

除行唐县外，其他如灵寿、平山、阜平、唐县、繁峙、平定以及三专区各地，也都建立了毛织作坊。开展毛织品的生产，有的还兼营其他副业。1942年年底，据边区工矿管理局不完全统计，共有毛纺织作坊19处，职工人数90余人，资金8万余元，拥有弹毛机、弹花机、纺车等设备约30余件。这些工厂作坊，用白羊绒生产毛衣和军毯等物品。其生产能力一般一架弹毛机每天能弹毛70斤左右，妇女每人每天可纺毛线2斤，编织工作1—2天能完成一件毛背心。这些工厂作坊的生产方式，多是在厂内弹毛绒，再分散到各家各户，由家庭妇女进行纺毛、编织，再把产品交回统一经销。其产品一部分在当

〔1〕《晋察冀边区贸易管理局二周年纪念、工商管理局成立扩大会议记录》，1943年8月。
〔2〕同上。
〔3〕“灵邱的富源”，《晋察冀日报》，1941年4月18日。

地市场出售，一部分供给部队需用，销路很广。此外，边区贸易局、军区供给部等单位，也经营一些毛织工厂，以补充物资之不足。

黑羊毛因毛绒不易分开，质量粗硬，弹毛较困难，所以不宜做毛衣等物品。1941 年灵丘、涞源一带建立一些制毡帽生产合作社，利用黑羊毛制毡帽和毡鞋，产量很高，销路也广。同时，制毛口袋也有发展，如阜平、唐县、曲阳等县建立小型作坊五处。灵寿等建毛口袋厂一处。

1943 年在生产救灾运动中，以家庭副业为主的毛织业也有所发展。如灵井县组织妇女纺毛，每日可纺毛线 462 斤，织毛衣 120 件，共计可得工资 1 441 元。[1]再如阜平山咀头毛口袋工厂，吸收难民 20 余户，开展生产自救。曲阳、繁峙等县的毛织业也均在生产救灾中发挥了作用。

三、榨油业

边区出产大量花生、黄豆、芝麻、棉籽、蓖麻以及核桃、杏仁等山货，这些都是榨油的好原料。抗战前民间榨油业比较发达，抗日战争爆发后，大部分停顿。1940 年日军对边区加紧经济封锁，煤油断绝入口，边区用油日益困难；而边区所产核桃、杏仁、花生等输出困难。于是，边区政府决定利用这些资源恢复和发展边区的榨油业，解决军民用油困难。

1941 年，边区工矿管理局试验植物油提炼工业用油成功，7 月建立了炼油厂进行生产。为了广泛开展榨油业，7 月 22 日，边区政府向各署县发出《广泛发展榨油业的指示》，指出：边区煤油入口是个大宗，按全边区 1 500 万人口计，设以每 5 人使一盏灯，每日用油 3 两全年需油 675 万斤。每斤煤油按一元计，全年约需 675 万元。这是财政上一笔很大的开支。因此，急待发展榨油业，以植物油代替煤油。并指出要以恢复旧有榨油业为主，资金主要靠私资，不足的政府

---

[1] "灵井纺织业开展"，《晋察冀日报》，1943 年 3 月 2 日。

给予贷款资助。经营方式以作坊和家庭副业为主，也可以合伙经营或组织合作社经营。这一指示，为发展边区榨油业规定了具体政策，对边区榨油业的发展有着重要的意义。

1942年初，边区旧有的油坊大部都得到了恢复，并增设不少新油坊。如灵丘有油坊二处日产菜子油80余斤；[1]应县有油坊13处，月产大麻子油15 600斤，花生油4 590斤。[2]据北岳区灵寿、平山、阜平、行唐、唐县、易县、五台7个县统计，至1942年年底有公营油坊12家，私营油坊183家，共有油坊195家。此外，农民个体经营的油坊为数更多，产量也不少。至此，"榨油业已达饱和状态"（如表11－1所示）。[3]

表11－1　　七县油坊调查表

项别 县别	油坊数		产　量	备　考
	公营	私营		
灵　寿	3	38	年产84 960斤	
平　山	3	62	年产56 822斤	
阜　平	1	25		
行　唐		20	年产57 600斤	
唐　县	4	30	年产67 200斤	县政府、专区、县社、工会共投资金16 760元
易　县		8		不　详
五　台	1			系合作社
总　计	12	183		

冀中区榨油业也有所恢复，据1941年统计，已有油坊44家[4]。

四、造纸业

抗日战争初期边区的纸厂很少，只有边区政府办的金龙造纸厂

〔1〕"雁北榨油业的繁荣"，《晋察冀日报》，1942年1月30日。

〔2〕同上。

〔3〕《边区工矿业报告稿》，1942年11月。

〔4〕王稼祥："晋察冀边区的财政经济"，《晋察冀边区财政经济史资料选编》（总论编），第591页。

及平山、唐县、灵丘、行唐、完县等地几个小型纸厂，出品几乎全是麻纸，且产量甚少。边区的用纸多依赖于从敌占区输入。

1940年初，边区政府号召全边区人民广泛深入地开展抗日文化活动，各种文化教育事业普遍发展起来，需要大量纸张。边区政府于1940年1月发出指示，要求各地选择适宜地点，普遍建立纸厂，广泛发展造纸工业，以解决边区的纸荒，并逐渐走上纸张的自足自给。

边区政府在指示中规定，选择纸厂地址，应注意三个条件：(1)比较安全的地带，敌人不易破坏；(2)附近造纸原料丰富，能源源不断地供应；(3)近水源，能够充分利用水利。关于建厂办法，提倡以私办为主，发动私人资本组织造纸合作社，或政府资助，采取公私合办。关于造纸技术问题，特别提出“不论公私各厂，发生技术上困难问题，本会均愿给予充分协助。”[1]

由于边区政府的提倡和帮助，各地纷纷建立纸厂。为了解决造纸原料——麻绳头的困难，很多纸厂经研究试验，改进技术，使用木材、破布、稻草、麦秸等为原料造纸。冀中七专区研制用麦秸、藁类等为原料造出的纸，物美价廉，很受欢迎。因此，麦秸造纸很快在冀中各地发展起来。1941年冀中七专区已有麦秸造纸厂四个：“专区贸易局造纸厂一个，晋县、宁晋、束鹿三县各设有造纸厂一个，这4个厂每月可出纸10 080张。”[2]产品可供七专区各机关团体使用。《晋察冀日报》辟专栏介绍了麦秸造纸方法，在全边区加以推广。

为了不断提高纸的质量和产量，各地纸厂在开展生产竞赛的同时，注意生产技术的改良。如有的发明粉碎机，有的利用水利榨浆，有的采用打浆机，以及两面轧光，火墙干燥，流浆造纸等比较先进的造纸技术。

经过一年多的努力，边区的造纸工业有了很大的发展，到1942年初，仅冀中合作社经营的纸厂就有43处。据1942年底边区工矿管理局调查，灵寿、平山、唐县、完县、行唐、曲阳、灵丘、涞水、满

〔1〕《晋察冀边区行政委员会》实生字第50号，1940年1月31日。

〔2〕“七专区麦秸造纸厂月可出纸十万零八十张”，《晋察冀日报》，1941年7月4日。

城、徐水等地纸厂和合作社有16处，产品的质量和数量均有所提高。至于家庭手工业造纸则更多，质量虽不及厂造，但也日趋完善。边区军政机关办公用纸，以及各地文化教育用纸，基本都是边区自己生产的（如表11－2所示）。

表11－2　　晋察冀边区1942年造纸厂调查表[1]

县别	名称	地址	资金（元）	设备	职工人数	产量
灵寿	造纸厂	西岔头		池子4个	14	日产量1 920张
灵寿	造纸厂	牛庄	2 200	池子4个 碾磨各1个 水轧光机1个		月产量文纸630刀 黄纸940刀
灵寿	聚元纸厂	团柏12	2 600	水力碾、 磨各1个		月产量文纸780刀 面粉750斤 麸子2 250斤
平山	裕美纸厂	元坊村	1 500	池子5个		麻纸
唐县	造纸厂	小长峪	3 300	池子3个		日产纸1 350张 （麻纸）兼产草柏3 500张
完县	万有纸厂	富有村	2 200	池子2个		日产麻纸5刀
工矿局	造纸厂	金龙洞	1 100	池子5个		麻纸15刀（日产）
报社	造纸厂	乐峪		池子6个		日产麻纸10刀
行唐	县联社	丁家庄	8 000	池子3个		日产麻纸9刀
曲阳	作坊两个			池子11个		日产25刀
灵寿	纸厂一个			池子2个		布口袋草根纸

五、工具制造业

由于敌人的破坏和自然消耗，以及钢铁原料不足，边区的农具和用具都很缺乏，尤其是敌人“扫荡”频繁的地方，严重影响了农业生产的发展。因此，边区政府号召各地和帮助各种工匠发展工具制造

〔1〕《边区工矿业报告稿》，1942年11月。徐水、涞水各有纸厂一处，满城合作社纸厂两处，因具体情况不详，未列入表内。

业。1940 年边区政府建立了工具厂，三专署建立了铸锅和生产农具的工厂。各署县亦普遍设立了农具制造所或农具合作社。仅平山一县就建农具生产合作社 32 个，农具制造所 148 个。[1]各地农具制造和修理业的开展，对恢复农业生产起了一定作用。如满城县，在 1941 年上半年，添制犁 148 件，耧 84 件，镐、锨、锄 839 件，水车两架，水斗 2 150 个。据 1942 年 11 月边区工矿管理局对灵寿县磁塔镇、陈庄、平山东王坡、阜平苏家沟、城南庄，唐县歇马村、南齐佐等较大工具作坊调查，共吸收各种工匠 88 人，拥有资金 94 000 余元，产品有各种农具，以及水车、马具、斗、皮条、麻绳等。此外，以家庭副业为主的个体小炉匠也很普遍，制造和修理各种农具、用具，对恢复发展生产起了很大作用（如表 11 - 3 所示）。

表 11 - 3　　工具制造厂调查表[2]

县别	名称	地址	资金（元）	设备	职工人数	产品	经营概况	备考
灵寿	职业工厂	磁峪镇	1 350	木匠工具	11	水车斗小车	不出门完全卖掉，供不应求	
灵寿	公胜魁	陈庄	70 000		11	皮条皮袄麻绳、马具	销路颇广	
灵寿	职业工厂	陈庄	2 760		6	皮条、皮胶麻绳、马具		
平山	铁工厂	东王坡	1 000		3	农具		农合作社办
阜平	职业工厂	苏家沟	17 000		22	农具及布匹		合作社办
阜平	农具合作社	城南庄	800		7	各种农具		
唐县	木工股	歇马村	1 170		13	农具		工会生产合作社办
唐县	木工股	南齐家佐	882		15	农具		工会生产合作社办

〔1〕《边区工矿业报告稿》，1942 年 11 月。

〔2〕同上。

六、家庭副业

苇席：边区境内产苇区域很广，尤其是白洋淀周围的安新、文安等各县，苇席历来是当地主要的手工业。但白洋淀周围是敌人活动猖狂的地区，敌我双方争夺苇席的斗争，一直都很激烈。例如文安西部年产苇席约值千万元。日军压低价格设卡收买，为了争夺这一富源，冀中区在1942年以前曾以军事力量夺取了被敌人控制的两个据点，并由合作社配合减低粮价，提高苇价，掌握苇席的出口，群众获利累累，因此，使这里的苇席业得到了恢复。1942年“五一”大扫荡以后，冀中区环境极其恶劣，同时日军对苇席严加控制，于1942年12月建立了“华北席子协会”，该会在保定设立了“事务所”，在安新设立了“驻在所”，“华北席子的收买、配给、输出，由该协会一手统制”。[1]规定每交售席子一张配给棉布4寸，火柴2盒，蜡烛2支，不许华商自由经营。从此，在日本帝国主义的摧残破坏下，白洋淀地区的苇席业日趋衰落。

冀西阜平县之三、四区，灵寿县三区，平山县七、十、十一区以及唐县等地，也出产苇子，其中阜平三区可年产苇子10万筒，能编席十五万令。在边区政府的提倡和扶持下，推广编织技术，至1943年该区参加编席的人达到300余人，唐县也有100来人，编席业有所恢复和发展。

编篓与编筐。边区山地盛产荆条，篓和筐是农家必备的工具。因此农村中编篓编筐比较普遍，大部分是农民利用农闲进行个体生产，成立合作社的很少。

水磨业：冀西慈峪、平坨、南旬河等河流水源丰富，宜建水磨。为解决部队供应问题，在边区第一次经济会议时，政府就积极提倡利用水力磨面，指出“边区今天的面粉主要靠了妇女、儿童一天到晚的推碾捣磨，时间消耗的很厉害，边区到处有河流，到处可以修水

〔1〕 彭泽益编：《中国近代手工业史资料》第4卷。

磨。水磨一天至少可磨40石，这样至少可以解决部队面粉。”[1]并提出“能够设水磨的地方，尽可能设备些，数目字愈多愈好”。[2]会后，各县有条件的地方纷纷设立了水磨，至1942年年底，各县共建水磨40盘，供给了军政民巨量面粉。

鞣制毛皮：北岳区毛皮甚多，过去大部运销到外地换回必需品。随着敌人对边区加紧封锁，布棉价格昂贵，将毛皮进行鞣制加工成皮衣的手工业逐渐恢复，除边区工矿管理局经营的一个制革厂、一个皮件厂以外，各地用土法熟皮的很多，大部分是农家副业。据1942年底灵寿、平山、唐县、新望等县的统计，新成立的合作社和个体作坊有5处，资金3 000余元，职工50余人，产品有熟制皮革、皮衣、毛衣、毛毯并兼营土布、毛巾等副业。

造胰：边区太行山区，牧场极广，动物油脂出产丰富，尤其羊油产量更多，而冀西各县大麻籽油的产量也相当丰富，其他如棉籽油、菜子油、花生油也均有大量生产。发展造胰业有丰富的油脂原料。

边区政府为了发展造胰业，于1940年春开办了制胰训练班，并在各县推广造胰技术，以后灵寿、完县、平山、易县等县都建立造胰厂，连同边区政府工矿管理局经营的双十胰厂（玉洁胰厂），共有5处，每日产量达1 800余块。

革柏（或称夹纸）：革柏是做布鞋的材料，为边区广大妇女的家庭副业。为了军民需要，除普遍开展家庭副业外，在四、五专区还建有作坊6处，每日共产革柏2万张左右。

上述情况表明，在边区政府正确的方针政策指导下，通过边区广大军民的艰苦奋斗，边区的手工业和家庭副业取得了很大成绩，在反对敌人经济封锁，保障军需民用和抗灾斗争中，均发挥了巨大作用。

---

〔1〕 张苏：《生产与合作》，1940年8月。
〔2〕 同上。

第十二章 大生产运动

第一节　劳动互助

一、劳动互助的开展

1943年，毛泽东提出“组织起来”的号召，边区农业逐步走上了农业互助合作的道路。

抗战以前，边区农村也存在着各种各样的旧有的劳动互助，如拨工、换工；也有无地、少地的农民自发组织起来的集体受雇组织，如包工队、把子找工等。这些互助组织毕竟都是自发的、短期的、不固定的，有的仅限于本族和亲友之中，互助的范围很小。在包工队、把子找工等中，包工头对农民还有少量的剥削，因此这些组织仍只不过是小农经济生产下的一种无关紧要的附属因素。变工队一贯的合作组织是原来在农村中就有了的，但在那时，也不过是农民救济自己悲惨生活的一种方法。

抗日战争开始，旧有的劳动互助发生了很大的变化，由衰退而逐渐得到恢复和发展。大生产运动开展以前，一般地说，还是处于自发的状态。1943年冬，毛泽东发出组织起来的伟大号召之后，1944年在北岳区，1945年在整个边区大部分地区开展了大生产运动。作为

农民组织起来发展生产的劳动互助组织，在边区的广大地区迅速发展起来。

边区劳动互助的发展，大体可分为以下三个阶段：

旧有劳动互助的衰退和义务互助，集体耕种组织的出现。

抗战初期，边区处于敌后严重的战争环境下，敌人的掠夺和破坏使农民生产情绪低落，产量严重下降。所以当时边区民间旧有的劳动互助表现了一种衰退状态，比较明显的，如冀西各地的“把子找工”渐趋绝迹。另据阜平栗树漕村的调查，也说明这个时期的拨工、包工数量大大减少，加上我们在生产领导上多强调政治动员和互助，也影响了原有拨工的发展。[1]为解决劳动力和畜力的困难，大力动员广大农民恢复和发展生产，当时边区政府提倡和发展了两种劳动组织：一种是用行政方式建立起来的，为抗属和贫苦的农民义务助耕的“助耕团”、“帮耕团”等。另一种是青年、妇女组织起来的“开荒田”、“植树队”及集体修滩组织，采取集体劳动的方法，建立“青年田”、“妇女林”等。这些劳动组织对于动员农民发扬团结友爱精神，解决抗属、贫苦农民生活困难上起了一定的作用。在修滩、垦荒、造林等方面也做出了很大的成绩。但是，这种劳动组织存在严重的不足：第一，这种组织，因为主要是依靠行政力量组织起来的，基本上不是农民自愿的组织。所以形式主义的毛病很严重。第二，这些组织是采取集体劳动方式，“强调集体，脱离家庭”，忽视家庭生产。这样集体组织与家庭个体小农的矛盾无法解决，不能充分调动农民的生产积极性。第三，收获物的分配不明确和不恰当，有的是义务劳动并无报酬，有的收获则用于团体经费，个人所得无几或根本没有[2]。因此，在这种组织中的农民生产情绪不高，人力浪费很大，生产效率很低。产生这些不足的原因是由于对当时边区的农业是分散的、个体的小农经济缺乏足够的认识，没有注意利用旧有的劳动互助组织，过分地强调了“义务”和“集体劳动”。所以这个时期建立的这些

〔1〕《晋察冀边区的劳动互助》。

〔2〕同上。

劳动组织不能在农村中广泛推行。1942 年以后，边区政府逐渐纠正了上述的偏向，旧有的劳动互助开始恢复，劳动互助开始局部的发展。

北岳区劳动互助的局部开展。

1942 年以后，战争日益残酷，生产条件也愈加困难，组织劳动力成为农业生产的迫切问题。边区政府总结了组织劳动力的经验，明确提出了要根据民间旧有习惯，利用旧有的劳动互助组织来组织劳动力。1942 年春耕运动中提出人力的解决，除发动自己种自己的地外，主要的是发动群众自愿自由的互相帮助，而不是组织什么团体来弄，那是不会有大效力的。可以适当的组织与管理集体劳动，但不强调集体劳动。〔1〕1943 年春耕中，要求各级要把组织劳动力放到农业生产的第一位，其办法必须要根据民间“已有的拨工帮工习惯，以互助友爱而又合于现实老百姓情理的办法，把一切人力、畜力组织到春耕中来”。〔2〕1943 年 5 月，北岳区抗联第一届代表大会上研究了组织劳动互助的原则和具体办法。认为组织劳动互助“必须作深入具体的调查研究，在民主自愿的原则下，根据当地习惯和技术的好坏，生产性质等具体条件，以户为单位，以人为中心，以农救会员为骨干，有中心地、适当地选择对象，进行组织，逐渐推广”。〔3〕并且提出要重点发展等价互助，“以订立互助公约、交换生产计划，折合工价，计算劳工等等办法，使已经组织的劳动互助巩固扩大。”〔4〕

1943 年，北岳区的部分地区开展了群众性的生产运动，劳动互助组织也得到了局部的发展、如阜平、龙华、盂平等县的成绩较为显著。以阜平为例，由于提出了拨工的号召，仅几个月时间，就把民间旧有的劳动组织发展成一个有组织、有领导的拨工运动。仅据 7 个区的统计，在夏季生产中，即拨工 28 860 个，7 个区 15 个村庄成立起

---

〔1〕 杨耕田：《紧急动员起来开展一九四二年春耕运动》，1942 年 2 月 6 日在边区首次军政民春耕联席会议上的报告。

〔2〕 “走到救灾生产阵线上去”，《战线》，1943 年第 105 期。

〔3〕 杨耕田：《北岳区群运发展和当前任务》，1943 年 5 月 5 日在北岳区抗联第一届代表大会报告。

〔4〕 同上。

86个拨工组，包括392户，466人参加。在农业生产上表现了它的实际作用，节省了不少劳力。在组织形式上，旧有的拨工、包工组织得到恢复，而且还创造了一些新的组织形式，如不同技术的拨工、男女劳力的拨工、农业和运输业的拨工以及村之间按气候条件不同实行的拨工等形式。当年秋季，边区政府召开生产会议，推广了阜平等县劳动互助的经验，具体组织了当年秋季反“扫荡”中的抢收、抢种，使劳动互助进一步与武装斗争结合起来，创造了不少劳武结合的劳动互助形式。从总的来说，这个时期的劳动互助还很不普遍，还仅是局部的发展。但是，它毕竟是在旧有劳动互助的基础上，吸取了几年来的经验教训而开展起来的。因此，这对北岳区乃至于全边区劳动互助运动的开展起了示范作用，为1944年和1945年大生产运动的全面开展，从组织上、思想上作了准备。

1944年，边区召开的经济会议把劳动互助运动推向新的阶段。会议要求各级政府：要在现有的农村各种形式的劳动互助组织上加强组织领导，吸取陕甘宁边区和我区过去的经验，有计划、有组织地来开展，从改变人与人的生产关系上来提高劳动效率，使5个人做6个人的工作，3个牲口干4个牲口的活儿，就成为解决问题的中心一环。在组织工作中，要深入调查研究，关心群众的实际利益，坚持自愿和等价的原则，争取“做到有劳动力的人民（18岁到50岁的男女）中有十分之一的人参加了劳动互助组织，节省劳动力六分之一（即五个人做六个人的工作）。[1]北岳区的劳动互助迅速发展起来。据当年4月的统计：龙华六、七两区，有的村全人口的60%，平均每村有50%的人参加拨工；完县参加拨工组的占16岁到55岁的全劳动力的21%，占全县人口的12.7%；唐县占全人口的19%；灵寿占全劳动力的56%；盂平有2/3的男人参加在拨工组里。拨工运动在全游击区也相当普遍地开展起来。[2]其他如曲阳、井陉等县的游击区也有相当数量的劳动互助组织。根据1944年大生产运动总结，北岳

〔1〕《开展1944年的大生产运动与对敌经济斗争》。

〔2〕“拨工互助遍及游击区”，《解放日报》1944年5月20日。

区一、二、三、四专区的26个县的不完全统计：共有人口2 523 000人，劳动力789 600个，组织拨工组38 500个，计230 000人，参加拨工人数占总人口的8.1%，占劳动力的28.1%。[1]尽管这中间还有一部分形式主义的，起作用不大，但这一年的劳动互助毕竟从以前狭小的、自流的状态中冲出来了。北岳的巩固中心地区已形成了一个有组织有领导的互助合作运动。

1945年，劳动互助运动得到进一步加强。毛泽东在《1945年的任务》中强调，“必须绝无例外地普遍举行大规模的生产运动，……必须动员人民，在自愿原则下，组织生产互助团体，例如：变工队、互助组、换工班等。”[2]并且要求地方工作人员，“必须用极大精力去帮助人民，组织这种互助团体，以便大规模地恢复生产与发展生产。”[3]边区政府于1945年2月召开了第二届群英代表大会，总结了1944年的大生产运动，具体布置了1945年的大生产运动。提出了“组织起来”、“精耕细作”争取做到“耕三余一”的号召。强调继续在巩固区发展劳动互助的同时，要大力组织恢复区、新解放区和游击区的劳动互助运动。要把组织劳动互助和制定家庭计划，召开家庭会议联系起来，以促进互助合作运动的开展，提高农民的生产热情。会议根据各地的不同情况，对各行署提出组织起来的具体要求（组织起来的劳动力占全部劳动人口的百分比），冀晋区：巩固区35%，游击根据地20%，游击区5%。冀中区：游击根据地15%，游击区5%。冀察区：巩固区30%，游击根据地15%，游击区5%。[4]

随着大生产运动的普遍开展，劳动互助组织也得到空前的发展。除北岳区（1944年下半年分设为冀晋和冀察两个行政公署）以外，在冀中、冀东的不少地方也普遍开展了互助合作运动。据1945年上半年的不完全统计，在冀晋区：四专区的平山、灵寿、行唐、井陉、

---

〔1〕宋劭文：《1944年大生产运动总结及一九四五的任务》，1945年2月宋劭文在边区第二届群英大会上的报告。

〔2〕毛泽东：“1945年的任务”，《解放日报》，1944年12月16日。

〔3〕同上。

〔4〕宋劭文：《1944年大生产运动总结及1945年的任务》。

平定五个县，共组织起来人数为79 055人，春耕期间拨工2 516 007个，比1944年增加了30 889人；五专区灵丘县的98个村庄，组织起来人数占劳动人口的58.1%，占总人口的37%，繁峙县76个村庄，组织起来劳动人数占劳动人口的43.5%，占总人口的30.2%。在冀察区：龙华县的一些模范村经常参加拨工的人数占劳动人口的60%以上；涞水县六个区组织起来的人数共占劳动人口的45%—52%。在冀中区，据第六分区的不完全统计，组织拨工组1 304个，参加人数有7 807人[1]。又据冀晋区1945年生产总结，据4个专区的24个县统计：总人口2 934 241人，劳动人口1 613 831人，整劳动力909 619个，组织起来的人数为327 356人，占总人口的11.1%，占劳动人口的25.5%，占劳动力的35.1%。[2]在畜力组织方面，据十一个县的不完全统计，共有牲口89 179头，组织起来42 331头，占总计头数的44%。[3]在新解放区、游击根据地和游击区，劳动互助组织相继建立起来。如盂寿县组织起来的人数占总人口的8.8%，寿榆县组织起来的人数占总人口的9.8%。[4]在冀东区，1945年的劳动互助也有某些发展。在春耕期间，开展较好的地方组织起来的劳动力达到全劳动力的30%，开展较差的地方可达到全劳动力的10%。[5]除以上劳动互助在数量上的增加以外，在组织形式上也有新的发展。有不少个体劳动的拨工小组发展到一户的全部劳动力参加的拨工组，有的地区，由零星的小拨工组织联合组成了拨工队或劳动互助社。在互助范围上也不断扩大。由单纯的农业拨工，出现了农业与运输业、纺织及副业、手工业的拨工。在巩固区的拨工组，在民主自愿的原则下经过了整顿，更加巩固了。

1944年和1945年边区劳动互助的广泛深入的发展，标志着边区的广大个体农民，在共产党和民主政府领导下已经踏上了互助合作

---

〔1〕“晋察冀边区1945年上半年组织劳动力的概括”，晋察冀边区行政委员会：《中国农业合作化运动史料》上册。

〔2〕《一九四五年冀晋区生产会议总结报告》，1946年2月。

〔3〕同上。

〔4〕同上。

〔5〕“一九四五年冀东的劳动互助”，冀东《长城日报》，1946年2月13日。

共同富裕的道路。

二、劳动互助的组织形式

1943年以后，在农村旧有的劳动互助组织形式基础上发展起来的劳动互助，其组织形式是比较复杂多样的，大体可分小型拨工、大拨工、包工、滩地生产合作社和劳武结合的互助组织五种类型。除劳武结合的互助组织已在以前有关章节论述外，现分别介绍如下：

第一种，小型拨工组。

所谓拨工，有的地方叫变工或换工。就是个体农民在进行生产的时候，为解决劳动力的困难，把他们的人力、畜力甚至于工具进行调剂，交换使用，以达到共同发展生产的目的。其特点是规模较小、方法简便、容易组织。这种劳动互助不仅适合于农业生产，而且还适用于农业与副业、手工业等方面。这是按照民间故有的习惯组织发展起来的，是各种形式劳动互助的基础，在各地最为普遍。这种小型拨工组织按其结合的方式还可以分为人与人的拨工、人工拨畜工、水车拨工等。

（1）人与人的拨工。这是民间单纯人力上的一种拨换工，一般来说是三四户农民中的五六个或四五户农民中的六七个劳动力（全劳动力或半劳动力）组成一个拨工组。在拨工方式上，有的是实行相同劳动力分别男女编为小组，有的是把所有劳动力混合编组。根据农事忙闲、作物种类、按户轮流干活。在记工方法上，采取分别记工，按时请工，用工还工的办法。除了农业上的拨工以外，不少拨工组在家务上为做衣服、推碾、担水、打柴等方面进行拨工，以取长补短，解决不同农户的困难。

（2）人工拨畜工。这是解决耕畜不足的主要方法。是由人工的拨换而引起的人力与畜力的相互换拨。这种拨工还可分为不同方式，一种是简单的人畜拨工，即一个人工换一个驴工，或一个牛工、一个骡工顶一个半至3个人工。在谁家拨工，由谁家供给草料；另一种是有耕畜的农户跟上个人帮助无耕畜户耕地、播种，由无耕畜户还全部人工和畜工，或由无耕畜户出一个人工与有耕畜户“搭套”合作耕作两家的土地。另外，还有不少地区，两家的耕畜实行“合犋”，实行“三七拉”、“四六拉”或“对半拉”的办法，按比例记工还工，以便于深耕细作。这些人与畜力的拨工互助，把人力拨工和畜力合作结合起来，使人力和畜力都得到调剂，真正做到了自愿互利。所以这种形式，在牲畜缺少的地区相当普遍，在大生产中起了作用。

（3）水车拨工。这是由劳动力互助逐渐扩展到工具互助的一种形式。在晋冀的平原地区，不少农村“地多井少，水车比水井更少。”天旱时将水车东搬西搬，费水车、费人力，使不少水地不能及时浇水，无井无水车的贫苦农户更无法浇水，使不少水地变为旱田。为解决水车少、土地多的矛盾，群众在大生产中创造了水车拨工组织。其办法大体是：把水车和水井固定配套（多数一车一井，少数一车二三口井，以每辆水车所浇地的农户编为一组，水车主为拨工组长、村生产委员为水车拨工队长。拨工的办法是各户轮流浇地，浇地户按亩数付酬或还工。这种拨工不仅解决了贫苦农户无水车无井的困难，而且对水车主也有利可得。节省了人力畜力，减少了因水车经常搬动造成的损坏，充分发挥了水车的效力。

第二种，大拨工（也称劳动互助）。

这种劳动互助形式是群众在互助合作运动中的一种创造，是在小型拨工基础上逐渐发展起来的，是以农业为主，包括运输、运销和副业在内的劳动互助组织。边区政府在1944年大生产运动总结中说，“当小拨工由小拨工发展到‘死组活拨’，或组与组调工，并成为拨工组以为习惯时，就产生了以工还工、实物还工、整拨零还、零拨零还，因而与合作社的生产、信用、供给、消费等等业务都结合起来了。同时又产生随不同季节与不同作物而变更固定组，忙时编组编队的集体劳动，以及运销、运输、手工业等业务与农业生产的拨工。这样人数众多（比拨工组），把劳动互助范围扩大的拨工，我们把它叫做大拨工。”[1]因为这种大拨工直接与合作社的业务联系起来了，所

[1] 宋劭文：《1944年大生产运动总结及1945年的任务》。

以有的地方又叫劳动互助社。这是比小拨工高一级的劳动互助形式。

这种大拨工的组织原则和特点是：第一，坚持以户为单位，“分别自愿编组，统一领导分散活动”。[1]小拨工组仍是大拨工组的基本组织单位。根据“有钱出钱，有粮出粮，有力出力”的精神，“人力、畜力，实物、钱币都可以等换工和作股”。[2]折工办法由大家公议，依据当时当地的具体情况决定折合率，并不长期固定。第二，拨工方式坚持以小组拨工为主，实行“实组活拨”，拨工、调工和包工相结合，首先采取“整拨整还”、“整拨零还”和“零拨零还”的灵活多样的拨工方法，在拨工组内拨工。同时，拨工队可以根据农事忙闲，技术好坏，以及各组的具体情况，有计划地实行组与组、人与人之间的调剂，或集中突击抢收抢种任务，或轮流调剂帮助抗属和贫苦农户解决生产上的困难。还可以把剩余的劳动力，由拨工队统一组成拨工组，去做各种包工活。第三，根据需要建立必要的制度。比如计工制度，规定计工要以户为单位，组内拨工小组计工，调工和包工则由拨工队统一计工，按时还工，做到勤拨勤还，再拨不难。另外，还制定了劳动公约、奖惩制度和入股分红等制度。第四，由于大拨工实行了入股折工和灵活多样的拨工、调工办法，就使农业生产、副业生产与合作社的生产、供给、消费、信用业务联系起来。因此，除农业以外，还可以组织各种副业、手工业生产。

这种大拨工在较大范围内把一切劳动力和生产工具通过合作社组织了起来，采取了以小拨工为主，以调工为辅的多种形式。因此它能够在较大的范围内和多种生产上调剂各种不同的劳动，充分利用有限的财力和物力，发挥各阶层农民的积极性，促进农业和副业的发展。但是，这种大拨工由于规模较大，分工细致，计工制度复杂，必须要有较强的领导和群众拨工基础。因此，它还只存在于土地比较集中，群众基础好，有较强领导的百户以下的村庄采用，在不具备上述条件的地区和村庄则很少出现。

〔1〕 李候森：“介绍晋察冀的劳动互助合作社”，《解放日报》，1945 年 3 月 12 日—1945 年 3 月 14 日。

〔2〕 同上。

第三种，包工。

这也是民间旧有的一种劳动互助形式。在互助合作运动中经过改造和提高，在边区不少地区普遍发展起来。包工当时主要用于开渠、修滩、耕地、收割和副业运输等方面。其组织和办法是贫农和雇农及其他有剩余时间的劳动力自愿结合组成包工组，或大的包工队，民主选举组长或队长，负责找活和评工价。在包工方式上，除原有的按件包工以外，还出现了“整包整算”的长包工，长年包工以短工算账的“长包短算”，以及在拨工组内实行拨工，对外进行包工的“包拨合一”等多种方式。这些包工组织因为是自愿结合，方法简单，机动灵活，所以劳动效率很高。同时，由于实行了民主选举和评议工价的办法，贯彻了边区政府的劳动政策，也大大减轻了雇主的剥削，杜绝了包工头的中间剥削，提高了贫苦农民参加互助组织发展农业生产的积极性。

第四种，滩地合作社。

这是在阜平出现的一种集体劳动的互助组织形式，在1939年到1940年修复滩地的过程中逐渐形成，先是采取大集体耕种方式，“参加修滩的所有滩股，集体耕种，集体收割，按股入工，按股分粮。滩地的一切收获完全归滩员所有，滩地的一切工程费用由滩员按股分担”。[1]这种大集体的耕种方式的优点是：由于集体生产，“力量大而集中，对未修复的荒滩及已修复的而又被冲毁的复修是容易的，对修建护滩工程，巩固滩地也容易完成。”[2]由于是集体耕种，农作物的种植可以有计划进行。劳力多各有专长，耕种、收割、筑坝、垒口等可分工来作，克服了小农经济在生产上的缺陷；压坝使水、浇地护渠容易管理，不致发生争水、偷水现象；适合战斗环境，易于劳武结合。但由于大集体耕种，一切都是集体活动，也显露了严重的不足，大集体和小农个体经济的矛盾不易解决，农民的生产情绪不高，人力浪费很大，深耕细作不够，产量有所下降；滩地入工严格，忽视了妇女劳动力的作用；对于无土地的农民，造成很多不便。因此，在

〔1〕 阜平滩地生产委员会：“阜平滩地的耕作方式与组织领导”，《解放日报》，1944年7月18日。

〔2〕《晋察冀边区的劳动互助》。

1943 年以后，滩员要求分滩，县政府为发挥群众生产的积极性，并保持集体生产的优点，经各滩地代表会议商定，改为集体耕种和分组、分户耕种两种形式：

（1）集体耕种与分组耕种。将所有滩地分为两部分，一部仍为大集体耕种；另一部分则分给各“股份小组”，“一切耕种、收割、入工、分粮等全由各小组负责，但规定保留大集体之部分不得少于全滩的三分之一，各组股份不得少于十股”。[1]

（2）集体耕种与分户耕种。集体耕种与第一种耕种形式相同。分户部分则是“按股分给各户自由经营”。[2]

这两种集体耕种与分组、分户耕种相结合的形式，克服了大集体耕种的缺点，保留了集体耕种的一些优越性。比如，在集体耕种与分组、分户耕种的关系上明确规定：“分到组、户的土地，只是在作物的耕种上有自由决定之权，收获归组、户所有；但压坝、浇地、使水、排渠、护滩等仍归滩地管理委员会统一领导；”[3]分到组、户的土地若被水冲毁时，仍由集体部分中补充其土地与产量。若冲毁太多时，将被冲毁的组、户分别编入未冲毁之各组中，入工、分粮与该组滩员权利相同；无论集体部分与分组、户的土地被冲毁修复时，均由全体滩员负责修理，以防祸福不等、苦乐不均的现象发生。这些规定，又弥补了分种以后的一些不足，始终坚持了互助合作的精神。另外，这种滩地生产还有一套比较严格的管理制度和劳动纪律，以保证生产的进行。滩地生产合作社的耕种形式很受滩员欢迎。1944 年以后，阜平不少滩地采取集体和分组、分户相结合的形式，有力促进了滩地生产的发展。

三、劳动互助的主要经验

边区的劳动互助是根据发展农业生产，组织劳动力的需要，逐渐

---

〔1〕《晋察冀边区的劳动互动》。

〔2〕同上。

〔3〕《晋察冀边区的劳动互助》。

发展起来的。最初的劳动互助是依据农村旧有的拨工、包工等习惯，加以改造和提高，并使之普遍化和组织化；互助的范围开始只限于农业，以后逐渐扩展到农村副业、运输和手工业；从时间上说，先是季节性和临时性的结合，进而形成长年的固定的结合；在组织形式上，也是由简单到复杂，从几个人、几户的劳动互助小组，逐渐形成比较复杂的拨工队，有的出现了更高一级的劳动互助社。这是边区劳动互助组织发展的一般过程。在这个过程中，各地根据不同的经济条件和战时环境，创造了劳动互助的丰富经验，其中，最主要的有以下几点：

第一，坚持积极引导与自愿结合的原则。

边区农村固有的劳动互助都是自发的、狭隘的、简单的生产合作。要使个体农民走上自觉的互助合作的道路，必须积极加以引导。同时，劳动互助组织是建立在分散的个体经济基础上的，这种生产方式决定了农民思想的保守以及生活上的散漫。所以组织劳动互助必须要出于每个成员的真正自愿，只有自愿才能发挥其生产的积极性。还得照顾到每个成员的实际利益，要使他们在劳动互助中得到真正的好处。如果违背自愿结合这一原则，任何劳动互助组织都不免流于形式。边区政府吸取了1942年以前单纯靠行政命令组织义务互助的经验教训，在组织劳动互助的时候，注意纠正个别地区出现的强迫命令、形式主义和自流组合两种偏向，坚持积极引导和自愿结合的原则。一方面，采取典型示范，使农民亲眼看到劳动互助的好处，用事实来教育农民，提高他们参加互助组织的自觉性；另一方面，在组织过程中，自始至终坚持自愿结合，入组自愿，退组自由的原则。在大生产运动中，不少地区还把组织劳动互助同召开家庭会议，制定户生产计划联系起来。这样进一步把参加劳动互助建立在民主自愿的基础上，对劳动互助的发展和巩固，起了很大的作用。

第二，坚持等价交换的原则。

劳动互助是建立在个体经济基础上的集体劳动组织，因此不能一般地反对自私自利，而应当大力提倡互助互利。按当时群众的说法，就是“组织起来，大家有光沾！”而要做到互助互利，就必须坚

持等价交换的原则。边区政府总结了1942年以前组织义务互助而不能坚持的教训，纠正了有的地方只强调“涵厚”而没有必要的记工制度的偏差。各地都根据农业生产的特点和劳动力、畜力、技术等不同条件，逐渐创造了各式各样的记工还工办法。这些办法，无论是简单的人力拨工还工，人畜拨工与还工；还是比较复杂的人力、实物折工还工办法，都必须严格按照等价交换的原则。实践证明，等价交换才能做到真正的自愿，只有做到自愿和等价，劳动互助组织才能够巩固和发展。这是组织劳动互助的关键和最基本的原则。

第三，建立必要的制度和纪律。

这是劳动互助组织能否巩固并发挥作用的重要保证。个体农民开始组织起来以后，首先担心的问题就是失去个人活动的自由，因此劳动互助组织必须要发扬民主自愿，不能过分限制个人的自由活动，要把组内互助和各户的家庭生产、具体家务联系起来。另外，在民主的基础上，用大家讨论的民主办法建立一些必要的简明的制度和纪律。各地比较巩固的互助组织一般都有自己的制度和纪律。除了计工还工制度外，还有会议、民主选举、奖惩等制度及劳动公约。这些制度和纪律都是根据需要和群众的要求，经过民主讨论制定的。一般都比较简明，切合实际，很受群众拥护。建立劳动纪律是生产的需要，群众的要求也是对农民散漫性的约束和教育。但在执行中，必须克服组长说了算、一切生产都要集体进行，以及对违犯劳动纪律的群众采取“一批评，二扣工，三斗争，四开除”的错误做法。实践表明，劳动互助组织实行民主制度和建立纪律是非常必要的。这对于教育农民，克服农民的落后、保守、散漫，增强团结互助，培养集体观念，充分调动农民的生产积极性，提高劳动效率，起了很大的作用。

第四，坚持“以户为基础，以人为单位”，小型为主逐渐发展的原则。

劳动互助组织的规模大小，必须要适合当时农业生产水平及所能达到的管理水平和农民的思想觉悟程度。这对于劳动互助组织的成败关系极大。边区的农业是个体的小农经济，一家一户为一个生产单位，土地分散，技术落后，生产力低下。根据这些特点和条件，在组织劳动互助的过程中，边区政府始终坚持了以户为基础、以人为单位、小型为主、逐渐发展的原则，把主要的工作放在大力提倡和组织人力拨工、人畜拨工、工具拨工和包工等小型劳动互助组织上。这些组织一般是三五户五六人或七八个人为宜。规模小，容易组织，记工简单方便，干活机动灵活，适于在分散的小块土地上，几户个体农户之间的互助合作，很受群众欢迎。至于比较大的拨工组织，如大拨工队、劳动互助社等，规模大，组织严密，分工细致，记工制度复杂，可以在较大的范围内调剂劳动力，发展多种事业。但是，这种大拨工必须要有坚强的领导，较好的群众条件，比较集中的土地等条件，而在当时边区的大部分地区这些条件是不具备的。边区政府注意总结这些大型互助组织成功与失败的经验，并没有普遍提倡与组织，采取了有了条件逐渐发展的稳妥办法。

四、劳动互助在农业生产上的作用

边区劳动互助在大生产运动中的广泛发展，使旧有的劳动互助发生了根本的变化。新的劳动互助组织已不再是个体农民们自发的，个别的简单生产合作。已经成为有领导、有组织建立在个体经济基础上（私有财产基础上）的集体劳动组织。在这种集体劳动组织中，农民仍旧保存着他们对于各自的土地、耕畜、生产工具的所有权，也没有改变小农经济的技术条件。这些农民在进行生产的时候把他们的人力、畜力、生产工具合作起来进行集体劳动。这种生产合作方式虽然没有改变个体小农经营的经济基础和技术基础，但却冲破了分散的个体劳动对于发展农业生产的某些限制，因而，它可以提高劳动生产率。同时，在生产过程中还可以逐渐改变人与人之间的关系，克服农民落后、保守的生产习惯，培养互助团结的集体观念，为进一步利用新技术创造了条件。因此，劳动互助的广泛发展，改变了旧有劳动互助在农业上微不足道的地位，成为生产的根本环节，显示了它在农业生产上的重要作用。根据当时边区各地的经验，这些作用大体表现在以下几个方面：

第一，实行劳动互助，可以把各种不同的劳动力组织起来，做到抽多补少，调剂有无，是解决劳动力缺乏的最有效的办法。比如：涞源县葛沟村，全村共有48户，400口人，土地1 320亩。1939年大水灾后，逃走17户，敌扫荡及饿病死者120人，只剩下38户（包括分家户），217口人，男女整半劳力160个，劳动力严重不足。1944年因为劳动互助组织得好，增加牲口12头，改造懒汉7个，动员了47个妇女经常参加劳动，有50%的整劳力参加了拨工组。所以全村荒、懒、穷的问题都解决了。全年不仅没有荒一亩地，而且还开荒135亩，并且还节省了短工300个，长工3个。[1]又如灵丘县王巨村，全村共有273口人，整半劳动力共177个，1943年全村共种地710亩，至少要雇外村短工150个，1944年全村有88%的劳动力参加了互助组织，除耕种土地710亩以外，还开荒150亩，修滩地134亩，压青50亩，种萝卜13亩，总计，比1943年多种地550亩，并节省了短工150个。[2]

第二，实行劳动互助，可以调剂使用生产工具，解决生产工具的困难。比如行唐县独羊岗村，因为地多水井少，水车比水井更少，不少贫苦农户的土地不能浇水。为解决水车的困难，1945年全村实现了水车拨工，使水车和水井都得到充分利用，不仅使原有的2 073亩水地及时灌溉，而且，还扩大水地面积398亩。[3]其他如大车及小型农具的调剂使用，也充分发挥了工具的作用。

第三，实行劳动互助，人力与畜力可适当调剂搭配，生产工具可充分利用，使同样的人力、畜力在同样的劳动时间内取得更大的结果，减少了很多不必要的浪费，大大提高了劳动效率。根据阜平县五区的调查，一个劳动力不拨工时种12.8亩，收粮100斗。参加拨工以后，可以种地19.8亩，收粮165.2斗，种地数和收粮数都增加50%以上。如果以用工计算，一般说拨工比单干每亩地可节省两个

〔1〕《晋察冀边区的劳动互助》。
〔2〕同上。
〔3〕“冀晋行唐独羊岗和正定樊家庄组织水车的经验”，《中国农业合作化运动史料》上册。

工，提高效率30%。[1]根据阜平县栗林沟的调查，如果从各种不同的农活来看，实行拨工互助一般地说五个人省一个半工。[2]所以，农民群众都说："工拨工，不放松，5个人能顶6个人用!"。

第四，实行劳动互助，便于组织较大的农田水利建设，或突击完成战时的抢收抢种等任务，比如开渠、凿井、修滩、筑坝等工程，不采取互助合作的拨工，包工组织形式是很难完成的。涞水县水镇厂村的拨工队，集体开渠360丈、成滩86亩，完成了70年来未曾完成的水利工程。[3]

第五，实行劳动互助，可以把不同的劳动力组织起来，便于农业和副业结合，促进农村经济的恢复和发展。以龙华县劳动英雄葛存所在村为例，这个村在小组拨工的基础上成立了劳动互助社，实行了农业和副业之间的拨工互助，组织了运输、纺织、铁匠、磨面等小组，使农业和副业都得到发展。1944年秋，全村共打粮食785石，山药、萝卜和林木收入折粮220石，副业收入27 000元，总计全村收入1 005.2石，达到了耕一余一，抗战以前全村有80%以上的人口是贫农、雇农，而到1945年已有35户贫农上升为中农，5户贫农变为富农，富农则更富了。全村面貌发生了很大变化，群众称赞说，"在共产党领导下，我们都翻过身来了。"[4]

劳动互助显示了互助合作优于分散单干，促进了农业的恢复和发展，展示了互助合作道路的光明前景。正如毛泽东所说，劳动互助提高了农业劳动的生产率，"这种生产团体，一经成为习惯，不仅生产量大增，各种创造都出来了，政治也会进步，文化也会提高，卫生也会讲究，流氓也会改造，风俗也会改变，不要很久，生产工具也会有所改良。到了那时，我们的农村社会就会一步一步地建立在新的基础的上面了"。[5]人们的劳动提供的产品超过了维持

〔1〕《晋察冀边区的劳动互助》。

〔2〕同上。

〔3〕《晋察冀边区的劳动互助》。

〔4〕赵鹏飞："龙华劳动英雄葛存从贫困中翻身"，《晋察冀日报》，1945年1月14日。

〔5〕毛泽东："必须学会做经济工作"，《毛泽东选集》合订一卷本，第918页。

生活所需要的数量，这是社会经济、政治和思想进步的基础，社会财富增加了，整个社会经济活动活跃了。人民的经济状况也因此得到改善，缴纳给政府的赋税负担有所缓解，政府的财政收入较以前充实了。

第二节　北岳区的生产自给运动

一、生产自给运动的开展

北岳区的农业生产，由于日本侵略者的摧残、战争的影响和自然灾害的袭击，遭受极为严重的破坏。在党政军民的共同努力下，到1943年，北岳区的农业生产开始恢复，农业生产取得了可喜成绩。拨工互助组在一些地区也有了相当的发展。

1943年11月23日，晋察冀分局发出了《关于目前生产运动的指示》。1944年1月15日，边区政府召开了经济会议，宋劭文主任在会上作了《开展一九四四年的大生产运动与对敌经济斗争》的报告，提出“保证去年的生产水平，不荒一亩熟地”，组织劳动力10%，节省劳动力1/6的要求。同年2月中旬，北岳区召开的战斗英雄模范会，确定了开展大规模生产运动的计划。

边区政府加强对这一运动的领导，从边府一直到每个村庄，层层建立了由党政军民领导人和劳动模范参加的生产委员会。各级生产委员会均以政府首脑为主任、抗联主任为副主任的大生产的统一领导机构，处理计划、布置、行动上的大问题，对于农业生产的日常事务，均由实业部门负责。边区生产委员会为了领导方便，把全年农业生产分为三个阶段（即春耕阶段、大秋作物播种和麦收锄草阶段）。生产委员会于每个阶段都及时发出指示，指出工作重点和具体要求，总结每个阶段的成绩和经验，以指导大生产运动的开展。

为鼓励群众的生产积极性，边区党和政府规定，统累税的征收按上年产量计算，当年增产部分不收税；旱田变水田的，在未补偿其修筑费前，不增收统累税；新修滩地3—9年可无租使用。为保证群众生产，规定农忙时节不准动员抗勤任务，运输计划必须于春耕前完成，战斗训练也要服从生产。对于各种类型的合作社，要求以农业为主，与大生产运动相结合。规定政府对合作事业的投资，50%以上要用于生产业务，并规定合作社的任务是：开展农业生产，供给各种农具；举办生产贷粮；组织运输、办理牲畜贷款。这些措施以及减征公粮，奖励劳动英雄模范和开展生产竞赛等，都促进了大生产运动的开展。

在个体的分散的小农经济基础上开展大生产运动，最根本的是把群众组织起来。离开一点一滴细致的组织工作，大生产的要求是无法实现的，这是因为：其一，北岳区的劳动力、畜力非常缺乏，要实现不荒一亩熟地、不低于上年生产水平的目标，只有改善生产组织，变个体劳动为集体劳动，变没有计划的劳动为有计划的劳动，变没有分工的劳动为有分工的劳动，才能提高生产效率。其二，边区处于敌后环境，战斗频繁，为应付战争，又不误农时的进行耕收，必须一面战斗、一面生产，必须缩短和控制生产时间，这也只有组织起来才能做到。因此，把一切可以劳动的人组织起来是大生产运动的最基本的环节。所谓组织起来，就是在不破坏私有财产（土地、工具、牲畜）的前提下，把以户为基础的个体的生产方式，改变为以人为单位有组织的集体劳动的方式，把这种办法形成为习惯，提高生产力。这样的改革，生产工具根本没有变化，生产的成果也还是归个人的，但人与人之间的关系变化了，当时称为农业生产制度上的又一个革命（农业上的第一个革命是减租减息，它削弱封建剥削关系）。在组织形式上，就劳动互助而言，主要有拨工、劳武结合、包工三种类型，此外还有包含各种业务在内的综合性合作社。北岳区在大生产运动中组织起来的成绩是非常显著的。在劳动力组织方面，阜平达到36%，龙华达到45%，灵寿达到男58%、女23%。牲口也被组织起来，阜平达到70%强。从全北岳区看，参加互助组人数为20万人，占该区

全部劳动力的20%。[1]在按户作计划方面，“据17个县不完全的统计，做了农户计划的有45 657户”。[2]又据21个县不完全的统计，作户计划的即有65 578户。

边区1944年1月经济会议提出的组织劳动力10%的要求，在春耕阶段就超过了。从全年来看，则是大大超过了。随着青壮年男女劳动力的组织，把儿童和老年人也带动起来，大生产运动成为无论男女老幼皆参加的真正的群众运动。

北岳区群众一经走上“组织起来”的道路，就使劳动生产率的提高成为可能。

在耕地和播种方面：1944年惊蛰到春分，生地已大部分耕完。到四月底，有不少地区进行了复耕，早熟作物统统播种，其播种面积一般都超过了去年。如：易县超过4 984亩，龙华超过4 527亩，阜平超过25%。[3]新蚕食（政策）地区土地大部荒芜，行唐恢复21 000余亩，灵寿20 800余亩，完成原计划97%。[4]

在造肥施肥方面：各地抓住“种地没粪白费劲”这句农谚作为中心口号，推动造肥，使肥料大增。曲阳县开展一人一日一筐肥料运动，从旧历正月初到三月，只一个区就造了6万多驮的肥。[5]在造肥运动中，群众扫街、垫圈拆炕和压肥。据统计，北岳区19个县共割草62 809万斤，压肥30 404万驮。全北岳区1944年压肥“平均增加50%。”[6]各种肥料比1943年、1942年增加10%，有的增加50%（据1942年几个村庄的调查）。施肥量以阜平为例，“平均每亩在60担—80担，最高到120担。”[7]

在扩大耕地面积方面：1944年一般不提倡开荒，由于群众组织起来，有了多余的劳动力，还是开了不少荒地。只盂平、五台等七

---

〔1〕“敌后解放区的农业生产”，《解放日报》，1944年1月18日。

〔2〕“晋察冀边区的大生产运动”，《解放日报》，1944年8月3日。

〔3〕周而复：“晋察冀的大生产运动”，《解放日报》，1944年8月3日。

〔4〕同上。

〔5〕周而复：《晋察冀行》，阳光出版社1946年版，第78页。

〔6〕“晋察冀生产运动中创造出许多好办法”，《解放日报》，1945年1月18日。

〔7〕“今年阜平的大生产运动”，《晋察冀日报》，1944年12月17日。

县，到四月底已开荒4万亩。阜平县新开荒地3万亩。该县民兵为解决战时吃粮问题，进行开荒修滩，半年共开荒2 026亩，修滩107亩，开荒可收1 070石粮。[1]灵寿三区消灭熟荒地7 116亩。[2]游击区群众还推毁敌人汽车路和封锁沟墙，增加耕地面积。如：满城增加2 021亩，徐水1 664亩，共增加1万亩。[3]总计，北岳共扩大耕地面积53万余亩，其中开生荒地23万余亩（包括部队开生荒地39 334.95亩），消灭熟荒地20万余亩，平毁沟堡垒2万余亩，修滩7万余亩（包括部队修滩1 893亩）。[4]

在水利建设方面，北岳区旱地多水地少，水地只占全部耕地的15%。因此，发展水利，增加水田，是提高农业生产量的主要办法。在生产运动中，各地展开了变旱田为水田运动。在开渠修滩上，阜平山一县，即开渠65道，可浇地9 000亩以上，修滩达4 507亩。[5]全北岳区总计开渠460道，修滩达46 930.6亩。[6]在凿井上，一专区易县等四县，凿井1 884眼，三专区曲、定、完、唐四县，凿井2 162眼。[7]全北岳区1944年变旱田为水田117 065.7亩（包括部队1 893亩）[8]在开展水利建设中，各地都与对敌斗争密切结合起来。如：定唐广利渠，过去被敌人统治，每次灌溉时形成严重混乱，大生产运动中主动开展对敌斗争，完全为我掌握，敌据点浇地也为我所控制，除保持原有水利外，又加开5道支渠，变旱田为水田18 450亩。云彪某区9个村庄把敌之贷款拿到我手里，开展了凿渠工作。[9]水利建设的开展，提高了产量。如定唐二区白沙村（沙土地），事变前每年种麦90亩，大生产中种麦606亩，每亩产量“超过战前68%”[10]。

---

〔1〕“晋察冀生产运动中创造出许多好办法”，《解放日报》，1945年1月18日。
〔2〕《晋察冀边区生产委员会通知》，1944年8月2日。
〔3〕《晋察冀的大生产运动总结及一九四五年的任务》，1945年2月8日。
〔4〕宋劭文：《一九四四年大生产运动总结及一九四五年的任务》，1945年2月8日。
〔5〕“晋察冀的大生产运动”，《解放日报》，1944年8月3日。
〔6〕宋劭文：《一九四四年大生产运动总结及一九四五年的任务》，1945年2月8日。
〔7〕“晋察冀的大生产运动”，《解放日报》，1944年8月3日。
〔8〕宋劭文：《一九四四年大生产运动总结及一九四五年的任务》，1945年2月8日。
〔9〕宋劭文：《一九四四年大生产运动总结及一九四五年的任务》，1945年2月8日。
〔10〕同上。

在改良耕作法方面：1944年北岳区大生产运动并没有提出精耕细作。由于组织起来节省了劳动力，使群众有时间讲求耕作方法。在耕锄上，一般做到耕三锄三，并注意了间作和轮作。在选种浸种上，据易、满、徐、龙四县的统计，已有10 857户进行了田间选种，共选种37 553斤，能种地159 763亩。另据阜平三区23个村的统计，进行田间选种者786户，共选种4 176斗。易县浸种83 819斤，能种地151 693亩；阜平6个区浸种者3 284户，5 876斗；平山浸种能种麦23 077亩。在推广优良品种上，经农场和各村试验后，便进行广泛推广，如八一一谷、一五号谷和马齿白玉米等。

在防除病虫害方面：1944年春，蝗虫为害。在蝗区各级党政组织领导下，广大群众积极投入捕蝗运动。如："阜平等14个县585 879人参加打蝗，县党政军民负责人也亲自下手，老弱妇孺齐出动，部队机关停止工作，组成打蝗队伍"。[1]不分昼夜的围歼捕打，决不让其蔓延，因而减轻了损失，未酿成巨灾。此外，在消灭蚕虫、枣步曲、蝼蛄和害虫方面，也都取得了显著的成绩。

在保卫麦收和秋收方面，大生产运动是在战争环境下进行的，必须用战斗来保卫。当时敌人也存在着严重的粮荒，并妄图从经济上消灭根据地军民的生存条件，所以每当麦收和秋收季节，便在"扫荡"进攻掩护下，四处抢粮，破坏麦收和秋收。北岳区军民为保证大生产运动的成果，进行了英勇的斗争。当麦收即将来到时，边区生产委员会即指出："产麦的县份，必须党政军民事先周密准备，组织抢麦突击，去年抢麦中'就地打就地晒就地藏'，'快割快打快晒快藏'，'一手是镰刀'，'一手是枪杆'，'一面抢收，一面战斗'，部队以最大力量协助群众进行抢收等经验，应很好的发扬，并创造新的方法。"[2]北岳区群众吸收了1943年麦收的经验，在抢麦中又有新的创造。如："定唐二、五区各村设立广播台，每天报告敌情，麦收时一有情况连夜传一百里以外的村去"。[3]这对稳定群众的生产情绪起了

〔1〕 水生："八年来晋察冀边区怎样战胜了敌祸天灾"，《北方文化》第2卷，1946年第3期。
〔2〕《晋察冀边区生产委员会指示》第2号，1944年5月1日，《现行法令汇集》下册。
〔3〕 宋劭文：《一九四四年大生产运动总结及一九四五年的任务》。

很大的作用。麦收时敌人抢麦，边区党政军民，熟一片收一片，快割快晒快打快藏。满城、易县第一线上就地割晒打，随打随藏。有的地方麦场和地道结合，扇车扇好的麦子就流进了地道，在地里转移坚壁。主力部队和游击组封锁敌人堡垒，敌人出来就坚决打回去，胜利地完成了抢麦任务。秋收前夕，边区生产委员会于8月20日发出指示，要求做到："第一，战斗与生产要紧密地结合起来，正规军适当部署，保卫秋收。民兵粮秣武器充分准备，要足够三个月的使用。在生产战斗中，发扬民兵和群众的英雄主义。估计敌人可能占据的地区，要接受去年的经验，准备好一套生产的办法与用具。合作社要保证生产战斗中必需品的供给。第二，提高劳动组织，进行适当的变工分工，……要做到'地净场光'，'地不见穗、场不见垛、家不见粮'……。第三，党政军民必须集中力量，统一领导，生产委员会要成为战斗的指挥机关，各部门要从组织上去推动秋收。最要紧的关头，一切不必要的工作可以停止。"〔1〕秋收时，边区军民为保卫一年的血汗成果，组织动员起来积极抢收。葛存村在秋收中，"谁的粮食也没进家，野场里头来打了晒了，就坚壁好了"。〔2〕又如平山县劳动英雄戎冠秀，组织妇女拨工队抢秋。"秋收时为了准备反'扫荡'，实行快收、快打、快藏，妇女拨工队一齐下手切谷穗、摘豆角、掰玉茭。一次情况紧张，男人们都出差了，戎冠秀领着妇女拨工互助，一天把全村的粮食坚壁出去"。〔3〕由于北岳区军民的共同努力，仅用了半个月时间就完成了抢收任务，并胜利地完成了播种。

组织起来的生产运动提高了群众的劳动热情。边区奖励劳动英雄的措施和各级干部的有力推动，把群众的劳动热情引向发扬革命英雄主义的生产竞赛。上述一切生产活动，无不是在轰轰烈烈的生产竞赛中进行的。因此在某种意义上可以说，北岳区的大生产运动，是一个在各级干部领导下的群众性的生产竞赛运动。各地开展了英模运动，如四专区的戎冠秀运动、龙华的葛存运动、盂平的周二运动、

---

〔1〕"晋察冀边区生产委员会布置秋收耕种麦"，《解放日报》，1944年9月13日。
〔2〕赵鹏飞："龙华劳动英雄葛存从贫困中翻了身"，《晋察冀日报》，1945年1月14日。
〔3〕羽山："平山劳动英雄戎冠秀"，《晋察冀日报》，1945年2月1日。

灵寿的杜庆梅运动等，都取得了很大的收获。灵寿、灵丘等县的区与区、村与村、拨工组与拨工组、个人与个人、甚至父子之间，都进行了生产竞赛。在劳模运动、生产竞赛中，又涌现了大批的成为群众生产核心的劳动英雄、生产模范和指导生产的模范干部。为把热火朝天的生产竞赛运动推向新的高度，奖励大生产运动中的有功人物，边区政府于6月27日颁布了《晋察冀边区劳动英雄选拔办法》，规定了劳动英雄的三个条件。这三个条件是：“（一）经济上努力劳动，发展生产。（二）政治上拥护革命，公私兼顾。（三）武力与劳力结合，战斗与生产结合，用战斗保卫生产，保卫收获”。[1]秋后，北岳区各地依据上述条件，自下而上的选拔出许多劳动英雄和指导生产的模范干部。12月10日至1945年1月30日，边区第二届群英大会隆重召开，奖励了劳动英雄、战斗英雄和各种模范工作者，全面总结了1944年北岳区的大生产运动。

二、人民生活初步改善

1944年，北岳区的农业生产取得了十年来未有的大丰收。据42个英雄所在村的统计，比去年增加43%。[2]总的产量增加情况是：“估计一亩生荒平均产谷3大斗，一亩熟荒平均产谷4大斗，一亩滩地、一亩旱田变水田平均产谷5大斗，总计可增谷25万大石”。[3]只是由于日军七年来对农业生产的破坏和长期战争的消耗，因此一般来说产量还没有能够恢复到战前水平。但有些地方，如定唐、曲阳、定县的某些村庄，因水利的开展，生产产量超过了战前水平。生产量增加了，人民的负担减轻了。1944年边区政府接受晋察冀分局的建议，将统累税减为每分最高不超过8.5市升（1941年为1.5市斗，1942年为1.25市斗，1943年为9市升）。[4]群众生活得到了初步改

〔1〕“晋察冀边区劳动英雄选拔办法”，《晋察冀日报》，1944年6月21日。

〔2〕宋劭文：《一九四四年大生产运动总结及一九四五年的任务》。

〔3〕同上。

〔4〕“晋察冀的大生产运动”，《解放日报》，1944年8月3日。

善。据38个村庄的统计，1943年有许多户不够吃，1944年由于大生产的开展，不够吃的户减少了58.3%。就是这样的户，粮食也比往年增加了。总的来说，北岳区每个村庄，家家都有干粮吃，都有欢笑声。“许多村庄秋后粮食仓满囤流，丰裕的景象掩盖了战争的残破”。[1]如边区最贫穷的阜平县，“开始消灭了从来长期存在的吃糠、吃树叶的现象”，[2]“全县拿瓢要饭吃的没有了，到处飘扬着歌声，讲述着国内外大事，许多人穿上了新棉衣，个个都是红光满面，‘穷山恶水一片沙’的阜平，现在开始改头换面了”。[3]大生产运动使群众开始走上了衣食无虞或衣食有余的道路。

显然的，由于北岳区大生产运动的开展，扭转了抗战以来，特别是敌人“治安强化”以来，边区生产力下降的趋势，战胜了1943年冬日军大“扫荡”所造成的严重困难，使根据地人民的元气得到了一些恢复。同时，在大生产运动中，培养了一批领导生产的模范干部，涌现出许多劳动英雄，积累了组织和领导生产运动的经验，并带动了文化、教育、武装、自卫等各种工作。更重要的是，毛泽东“发展经济、保障供给”这一光辉思想，在干部和群众中扎了根。这一切，为1945年边区大生产运动的全面开展，奠定了坚实的基础。

第三节　为“耕三余一”而奋斗

1944年12月25日，毛泽东在陕甘宁参议会上提出：“‘耕三余一’的口号，除被敌人严重摧残的地方外，在敌后解放区，也是可能实现的。”[4]晋察冀边区党和政府把“耕三余一”作为1945年大

〔1〕刘奠基：“晋察冀边区九年来的农业生产运动”，《北方文化》第2卷第3期，1946年7月1日。
〔2〕“晋察冀的大生产运动”，《解放日报》，1944年8月3日。
〔3〕“今年阜平的大生产运动”，《晋察冀日报》，1944年12月17日。
〔4〕毛泽东：“一九四五年的任务”，《解放日报》，1944年12月16日。

生产运动的奋斗方向。

1945年，春夏久旱不雨（冀热辽除外），中共晋察冀分局和边区政府在冀晋、冀察区掀起了大规模的防旱备荒运动。7月29日，边区政府又发出《关于夏秋工作的指示》，总结了半年来大生产运动的成绩及存在的问题（如领导不力），鉴于水旱虫灾极为严重的实际情况，提出了“防旱备荒、争取三耕余一”的号召。是年，边区共发放贷款40 000余万元，贷粮92 625石，[1]并于5月向冀晋、冀察发布修正统累税的指令，“固定土地产量，因精耕细作增加收入，不计负担”。[2]农贷政策和负担政策帮助群众克服了生产上的困难，有力地调动了群众的生产积极性。

一、冀晋区的“耕三余一”

生产运动与其他工作一样，不可能在同一时间内所有地区都达到一个标准，千篇一律的过高要求，会产生不同的后果。生产计划必须服从本地区的具体情况和当地人民的要求。全边区是这样，具体到边区的每一个行署所辖区也是如此。冀晋区召开了扩大的生产会议，根据边区政府提出的任务和本地区的实际情况，确定了大生产运动的计划，“一般的在巩固区提出‘精耕细作，耕三余一’，游击区提出‘劳武结合，消灭灾难户，为耕三余一打下基础’的口号，作为全年的生产方针与奋斗目标。”[3]使大生产运动更普遍、更深入、更踏实的开展起来。

组织起来，是实现“耕三余一”的中心环节。冀晋各地紧紧抓住这个中心环节，在劳动互助组织，提倡家庭会议和户计划以及改造懒汉懒婆等方面工作皆有了新发展。

在劳动互助组织方面，人力的组织在数量上增加了。春耕生产中，据20个县的统计，在2 267 401总人口中，组织起来207 525人，

〔1〕 边区行政委员会召开财经会议，《晋察冀日报》，1946年2月10日。

〔2〕 “晋察冀修改统累税”，《解放日报》，1945年5月17日。

〔3〕 “党对大生产的领导问题”，《工作通讯》第12期，晋察冀中央局研究室1946年版。

及时完成了送粪、耕地和早熟作物的播种。[1]在防旱备荒中，组织起来的人数更多了。如平山县，防旱备荒前组织起来的人数占人口比例的13.7%，防旱备荒后增至23%，提高9.3%；灵寿县防旱前为22%，防旱备荒后为32.8%，提高10.8%。在春耕与防旱备荒中，英雄模范村庄劳动力组织一般都在50%[2]从全年来看，根据4个专区26个县的不完全统计，人口总数为2 523 000人，劳动力人数769 600人（18—55岁），组织起来230 000人，占总人口的8.11%，占劳动力的28.1%。[3]第二，组织起来的范围扩大了。从地区上说，新解放区、游击区劳动互助组织广泛建立，如盂寿县组织起来的人数占人口8.8%，寿榆占9.8%。以村为例，如三专区离铁路三里地的战斗英雄郝庆山村，全村93%的群众都组织起来。离敌人据点只有四五里地的劳动英雄路得发村，建立了29个拨工组，开展了全村的大拨工。[4]从内容上看，由农业的拨工扩大到运输、纺织各种副业手工业的拨工。第三，组织形式有了新的发展，由个体劳动的拨工组发展到包括全体劳动力的户拨工；由零星或小的拨工组织扩大起来，由低级形式的劳动组织发展到高级的劳动互助社。第四，组织起来的质量提高了，进一步掌握了民主自愿和等价的原则，因此更加提高了群众的生产积极性。特别是以户为基础，以人为单位的小型拨工发展很快，而且变工与户计划密切结合。这说明在小农经济基础上，以户为单位开展生产适合于当时的农村社会环境和农民的特点。从畜力的组织情况看，同样有了显著的发展。据浑源、灵寿、盂平、灵丘、五台、行唐、平山、井陉八个县6月份不完全的统计，总畜数为47 147头，组织起来21 646头，占59.7%。[5]关于畜力组织起来的省工情况，可以阜平为例说明。这个县有畜力拨工组765个，畜数2 577头，拨工数24 149个，每畜平均拨工9.3个，省工数5 643.9个，省

---

〔1〕《一九四五年冀晋区生产会议总结报告》。

〔2〕晋察冀边区行政委员会:《关于夏秋生产工作的指示》，1945年7月29日。

〔3〕《一九四五年冀晋区生产会议总结报告》。

〔4〕《一九四五年冀晋区生产会议总结报告》。

〔5〕"冀晋区一九四五年大生产总结"，《晋察冀日报》，1946年1月13日。

工 23.3%。[1]

在家庭会议和户计划方面：家庭计划和户计划是开展生产、争取耕三余一的重要环节。冀晋各地对此十分重视，因而具有了广泛性和普遍性。春耕时期，根据平山，灵寿、曲阳、行唐四个县的统计，在 125 323 户中做计划的达 28 636 户，占 22.8%。[2]又据崞代、阜平、曲阳、唐县、完县、定北、望都、建屏、平山、灵寿、行唐、井陉、正定 13 个县的不完全统计，有 57 959 户做了户计划。[3]这里需要指出的是，英雄模范在做户计划和家庭会议中起了重要的作用。如定唐县路得法，每天被群众请去做计划开家庭会议，妻子也被请去，成了做计划的“把式”。盂平崔维印召集全村干部和群众参加他的家庭会议后，群众就请他去帮助，全村 96 户都做了计划。一般说来，冀晋各地的户计划做得比较踏实，贯彻了耕三余一的精神，并作到了以贫苦户抗干属为重点。

值得一提的是冀晋各地加强了对懒汉、懒婆、流氓的改造。这项工作，“特别是新解放区游击区更明显，而且在改造方法上也由过去的多刺激改为感化教育，解决实际问题和订计划变工紧密结合”。[4]根据唐县、繁峙、曲阳、浑源四个县不完全的统计，原有的懒汉 2 028 人，改造了 814 人；原有的懒婆 420 人，改造了 271 人，[5]成绩是十分显著的。边区农业生产以精耕细作为主，不以扩大耕地面积为主。这是因为边区西部是山区，东部是平原，山区无限止开荒易造成水灾。从边区地势环境和长远利益出发，从既要建设山区，又要建设平原考虑，只有实行精耕细作，才能达到耕三余一的目标。冀晋区在这方面取得了显著的成绩。

发展畜养，增加肥料。各地普遍提出不种一亩白地的号召，要求增加肥料 1/5—1/4，一户一猪，发展羊群。有些地区还提出“四大”

〔1〕“冀晋区一九四五年大生产总结”，《晋察冀日报》，1946 年 1 月 13 日。

〔2〕《一九四五年冀晋区生产会议总结报告》。

〔3〕同上。

〔4〕冀晋区工专署：《组织起来》，1945 年。

〔5〕“冀晋区一九四五年大生产总结”，《晋察冀日报》，1946 年 1 月 13 日。

运动，“三光加一垫”（即把街里、院里、屋里的脏土打扫干净，垫到圈里）等不同的口号和要求，依据当地条件，采用打扫街道、拾粪、拆炕、挖窑洞、挖河泥、在山头半坡扫粪等办法，进行积肥，造成了积肥热潮。因此，冀晋各地，不论是游击区，新解放区，也不论是旱地还是水田，施肥量都普遍增加，“一般增加15%到30%”，[1]肥料增多的主要原因之一是畜养。由于政府实行奖励繁殖牲畜的政策，加之从外地购买，结果牲口猪羊大量增加。根据冀晋区13个县的不完全统计，原有牛驴骡马81 933头，新增8 359头；原有羊173 617只，新增93 087只；原有猪93 030只，新增26 161只。[2]

改良耕作法。春耕中，一般县区都组织了耕地突击组或播种突击组，并提出了具体行动口号，如平定提出“耕三耙一锄四”，曲阳提出“耕三耙一锄三”、灵丘提出“多耕细耕，不留白草根”，阜平提出用人拉犁等。因此各县一般都做到了多耕深耕。如灵寿，一般的地除上年秋耕外，春季又耕了两次。这个县三区有水地7 871.5亩，到五月上旬耕两次者已达7 778.7亩。春季风多雨少。有些地区（如三专区）又发生蝗灾及其他虫害。播种作物或因旱不出苗，或出苗后被旱死、咬死，故不得不毁了重播，有的地区播种达两三次之多。为了防旱和防虫，各地普遍广泛的宣传“锄头三分水”，保墒多锄，大都实现了锄三遍的要求。如繁峙，上年谷子锄三遍的有48 048亩，1945年为65 766亩，增加20%多。在大秋作物播种时期，由于天旱不雨，各地群众组织起来担水点播。据灵寿等14个县的统计，担水点播62 472.2亩，冀晋区占一半的棉花和红薯是担水点种的。[3]同时，还普遍进行修地，增加了生产量。例如二专署共修滩5 972.2亩，每亩增产以4斗计，可增产2 381.88石；平毁汽车路1 015.1亩，每亩以增产2斗计，可增产203.02石；平毁老坟修梯田5 243亩，每亩增产2斗计，可增产104.86石，修磊墙220道，连加墙边

---

〔1〕《一九四五年冀晋区生产会议总结报告》。

〔2〕“冀晋区一九四五年大生产运动总结”，《晋察冀日报》，1946年1月14日。

〔3〕《冀晋区一九四五年的防旱备荒运动》。

可增粮50石。共可增粮2 739.76石。[1]在改良耕作法的同时，各地又注意扩大耕地面积，据冀晋区22个县的不完全统计，消灭熟荒15 799.8亩，开新荒69 115.25亩，修滩54 810.5亩，消灭敌占地8 290.3亩，修梯田11 864.6亩，共计扩大耕地面积159 880.45亩。[2]

灭虫除害。1945年夏，行唐、灵寿、曲阳、平山、建屏、正定、云彪、定唐等13县发生蝗虫，其中最严重的是建屏、灵寿、平山等县。广大群众不分日夜的捕打，减收粮食4 000石以上，捕蝗运动还是取得了很大的成绩。据冀晋区三个专区的不完全统计：灭蝗达389 748斤，挖蝗卵44 506斤，使蝗灾很快扑灭，未酿成巨灾。[3]此外，各地在捕打各种害虫害兽上，估计可增产粮食488.8石[4]。

水利建设。冀晋区历来春旱少雨，三年两旱，对农业生产影响很大。但是，这里有着开展水利建设的有利条件。不少地区位于桑干河、壶流河、唐河、沙河、慈河、滹沱河等河流的上游或中游，水量充足，可资利用。此外，山流小溪遍布各个地区，也可以用来灌溉，在第二届群英会上提出开展大小水利建设的总方针，排除了开发水利中的一切障碍。在修滩方面，贯彻垦修人有取得滩地永久使用权的政策，“垦修开始，二十年无租使用，期满地租最高不得超过百分之五。”[5]就其负担政策而言，“开展水利三年内不增加统累税”，[6]该区曾发放水利贷款650万元，贷粮16 250大石。[7]以帮助群众解决兴修农田水利的困难，各专区在组织领导上、工程技术上，深入下去进行具体帮助，并抓住开展水利建设的重点进行典型示范，总结经验，教育群众，深入的宣传动员，促成了开展水利建设的热潮，取得了很大成绩。在防旱备荒中，根据平山等7个县不完全统计，新修渠329道（内挖沙滩136处），浇地18 584.3亩；据平山等5县不完全的统

〔1〕《冀晋区第二专署大生产运动总结》，1945年。

〔2〕“冀晋区一九四五年大生产总结”《晋察冀日报》，1946年1月15日。

〔3〕刘奠基：《晋察冀边区九年来的农业生产运动》。

〔4〕《一九四五年冀晋区生产会议总结报告》。

〔5〕同上。

〔6〕同上。

〔7〕同上。

计，新凿井 1 298 眼，浇地 5 779.9 亩；新修挡水汪 715 个，浇地 5 284.2 亩。[1]从全年水利建设情况看，平山、灵寿、行唐等 20 个县，开渠 1 085 道，浇地 223 541.8 亩；定北、定唐、曲阳等 12 个县，凿井 1 273 眼，浇地 164 128 亩；灵寿、曲阳等 5 个县，挖水汪 958 个，浇地 52 955 亩；灵寿、正定、井陉等 5 个县，修滩 44 处，计 520 835 亩；平山等 3 个县，修堤坝 43 道，获地 60 188 亩。[2]各地在兴修水利的同时，加强了渠道管理，掌握合理使用，解决水利纠纷，从而更好的发挥了水利的作用。如大同渠，过去王母以下 50 多顷地不能使水，在 1945 年防旱备荒中由于加强了管理，全部阴地播了种。总之，冀晋区在水利建设上，兴修大渠，广开小渠，其成绩超过以往任何一年。发展水利对增加农业生产量的效果是十分显著的。一般说来，变旱田为水田，要超过旱田 1 倍—2 倍。二专区“共计整修渠道 369 道，灌溉地 15 535 亩，每亩增产 3 斗计，可增产粮 4 660.5 石，仅忻定就整渠 8 道，灌溉土地 9628 亩，增产即达 288.4 石”。[3]

游击区的生产运动也进一步开展起来。各地从打通干部思想着手，树立了“游击区能够生产，也必须生产”的观点，开展了大生产运动，改变了游击区的生产面貌。据 23 个县的统计：1944 年游击区的村数为 1 832 个，开展生产运动的有 922 个，占 40%；1945 年游击区的村数为 2 247 个，开展生产运动的有 1 089 个，占 48.9%。[4]游击区生产运动的进一步开展，增加了生产量。如正定、灵寿汽车路两侧，群众一面战斗，一面生产，60 顷地完全种上，共产粮 7 200 石。另外平沟毁路 2 000 亩，增产 1 500 石。[5]1945 年春夏之交，腹地敌人的堡垒据点大部被挤掉，根据地扩大了。如二专区，到 6 月份新解放区的村子已达 365 个，人口 189 506 人。这些地区在贯彻政策，发动群众的基础上，在政府农贷的扶助下，生产也开展起来。五

[1] 《冀晋区一九四五年的防旱备荒运动》。
[2] “冀晋区一九四五年大生产总结”，《晋察冀日报》，1946 年 1 月 15 日。
[3] 《冀晋区第二专署大生产运动总结》，1945 年。
[4] 《一九四五年大生产运动的领导问题》。
[5] 同上。

台一区截止5月前“新解放区已开生荒300亩，垛滩500亩”。[1]

抗干属、贫苦户和灾难民的生产是组织起来，精耕细作，争取“耕三余一”的重点。冀晋区以粮16 250大石、款4 700大石折额的农贷，[2]分配到各县，给抗干属、贫苦户和灾难民的生产以很大的帮助。政府贷款之外，各地还发动私人借贷，不少地方的群众在英雄模范的带动下，也主动拿出粮食建立义仓。如盂阳王双驴主动拿出粮食建立义仓后，影响并推动了全县义仓工作的普遍开展。甚至忻定于家庄开明士绅于建太主动拿出粮食20石，以解决抗干属贫苦户生产中的困难。此外，各地在帮助抗干属贫苦户解决土地、肥料、耕种，甚至医疗日用方面，都取得了显著成绩。如二专区5个县的不完全的统计，发动私人借贷粮食计有804.32石；[3]在肥料方面，发动群众给抗属送肥，用羊群给抗属和贫苦户卧地；在耕种上，实行包耕、代耕，并免除抗属的抗战勤务。更主要的，还是大力组织抗干属贫苦户和灾难民进行生产，帮助他们召开家庭会议和做户计划，使他们在生产中脱离贫困，向富裕靠近。为此，许多负责干部亲自深入村户，进行具体领导；许多英雄模范积极帮助他们做计划，把他们组织起来。这样，抗干属贫苦户的生产就开展起来，生活得到一定程度的改善。如二专区，“往年抗属缺吃缺穿，纷纷找区上，今年这现象就很少了”。[4]凡上所述，都是在严重自然灾害，特别是旱灾严重威胁下进行的，都取得了最好结果。“据一般估计，二、五专区秋收可达六成到八成，三专区可达五成，四专区可达六七成。”[5]个别地区产量还高于去年。虽然一般年成不丰，由于组织开展了手工业，运输运销等副业，在省吃俭用之下，仍然略有盈余。这就为实现“耕三余一”打下了基础。

---

〔1〕“冀晋区第二专署：半年来大生产工作总结之四”，《新解放区游击区生产》，1945年7月。

〔2〕《一九四五年冀晋区生产会议总结报告》。

〔3〕冀晋区第二专署：《抗干属贫苦户的生产》，1945年7月。

〔4〕《冀晋区第二专署大生产运动总结》，1945年。

〔5〕《一九四五年冀晋专区的防旱备荒运动》。

二、冀察区战胜灾害，力争“耕三余一”

1945 年，冀察区遭到各种天灾的侵袭，中共区党委和行署把广大群众组织起来，精耕细作，战胜了严重灾害，使大生产运动更广泛、更深入的开展起来。

在组织起来方面，就其规模、广泛性和劳动效率来说，比 1944 年有了进一步发展。如一专区龙华县的模范村，经常参加拨工者已达 60% 以上，拨工数较大；葛存村 64 人 15 天拨工 2 100 个，人平均 35 个。[1]一专区游击区定、易、涞县新解放的游击区 46 个村建立拨工组男 1 902 人，女 57 人。[2]去年未开展生产运动的地区，今年都比较热烈的开展起来了，十一、十三专区的巩固区估计一般已达 30%，涞水超过 35%。[3]组织起来的显著特点是：其一，户计划与家庭会议更加推广了，形式主义有了很大的克服。在不少家庭中实行了民主和分工，从而改善了家庭关系。有很多户把家庭会议、户计划与组织劳动力结合了起来。其二，在防旱备荒中，集体劳动的需要增加了，劳动互助得到了更普遍的发展。特别是“包拨合一”的劳动互助形式，不仅对贫苦的出卖劳动力的贫农有很大好处，对地多而缺乏劳动力的富农也有很大便利。同时，在拨工变工方面更加灵活和广泛。男女之间，人畜之间，木匠、铁匠等，都进行了变工。多年来没有解决的鳏、寡、独等社会问题，在生产运动中得到了解决。其三，合作事业、特别是民办合作社，在民办公助、生产第一的思想指导下，有了进一步的发展。如“易县八区水峪的烧灰完全是民办公助的精神下，大家以柴草、家具、劳力入股，获得了很大的收获。”[4]其四，医疗工作也有显著的发展。各地组织了医疗合作社，或合作社举办了医药

---

〔1〕“晋察冀边区一九四五年上半年组织劳动力的概况”，《一九四五年前半年大生产运动材料初步汇集》，晋察冀边区行政委员会，1945 年 7 月 17 日印。

〔2〕同上。

〔3〕同上。

〔4〕《晋察冀日报》）1946 年 2 月 9 日。

工作，保证了人民群众的健康。

在精耕细作方面的成绩，主要表现在如下几个方面：

特种作物的提倡与推广：冀察区提倡与推广特种作物的种植，弥补了各种天灾的减收。如涞水岭西，全年产粮480石，而种植特种作物（包括棉花、花生、红薯等）的面积占63%，折合粮食980余石。[1]涞水、龙华试种棉花成功，把生产的花生运到宣化、张家口一带出卖，赚了许多钱。尤其是涞水县推广植棉，把纺织开展起来，解决了数千年来都解决不了的穿衣问题，“做到全县布匹五分之一自给。”[2]在其他地区，推广红薯、蓝靛、花生、叶子烟、芝麻、麻等特种作物的种植，也都取得了很大成绩。

防旱备荒中挑水点播：4月旱象已露，冀察行署及时发出《注意防旱工作》的指示。6月初，行署召开生产会议，检查与汇报防旱工作。接着又发出关于防旱备旱的紧急指示。冀察各地群众为战胜旱灾，普遍组织起来挑水点播。不仅播种特种作物，就是难于点种的谷子也进行挑水点播。十一专区在小署以前，90%的地已经播种，80%已经捉住苗。[3]易县八区车厂十天当中点播310.9亩，占总耕地的1/3。高土庄拨工队把渠里的水都挑干了，群众称赞挑水队是“天老爷”。龙华龙家铺在英雄赵香亭领导下，提出三不闲（人不闲、水不闲、家具不闲）的口号，点播春榴花80亩、红薯450亩、烟苗50亩、花生30亩、玉米170亩，补栽红薯110亩、玉米110亩，全村除山坡地以外，共点播800亩，占总耕地面积的71%。[4]一专区挑水点播山药、花生、烟、麻、靛等，也超过了去年的面积。[5]7月份前，冀察区的一专区十一专区播种占80%。[6]总之，防旱备荒中挑水点播的成绩是巨大的，它表现了冀察区群众在组织起来之后，与自然作斗争的伟大力量。

〔1〕《晋察冀日报》，1946年2月9日。

〔2〕同上。

〔3〕同上。

〔4〕同上。

〔5〕冀察各地防旱备荒，《晋察冀日报》，1945年6月26日。

〔6〕《晋察冀边区一九四五年的防旱备荒工作》。

在灭虫除害方面，冀察区创造了惊人的成绩。如徐水县，灭蝗12万斤，挖蝗卵3 260斤，运动规模之大，为历年所未有。易县的六、七、八区及五区一部，形成了捉蝼蛄的群众运动，捉蝼蛄达4 692斤。此外，还相当普遍的进行捕捉害鸟、害兽。

在水利建设方面：冀察区也取得了很大的成绩。如涿鹿县，开渠引道浇地5 788亩。一专区6个县凿井3 437眼，成滩170 213亩。徐水、满城开泄水沟25道，使88 703亩涝地变为良田。在察南蔚涿县董家房7个村子包工开渠，用工25 400个，可变旱地为水地4 000亩，增产粮食4 800小石。

施肥量增加：如涞水县，去年每亩平均上粪1 110挑，今年平均每亩上粪120挑。宛平、房山等县，施肥量及施肥面积都有大量增加。此外，各地一般都做到了锄三遍。

推广科学技术：在浸种、选种方面，取得了显著成绩。如易县，1945年比1944年浸种的地超过49 308.4亩，选种户超过10 865户。龙华县为了贯彻精耕细作，召开技术员大会，会上决定每村设一个技术员（有经验的农人），数村成立一个技术小组，有问题时数村的技术员开会研究，交流经验。技术员的任务是：研究技术，自己要作典型示范，以实际行动影响群众，积极宣传并指导群众，推广技术，防除病虫害虫，增进生产，了解情况，掌握情况，经常报告生产情况的发展与变化。[1]

总之，冀察区的大生产运动在多灾多难、反攻大进军等困难条件下，取得了许多重要成绩。在个别地区打下了“耕三余一”的基础。[2]

三、冀中区生产面貌一新

1944年，冀中区尚未完全恢复，大生产运动基本上没有开展。

---

〔1〕“晋察冀边区委员会通知”，《晋察冀日报》，1945年3月17日。

〔2〕《晋察冀日报》，1946年2月9日。

1945 年，随着形势的发展及对大生产运动认识的提高，冀中区根据边区的部署和要求，全面开展了大生产运动。

冀中行署于 2 月 25 日发出了《关于春耕准备工作的指示》，其要点是：（1）调剂补充牲口。为了补充“五一大扫荡”后牲口的缺乏，提高生产，除经合作社系统举办大批牲口贷款外，号召群众私资购买，并有计划的从外地输入牲口。对现有牲口组织起来进行拨工，以便在送粪和春耕中补充畜力之不足。（2）提前送粪。要抓紧敌人扫荡前空隙提前送粪，最迟要求春耕前把粪送完，作到“随拈随送，家不存粪。”（3）准备好处理籽种和农具。为了不误节气，在反扫荡中提前播种，要求做好春季作物的籽种准备和处理工作，对农具要求提前修理，要事先将籽种和农具坚壁在地里。（4）生产运动的调查工作。冀中的生产运动，除在改进技术上有所倡导外，主要是调剂劳动力，实行“组织起来”提高生产效能，在春耕工作未开始前，对各地劳动力、农民生产情绪、种植习惯、籽种农具肥料等，立即开始调查研究准备工作。[1]冀中行署于 2 月 20 日—3 月 20 日召开了生产会议。部署全年的生产工作，这次会议指出了大生产运动为党政军民共同的全年的中心任务，确定了增产粮食和种植棉花的具体要求，在组织劳动力方面提出十专区至少到 5%，六、八、九专区至少 7%，七专区 15% 以上。[2]为统一和加强对大生产运动的领导，3 月 10 日正式成立了冀中生产委员会，由行署主任罗立川任主任委员。各级也都成立了生产委员会。冀中生产委员会第一次会议，要求各级领导将一般号召与个别指导相结合，领导生产运动的开展。即：一方面，为了完成大生产运动的任务，达到预期的增产效果，应普遍广泛的向群众提出大生产运动的一般号召；另一方面，为了吸收经验作为指导全面的依据，各级各部门必须亲自突击一个重点村，每个区至少三个重点村，先从调查研究了解情况做起，由示范农家到劳动小组，由初做计划到实际行动起来，这样突破一点来吸取经验，以指导全面。冀中

〔1〕 冀中行署：《关于春耕准备工作的指示》，1945 年 2 月 15 日。
〔2〕 同上。

生产委员会对春耕工作作了具体部署，其要点有：（1）猪羊都要圈起来，注意填土积肥，并避免损害庄稼。（2）谷雨前要抓紧补充牲口、农具和籽种……。（3）清明节到立夏节各机关部队除特殊情况外，一律不准动员人力和畜力（磨面在内），其他如抗勤出操等与生产相抵触的事情也一律停止，在春耕期间，机关部队每个人员帮助老乡突击春耕至少3天。[1]冀中生产委员会所出版的刊物《生产报》，还积极报导各地生产情况，交流各地生产经验，鼓舞群众的生产热情。5月，第二次生产会议，对大生产运动的领导问题提出了进一步的要求，其要点有如下方面：（1）首先贯彻大生产会议之“全年以大生产运动为中心”的决定，要下决心把不必要的工作或次要的工作抛开或少做，使各级干部群众有充足的时间组织生产和从事生产。（2）要求发扬民主作风，组织起来必须是自由结合，一切个人、户、组、村，各种计划，必须是群众自订，纠正任何强迫命令和包办代替。（3）注意结合民力，照顾农时。在农忙期间，除不可避免的军事需要外，一律禁止动用人力畜力。（4）认真培养劳动英雄，通过他们的带头作用，推动大生产运动的开展。（5）大量制造农具，搜集技术人才，政府给以必要的补助。[2]这次会议后，冀中党政军民特组成五个检查团，分赴各分区传达此次会议决定，并检查大生产运动的进展情况。

冀中在大生产运动中，贷款9 399万元，贷粮140万斤，帮助贫苦群众解决了生产中的困难。继续贯彻了减租减息政策和普遍进行了增资斗争，从而激发了广大群众的生产积极性。

冀中全区党政军民团结一致、英勇奋战，使大生产运动获得了伟大的成果。在人力组织方面，由于实行生产互助拨工换工，到8月初全区已组织互助组达3万余个，参加互助的劳动力达18万多人，大大解决了劳动力缺乏或民工、民兵参战影响家中生产的困难。在畜力组织方面，进行了畜力合伙，解决畜力的不足，只七、八、九、十四

〔1〕 冀中行署：《关于冀中生产委员会第一次会议决定的通知》，1945年3月20日。

〔2〕 冀中召开第二次生产委员会，《晋察冀日报》，1945年6月1日。

个分区的二十一个县，在春耕期间组织畜力合伙者就达 32 380 户。在“不荒一寸地”、“多打一粒粮，增加一份抗日力量”的号召下，全区进行了消灭熟荒、开辟生荒的斗争。仅上述 4 个分区 21 县的统计，平毁敌碉、沟界和开辟熟荒即增加耕地面积 449 659 亩，可增产粮食 20 万石。[1]在水利方面，为保护滩地动员了 37 941 176 个工，修护了 1 474 742 丈的长堤。在沿河两岸和一些滩地广植了树木。全区凿井 8 110 眼，可变旱田为水田 2 万余亩，可增加产量 5 000 余石。[2]此外，还赈济了灾民。如交河二区群众遭敌放水冲淹，灾情严重，政府以 20 万斤粮食进行救济，并拨麦种 3 万斤。

1945 年冀中区的大生产运动，为军需民食提供了保证，使冀中区面貌为之一新。

四、冀热辽区的生产运动

1945 年，冀热辽区也开展了群众性的生产运动。3 月 8 日，冀热辽区党委发出指示，对群众生产运动提出如下的任务和要求：（1）在武力与劳力相结合及自愿原则下，把全劳动力、半劳动力的男女，用拨工组、拨工队、合作社、工会、农会、民兵等各种形式组织起来。要求在基本区达到全人口的 20%—30%，游击区达到 10%—20%（不是形式的，而是真正自愿的组织），并在武装保卫春耕、夏锄、秋收、护粮等任务中，进一步开展群众游击战争、地雷战。（2）保证农业生产不低于去年的平均产量，并争取超过之（去年欠收的地区今年要超过、纺织业在现有基础上发展 1—2 倍……）。[3]

在区党委和行署的领导之下，各级干部努力带领群众生产。如十七专区，“号召干部到地里去领导生产，以造成模范的村组户”。[4]有些县长领导干部带头开荒。在迁青平一区，“干部出门措粪箕”，

〔1〕“冀中区面貌一新”，《晋察冀日报》，1946 年 1 月 8 日。

〔2〕同上。

〔3〕《晋察冀日报》，1945 年 5 月 6 日。

〔4〕《冀热辽区生产委员会会议记录》，1945 年 5 月。

沿路拾粪。由于各级干部对群众生产的实际领导，使生产运动开展起来。春耕生产中，各地成立拨工组，搭套种地，集体开荒，平毁沟壕。从组织劳动力看，“好的地方达到全劳动力的30%，不好的地方也达到10%左右”。[1]有些地区，还形成了反对懒汉、懒婆的热潮。特别是在迁青平县一区，大生产运动开展的轰轰烈烈，不但青壮年男劳力组织起来，就是妇女、儿童也组织起来进行开荒、植树，据不完全统计，9个村子集体开荒550亩，个人分散开荒110亩，4个村植树14 500余株。[2]

冀热辽区生产委员会于5月召开了生产会议，以推动大生产运动的深入发展，这次会议，总结了春耕阶段工作，并提出如下的几项要求：(1) 掌握重点，帮助所在村。各级负责干部及做实业工作的干部都要在一个村，最少也要选择几户来亲自下手，经常帮助领导其生产，借以吸取经验，帮助下级。(2) 传达布置工作要具体、要实际，经过讨论，使下级真正接受。(3) 各级要派人进行检查，发现好例子，典型材料，英雄模范，以便向各地介绍，教育干部，推动工作。(4) 在工作进行中要注意典型示范，骨干带动，在示范中以教育干部，在骨干中以推动工作。[3]紧接着，冀热辽区生产委员会发出通知，具体布置了第二阶段（小满至立秋）大生产运动的工作重点和领导重点。这样，就促使大生产运动不断地深入发展，在锄苗、保卫麦收、后期作物播种和开荒积肥等皆取得了成绩。8月，冀东发生几十年来未有的大水灾。抗战胜利后，“政府一面放款救灾，一面组织生产，更用大力堵塞滦河决口，并打蓟运河下游三湾开挖泄水沟，有部分地区已能播种”，[4]从而减轻了水灾损失。

总之，冀热辽区由于各级领导的努力和群众生产情绪的高涨，大生产运动取得了一定的成绩。仅在水利建设方面，“挖河24道，长250里，受益土地8万亩，并挖泄水沟泄水13万亩，受益村庄120

---

[1] “一九四五年冀东区的劳动互助”，冀东《长城日报》，1946年2月12日。

[2] 《迁青平一区大生产运动已成热潮》，1945年5月。

[3] 《冀热辽区生产委员会会议记录》，1945年。

[4] 冀东行署：《一九四五年灾情》，1946年。

个”。[1]

1945年，冀晋、冀察、冀中，冀热辽的大生产运动，在自然灾害严重和反攻大进军困难条件下，取得了很大的成绩。边区政府主任宋劭文在1946年召开的边区财经会议上回顾四五年大生产运动时说：“劳动互助在冀中、冀热辽、冀晋、冀察的游击区已经开展起来了，在前年已经开展生产的地区则有了新的发展，一般地比较踏实深入了。”等价自愿的拨工组增多，形式的拨工组减少，户计划与家庭会议也比较实际了。特别在防旱备荒中，有不少村庄男女老少一齐动员，挑水点种，收效很大。精耕细作方面，大部作到耕二锄三，施肥较1944年一般增加50%以上，有的增加到200%。特别兴修水利方面，成绩最大。1945年共开渠1 135道，可浇地约264 348亩半，凿井12 217眼，可浇地约10万亩，其他如挖河、挖泄水沟、挖蝗子、修堤、筑坝、修滩等成绩也超过以往任何一年。……在种植特种作物上亦有显著成效，1945年则原要求植棉140万亩，但实际植棉173万多亩，超过原计划近40万亩。花生、白薯、马铃薯的种植面积也有增加；在防害除虫方面，据冀晋区与冀察一专区的不完全统计，灭蝗达389 748斤，挖蝗卵44 506斤，使蝗灾很快被消灭，未能酿成大灾，其他如捉蝼蛄、捕害兽等也获有很大成绩。”[2]

晋察冀边区由1944年局部地区开展、1945年全面开展大生产运动，具有伟大的历史意义。中共晋察冀中央局在《关于开展一九四六年大生产运动的指示》中曾这样的写道：“在大生产运动开展了的地区，一般地停止了自抗战以来由于人力物力之消耗与敌伪掠夺摧毁而造成的严重的生产力下降的趋势，并在部分地区，人民的元气得到了一些恢复。生产运动使我们得以胜利的渡过了自从敌寇‘治安强化运动’以来所造成的严重困难，改善了军民的生活，使我根据地气象为之一新，并为根据地的各项工作的开展与1945年8月的反

〔1〕《晋察冀日报》，1946年2月17日。
〔2〕《晋察冀日报》，1946年2月17日。

攻增强了物质的力量。”[1]

第四节 机关部队的生产自给运动

晋察冀边区深处敌后，连年遭受敌人“扫荡”，战斗频繁。1 939年以后，顽固派又不断制造摩擦，敌人又加紧实施经济封锁，边区的财政供给发生严重的困难。为此，边区党和政府号召各级军政民团体，学习陕甘宁边区留守兵团，开展生产自给运动，以解决边区财政所面临的困难。首先是部队从 1940 年起，就开始了生产自给运动。是年，共收获粮食 453 328. 8 斤，还帮助群众春耕并收获粮食 24 472 530 斤。[2]1940 年以后的三年困难时期中，部队的生产取得了显著成绩。同时，还帮助群众恢复和发展农业生产。北岳区部队，1941 年帮助群众秋收秋耕 49 205 亩；[3]1942 年帮助耕耘 51 189 亩，帮助打收 73 135 亩又 3 851 个工，帮助送粪修地等 113 724 个工。[4]部队自己生产总值，达 1 044 519 元；[5]从 1944 年起，边区机关部队根据中共中央和晋察冀分局的指示，同边区人民一道投入了轰轰烈烈的大生产运动。从此，机关部队的生产运动进入了一个新的时期。

1943 年 10 月中共中央指示机关部队：“必须于战争条件下厉行种菜、养猪、打柴、烧炭、发展手工业和部分种粮。除各大小单位应一律发展集体生产外，同时奖励一切个人（军队除外）从事小部分农业和手工业的个人业余生产（禁止做生意），以其收入归个人所

---

〔1〕 中共晋察冀中央局：“关于开展一九四六年大生产运动的指示”，《晋察冀日报》，1946 年 1 月 26 日。

〔2〕 “军区部队生产运动初步总结”，1940 年 8 月，中共中央晋察冀分局秘书处编印：《晋察冀工作研究参考资料》，第 8 集第 3 分册。

〔3〕 宋劭文：《边区行政委员会工作报告》，1943 年 1 月。

〔4〕 同上。

〔5〕 “北岳区子弟兵一年间生产节约值 2700 万”，《晋察冀日报》，1943 年 1 月 17 日。

有。”〔1〕中共晋察冀分局及时对边区机关部队的生产运动，提出了如下的要求：“要求北岳区县以上各机关于今年生产运动中，自给一个月至一个半月的粮食与经费，部队解决一个半月至两个月的粮食与经费。”〔2〕同时强调：“机关部队帮助群众生产是边区几年来的优良传统，在今年生产运动中仍应继续执行。”〔3〕1944 年 1 月，边区经济会议对机关部队生产运动作了具体部署。边区政府主任宋劭文在经济会议的报告中指出：“机关生产的任务简单说有两点：一是靠自己动手解决一部分生活问题，以减轻人民负担；二是靠了机关部队劳动帮助群众进行生产，保证不荒一亩熟地。”〔4〕接着，军区政治部对部队的生产运动又作出具体的规定：“（一）依靠自己动手劳动生产，解决一个半月至两个月的生活问题，以减轻人民的负担。（二）帮助群众生产（特别是帮助抗属及干部家属，使之能够按时收获），保证部队驻地附近不荒芜一亩熟地，以提高人民的生产情绪。”〔5〕

从上述对机关部队的生产要求来看，与过去机关部队的生产比较，有如下两个不同：一方面，机关部队生产不仅仅是为了改善自身的生活，而且要完成一定的自给任务，即一定的财政任务，以减轻人民负担。另一方面，机关部队在帮助群众的生产上，要与大生产运动密切结合起来，保证实现大生产运动的任务。

为了进行大生产运动的思想动员，机关、部队深入学习了《十大政策》和毛泽东《组织起来》的讲话，以及陕甘宁边区生产运动的典型经验。在组织领导上，军队系统组织了生产委员会，政民系统由政民合一组织一个总的生产委员会，建立联席会议，交流经验。各级政治机关，增设生产民运部，机关部队每个伙食单位建立一个生产委员会，由行政首长负责。在劳动力组织上，团以下的连队及各级机关单位，都普遍采用合作社的形式，把全部劳动力与半劳动力组织起

---

〔1〕“开展根据地减租、生产和拥政爱民运动”，《毛泽东选集》合订本，第 866 页。

〔2〕“中共中央晋察冀分局关于一九四四年工作方针及任务的指示”，1944 年 1 月 20 日，《晋察冀工作研究参考资料》第 11 集。

〔3〕同上。

〔4〕宋劭文：《开展一九四四年的大生产运动与对敌经济斗争》，1944 年 1 月。

〔5〕《解放日报》，1944 年 3 月 1 日。

来。部队决心以三五九旅为榜样，做拥政爱民与生产的模范。

一、农业生产

边区的财政收入，主要取之于民，征粮占了全部收入的绝大部分。机关部队要完成规定的粮食自给，真正做到减轻人民负担，就必须做到以农业生产为主的方向。

北岳区机关部队多，耕地比较少，旱地占85%，水地只占15%。在这种情况下，机关部队发展生产绝对不能与民争地。中共晋察冀分局注意到这种现实指出："在农业生产上，因一般不能开新荒，而人民缺乏劳力、肥料，故主要是与群众伙种，并以耕种枣树地、公地、逃亡地主土地等群众缺劳力或无力耕种之土地。"[1]1944年3月，边区政府颁布的《关于机关农业生产办法》中说："各机关在农业生产中找地或租地时，确守土地原有人或使用人之自愿原则，不得强迫命令，与人争地。恪守政府法令，不沾人民便宜。……耕地的使用关系，尽量少用租种方式，必须租种时，统依租佃条例为原则。"[2]据此，当时主要采取了两种方式：一是与老百姓伙种地；一是有熟荒的地方租来自种。在巩固区，主要是寻找生荒或滩和与群众伙种或租种他们因缺乏劳力而无力耕种的熟荒地、枣树地、公地及逃亡地主的土地；在游击区，在解决耕地上有许多的创造："第一，平毁封锁墙沟；第二，平毁可被敌人利用的汽车路，在其两旁种上庄稼；第三，利用小块荒地；第四，协助民兵，用武装掩护，月夜强种敌人堡垒底下的土地；第五，与缺乏劳动力的农民伙耕；第六，部队化装，用半公开的形式耕种敌人据点碉堡旁边的土地；第七，利用河沿，筑地修滩，起沙成地；第八，协助农民改旱地为水地；第九，利用自己活动的村庄，到处伴种。"[3]

机关部队在解决耕地时，也曾发生过一些军民之间争抢耕地的

〔1〕《中共中央晋察冀分局关于一九四四年工作方针及任务的指示》，1944年1月20日。

〔2〕"边府颁布机关农业生产办法"，《解放日报》，1944年3月20日。

〔3〕"游击区也能够进行生产"，《毛泽东选集》合订本，第923页。

现象。有的机关部队“摊派式的租种群众的地，变相夺佃开荒山。”[1]这些问题一经被上级发现，很快就得到纠正，并把从群众中租来的3 000 亩肥地，全部退给群众。

机关部队在生产中，建立了适合生产的组织，把全部劳动力与半劳动力组织起来。生产组织的最好形式，就是合作社。在农业生产方面，有下列几种：（1）长期生产队（有的叫做远征队）。（2）普通农业生产小组，这是由机关或连队中工作生活有联系的部分。（3）农业生产突击队，这是在农忙中或战时抢收抢耕，除坚持工作及身体太弱者外，全体人员都参加。生产小组是机关部队生产的经济系统。它按照自愿的原则组成，从个人到小组都作生产计划，规定劳动纪律和记工办法。

劳动报酬规定的也很明确，采取分红的办法，“公营农业，规定二八分红，公八私二。私人小块经营农业全部归私（公家只按负担抽交一部分菜蔬）。……这是前期分红办法。后期为了便利计算起见，改为正二八与倒二八，规定任务按照身体、工作任务和生产技术三个条件，规定各人应缴的数目。在没完成任务前是公八私二，完成任务后是私八公二（公二作为改善伙食用的）。”[2]后期的分红办法，更能鼓励干部战士的生产积极性，促进生产力的发展，它把劳动成果与其自身和单位的利益密切结合起来。谁劳动得多，分红分得多，那一个单位积极生产，伙食马上就能得到改善。同时，机关部队提倡义务劳动和互助合作，以避免出现商品化的弊端。生产运动的实践证明，分红办法由政府规定是不必要的，“在任务已经确定的条件下，如何实现个人分红，应由群众民主讨论决定，不必强求其一致。”[3]

各机关部队都根据各自的环境，追求着物质条件的改善。全边区农业因此兴旺起来。

机关部队的农业生产取得了惊人的成绩。在部队方面：一分区在半年时间里就经营了土地 10 017 亩，并在 7 769 亩土地上种上庄稼，

〔1〕 宋劭文：《一九四四年大生产运动总结及一九四五年的任务》。
〔2〕 张平凯：“晋察冀机关部队大生产的第一年”，《解放日报》，1945 年 2 月 12 日。
〔3〕 宋劭文：《一九四四年大生产运动总结及一九四五年的任务》。

施肥77 576.5担，506亩土地已经得到初步收获。计共得小麦39.46石，大麦174.55石。又在220亩园地上，收获菜蔬10万斤，除自己食用外还卖掉18 000斤。他们把1 882亩荒山和荒滩变成了良田，还获有127头牲口（大部分是从敌人手里夺来，无人认领的，仅徐定支队8个月来共缴获并归还群众的牲口即52头），使用的金属农具有14种2 472件；[1]二分区四区队从4月到9月的6个月中，开春荒1 845亩，开伏荒203亩，[2]他们每人“平均经营三亩以上的土地”，[3]收获了13.8万多斤小米，超过任务一倍多，菜也足够吃了；[4]三分区部队种了600多亩地；[5]四分区在半年时间里，经营耕地13 717亩，其中开荒地9 946亩，估计全年收获，除交租和投资外，归公部分最少可完成全部生产计划的60%。[6]特别是该分区九区队繁峙新兵连，平均每人种7亩多地，远远超过边区号召机关部队每人一亩地的要求；冀中六分区，普遍号召游击队“每人一亩地。”仅三个月时间，除个别区县外，熟荒已被消灭，每人一亩地的要求已超额完成。全年填沟平墙及利用汽车路，就获得数千亩肥沃的土地。

在机关学校方面，依靠开荒与修滩获得土地482亩，农业与牧畜业收入占全部收入的20%。[7]边区抗联共种水、旱、坡地59亩，用工500个、半工（约两点至三点）1 911个，收获按小米折合4 420斤，占全年收入的42%。专、县机关，如三专署只谷子就种了41亩多。每亩产量，最多的打了2石3斗（市斗），最差的也能打1石5斗1升多。还生产蔬菜9 000多斤（到10月份）；四分区地委机关修滩成地40余亩，开荒几十亩；六专署种旱地28亩，开荒31亩；易县县政府的机关小组，打谷35石。

〔1〕高鹏：“半年来一分区部队的大生产运动”，《晋察冀日报》，1944年7月29日。
〔2〕“北岳区山峙代四区队今年生产可超过出四百万元”，《解放日报》，1944年10月26日。
〔3〕张平凯：“晋察冀机关部队大生产的第一年”，《解放日报》，1945年2月12日。
〔4〕张平凯：“晋察冀游击区生产运动”，《解放日报》，1945年1月28日。
〔5〕周而复：《晋察冀之行》，阳光出版社1946年版。
〔6〕郑维山：“半年来四分区部队生产”，《晋察冀日报》，1944年9月28日。
〔7〕平井：“冀中平原部队生产”，《解放日报》，1944年7月4日。

总计，北岳区机关部队开生荒 39 334.95 亩，修滩 1 893 亩，有 13 000 亩熟荒（半租地或无租地）近万亩伙种地和伴种地，合计经营约 7 万多亩土地（北岳区共扩大耕地面积 539 731.11 亩），部队凿井浇地 1 893 亩。[1]从收获来看，根据 1944 年 8 月初的初步估计，"北岳区机关部队能收获 15 000 大石以上的粮食，自种菜园有吃不完的菜，八、七、八三个月机关部队收获菜蔬 300 多万斤，有的机关菜蔬可以吃到今年（指 1945 年—编者）夏季，军区除奸部 9 月份还出卖了 2 万多斤。"[2]环境强迫着脱离生产的人又回到农业生产上来，全边区呈现一派朝气蓬勃的生产景象。

二、手工业、副业和运输业生产

机关部队不仅种植玉米、小麦、蔬菜还开展了手工业、副业和运输业的生产，用以解决日用品的自给及菜金、办公费。

在组织方面，每个连队和机关的合作社中，除农业生产组织外，还有手工业、副业、运输和运销三个部门的组织。手工业需要一定的技术，而各单位在日用品的需求上不尽相同。因此在劳力组织上，一方面是按照个人的技术分类，按人组织小组（如纺织、铁木工、编席、农具、用具等）；另一方面，是按照当时当地需要什么，组织什么生产小组。在运输业方面有如下的原则规定：（1）私人不准搞运输。（2）团以下连队只做运输工作（不能作买卖）。（3）连队机关以运输为主，帮助公营运销。（4）人力运输与畜力运输分开组织。（5）运输事业由团以上机关调剂（地区分配、路线分配、物品分配等），保证劳动力强的机关部队经常有东西运。在副业方面，主要有两种：第一，公营开办大的作坊，工具作坊、面坊、烟、酒、酱坊等。第二，炊事员组织起来，如做酱、豆腐、咸菜等。在盈余分配方面，为调动生产积极性采取分红制。手工业分红办法：公营集体的手

〔1〕 参见宋劭文：《一九四四年大生产运动总结及一九四五年的任务》和张平凯："晋察冀机关部队大生产的第一年"，《解放日报》，1945 年 2 月 12 日。

〔2〕 张平凯："晋察冀机关部队大生产的第一年"，《解放日报》，1945 年 2 月 12 日。

工业一般是按六、二、二分红，公六，本单位改善伙食二，私人二。私人手工业（不妨害工作、战斗、劳动等），全部归私人所有。运输分红办法，一般的也是按六二二的原则。副业分红与手工业同。这是前期的分红办法。后期分红办法与农业后期分红办法同。

由于组织起来，实行多劳多得的分红制度，使得机关部队的手工业“已发展有42种，计370个手工业生产小组，有1 000个卷入这个生产活动中。其中有49架卷烟机，已出产成品24 258盒（不完全统计），139辆纺车，已出产成品435斤线，一架织布机，已出产成品415匹布。……在副业方面，252 300多棵大麻子，42 100多棵南瓜，151 000棵玉米，均都先后开花结果。自养猪羊302只，伴羊63只，自养小鸡4 927只。这些饲养逐渐增强了改善连队给养的基础。”〔1〕四分区在1944年上半年中，已得利归公计：运输占全部生产计划的6.8%，运销占14.3%，副业占4.3%，手工业占1.6%。连同农业在内，半年完成生产计划的88%。个人分红，至少当在20万斤小米以上。〔2〕特别是沟线外的二分区四区队，他们在碉堡如林、沟墙如网的环境中，还抓紧手工业和开展运输，“开设一个毡帽坊、一个油坊、一个面坊，七个月中盈利50万（边币），不仅解决了本身困难，而且游击区群众的需要（如毡帽、油）也解决了。毛衣、毛裤等战士们也能全部自给，运输铁轨更得利40万元。”〔3〕

在机关方面，边区级机关创造了粉坊、油坊、纸烟作坊、造纸作坊、石印印刷所等作坊生产。手工业与作坊收入占3%，商业占71%。〔4〕边区抗联机关在运输和手工业生产上（卷烟、纺织、编织、捻毛线、打毛衣及割草、打柴等）取得了更为显著的成绩。运销占全年收入的21.7%，手工业占5%，合作事业（与驻在村老乡合伙买牛、耕地、编席、伴养猪、烧酒等）占21.3%。〔5〕在专、县级机关

〔1〕 高鹏：“半年来一分区部队的大生产运动”，《晋察冀日报》，1944年7月29日。
〔2〕 郑维山：“半年来四分区部队生产”，《晋察冀日报》，1944年9月28日。
〔3〕 张平凯：“晋察冀游击队生产运动”，《解放日报》，1945年1月28日。
〔4〕 《边区一级机关学校群英大会圆满结束》，1944年12月20日。
〔5〕 “边区抗联一九四四年生产的总结”，《晋察冀日报》，1944年12月16日。

方面，如曲阳县的女干部组织了纺线组、缝洗组，她们与男干部进行变工生产。

三、机关部队生活改善，人民负担减轻

农业、手工业、副业和运输业生产的开展，使机关部队的收入增加，生活得到了改善。如四分区“一般伙食油盐足，鲜菜经常有，不但吃得饱而且吃得好，经常能吃到大米、白面、肉，在战士中90%以上的人都有了积蓄，一般有了毛巾、肥皂、牙刷、牙粉和烟叶，并且都成了合作社的股东，个人分红多至500元以上，最少的也在10元左右。半年来的病号统计，只占全人数的2.3%，比去年（1943年）上半年减少了1.2%”。[1]边区级的一些机关大灶的伙食能达到：“每人每天1斤菜，5钱油，4钱盐，1两肉的标准，甚至有的机关每天能供给一顿细粮。”[2]各专署、县政府机关也普遍改善了生活。从全北岳区来看，机关部队的生活已提高到：“每人每日5钱油盐，1斤以上菜。每人每月1斤半肉。生产成绩好的单位伙食改善，例如边区级机关，半数分区机关、团队，已经有了每周饭菜单先期公布的制度。吃不饱的现象克服了，工作人员和战士一般的日常生活用品（牙刷、牙粉、肥皂等）大体上解决了。文化程度较高的战士都有钢笔用，普通战士有了学习用的文具。”[3]

机关部队的全年生产任务，圆满的完成了。在部队方面，仅据冀晋军区、冀察十一分区及晋察冀军直属总支等单位不完全的统计，全年生产总值折小米236.45万斤，[4]整个北岳区部队，“实现了一个半月至两个月的自给任务。”[5]在机关方面，实现了1月至1.5月的自给任务。但从交公情况看，部队大部“没达到1.5月至2月的需求，

〔1〕郑维山：“半年来四分区部队生产”，《晋察冀日报》，1944年9月28日。
〔2〕“边区级机关学校群英大会圆满结束”，《晋察冀日报》，1944年12月20日。
〔3〕张平凯：“晋察冀机关部队大生产的第一年”，《解放日报》，1945年2月12日。
〔4〕“边区级、子弟兵英雄分别集会”，《解放日报》，1944年10月27日。
〔5〕“北岳区今年生产大发展”，《解放日报》，1944年10月27日。

地方上大部完成1.5月任务。”[1]

由于机关部队实行一定的自给生产，从而减轻了人民的负担。1944年，减征公粮2万石。[2]

四、帮助群众生产

边区部队继承了中国工农红军的优良传统，无论何时何地都把帮助群众当做自己的重要任务。几年来边区部队把帮助群众生产，做为自己的两大生产任务之一。

第一，边区机关部队以劳力直接帮助群众生产。如四分区，在两个农业突击周中，以4/7的力量帮助群众生产，用工11 925个。半年中，他们帮助群众“耕地1 548亩，修渠290丈，送粪35 764担，锄苗1 328亩，收麦6 682亩，共合工28 640个。”[3]二分区抗大二队在自己没有开荒前，全体人员帮助群众春耕大突击。他们提出驻在地区不荒一亩熟地，保证每人帮助老乡5个工，在3月半个月突击中，参加1 554个，帮工1 062个，做到了15个村早熟作物全部下种，他们还派了5个连的力量，以20天的时间帮助阜平群众打“枣步曲”。二分区四区队在春耕麦收，夏耕中帮助群众的工数达1 000多个。[4]一分区在分局提出减征公粮的建议后，展开了帮助群众生产的热潮。他们几次停止操课，全体出动。仅据保卫麦收中的不完全统计，就帮助群众拔麦7 457.4亩。该分区战斗频繁、警戒任务艰巨的某区队，在保卫麦收中出动劳力1 550工，帮助拔麦2 033.5亩。分区其他兵团和游击队，也同样总动员，走上保卫麦收的战场。帮助群众生产的人员，包括后方能走动的伤病员，工厂里以每日十小时突击工作的工人，直到前线的警戒哨，从根据地到游击区全部动员起来。被帮助的群众包括抗属、贫农、孤儿孺妇和无力劳动的村干部，对富农地主也

〔1〕 宋劭文：《一九四四年大生产运动总结及一九四五年的任务》，1945年2月8日。

〔2〕 张平凯：“晋察冀机关部队大生产的第一年”，《解放日报》，1945年2月12日。

〔3〕 郑维山：“半年来四分区部队生产”，《晋察冀日报》，1944年9月28日。

〔4〕 “北岳区山岼代四区队今年生产可超出百万元”，《解放日报》，1944年10月26日。

适当进行了帮助。帮助面积从山沟小村，一直到沟线外堡垒近处800米机枪有效射程之内（如徐定支队、保满支队等）。[1]在环境恶劣、战斗频繁的冀中六分区，也无代价的帮助群众耕种，特别是帮助抗属和贫苦无劳动力的农户。如分区政治部全体干部，决定在工作中抽出时间，每人帮助群众劳动5天。[2]

在直接以劳动力帮助群众生产方面，还采取了和群众拨工的形式。一分区抗大一队与群众一起拨工，以三工顶一工（部队三个工，老百姓一个工）。对贫苦或缺乏劳动力的群众，进行无代价的帮助。许多部队对抗属及无劳动力的实行伙种，保证不使土地荒废。冀中六分区在情况紧张时播种困难，他们晚上帮助群众起坑、抬粪，白天群众帮助他们播种，使生产未受到任何阻碍和破坏。冀中田振民工作队，12个人分散在200里长的地段上生产，“他们和缺乏劳动力的抗属、贫民伙种，按四六或对半分红，群众非常满意。他们的地都是分散经营的，为工作便利，他们与群众实行变工或集体互助，群众关系也搞得更好了。由于他们的群众关系好，还帮助开辟了7个村的工作。”[3]

机关以劳力帮助群众生产方面，一是义务帮助群众劳力，二是与群众合伙帮种。边区政府机关生产委员会明确规定：每个合作小组，至少帮助一家抗属或贫苦无力群众，把地种好。[4]分局机关还购买了四头牛和部分种子，帮助驻在村群众解决春耕中劳力种子的困难。各专、县机关，也直接以劳力帮助群众生产。如三专署在秋收时，帮助群众50多个工。唐县干部全部下乡突击秋收。

第二，边区部队在以劳力帮助群众生产的同时，以武力掩护群众生产。

在麦收和秋收时期，正规军进行适当部署，保卫麦收和秋收。特别是在游击区，普遍的以武力掩护劳力，帮助群众春耕、夏锄、麦收

〔1〕 高鹏：“半年来一分区部队的大生产运动”，《晋察冀日报》，1944年7月29日。

〔2〕 平井：“冀中平原部队生产”，《解放日报》，1944年7月4日。

〔3〕 “冀中田振民工作队去年收入六十万元”，《解放日报》，1945年4月26日。

〔4〕 “晋察冀边区机关生产与群众生产相结合”，《解放日报》，1944年3月18日。

和秋收。如山西崞代一带，在春耕大生产运动刚开始时，敌人到处抢牲口，抓壮丁，极力破坏群众生产。二分区四区队闻讯后，立即放下自己的生产，拿起枪来沉重打击了外出骚扰的敌人，把敌人抓去的青年，抢去的牲口全部夺回来。该分区九区队为了配合大生产运动，用积极活动的方式打击了破坏游击区生产的敌伪军。一分区在保卫麦收战斗中，进行大小战斗 74 次，掩护群众进行生产。总之，边区部队以战斗与生产相结合的方式，使敌人破坏群众生产的阴谋屡次遭到了挫败，保证了大生产运动的胜利。

第三，帮助驻在村合作社，并结合群众生产进行多方面的帮助。如分局机关，从节余中贷款中给村合作社 1 万元，以发展贫苦群众的小本经营和帮助村社扩大股金。一分区为了帮助村合作社，在部队团合作社组织上增添协助村公委员，对村社投资，并负责帮助村社整理与开展业务，使部队生产进步与群众结合起来。该分区抗大一队，在帮助群众生产的原则下，在驻地村庄建立起一个集市。分区直属商店，帮助群众组织了 78 架织布机，进行织布。他们还结合群众开办铁匠铺。

第四，帮助驻在村庄农户订生产计划，进行典型的家庭会议。如边区领导程子华，帮助驻地一家农户订了生产计划，培养成为模范农家。抗大二队做到："每个干部帮助老乡做一家农户计划，每个单位保证三家到五家彻底实现计划。"[1]边区政府机关规定：每一个生产小组都要找一家对象，帮助他们作生产计划，并在订好计划之后，提出与他们合伙帮种以实现计划的办法。

此外，机关部队还指定生产小组，或有经验的农事干部，长期培养模范农家，以及用科学方法指导农民浸种除害虫等。

机关部队积极帮助群众的爱民行动，使群众深受感动。于是群众也积极组织起来，自动帮助机关部队。如抗大一队，因切实的帮助了群众，群众也自动为他们解决生产工具的不足。抗大二队在大部分莜麦下种后去开荒，村长便自动帮他们打了埂，许多房东自动帮助他们

〔1〕"军民互相帮助生产"，《晋察冀日报》，1946 年 6 月 1 日。

到菜园里下了种。开荒的第一天，许多老乡自动的组织起来帮工，每个生产组都有一个老乡指导开荒一天。某村怕部队开荒时菜蔬缺乏，特别送给干菜58斤，并随时帮助他们撒种种菜等。[1]

1945年机关部队的生产任务是：要求部队自己供给经常费和通讯器材费，机关学校自己供给公杂费和医药费。边区机关部队1944年大生产运动的基础上，又努力开展了农业与手工业作坊的生产。在大反攻以前，有些机关部队已经完成了生产任务。[2]

机关部队的生产运动取得了圆满的成果。一方面，机关部队完成了规定的自给生产任务，充裕了边区财政，减轻了人民负担，改善了自己的生活；另一方面，机关部队生产运动与群众生产运动相结合，热情地帮助群众生产，保证了大生产运动任务的实现，增强了边区的物质基础。通过生产运动，干部战士又一次经受了锻炼，群众观点、劳动观点大大加强了，内部更加团结，进一步振奋了军民的斗志。在生产运动中，机关部队树立了军民团结、政民团结的光辉范例，使军民关系、政民关系更加亲密无间了。边区部队的战斗力进一步加强了，边区更加成为一个坚强的战斗堡垒。

---

〔1〕“军民互相帮助生产”，《晋察冀日报》，1946年6月1日。

〔2〕这一要求是对冀晋区、冀察区军区、行署、十一分区提出的。

第十三章 抗战胜利前夕的边区财政

1943 年夏季以来，日本在太平洋战场上节节失利，海上交通线处于半瘫痪状态。为了挽救它在东南亚即将覆灭的命运，从 1944 年 4 月开始，又集中了它在华的一部分兵力，向国民党正面战场举行“战略进攻”。先后在平汉、粤汉、湘桂铁路进行所谓的“一号作战”。企图打通大陆交通线，解救被困于东南亚的日军。华北的日军开始有所减少。此时，边区军民在“敌进我进”的作战方针指导下，配合正面战场上作战，对华北日军主动出击，展开了局部反攻，摧毁、拔除了大量的敌伪据点。1945 年一开始，八路军的攻势更加猛烈，先后在冀中和北岳区攻占一部分县城，光复了冀中的任丘、河间、肃宁、饶阳、安平、武强、文安新镇、新安、深泽、献县，冀晋的灵丘、山阴和冀察的涞源等 1.4 座县城，加上原有的阜平城，边区已控制 15 座县城。到 1945 年 8 月日本投降时，八路军已解放了察哈尔省的全部，北岳、冀中、平北、冀热辽区都完全联成一片，已成为一个拥有 108 个县政权和 1 830 万人口的辽阔的解放区。

在军事上向敌人进行胜利反攻的时候，晋察冀边区的财政状况仍十分困难。一方面是长期遭受战争破坏的边区农村经济需要恢复，沉重的战时财政负担已经到了极限，人民要求休养生息，以舒民力。特别是那些刚从敌人蹂躏下新解放了的地区，在敌人的长期统治下，已完全陷于破产的境地，更需要有一个喘息的机会。另一方面，部队在迅猛增加，向敌人的进攻一天天在扩大，投降的部队和敌伪人员的生活又需安置，这又需要大量的粮款。

为了战胜这些困难，迎接即将到来的胜利，边区政府从 1943 年秋在北岳区的反“扫荡”结束之后，就着手解决胜利反攻时的财政问题。1944 年以来，边区政府先后进行了下列工作。

第一节　恢复发展根据地的经济

多年来边区财政工作的实践经验说明，根据地的经济是边区财政的决定因素。1942 年和 1943 年，毛泽东先后向全党提出了“发展经济，保障供给”和“组织起来”的号召，给根据地的经济工作和财政工作提出了明确的方针，他告诫说：我们有许多同志，片面地看重了财政，不懂得整个经济的重要性。他们不知道财政政策的好坏固然足以影响经济，但是决定财政的却是经济。未有经济无基础而可以解决财政困难的，未有经济不发展而可以使财政充裕的。他明确地指出了根据地的经济是财政的基础。同时又指出“为了支持战争，为了对付敌人的‘三光’政策，为了救济灾荒，就不能不动员全体党政军民，一面打击敌人，一面实行生产。……前方处于战争环境，还不能做到‘丰衣足食’，但是‘自己动手，克服困难’，则是完全可以做到，并且必须做到的。”〔1〕

冀晋、冀察区，从 1943 年冬起，就酝酿着开展大生产运动。以增加财富，丰富税收。

1944 年生产运动，据 42 个村调查，1944 年比 1943 年增加 43%〔2〕。这就使军需供给有所改善。

冀热辽由于对敌斗争形势不同，还没有注意到从发展经济上来保证供给，还只是从征收上想办法。在对敌经济斗争是片面的，只注

〔1〕 毛泽东：“组织起来”，《毛泽东选集》合订本，第 884—885 页。

〔2〕 宋劭文：“一九四四年大生产运动总结及一九四五年的任务”，《晋察冀边区财政经济史资料选编》，（农业编）第 412 页。

意到反敌伪勒索，未注意贸易、货币方面的全面斗争。“政府工作的主要力量，还是向人民要东西解决供给问题，领导上未抓紧发展经济，增加人民收入，广开财源的工作。”[1]更没有以自力更生的办法来解决部分供给。“一切工业品甚至农业品都要去买，不肯自己动手来解决，鄙弃土货，喜用洋货，如棉布、铁、盐都能自给，仍向外去买。今年部队增多了，政府用了更多的力量解决供给问题，影响了其他的建设工作，大生产运动布置以来，未引起多数人注意，成绩一般是不大的。机关部队只注意到改善生活，对群众的生产领导帮助不够”。[2]

从全边区来看，1944 年的粮食产量，除了少数地区（如定唐、曲阳、定县等）的产量超过战前外，大部地区一般都还没有恢复到战前水平。当时，巩固区的机关、部队，除粮食、被服由政府供给外，其他油、盐、菜、肉、办公费、柴炭费、杂餐费、教育费、鞋袜等一概生产自给，约占全部费用的 50% 。

解决财政的另一途径是严格管理厉行节约。

冀晋区部队方面根据 1944 年的预算标准，停发经常费、通讯器材费。机关、学校停发公杂费、医药费、粮食、被服，每日 3 两米菜金仍照发。

冀中区部队、机关都维持去年规定的经常费、公杂费，预算不变更。生产是补助经常费、公杂费不足数及改善生活。

冀察区军区、行署、一分区、十一分区和冀晋地区任务一样。平北、察南适当降了低些，比冀中稍低。

冀热辽区只要求改善自己的生活。

边区机关的生产是很活跃的，他们大量开展副业，争取机关自给。

1945 年机关部队的生产有了很大发展。晋察冀军区曾公布了一个军队生产自给的计划就是：（1）每人每日油盐各四钱、肉五钱、

[1] 《冀热辽区党委财经会议报告与结论》，1945 年 7 月 10 日。
[2] 《冀热辽区党委财经会议报告与结论》，1945 年 7 月 10 日。

菜一斤、柴3斤及年节肉6斤；（2）津贴费；（3）公杂费；（4）书报费；（5）骡马用费；（6）毛巾2条，布袜一双；（7）伤病员生活补助费。上述七项为部队自给的任务。因各部队所处环境不同，明文规定有的只负担其中的某几项，例如十二、十三分区及冀中区公家仍发给公杂费。冀热辽区则从生产中改善部队生活。当时，边区提出的口号是：

1. 组织起来，全面开展大生产运动；
2. 精工细作，消减熟荒，争取“耕三余一”；
3. 自己动手建立革命家务；
4. 为工业品的逐渐自给自足而奋斗；
5. 开展对敌经济攻势，扩大边币市场，发展农工商业。

还提出了增产粮食（米）160万石的战斗任务。

这些要求反映了一个事实，就是财政工作从过去单纯的在财政收支上打圈子的做法，开始转变到从经济到财政的路子上来了；从完全依靠群众，转变到军民齐动手解决战时财政的路子上来。这是一个有广泛群众支持的坚固的战时财政基础。

1945年大生产产生了积极的成果，晋察冀分区机关交了大量公粮，还造火药、肥皂、卷烟、打绳、织布、纺织、做酱、做豆腐。冀晋领导机关与群众合作在平山荒山地兴修滩地15顷，冀热辽区把全区的劳动力半劳动力的男女，用拨工组、拨工队、合作社、工会、农会、民兵等各种形式组织起来，投入农业生产。仅据冀中区的报告，全区增产粮食达340万市石，生产土布1 200万匹，小盐6 400万斤，还恢复和发展了造纸、榨油等工业，大生产运动启示了人们的智慧，不少县都创办了小型的工厂和作坊，如阜平县创建了纸厂和做鞋用的葛帛厂。阜平年产羊毛10余万斤，山嘴头的织毛口袋已发展成普遍的家庭副业。

第二节　休养生息，减轻负担

长期的战争破坏和连年的自然灾害，晋察冀边区无论是老根据地还是新解放区，人民的负担都是十分繁重。据北岳区十五个村的典型调查，1941—1943 年这一时期，是人民负担最重一个时期，而巩固区的负担又比游击区更重。为坚持敌后抗日战争，夺取抗日战争的胜利，晋察冀边区政府于 1943 年下半年就作出了减轻人民负担的决定，时时注意研究这一问题，以便将人民的负担减低到最低限度。如 1942 年征收边区款，每分的负担量是 1.326 市斗小米，1943 年减到 9 市升，减轻了 33% 还多。1942 年的 1.326 市斗的每分负担量还是个平均数，最高有到 1.9 市斗的，1.35 市斗是很一般的情形。而 1943 年的九市升是最高的，有很多是 8 市升，7 市升以至 3 市升的（在敌伪勒索最严重的地方征的少）。以前除了边区款、村款以外，还有优抗粮、公柴公鞋赔价、团体会粮等负担，这次改为除了村款仍由村征派外，就只有这每分几市升的小米的负担了。……今后群众团体脱离生产干部也吃公粮，不征会粮，优抗粮也从公粮中出不另征收。过去优抗粮、公柴、公鞋赔价、团体会粮等项负担很不平衡，一般要占边区款的 1/7。这几项和边区款合计，至少每分要在 1.5 市斗左右，加上边区款的 1/7，那么，1943 年减为 9 市升，就是减轻 40% 了。这是由于这两年实行精兵简政的结果，脱离生产的人员大大的减少了。另外，统一累进税推行的地区也扩大了，每人平均负担就减少了。

再以北岳区历年来人民的负担情况来看，1941 年是负担最重的一年，据边委会财政处编印的《关于边区人民负担能力问题》一文中所作的分析，1941 年北岳区人均负担达 1.612 市斗米，占总收入的 8.06%。其中以中心区负担最重，人均负担达 3.145 市斗，占总收入的 15.72%。1942 年的人均负担有所下降，但变化不大，这还不包括优抗粮等负担，实际负担还不止此数。从 1943 年起，将优抗粮等负担也加进去了，统一由边区财政负担，人均负担开始有了较大的下降。1944 年全北岳区（即冀岳区）每人平均负担（包括优抗粮等数字）减为 1.262 市斗米，负担占总收入的比例为 6.31%。其中中心区负担，每人平均为 1.87 市斗米，占总收入的比例为 9.35%，都较 1941 年有了明显的下降。还应该说明的一点是，1941 年尚不包括优抗粮等负担，而 1944 年是包括了优抗粮负担在内的。如果将这一不同因素考虑进去，1944 年的每人平均负担率比 1941 年下降的幅度还要大。1945 年全面开始对敌大反攻，财政需求大增，虽然仍注意减轻民负，但人均负担又有所回升，据北岳区计划，人均征收小米 1.667 市斗，占总收的 8.06%，又恢复到接近 1941 年的负担状况。[1]

在冀中，1944 年春八路军开始局部反攻后，恢复了广大地区，要求财政工作也要跟上形势的发展，需要积极筹措军需粮款。一方面开展大生产运动，开辟财源；另一方面，又要照顾人民的负担，区别不同情况，积极进行筹粮筹款。1944 年负担人口已达 62%，这一年全区共征收粮食 1.12 亿万斤，每份平均八斤，负担是不重的。行署提出征收不能超过人民总收入的 15%。1945 年是最后战胜日寇的一年，也是冀中人民在财力、物力和人力负担最繁重的一年，这一年共完成征收任务 3.6448 亿元（包括粮、款、布、棉等），比 1944 年增加 2.25 倍，每分平均负担 18.7 斤，比上年增加 1.34 倍。在实际征收中，老解放区不超过 15—20 斤米。另外柴草负担每份还有四斤。这一年负担虽然相当重，但完成的很好，主要是开展了大生产运动，农业获得丰收；其次是解放区扩大，纳税人口增加了。冀中人民具有高度的爱国热忱，为了支援抗日战争的胜利而踊跃交纳粮款，以支援大反攻的需要。

在平北区，是进一步贯彻合理负担政策，重点是调整和减轻贫困户的负担。根据平北地区分委于 1944 年提出的要求，“今年的合理负担按不同地区，执行不同的办法，计划分为三种地区与三种办法：

〔1〕 边委会财政处：《关于边区人民负担能力问题》，1945 年 7 月 30 日。

1. 巩固区与游击根据地执行统一的合理负担。

2. 我有工作的游击区执行除免征点、分税等，按亩摊派办法。

3. 我无工作基础而能征收的动员地区执行除免征户，按亩摊派办法。”[1]

上述这些规定，主要是为了缩小负担面、提高了免征点，新的合理负担条例，又将前三等的税等缩小，这有利于减轻基本群众的负担。规定要求，提高免征点后，负担面要压缩至50%左右，最高不超过60%。还要求三等税以下之税等增加，并缩短间隔以减轻中农之负担。这些规定，纠正了过去负担面过宽的偏向，照顾了基本群众，使大家都能有饭吃，都能够生活下去，进一步在平北游击根据地贯彻了抗日民族统一战线的精神。

冀热辽区，自1943年特委召开财经会议后，在财政工作上取得了很大成绩，统一了征收，严明税收制度，健全了仓库、粮库和财务行政制度。

冀热辽区人民的负担，按规定每亩约征三斤公粮、一斤优抗粮、其他合一斤小米，总计5斤小米，占产量收入的5%。这在平原来说是不重的。平地每亩出产红粮七八斗，合百几十斤小米，山地四五斗红粮，合百数十斤。各专区、县负担很不平衡，十四、十五两个专区负担就重，有的一自然亩负担就达八九斤小米（鞋袜柴布在内）。村款负担平均按相当于对我负担的一半计算，则人民的实际负担每人平均48斤左右小米，约占其总收入的20%以上，负担是很重的。据李运昌在《冀热边的财政经济工作》一文中所讲：山地的贫穷区、基本区与一般的灾区过去财力、人力的负担上都重，应减轻。平地抗战区，在实物负担上应稍为加重。要做到山地负担轻于平原的原则。粮、柴、鞋、袜、款项等，应按需要与出产余额调剂，不应一律征收，山地少征粮款，多征柴草鞋袜，平原反之。

当时采取的方针是：为了便利军民，统一公粮公草之收支与抗战勤务里、斤（里程与斤数）之计算，边区政府于1944年1月制定了

[1] 《平北地分委关于合理负担作的指示》，1944年4月9日。

“法定公粮秤”342根，分发各署、县、区、交通站、运输队，团以上供给部门使用，并加以推广。使之有余力扩大再生产。许多村还建立了义仓备荒，扶植灾民生产，加强了生产秩序。

第三节 发扬艰苦奋斗精神迎接抗战的最后胜利

一、加强审计工作

长期的敌后抗日战争，边区的军民是在极其艰苦的环境中渡过的，他们具有高度的艰苦奋斗的革命精神，有克服一切困难和战胜敌人的英雄气魄。在抗日战争进入反攻阶段的时候，饱受战争摧残的根据地经济，已临近衰竭的程度，不能再增加人民的负担。但是为了争取抗日战争的最后胜利，这就要求紧缩不必要的开支，厉行节约，继续发扬艰苦奋斗的革命精神，严格规章制度，和一切贪污浪费的行为作斗争。以冀中区为例，在反攻时期，军政人员的生活费，仍实行严格的供给制。广大指战员的生活水平是很低的，每人每天的口粮是1斤10两（十六两秤），菜金还是每人每天3钱油、3钱盐、1钱肉、1斤菜，津贴费每人每月3—8元。政民干部的开支还略低于军队，如口粮每人每日只1斤8两。至于公杂费那就更少了，而且在那战火纷飞的大反攻时期，还要求各机关、部队从生产中自给其一部分。

1945年进入大反攻以后，又出现新的问题，新解放区的土地租税方面，有高租或对半租的，地主违法夺佃的现象仍存在，有些村曾把官地卖掉支应了敌人，官地卖掉后又不照顾佃户的使用权。有的村给抗属租地，只图省事把不少较富裕的佃户的租佃地动员出来，以至佃户不能实现“耕三余一”。有的村游击小队租佃地生产战粮但不交租。在财政经济制度上表现敌伪统治时期的遗毒还没有肃清，任意挥霍公款公粮。这就说明各种政策都有待贯彻。一些在冀中和冀东工作的同志，认为本地区富，多花点没什么，用起钱来大手大脚，有些同志没有认识到即将胜利后财政将面临的困难，以为胜利了一切都好办了，花钱用粮不遵守财粮制度，不执行预决算制度，财务行政异常混乱。还有些本位思想严重的地方，不愿向上级调粮调款，任意扩大预算数目，向上级虚报开支，严重地破坏着边区的战时财政。为了克服财政工作中的这种混乱和浪费现象，早在 1943 年 2 月，边区政府决定向各专署派遣审计员一人，代表边区政府审计署、县财政收支，有批准和批驳之权。其经常工作是深入到县检查审计粮秣的收支、库存、报解。边区行政委员会又于 1945 年 5 月 1 日发出《关于组织审计委员会的决定》。各级政府相继成立了审计委员会，冀晋区党委 5 月底召开财政会议，强调自给自足，开源节流，在财政工作上做到统一掌握，统一筹支，加强审委会工作，坚持财政制度，克服本位主义，发展生产，励行节约，反对贪污浪费。

建立审计制度是为了加强财政管理，励行节约和消除浪费而采取的。对各级预决算将按期进行审计，边区的军、政总预算，由边委会负责审计。审计委员会的职权范围是：

1. 掌握本区党政军民的编制人数，如因地区扩大或工作需要，需增加编制人数时，必须经过上级审计委员会之批准。

2. 审计本区内军政民之预决算。

3. 检查各部门机关生产收入及开支情况。

4. 严格检查各部门有无贪污浪费情事。

边区并得派审计员分驻各专区办理审计事宜。审计员之职责是：

1. 掌握专区范围内之粮库及财粮收支数字，审核各项财粮收支书表。

2. 督促署、县按期报解粮款。

3. 反映执行财粮制度之模范事迹与检查检举署、县各部门浪费贪污事项。

4. 办理边委会财政处交办之其他财政事项。

建立审计委员会，是边区财政实施财政监督的重要组织措施。这

样，就将机构编制、预决算和其他财务收支完全置于审计委员会的监督之下，可以更好地贯彻“取之合理、用之得当”的财政管理要求。

在胜利反攻中出现的另一个问题是如何收缴和清理敌伪资财的问题。大反攻以后，相继解放一部分城市，缴获了大量的敌伪资财，没收了一批汉奸财产，管好用好这批缴获物资，对于支援大反攻将具有重要的意义，管不好，将会造成严重的浪费。以解放张家口一地而论，缴获的敌伪财产就在百亿元以上，对于边区财政来说，这是一笔相当大的财政收入，这部分缴获物资，大部为部队和机关所占用，以致后来无法处理。他们往往以为缴获物资不花钱，用了就算，浪费情况很严重。对于这种情况，应该有一套处理办法，要反对单位占有思想，缴获物资要严格登记造册，摸清各单位缴获的物资，分类适当作价，作为财政收入。没收汉奸财产，必须经司法机关批准，反对乱没收，缴获没收的敌伪资产，该处理的要适当作价处理，以充裕财政。这对于克服大反攻时期边区财政的困难，有十分现实的意义。

二、发行胜利建设公债

大反攻时期，财政需要大幅度增加，边区政府决定以有偿的形式，发行胜利建设公债，以解决边区大反攻时期的财政困难。

这次公债于 1945 年 8 月 20 日正式发行。晋察冀边委会《关于发行胜利建设公债的指示》中指出：

1. 发行胜利建设公债的意义。在此全国大反攻的时期，为了动员人民集中财力、物力，加强支援前线，并大量收回边币，猛烈打击伪钞以活跃城市贸易金融，开展各种建设事业起见，本会特发行胜利建设公债。

2. 发行办法。本公债根据边钞发行情形，决定发行总额为 20 亿元，以边区统一累进税作担保，期限一年，本利一次付清（年利一分），得以此缴纳 1946 年统累税款。

票额分 500 元、1 000 元、5 000 元、10 000 元 4 种。不论干部群

众，不论个人团体，均得以边币或金、银、布匹、粮食等购买之，但目的是大量收回边币，实无边币而乐意购买者得以指定物资购买。

债券分配：冀晋区7亿元，冀中区8亿元，冀察区5亿元，由各行署具体分配各县政府，商同抗联商店、合作社经募之。[1]

这次边区发行的胜利建设公债，没有在平北和冀热辽区推销。公债发行后，边区政府要求各地进行广泛深入的宣传发行胜利建设公债的意义。首先在机关部队中动员，干部带头购买，推动广大群众踊跃购买公债的热潮。

此次胜利公债的发行，对解决大反攻时的财政困难确曾起了应急的作用。但也出现了一些问题，对市场物价发生了一定的影响。南汉宸同志就曾对晋察冀边区发行胜利建设公债后出现的问题指出："一九四五年秋反攻后，由于地区扩大，加上为准备进城发行胜利建设公债，紧缩了一批货币；致使物价大跌，谷贱伤农。"[2]这是一个教训，对于迅速扩大的解放区市场所需货币筹码，缺乏正确的判断所造成的。

三、增加银行的军事发行

大反攻以后，八路军在战场上取得节节胜利，现有的武装力量和装备已不能适应大反攻形势的需要，必须迅速扩大武装力量，增加地方政府工作人员，以支援前线、支援新解放区工作的需要。另外，许多投降的伪军需要改编，投降的敌人需要遣送，接受的伪政权人员的生活需要安置，这些都需要增加财政开支，而当时边区人民的负担又不能增加，各机关部队搞起来的一点家务，又不得不弃之原地。在反攻时期也有特殊的财政来源，这就是大量的战争缴获。但是清查缴获资财的工作做的很差，取之于敌的大量缴获物资，没有起到应有的财政补给作用，长期的游击战争，使一些机关、部队养成了严重的游击

〔1〕 晋察冀边区行政委员会《关于发行胜利建设公债的指示》，1945年8月20日。
〔2〕 南汉宸：《晋察冀边区财经概况》，1947年。

作风，大量的缴获物资，多为各机关、部队所占用，未能用之于财政。当时，财政上入不敷出的情况非常严重。1945 年 8 月，“冀晋、冀察两区合计收入 105 万元，而支出却达 162.7 万元，结亏 57.7 万元，收入仅当支出之 64.5% 。”〔1〕在冀中，“从一九四四年下半年开始，随着大反攻的开始，脱产军政人员也随之大增，从一九四四年下半年的三万六千人，到一九四五年四月达到六万五千九百人，人数增加近一倍，部队扩大后地方工作人员也要相应增加，而收入增加不过四分之一到三分之一。”〔2〕远不能满足人员增长的速度，而且某些开支标准又有提高与物价上涨，也是加重当时财政亏空的重要因素。冀热辽的财政以自给为原则，情况好一些，但过境部队干部的开支，为数也很大，财政困难也不小。

面对上述情况，当时边区的财政，除了注意节约外，在收入上采取了发行公债的办法，在冀中还向人民借征了三个月的征收（统累税）。在财政上不得不采取特殊的措施——以银行的军事发行，来解决大反攻时期的财政困难。仅冀中区，边区政府即拨付 16 亿元边币（折粮 6 400 万斤），实际上就是用发行货币的办法来解决的。冀晋、冀察两区和边区政府究竟动用了多少军事发行，没有一个统计，当时估计财政上可用 25 亿元。〔3〕另据南汉宸在华北财经会议上所作的《晋察冀边区的财经概况》中，曾谈到从 1945 年以后，边区级的财政 90% 以上的支出是靠发行来弥补。而边区银行当时发行总额的 80% 以上是作为财政支出而发行的。也就是说，这一时期边区财政的经费支出基本上是靠边区银行的发行来支持的，超过了抗日战争时期任何一年边区财政对银行发行的依赖程度。这是在特定历史条件下银行对财政工作的巨大支援，是战时财政的一个反映。

〔1〕《关于目前财政问题》，1945 年 11 月 18 日。

〔2〕周政新：《冀中区抗日战争时期后三年财政工作的回顾》。

〔3〕《关于目前财政问题》，1945 年 11 月 18 日。

第四节　修订战勤办法，动员更多的人力、物力支援抗战

为了发动人民积极参加抗战，平衡人力、物力负担，晋察冀边区行政委员会先后于1943年1月20日和1944年2月27日两次修订边区的战勤办法，并公布了《晋察冀边区抗战勤务条例》和《晋察冀边区行政委员会关于抗战勤务办法的决定》。这两个办法的基本内容，除了重申服抗战勤务为人民之神圣义务外，主要是扩大了服战勤义务的服务年限。原办法规定18岁以上50岁以下之人民得服战勤。现明确规定为：凡年在15—55岁之男子、18—55岁之妇女都有服战勤的义务；同时，还明确规定了15—17岁之男子、51—55岁之男女均计为半劳动力。本办法规定抗战勤务之种类及服战勤之分工是：运输担架勤务由18—55岁之男子及牲畜车辆负担；军鞋缝纫勤务由18—55岁之妇女负担；送粮、通讯勤务，由15—17岁之男子负担等等。还进一步规定了各类服战勤人员的战勤定额，简化战勤工日的计算方法。这些规定的修订和实行，更广泛地动员了人民参加战勤和平衡战勤负担，为动员更多的人力支援大反攻作了组织上的准备。

以上事实说明，从1943年冬粉碎敌人对北岳区的“大扫荡”以后，晋察冀边区的对敌斗争形势开始好转。1944—1945年形势更加好转，并开始了对敌斗争的胜利大反攻。在这一时期的边区财政，是为胜利反攻作准备的过渡时期的财政。从恢复经济着手，为大反攻准备充裕的物质基础。1945年夏大反攻的迅猛发展，财政仍面临着新的困难。因为，随着大反攻迅速增长的财政需求与财政收入不相适应的矛盾越来越突出，胜利进攻中的财政纪律出现松弛现象，大量的缴获物资未能对财政发挥它应有的作用，采取发行公债的应急措施解决财政所需经费的困难，也未能达到预期的目的，反而加剧了市场物价的猛跌。这是一个严重的教训。结果不得不采取军事发行的办法来解决财政的困难，特别是财政经费的支出，绝大部分是用发行钞票的办法解决的。战时财政在一定程度上依靠发行货币解决财政的特殊困难是必然的。但过多发行，其结果必然引起了边币的币值迅速下跌和物价的暴涨，这也是一个沉痛的教训。

边区的财政为大反攻动员了大量的人力、物力和财力，作出了巨大的贡献，渡过了大反攻时期的财政困难，支援大反攻取得了胜利，但由于我们经验不足，付出的代价也是高昂的，有许多经验教训是值得认真总结的。

结　束　语

晋察冀边区是模范的敌后抗日根据地，同样，边区财政也为晋察冀抗日根据地的创建和发展作出了巨大的贡献。战争破坏着财政，这是一切反动战争的共同规律。但是，边区的财政却是在抗日战争的烽火中创建和发展起来的，它不仅没有走向破产，而是支持战争并赢得了抗日战争的胜利。它给予我们的经验是十分丰富的。

第一，晋察冀边区是中国共产党领导创建的第一个抗日民主根据地，有在它领导之下的坚强的抗日武装力量和抗日民主统一战线的政治纲领以及坚持持久战的战略方针，领导了边区人民长期坚持了敌后的抗日游击战争，并取得了抗日战争的胜利。

第二，边区深入敌后，远离大后方，边区的财政没有获得国民政府的任何援助，也没有其他任何外援，完全是建立在独立自主的基础之上的。它不像国民政府那样有一套庞大的战时财政预算，有大量的外债军援。边区的财政是根据抗日战争的特点而采取特殊的战时财政体制，这就是“取之于敌、取之于民、取之于己”三种来源为基础的边区财政。通常的战时财政预算，军队武器装备是主要部分。而在边区的预算中这部分支出却是很小的。边区人民的抗日武装力量，

由开始时的2千人发展成一支8万多人的强大野战军，所有的武器装备，绝大部分都是靠战争缴获中解决的，也就是用战士的生命和鲜血从敌人手中夺过来的。“取之于敌”是边区财政的无形来源，它承担着战时财政的重要组成部分，我们常常说“我们的后方在前方”，就是说的这种情况，“没有枪，没有炮，敌人给我们造”这不仅是歌词中的豪言壮语，也是这种战时状况的具体写照。取之于民、取之于己只承担着抗日经费的供给问题。这种特殊的战时财政体制，就使沉重的战时财政负担压缩到边区人民能够承受的程度。

第三，财政问题通常认为就是钱的问题，收支平衡就是财政的最高原则。边区财政打破了这个旧观念，他们是从保证敌后抗日游击战争的需要出发，建立了一套和战时相适应的财力、物力和人力的动员和供应制度，将边区财政办成为抗日战争服务的总后勤，特别是粮食问题，把它作为战时财政的核心问题，掌握了粮食就掌握了财政的主动权。八年抗战，边区军政人员始终保持了粮食的自给。

第四，坚持抗日民族统一战线，实行合理负担的税收政策。

晋察冀根据地创建后，就先后征收合理负担、救国公粮、统一累进税和动员战勤办法，这些负担办法都是根据“有钱出钱，有粮出粮、有力出力”的合理负担原则制订的，它完全废除了过去的苛捐杂税，贯彻了抗日民族统一战线的政治纲领和实行全民总动员的精神，做到了“取之合理”和“负担虽重而民不伤”的要求。它有力地动员了边区各阶层人民的财力、物力和人力支援了长期的敌后抗日游击战争。人民的力量是无穷的，获得全民支持的抗日战争和财政供给，依靠人民的全力支援，是能够克服任何困难的。

第五，银行必要的军事发行，是边区财政贯彻执行“量出为入和量入为出”相结合的战时财政方针的特殊措施。

量出为入和量入为出是边区战时财政坚持的一条重要方针，量出为入，就是要求根据抗日战争的最低需要和人民负担能力的最大可能，这里决定性的因素是人民的负担能力，一般不能超过其总收入的10%—15%。据此编出收入预算，量入为出，就是根据收入的多少，安排支出预算，这里决定性的因素是必要的军事支出必须保证。

在战争时期，这两者之间总是处于矛盾之中，战争的需要必须保证，入不敷出的矛盾长期存在。边区没有外援，解决这一矛盾，除了励行节约减少支出以外，只能籍助于银行的军事发行。任何一个国家，没有在战争时期不采取发行货币来解决财政困难的。边区政府所不同的是，只能将银行的军事发行压缩在最低限度内，使其不致于导致恶性通货膨胀。边区在八年抗战中，银行是给予了财政大力支持的。边区银行的军事发行，始终占边区财政经费支出的半数以上。在抗战时期和大反攻时期，甚至还高达财政经费支出的90%，成为边区财政在特定历史时期解决财政困难的主要措施，这是贯彻执行“量出为入和量入为出”战时财政方针的一个特殊手段。使军费的支出始终保持在80%以上，达到了“用之得当”的要求。如果没有银行的军事发行，边区行政的困难是不可想象的。

日本帝国主义没有征服晋察冀边区的人民，它的残暴侵略却教育了边区的人民奋起抵抗侵略者。边区落后的、分散的、以个体为基础的自然经济，是不可能被现代化的战争手段所能摧毁的，它有着极其顽强的恢复能力。具有高度民族觉悟和勤劳勇敢的边区人民和这种“落后的”经济相结合，变为无穷的力量，这就是边区财政赖以坚持的经济基础。最后胜利的不是貌似强大的日本帝国主义，而是站在反侵略战线一边的边区人民。